당신만 모르는
일의 법칙

51

당신만 모르는
일의 법칙

51

대체 불가능한 나를 만들기 위해
꼭 알아야 할 51가지 생각의 기술

이혜운 지음

메이븐
MAVEN

성공하는 일의 법칙은 따로 있다

2008년 가을 늦은 밤, 나는 울면서 아버지에게 전화를 걸었다.

"아빠, 나 도저히 회사 못 다니겠어."

당시 나는 입사한 지 1년이 채 되지 않은 새내기 기자였다. 사회부 수습기자 6개월을 거쳐 국제부로 첫 발령을 받았다. 경찰서 기자실에서 살다시피 하며 잠도 제대로 못 자는 악명 높은 수습 시절을 무사히 넘긴 후 앞으로는 꽃길만 걸을 줄 알았다.

그러나 정식 기자의 삶은 수습기자 시절과는 차원이 달랐다. 내게 처음 떨어진 일은 미국 대선 담당이었다. 전 세계를 강타한 미국 금융위기 여파가 가시지 않았고 그 와중에 버락 오바마가 미국 최초 흑인 대통령 후보로 나온 터라 굵직한 뉴스가 쉴 새 없이 쏟아져 나왔다. 매일 새벽 1시 퇴근은 기본이고 주말은 당연히 없었다. 눈코 뜰 새 없이 바쁘게 일했음에도 아침이면 "《뉴욕 타임스》에 나온 이 기사를 왜 보고하지 않았느냐"며 혼나기 일쑤였다. 꾹꾹 참다가 결국 폭발해 아버지에게 전화를 걸었던 것이다. 자다가 전화 소리에 깼을 아버지의 대답은 너무 심플했다.

"힘들면 그만둬라. 대학원 가서 공부를 더 해 보든지."

물론 진심은 아니었을 것이다. 아버지는 내가 기자로 일하는 걸 누구보다 좋아했으니까. 다만, 당신의 딸이 하지 말라고 하면 더 하고 싶어 하는 성향의 소유자임을 너무 잘 알아서일 수도 있고, 혹은 잔소리를 해 봐야 딸에게 도움이 안 된다고 생각했을지도 모른다. 어쨌든 그날 이후 나는 사표를 쓰는 대신 더 악착같이 일했다. 부모님에게 전화를 걸어 회사를 그만두고 싶다고 말한 적도 없다. 그냥 묵묵히 부딪히고 깨지고 또 부딪히고 깨지고를 반복하며 15년을 일해 왔다. 그동안 힘든 일이 없었던 것은 아니다. 기자 일의 특성상 예측 불가능한 상황이 펼쳐지기 일쑤였고, 그러다 보니 우여곡절도 많았다. 하지만 경험이 쌓이면서 나름의 일머리와 노하우가 생겼고, 충동적으로 퇴사하겠다는 말을 던지는 무모함을 자제할 정도의 내공도 갖게 되었다.

그렇다고 일에 대한 고민이 완전히 사라진 건 아니었다. 사실 우리는 모두 고행 같은 중고등학교 시절을 건너왔다. 잠을 줄여 가며 학교와 학원을 오가는 쳇바퀴 같은 삶. 그 시절을 버틸 수 있던 건 '대학만 가면 행복한 삶이 펼쳐질 거야' 혹은 '취업만 하면 멋진 직장인이 되겠지!'라는 희망 덕분이었다. 나도 그랬다. 중고생 시절에는 대학 진학이 목표였고, 대학생 때는 취업이 목표였다. 드디어 언론사 시험에 합격해 기자가 됐을 때는 뛸 듯이 기뻤다. 신문에 내 이름 석 자가 찍히는 것만으로도 짜릿했고, 기자가 아니었으면 결코 만나지 못했을 사람들을 만나고 인터뷰하는 것만으로도 재미있었다. 하지만 시간이 지날수록 처음의 감흥은 점점 사그라들었다.

내가 입사할 때만 해도 취재원을 많이 만나서 열심히 기사를 쓰고 선배들과 독자들에게 인정받는 것이 일 잘하는 기자의 척도였다. 그 외의 일은 모두 '딴짓'에 불과했다. 그러나 지금은 미디어 환경이 너무 많이 바뀌었다. 블로거, 유튜버, 인플루언서 등 기자를 대신할 전달자도 폭발적으로 늘어났다. 그러면서 '계속 신문 기자 일을 하는 게 맞나', '이렇게 일하는 게 맞나' 싶어졌다.

놀랍게도 기자가 아닌 주변 지인들의 고민도 비슷했다. 대기업에서 고액의 연봉을 받는 사람이든, 공무원이 되어 안정적인 일자리가 보장된 사람이든, 스타트업에 취직해 스톡옵션으로 대박을 터뜨린 사람이든 고민의 구체적인 내용은 다르지만 다들 '내가 지금 일을 잘하고 있나?' 하는 불안과 회의에 빠져 있었다. 일하는 게 싫어서는 아니었다. 무작정 열심히 한다고 해서 모든 일이 잘 풀리지는 않는다는 현실을 깨달았기 때문이다.

일에 대한 고민이 깊어질 무렵, 다행히 세계적으로 성공한 사람을 많이 만나게 되었다. 독일 베를린 특파원 기간에는 유럽에 있는 정치계·경제계 인사들을 만났다. 산업부와 위클리비즈에 근무하는 동안에는 글로벌 경영인들과 유수의 경제 석학들을 만났고, 문화부에 있는 동안에는 케이컬처를 이끄는 사람들을 만났다.

픽사 창업자 에드 캣멀, 레고 CEO 예르겐 비그 크누스토르프, 구찌 CEO 마르코 비자리 등 글로벌 기업의 CEO를 비롯해 스타일난다의 김소희, 프로 게이머 페이커, 영화감독 봉준호와 방탄소년단 등 전 세계 다양한 분야에서 최고가 된 사람들을 만나며 느낀 점은 '성공하는 사람들에게는 성공하는 이유'가 있다는 것이었다.

성공하는 사람들에게서 찾은 특별한 공통점

왜 같은 일을 해도 누구는 성공하고 누구는 실패하는 걸까? 왜 누구는 열심히 노력해도 인정받지 못하고 누구는 그다지 노력하지 않는 듯한데 잘나가는 걸까? 나는 왜 일이 힘들게 느껴질까? 어느 순간부터 나는 그런 것들을 집요하게 파헤치기 시작했다. 이왕이면 일을 잘해서 능력을 인정받고 싶은 마음이 컸기 때문이다. 무엇보다 일을 하면서 도저히 풀리지 않는 문제들에 대한 답을 찾아 나만의 무기를 개발하고 싶은 마음이 컸다.

그런데 인생에 정답이 없듯 일에도 정답은 없었다. 전혀 다른 성향의 사람들이 전혀 다른 방식으로 큰 성공을 거둔 경우가 허다했다. 어느 글로벌 회사의 CEO는 자신이 원하는 방향이 분명하면 전문가의 분석이나 업계의 관행과 정반대되는 결정을 내리기도 했고, 절대 하면 안 되는 것으로 알려진 것들을 과감하게 시도해서 대박을 터트린 사업가도 있었다.

그들이 최고의 경지에 오르게 된 비결은 다양했다. 사람들을 움직이게 하고, 일이 가능해지는 심리 법칙들을 꿰뚫고 있으며, 그것들을 제대로 활용할 줄 알았다. 스티브 잡스와 함께 픽사를 창업한 에드 캐트멀은 일의 효율을 높이는 '사회적 촉진'을 위해 아이디어 회의 때 스티브 잡스를 들어오지 못하게 했고, 14세에 전자 정부 관련 소프트웨어 회사를 창업해 큰 성공을 거두고 현재는 벤처 투자자로 일하는 벤 카스노카는 "사람들은 자신에게 친절을 베푼 사람보다 자신이 친절을 베푼 사람을 좋아한다"고 말하며 "제 자문 위원이 되어 주세요"라는 한마디로 강력한 멘토들을 얻었다고 한다. 스튜어트 크레이너《런던 비즈니스 스쿨 리뷰》편집장은 "능력에 대한 환상을 버리고 리더처럼 생각하고 행동해야 리더가 될 수 있다"고 말했다.

위기를 대하는 남다른 태도로 성공한 사람들도 있었다. '젊어서 고생은 사서 한다'는 사고방식이 그들에게는 없었다. 실패를 계속하다 보면 자신감을 잃고 성공하는 법을 잊어버리기 때문이다. 또한 '잘 놀아야 성공할 수 있다'는 말을 경계하고 한결같이 꾸준한 자기 관리로 최고의 경지에 오른 사람들도 있었다. 세계적인 대회에서 여러 차례 우승한 프로 게이머 페이커 이상혁은 "당장 무언가 하고 싶은 충동을 조절해야 세계 최고의 자리를 유지할 수 있다"고 강조하기도 했다.

그들을 만나며 내가 얻은 가장 큰 수확은 일을 잘한다는 것에 대한 나의 편견과 오해를 깨달은 점이다. 나는 일을 잘한다는 것을 적은 시간과 노력을 들여 큰 성과를 이루는 것으로 생각했다. 처음 일을 시작할 때만 해도 내 삶의 신조는 '인풋 대비 아웃풋을 늘려라'였다. 하지만 최고의 경지에 있는 사람들을 만나다 보니 그들은 인풋보다는 오직 아웃풋, 즉 원하는 결과를 얻는 데만 집중했다. '인풋 대비 아웃풋'을 따지는 건 결과를 얻은 다음에 해도 충분하다는 사실을 알고 있기 때문이었다.

무엇보다 그들이 공통적으로 강조한 것이 하나 있다. 사람들은 생각보다 비합리적이라는 사실이다. 우리는 보통 사람들이 이성적이고 합리적으로 판단하리라 예상하지만, 그렇지 않다. 자신이 무엇을 좋아하는지 명확하지 않고, 어제 좋아한 것을 오늘 선택하지 않기도 하며, 무조건 이익을 보는 선택 앞에서 망설이기도 하고, 100퍼센트 손해를 보는 상황에 스스로 빠져들기도 한다. 그런 생각의 오류 때문에 사람들은 종종 인생을 바꿀 수도 있는 중대한 결정을 앞두고 어처구니없는 선택을 하기도 한다. 일을 할 때도 마찬가지다.

대체 불가능한 나를 만들기 위한 최고의 무기

내가 만나 본 전 세계 일의 고수들은 사람들이 생각보다 비합리적이라는 사실을 잘 알고 있었다. 내가 가장 놀란 부분은 그들 스스로 자신이 언제라도 비합리적인 결정을 할 수 있는 존재임을 잘 알고 있다는 사실이었다. 그래서 그들은 자신의 의견을 고집하기보다 그때그때 상황에 맞게 사람들의 의견을 모아 어떤 일이 발생하든 유연하면서도 신속하게 대응하는 데 힘을 쏟았다. 그런 점에서 일을 잘하기 위한 첫걸음은 자신이 언제든 생각의 오류에 빠질 수 있음을 알고 그것을 경계하는 일일 것이다. 이 책에 일을 잘하기 위해 반드시 알아야 할 일의 법칙들과 함께 사람들이 빠지기 쉬운 생각의 함정들을 소개한 이유다.

우리는 평생 7만~8만 시간을 일하는 데 쓴다. 그 시간을 어떻게 채우느냐에 따라 인생이 도달하는 지점은 많이 달라질 것이다. 다행스럽게도 한번 익혀 둔 일의 기술은 내 안에 고스란히 남아서 무슨 일을 하든 성능 좋은 무기가 되어 준다.

뜬구름 잡는 이야기를 쓰고 싶지는 않았다. 그래서 그들을 성공으로 이끈 일하는 비결을 행동 경제학과 심리학이라는 틀로 정리해 보았다. 결국 꿈꾸는 삶에 빠르게 도달하는 가장 확실한 방법은 결국 지금 하는 일을 더 잘하는 것이다. 그런데 일을 잘하기 위해서는 무작정 열심히 하는 것만으로는 충분하지 않다. 어떤 일을 하든 일의 세계에서 필요한 법칙들을 이해하고 그때그때 상황에 맞게 잘 활용할 수 있어야 한다.

세계 정상에 선 일의 고수들에게서 배운 일의 법칙들을 내 일에 적용한 결과, 내 삶은 조금 더 다채롭고 도전적으로 바뀌었다. 예전에는 기사 쓰는 것만으로도 허덕였는데, 지금은 기사를 쓰면서 책도 내고 방송 출연도 하고 소셜 미디어 채널도 운영한다. 일의 법칙들을 활용해 내게 주어진 24시간을 좀 더 효율적으로 운영하는 법을 알게 된 덕분이다. 일과 삶에 대한 만족도가 높아진 것은 물론이다.

왜 무계획이 최고의 계획인지, 미루는 습관을 바꾸는 가장 효과적인 방법은 무엇인지, 승진을 앞둔 사람들이 가장 먼저 챙겨야 하는 것은 무엇인지, 어떻게 속도가 완벽함을 이기는지, 처음 만나는 상대방에게 확실한 호감을 얻는 방법은 무엇인지 궁금한가? 이 책에 들어 있는 51가지 일의 법칙이 당신의 상식과 고정 관념을 깨고, 부정적이고 쓸데없는 걱정을 멈추게 하고, 성공의 길로 나아갈 강력한 무기가 되기를 진심으로 바란다. 진짜 일을 잘하고 싶은, 그래서 결국에는 대체 불가능한 사람이 되고 싶은 당신에게 말이다.

차례 ————————————————————————————————

CHAPTER 3   **유능한 사람들도 빠지기 쉬운 생각의 함정 : 멘털 관리**

CHAPTER 6　　　　　　　　　　**무슨 일을 하든 대체 불가능한 나를 만드는 법**

세계 최고의 인재들은
어떻게 일하는가

'완벽함'과 '속도' 중
더 중요한 것은 속도다

얼리 액세스 법칙

영국 런던 금융가 중심에 있는 드레이퍼스홀. 경영학계의 오스카상으로 불리는 '싱커스 50(Thinkers 50)' 행사가 한창이었다. 현대 경영학의 최고 권위자 헨리 민츠버그 캐나다 맥길대 교수, 경영 전략의 대가 데이브 울리히 미국 미시간대 교수 등 50여 명은 삼삼오오 모여 샴페인을 마시며 대화를 나누고 있었다. 기자인 나에게는 참석자 전원이 인터뷰 대상자로서의 가치가 있는 곳이었다.

그때 나비넥타이를 맨 한 중국인 남자가 들어왔다. 키는 180센티미터 정도, 머리는 희끗희끗했다. 사람들이 일제히 대화를 멈추고 그 앞으로 모여들었다. 전 세계의 경영학 구루들이 그와 대화를 나누기 위해 줄을 섰고, 나를 포함한 기자들도 덩달아 그를 에워쌌다. 그가 영어를 못하자 사람들이 피부색이 같은 나에게 부탁을 했다.

"중국어 통역 좀 해 줘요."

"죄송해요. 저도 중국어를 못해요. 전 한국 사람인 걸요."

뒤늦게 중국어 통역이 달려왔다. 위키노믹스 창시자 돈 탭스콧 회장이 먼저 손을 들고 말을 건넸다.

"장, 만나서 반가워요."

"돈, 저도요. 당신 책들 잘 읽었어요. 많은 영감을 받았어요."

보석처럼 빛나는 샹들리에가 그들을 비췄다. 벽에 역대 영국 왕들의 초상화가 걸려 있는 183년 역사의 고풍스러운 연회장이 순식간에 한 사람을 위한 장소가 된 듯했다.

경영학 대가들의 슈퍼스타인 그 남자는 중국 백색 가전 기업 하이얼그룹을 이끄는 장루이민 회장이었다. 장 회장은 2015년 싱커스 50 행사에서 최고 영예인 '경영 사상가상'을 받았고, 경영자 순위에도 38위에 이름을 올렸다. 2001년부터 시작된 싱커스 50 시상식에서 중국인이 수상과 순위 등극을 동시에 거머쥔 것은 장루이민 회장이 처음이었다. 과거 빌 게이츠 마이크로소프트 회장, 잭 웰치 제너럴 일렉트릭(GE) 회장이 차지했던 그 자리가 그의 것이 된 것이다.

그런데 나는 사전에 배포된 참석자 명단에서 장루이민 하이얼 회장의 이름을 봤을 때만 해도 그가 이렇게까지 화제의 인물인 줄 몰랐다. '휴대폰은 삼성, 백색 가전은 LG, 중국 가전은 AS 때문에 안 돼'라고 생각하고 있었기 때문이다. 그러나 하이얼은 내 착각을 비웃기라도 하듯 2009년 전 세계 가전 부문에서 미국 월풀을 누르고 세계 1위가 됐고, 장 회장은 중국 기업을 대표하는 얼굴이 되었다.

1984년 중국 칭다오에서 다 쓰러져 가는 작은 냉장고 공장으로 시작한 하이얼이 어떻게 30여 년 만에 세계 정상의 자리에 오르게 된 것일까? 마오쩌둥의 문화 대혁명 시기에 공장에서 일하던 한 노동자가 어떻게 세계 경영인들에게 존경받는 리더가 됐을까? 그를 에워싼 명사들 속에서 나도 한마디 던졌다.

"하이얼이 혁신 경영의 대명사가 된 비결은 무엇인가요?"

그가 답했다.

"'속도'입니다. 《손자병법》에 '세찬 물결은 무거운 돌까지도 떠내려 보낸다'라는 말이 있습니다. 속도는 불가능을 가능하게 합니다. 반대로, 속도 경쟁력이 없는 기업은 반드시 도태됩니다. 요즘 같은 시대에는 누구보다 빠르게 제품을 만들고 고객을 만족시켜야 합니다."

사실 '속도'는 한국 기업의 미덕이었다. 성질 급한 걸로는 한국을 따라올 나라를 찾기 어렵다. 오죽하면 외국인들이 한국에 와서 가장 먼저 배우는 말 중에 '빨리빨리'가 들어 있겠는가. 그런데 언제부터인가이 '빨리빨리 문화'가 비판의 대상이 되었다. 독일처럼 시간이 오래 걸려도 장인의 손길이 닿은 완벽한 제품을 만들어야 한다고 했다. 내가 독일에서 베를린 특파원으로 일할 때 쓴 기사들도 '독일 장인, 마이스터 문화, 오랜 시간이 걸려도 몇백 년 가는 제품 만들어' 같은 제목을 달고 나가는 게 많았다.

물론 그런 제품을 만드는 것은 중요하다. 특히 사람의 생명과 직결되는 제품이라면 몇 년이 걸리더라도 오차를 최대한 줄이는 게 맞는다. 그런데 세탁기를 그렇게까지 만들 필요가 있을까? 냉장고는? 아무리 시간과 공을 들여 튼튼하게 만들었다 하더라도 10년이 지나면 성능이 월등히 좋은 제품이 나오거나 싫증이 나서 바꾸게 된다.

그래서 전 세계 가전 후발 주자인 데다 제품 이미지까지 좋지 않던 하이얼이 선택한 공략법은 '속도'였다. 현재 시점에서 소비자가 원하는 제품을 누구보다 빨리 만드는 데 중점을 둔 것이다. 세탁기를 예로 들어 보자. 중국에서는 세탁기 배수구에서 채소를 씻는 경우가 많았는데 그러다 보니 배수구가 막히는 일이 빈번하게 발생했다. 하이얼은 그 문제를 해결할 수 있는 제품의 설계도를 3일 만에 완성하고, 6개월 뒤 출시했다. 또 미국 기숙사에서 세탁기 윗부분을 책상으로 쓴다는 말을 듣고는 곧바로 책상과 세탁기가 결합된 제품을 출시했다. TV를 보면서 와인을 마시는 사람이 늘었다는 뉴스를 접하고 거실에 두는 미니 와인셀러를 내놓기도 했다.

하이얼은 이처럼 소비자가 원할 때 누구보다 빠르게 물건을 출시해 시장을 선점하고 한동안 독점적 지위를 누리는 전략을 썼다. 경쟁사의 유사 제품 출시는 별로 걱정하지 않았다. 경쟁사에서 유사 제품이 나올 때쯤에는 이미 업그레이드된 신제품을 출시하기 때문이다. 하이얼은 그 덕분에 폭발적으로 성장해 2016년 GE의 가전 부문을 인수함으로써 브랜드 파워를 높였고, 전 세계 가전 시장의 20퍼센트가 넘는 점유율로 '세계 최대 가전 기업'이라는 명성을 유지하고 있다. 망해 가던 냉장고 공장을 세계 1위 백색 가전 기업으로 이끈 장루이민 회장은 2021년 11월 은퇴를 발표하고 경영 일선에서 물러났다.

신속함이 완벽함을 이길 수밖에 없는 이유

게임에는 '얼리 액세스(early access)' 버전이라는 게 있다. 개발이 완료되지 않은 게임을 먼저 출시해서 개발비를 확보하는 동시에 사용자에게 피드백을 받아 수정하여 완제품으로 만들어 출시하는 시스템이다. 이렇게 하면 트렌드에 뒤처지거나 고객들을 경쟁사에 빼앗기지 않으면서도 점차 완벽에 가까워진다. 이 법칙이 비단 게임업계에만 해당되는 것은 아니다. 모든 직장 일에 '얼리 액세스 법칙'은 유용하게 쓰이고 있다. 삼성전자에서 반도체 신화를 만들어 낸 권오현 전 삼성전자 종합기술원 회장은 저서 《초격차》에서 이렇게 말했다.

"어떤 리더들은 완벽한 의사 결정을 위해 회의를 많이 하고 보고 자료를 계속 요구합니다. 그런데 검토를 오래 한다는 말은 결정을 빨리 못 내린다는 말과 같습니다. 요즘처럼 변화가 빠른 시대에 빠른 결정을 내리지 못한다는 것은 '퇴출'과 같은 의미입니다. 부족하지만 빠른 결정이 완벽하지만 느린 결정보다 낫습니다."

2013년부터 2018년까지 최고 경영자로 인텔의 전성기를 이끈 브라이언 크러재니치가 강조한 개념도 '빠른 것이 완벽함을 이긴다'였다. 그 전까지 인텔은 선택 사항을 점검하고 시험하고 수정하고, 그 수정본을 다시 시험하고 수정하는 데 너무 많은 시간을 들였다. 그러다 보니 경쟁 회사의 속도를 따라가지 못해 영원할 것 같던 압도적 시장 점유율을 상당 부분 내주고 말았다. 크러재니치의 말에 크게 공감한 김창환 크래프톤 대표는 세계적인 히트 게임 '배틀그라운드'를 개발할 때 이렇게 말했다.

"완벽하게 만들기보다 빠르게 출시하는 게 목표가 되어야 합니다. 기술만 빠르게 변하는 게 아니라 유행도 빠르게 변합니다. 사용자도 빠르게 변합니다. 속도를 맞추는 전략이 필요합니다."

이는 음악 산업에서도 마찬가지다. 인기 작사가 김이나는 자신의 성공 비결 중 하나로 '빨리 쓰는 것'을 들었다.

"가수가 녹음하는 단계 직전에 놓이는 과정이 '작사'예요. 시간이 많이 주어지는 일이 드물죠. 너무 촉박하고 힘들 때는 안 써도 돼요. 나 아니어도 가사를 맡길 사람은 많을 테니까요."

더 나아가 수많은 히트곡을 쓴 인기 작곡가 최준영은 한국 케이팝이 일본 제이팝을 이긴 이유로 '속도'를 들기도 했다. 그가 2006년 일본 TBS 드라마 '윤무곡-론도' OST 작업을 위해 일본 유니버설 뮤직 관계자를 만났을 때다.

"그 관계자가 묻더라고요. 곡 쓰는 데 얼마나 걸리느냐고. 2주면 충분하다고 했더니 놀라더군요. 결과물을 보곤 더 놀랐어요. 이렇게 빨리, 이 정도 퀄리티가 가능하냐고. 그러면서 '한국은 음악을 전투적으로 하는 것 같다'고 하더라고요."

일본에는 '쇼쇼 오마치 구다사이(잠깐만요)'라는 문화가 있다. 항상 물어보고 허락받고 충분한 시간을 들여 가장 안전한 길을 찾는 것을 의미한다. 한마디로 돌다리도 두드려 보고 건너는 문화다. 그처럼 신중하게 완벽한 제품을 만드는 데 심혈을 기울이다 보니 트렌드를 따르지 못하는 사례가 종종 발생한다. 반면 한국은 무엇이든 빠르게 밀어붙이는 데 능하다. 그래서 뭔가 하나가 잘되면 유사품이 여기저기서 쏟아져 나온다. 그렇게 다수의 참여자가 몰렸다가 10퍼센트만 살아남고 90퍼센트는 도태되는 일이 허다하다. 이처럼 어느 한 분야가 잘되면 우르르 몰렸다가 언제 그랬냐는 듯 금방 식어 버리는 경향을 한국인의 고질적인 병폐로 치부하며 '냄비 근성'이라고 비하하기도 한다. 하지만 현재 한국 경제를 먹여 살리는 주요 아이템은 대부분 그런 방식으로 접근해서 살아남은 10퍼센트의 제품들이다.

《손자병법》에는 "졸속(拙速)이 지완(遲完)을 이긴다"라는 말이 있다. 전쟁에서 이기려면 전략과 전술을 잘 구사해야 하는데, 준비가 충분하지 않더라도 빠르게 일을 벌이는 것이 완벽한 준비를 위해 꾸물거리다 결국 실행이 늦어지는 것보다 낫다는 뜻이다. 영어에도 '끝내는 게 완벽한 것보다 낫다(Done is better than perfect)'라는 말이 있다.

완벽함을 추구하다 보면 민첩하고 빠르게 움직일 수 없다. 시간을 많이 들인다고 완성도가 높아지는 것도 아니다. 우리는 시간이 충분하지 않을 때 가장 효율적으로 일한다.

'속도'는 중요한 미덕이다. 특히 저연차 직장인일수록 완벽을 기하겠다고 오래 보고서를 잡고 있기보다는 일단 완성해서 상사에게 보여주는 것이 낫다. 물론 거의 100퍼센트 혼이 날 것이다. 일을 이따위로밖에 못하느냐는 말을 들을지도 모른다. 하지만 오래 붙잡고 있는다고 해서 완벽해질 가능성도 작으니 어차피 혼나는 건 마찬가지다. 어쩌면 일 처리가 느리다고 두 배로 혼날지도 모른다. 내 눈에는 완벽해 보여도 상사 눈에는 흠잡을 것투성이다. 어차피 혼날 바에야 빨리 보고한 뒤 지적받은 점들을 보고서에 반영하는 것이 완벽에 가까워지는 가장 빠른 방법이다. 그래서 주니어 기자 시절 내가 가장 많이 들은 말도, 지금 내가 후배들에게 가장 많이 하는 말도 이것이다.

"일단 빨리 초고부터 올려!"

세계 최고의 인재들이
공통적으로 갖춘 능력

충동 조절

"띠리리리리리."

아침 7시, 알람이 울린다. 헬스장용 알람이다. 당장 일어나 헬스장으로 달려가야 1~2시간 운동을 하고 씻고 아침 보고를 할 수 있다. 괜히 아침에 1~2시간 더 자겠다고 '오늘은 저녁에 운동 가야지' 하고 계획을 바꾸면 저녁에 꼭 피치 못할 일이 생긴다.

어릴 때부터 운동하는 걸 싫어하지는 않았다. 주기적으로 산책과 공놀이를 시켜 줘야 하는 강아지처럼 잔디밭에서 뛰어놀거나 공놀이하는 걸 좋아했다. 타고난 운동 신경이 제로라 투입 시간과 비용 대비 잘하지는 못했으나 시도해 보지 않은 운동은 거의 없었다. 골프, 테니스, 스키, 수영, 필라테스, 요가 등 어지간한 운동은 모두 몇 년씩 배웠다.

아침에 운동을 하면 좋은 점이 많다. 일단 뿌듯하다. 먼저, 그 시간대에 운동하는 사람이 많다는 데 놀란다. 내가 그들 속에 끼어 있다는 사실만으로도 뿌듯하다. 운동을 한 날은 이상하게 식욕도 돌지 않는다. '이렇게 힘들게 운동했는데 먹어서 망칠 수는 없다'라는 방어 의식이 작용하는 듯하다. 헬스장에서 씻으니까 집 화장실이 축축하게 젖을 일도 없다. 화장실 청소 한 번이 절약되는 셈이다. 이런 날 밤에 팩까지 붙이고 자면 '오늘 자기 관리 프로젝트는 다 했다'라는 뿌듯함이 가슴속부터 차오른다.

그런데 꼭 '10분 더 자고 싶은 마음'이 문제다. 그냥 떨치고 헬스장까지만 가면 되는데 10분만 더 자고 싶은 유혹을 이기지 못하면 그날은 모든 게 엉망이 되고 만다. 10분이 1시간이 되고, 운동도 못 가고, 집에서 씻고 대충 점심을 먹고, 저녁까지 쭉 아무것도 하지 못한 채 어영부영 하루가 지나가 버리는 것이다.

'워싱턴 정계에 뚱뚱한 사람은 없다'라는 말이 있다. 내가 전 세계를 다니며 만난 성공한 사람 중에 비정상적으로 뚱뚱하거나, 폭음을 하거나, 골초인 사람은 아무도 없었다. 그들은 최대한 자신이 세운 하루 일과를 그대로 지키려고 노력했고, 시간을 내서 운동과 명상을 하며 심신을 안정시켰다. 미래의 더 나은 삶을 위해 당장의 욕구를 참았다. 바로 '충동 조절(impulse control)'의 달인들이었던 것이다.

충동 조절의 힘은 1970년대 미국 스탠퍼드대 월터 미셸 교수가 스탠퍼드대 부설 유치원의 4~6세 아동들을 대상으로 수행한 '마시멜로 실험'으로 증명된 것이기도 하다. 그는 아이들에게 마시멜로 1개를 주고 15분 동안 먹지 않고 참으면 2개를 주겠다고 했다. 마시멜로를 먹고 싶은 유혹을 얼마나 견딜 수 있느냐 하는 실험이었다. 그런데 대부분은 15분을 참지 못하고 앞에 놓인 마시멜로를 먹어 버렸다. 15분 동안 참았다가 약속대로 마시멜로 2개를 받은 아이는 참가자의 30퍼센트에 지나지 않았다. 놀라운 것은 14년 후 그 아이들을 추적해 본 결과 15분 동안 참은 아이들이 그러지 않은 아이들보다 SAT 성적 및 학업 성취도 면에서 우월한 것으로 나타났다는 사실이다. 학업뿐만 아니라 인성도 훌륭했다. 15분 동안 참은 아이들은 전반적으로 자신감이 넘치고 사교적이며 균형이 잘 잡힌 인격의 소유자로 성장했다. 반대로 마시멜로를 먹어 버린 아이들은 주변 사람들로부터 끈기가 없고 질투가 심하다는 등의 부정적인 평가를 받은 경우가 많았다.

'부진은 있어도 몰락은 없다'는 페이커의 롱런 비결

마시멜로 실험은 충동 조절, 정확하게 말하자면 어떠한 목표를 이루기 위해 당장의 욕구를 참고 만족을 지연시킬 수 있는 능력이 성공의 열쇠라는 사실을 잘 보여 준다. 그런 의미에서 내가 만난 사람 중 충동 조절을 가장 잘하는 사람은 10대에 세계 최고의 자리에 오른 프로 게이머 페이커 이상혁이다.

그는 친구들과 한창 놀고 먹고 마실 나이에도 술과 담배를 멀리하고, 명상과 복기로 자기 관리에 힘썼다. 그 결과 그는 친구들이 모두 은퇴하거나 감독으로 전향한 지금도 최고의 자리를 유지하며 현역으로 활동하고 있다. 2019년 아직 SKT T1이던 시절 일산 숙소에서 만난 페이커는 흰색 무지티를 입고 있었다. 그는 연습 시간 중 1시간을 인터뷰를 위해 뺐다고 말했다.

"흰색 무지티를 입으셨네요?"

"원래 옷에 신경을 안 써요. 합숙 생활을 하니까 무늬나 색깔이 있으면 누구 옷인지 헷갈려요. 처음엔 별생각 없이 입었는데, 이제 '민짜면 전부 내 티'로 인식돼 찾기 쉬워서 계속 입어요."

그는 어린 시절 말이 없고 내성적인 아이였다. 항상 수줍음이 많았지만 오락실에서만큼은 아니었다. 기초 생활 수급자 가정의 장남으로 태어난 그는 서울 강서구의 15평 아파트에서 할머니, 아버지, 남동생과 살았다. 초등학교 1학년 때 처음 집에 컴퓨터가 생겼다. 그때부터 친구들과 게임을 했는데 처음에는 '메이플스토리(캐릭터 성장 게임)', 초등학교 3학년 때는 '스타크래프트(실시간 전략 게임)', 중학교 2학년 때부터는 '리그오브레전드(실시간 협동 전투 게임)'를 했다. 실력이 뛰어나던 그는 고등학교 2학년 때 채팅 창으로 메시지 하나를 받는다.

"프로 게이머 할 생각 없나?"

심사숙고 끝에 학교를 중퇴하고 프로 게이머 세계에 발을 디뎠다.

그때부터 그는 세계 최고의 자리에 오르기까지 전속력으로 질주했다. 힘든 건 그 후였다. 정상의 자리를 유지하는 일은 정상의 자리에 오르는 것보다 힘들었다. 그 당시 인터넷에는 다음과 같은 체크리스트가 유행했다.

'게임을 이겼는가 → 라인전을 이겼는가 → 정글 개입이 없었는가 → 로밍으로 킬을 냈는가 → 한타 때 슈퍼플레이가 나왔는가 → 미드 캐리로 이겼는가 → 완벽했는가.'

이 모든 질문에서 '예(yes)'가 나와야 '고전파(페이커 옛 닉네임)'의 명성을 유지한다는 것이다. 그런데 그는 중고교 시절부터 세계 최고의 자리에 오른 지금까지 크게 변한 게 없다. 한 달 용돈은 20만~30만 원. 최근 가장 큰 지출은 가족들을 위해 15평 아파트에서 48평 아파트로 이사한 것이다. 스트레스를 풀 때도 소비보다 책을 읽거나 명상을 한다. 담배는 안 피우고 술도 안 좋아한다.

"원래 갖고 싶은 거, 먹고 싶은 게 별로 없어요. 돈은 차곡차곡 쌓아두는 편이에요. 친구들이랑 밥 먹을 때 내는 정도."

일상의 대부분은 연습하거나 잠을 자는 것이다.

"우리는 자유가 없어요. 합숙 생활에 12시간 연습하고 7시간 잠을 자면 개인 시간은 거의 없죠. 1년에 30일 정도 쉬는 것 같아요."

게임을 좋아하는 많은 청소년이 프로 게이머를 꿈꾸지만 실제 그 꿈을 이루기란 매우 어렵다. 재미있어 보이고 공부보다는 쉽겠지 하는 생각으로 덤벼서는 절대로 프로 게이머가 될 수 없다. 무시무시한 경쟁률을 뚫고 프로 게이머가 된다 해도 그 후가 더 어렵다. 매일매일 엄청난 연습과 대회 일정을 소화하기 위해 학업 등 포기할 게 많다.

페이커에게 게임은 삶이고 취미였다. 프로 게이머가 되고 나서부터는 어떻게 하면 더 잘할 수 있을지만 고민했다. 세계 최고의 자리에 있을 때는 유지하기 위해서, 부진할 때는 슬럼프를 극복하기 위해서 끊임없이 자기 자신을 단련했다.

"자신의 장점과 약점을 제일 잘 아는 사람은 본인이에요. 그래서 2~3년 전부터는 인터넷 댓글도 안 봐요. 남들 평가에 영향을 받거나 감정적으로 휘둘릴 수 있으니까요. 저에 대한 평가는 제가 가장 정확해요. 누구도 저에게 답을 주지 않아요."

그는 지금까지 국내외 메이저 대회 포함, 통산 23회 우승을 거두었다. 그보다 많은 우승을 거둔 선수는 없다. 그런데도 언제부터인가 우승하지 못할 때마다 '전성기가 끝났다'는 비판을 받았다.

"처음엔 민감하게 받아들였는데 이젠 감수할 부분이라고 생각해요. 프로 생활을 하다 보면 오르막길도, 내리막길도 있기 마련이죠."

내가 그를 만나던 당시에는 팀이 연패(連敗)로 위기인 상황이었다. 역시 '한물갔다'는 비판을 받고 있었는데 의외로 그는 침착했다. 성격 검사에서 '로봇 같은 성격'이라고 나왔다는 그는 졌을 때도 이성적으로 생각하며 복기하고 피드백을 철저히 하는 편이라고 했다.

"어떤 부분이 부족했는지 돌아보고, 그 부분은 바로 개선하려고 노력하죠. 감정적으로 잠이 안 올 수도 있지만 이성적으로 생각하면 지금 잘 자야 내일 게임을 잘하니까."

그는 경기를 시작하기 전 팀원들과 "잘하자. 편하게, 침착하게 하자"라고 말한다고 한다. 침착함을 유지하는 것은 성공에 있어서 필수적인 조건이다. 이런 그에게 사람들은 "부진은 있어도 몰락은 없다"고 했다. 프로 게임계의 양대 전선 임요환과 페이커를 모두 지켜본 스타 프로 게이머 출신인 전 아프리카 프릭스 최연성 감독은 페이커와 임요환이 오랫동안 정상의 자리를 유지할 수 있던 비결로 혹독한 자기 관리를 꼽았다.

"프로 게이머 중에는 돈을 조금만 많이 받아도 자기 관리가 무너지는 친구들이 많았어요. 그런데 페이커와 임요환은 연 수입이 몇십만 원에서 수십억 원대로 뛰어도 하루 일과가 같아요. 그런 사람들이 롱런하는 거죠."

자제력이 필요할 때는 10-10-10 법칙을 떠올려라

연예계에서 오랫동안 최고의 자리를 유지하고 있는 유재석, 김성주 등 정상급 진행자들도 철저한 자기 관리로 유명하다. 그들은 저녁 약속을 잘 잡지 않는다. 다음 날 방송에 지장을 주기 때문이다. JYP엔터테인먼트 수장이자 가수로 활동 중인 박진영은 수십 년간 같은 생활 습관을 유지하고 있다.

- **아침 7시** : 기상, 일본어 공부
- **8시** : 아침 식사(올리브오일, 요구르트, 견과류, 과일)
- **8시 30분** : 두 딸과 놀기
- **9시** : 운동
- **11시** : 노래 연습

내일 원하는 것을 줄 테니 하루 정도 유혹을 참고 규칙적인 생활을 하라고 하면 못 할 사람은 거의 없으리라. 하지만 그것을 한 달, 1년, 10년 넘게 해야 한다면? 가능한 사람이 과연 몇이나 있을까?

미국의 심리학자 피터 홀린스는 《자제력 수업》에서 지극히 평범한 재능, 넉넉하지 않은 가정 환경, 내세울 것 없는 스펙, 타고난 흙수저임에도 불구하고 자신의 분야에서 최고의 성과를 내는 사람들을 연구한 끝에 그들에게서 공통 자질을 발견했는데, 그것이 바로 '자제력'이라고 했다. 흥미로운 사실은 누구나 조금만 노력하면 자제력을 높일 수 있다는 것이다.

그렇다면 어떻게 해야 쉬고 싶고 놀고 싶은 욕구를 참아 내고 이루고 싶은 목표를 향해 나아갈 수 있을까? 피터 홀린스에 따르면 새로운 습관을 들이는 데는 최소 66일이 걸린다. 특히 "운동하는 습관을 들이려면 날마다 같은 시간에 운동 일정을 잡고, 직후에 작은 보상을 주어 스스로 계속할 수 있도록 장려해야 한다"고 한다.

그럼에도 의지가 약해질 때는 어떻게 해야 할까? 그럴 때는 10-10-10 법칙을 적용해 보라. 10분 후, 10개월 후, 10년 후를 떠올려 보는 것이다. 이것은 《하버드 비즈니스 리뷰》의 편집장을 역임하고 남편인 잭 웰치와 여러 권의 책을 집필한 수지 웰치가 제안한 법칙으로, 충동이나 유혹에 굴복했을 때 지금으로부터 10분 후, 10개월 후, 10년 후에 어떤 기분일지 생각해 보면 흔들리는 마음을 붙잡는 데 큰 도움이 된다는 것이다.

만약 야식의 유혹을 견디지 못하고 먹었다고 해 보자. 10분 후, 10개월 후, 10년 후 어떤 기분이 들까? 이런 질문을 통해 스스로 그 답을 찾아가다 보면 충동과 유혹을 견뎌 낼 힘을 찾게 된다는 것이다. 실제로 지금 최고의 위치에 있는 방탄소년단의 멤버 제이홉도 이와 비슷한 방법으로 유혹을 참아 낸다고 밝혔다.

"야식을 먹고 싶을 때마다 계속 생각해요. '넌 이거 먹으면 못생겨질 거고, 사진도 이상하게 나올 거고, 팬들도 싫어하게 될 것'이라고. 그러면서 참아요."

사람들의 '기대치'를
가장 효과적으로 이용하는 법

기대치 위반 효과

기자라고 해서 정재계 유명 인사들과 모두 친한 것은 아니다. 단체로 만나는 기자 간담회 등에서 얼굴을 익히기는 하지만 그 선을 뛰어넘어 친해지기는 꽤 어렵다. 기자와 취재원으로 만난 관계이다 보니 서로 조심할 수밖에 없는 부분이 많기 때문이다.

그러나 기자 중에도 드넓은 인맥으로 이름을 날리는 사람들이 있다. 그중 한 사람이 A 선배다. 그녀는 언론사 재직 중에도 모르는 사람이 없기로 유명했는데, 기업으로 자리를 옮긴 지금도 그 인맥을 바탕으로 승승장구하고 있다. 어느 날 선배에게 물었다.

"선배, 어떻게 그 인맥들을 만드셨어요?"

"재벌이나 유명한 사람들을 만나면 내가 밥을 사. 그들은 누군가에게 밥을 얻어먹은 적이 거의 없을 것 아냐. 그런데 자기가 당연히 내겠지 하고 생각했는데 상대방이 밥을 사면 기억에 남지 않겠어?"

'기대치 위반 효과'라는 것이 있다. 우리의 기대치를 긍정적인 방향으로 위반하면 호감이 증가하고, 부정적인 방향으로 위반하면 호감이 줄어든다는 것이다. 당연히 밥을 사는 자리인 줄 알고 나왔는데 상대

34

방이 밥을 사면 호감이 생기고 상대방을 특별하게 본다. 돈 많은 사람이라고 돈 쓰는 게 아깝지 않은 것은 아니다.

이는 협상할 때도 마찬가지다. 미국 유통업계 대부 김동구 비피인더스트리 회장에게 1997년 국제통화기금(IMF) 외환 위기는 오히려 기회였다. 당시 김 회장처럼 무역업을 하는 사람들은 해외 바이어와 판매 계약을 맺을 때 주로 달러로 하는데 환율이 두 배 올랐으니 앉은 자리에서 수익이 두 배가 된 것이다. 그때 그는 바이어에게 뜻밖의 제안을 했다.

"환율이 올랐으니 50퍼센트 할인해 줄게."

바이어도 상대방의 수익이 두 배가 되었다는 사실은 알았을 것이다. 그러나 계약 금액을 올리는 경우는 있어도 내리는 경우는 거의 없다. 그래서 바이어도 깜짝 놀라며 "이렇게 말하는 사람은 당신이 처음"이라고 했다. 김 회장에 대한 호감이 더욱 올라간 것은 당연한 일이었다. 결과적으로 이 계약은 양쪽 모두에게 '윈윈'이었다. 김 회장이 물건을 싸게 넘기니 그쪽에서도 저렴하게 판매할 수 있었고, 다른 브랜드에 비해 가격 경쟁력이 생기면서 더 많은 이익이 생긴 것이다.

그는 거래에서 유리한 위치에 있을 때도 지위를 함부로 이용하지 않았다. 비슷한 시기 태국 공장에서 물건을 만들어 미국 월마트에 팔던 제품이 있었는데, 제품이 잘 팔리면서 300만 달러(약 36억 원)의 추가 이익이 생겼다. 그는 추가 이익금을 태국 공장, 월마트와 100만 달러씩 공평하게 나눴다. 그랬더니 그 일이 태국에 소문나면서 그는 '왕' 대접을 받기에 이르렀다.

"나중에 태국 시장이 커지면서 경쟁 업체들이 뛰어들었는데, 제 거래처 중 빠져나간 곳은 없었어요."

누군가는 장사는 자신의 이익만 보고 하는 거라고 말하기도 한다. 그러나 모든 협상은 균형이 맞아야 한다. 당장의 이익을 위해 이기적인 불공정 협상을 한다면 관계는 곧 깨지게 마련이다. "장사는 이문을 남기는 것이 아니라 사람을 남기는 것"이라는 의주 상인 임상옥의 말처럼 정말 큰 이익은 눈앞의 거래가 아닌 지속적인 관계에서 나온다. 모든 거래와 계약, 인간관계를 긴 호흡으로 봐야 하는 이유다.

이는 큰 기대를 받는 높은 자리에 있을수록 더욱 중요한 원칙이다. 66개국에 진출해 5만 8000여 명의 임직원을 둔 독일 기업 머크는 창업한 지 350여 년 된 세계에서 가장 오래된 화학·제약 회사다. 머크 가문 소유의 비공개 가족 기업이었다가 1995년 독일 주식 시장에 상장했다. 2022년 시가 총액이 900억 달러(약 110조 원)로, 독일 기업 중 6위에 해당하는 독일을 대표하는 회사 중 하나다. 외부 영입 인사인 머크그룹의 최고 경영자와 함께 머크 가문 사람으로만 구성된 패밀리 위원회, 가문 사람들과 외부 인사들로 구성된 파트너 위원회가 회사의 중요한 결정을 책임지고 있다. 특히 모기업인 E. 머크 KG의 최고 경영 위원회가 회사 경영에 가장 큰 결정권을 쥐고 있다.

E. 머크 KG의 머크그룹 최고 경영 위원회 회장은 머크 창업자의 11대손인 프랑크 슈탕겐베르크-하버캄프다. 그런데 그가 처음부터 머크에서 일한 것은 아니었다. 그는 독일 프라이부르크대 경제학과를 졸업하고 코메르츠방크와 베어링브러더스 등에서 25년 넘게 일하며

자리를 잡고 있었다. 그는 머크에서 일하기 싫었다고 한다. 머크는 가문 출신 사람들에게 훨씬 더 엄격한 잣대를 적용하기 때문이다. 그러나 머크는 오랫동안 훌륭한 성과를 내 오던 가문의 인재를 내버려 두지 않았다. 외부에서 일을 잘했다면 머크에서도 잘할 것이라는 믿음으로 그를 불러들였다.

입사를 결정했지만 모두가 따라야 하는 입사 절차를 건너뛸 수는 없었다. 그는 가족들로 구성된 패밀리 위원회와 외부 인사가 포함된 파트너 위원회의 평가를 통과해야 했다. 머크에 입사한 후에도 엄격한 평가는 계속됐다. 그와 함께 패밀리 위원회에서 일하던 사촌은 입사 후 실적이 좋지 않아 회사를 그만둬야 했을 정도로 평가는 녹록지 않았다.

"가문 사람들은 모든 사람이 지켜보는 자리에 있어요. 실적이 좋지 않은 가문 사람이 계속 경영진에 있으면 머크의 다른 직원들은 '저 사람은 나보다 실력이 부족한데 머크 가문이라서 승진하는구나'라고 생각할 수 있습니다. 그런 말이 나오지 않도록 머크 가문 사람이 경영진에 참여하는 경우 더욱 엄격하게 관리하고 평가하죠."

그는 사람들의 기대치가 높을수록 그에 상응하는 대가를 치러야 한다는 사실을 너무나 잘 알고 있었다. 그래서 지금도 해외로 출장을 갈 때 이코노미를 타고, 짐도 직접 들고 다니며, 사치품을 소비하지도 않는다. 다들 그 정도면 퍼스트 클래스를 타고 수행 비서가 짐을 들고 다니고 고가 유럽 명품만 입을 것으로 생각하지만, 부정적인 기대 수준을 깨트려 호감도와 신뢰도를 높이는 것이다.

이는 공간을 만드는 프로젝트를 진행할 때도 중요한 원칙이다. 우리
는 파인 다이닝이나 호텔 레스토랑을 갈 때 기대하는 수준이 있다. 절
대적인 맛과 서비스가 훌륭해도 기대 수준에 못 미칠 때 실망감은 커
진다. 반면, 별로 기대하지 않은 매장에서 수준 높은 서비스가 나올 때
는 만족도가 더욱 커진다.

　얼마 전 배달 음식 앱 후기에 "치킨 쿠폰 열 장을 모아 무료 치킨을
주문했더니 예전보다 부실한 치킨이 배달됐다"라는 글이 올라왔다.
주인 입장에서는 본사 원칙 혹은 배달 앱 플랫폼 원칙에 따라 시행하
는 서비스라서 본인에게는 손해였을 수 있다. 그러나 이는 무려 열 번
이나 주문한 단골을 내치는 행위다.

　쉐이크쉑을 포함해 15개의 레스토랑과 카페 등을 보유한 유니언스
퀘어 호스피탤러티 그룹(USHG)의 창업자 대니 메이어는 뉴욕시 등
에서 주최하는 대규모 행사로 사람이 몰릴 때 음식 가격을 올려 받는
대신 오히려 퍼 주기 방법을 쓴다고 한다. 예를 들어 뉴욕시 행사 때
USHG가 소유한 식당은 점심 메뉴를 20.05달러에 제공한다. 이는 평
소 점심 코스의 절반 가격이다. 그렇다고 메뉴를 줄이거나 양을 줄이
지도 않는다. 오히려 추가로 방문할 수 있는 점심 초대권을 제공한다.

　"이럴 때 방문하는 손님은 대부분 처음 오는 분들이에요. 그들에게
최고의 경험을 제공해 다시 방문하고 싶도록 만드는 겁니다. 점심 쿠
폰을 혼자 와서 써도 괜찮지만 의외로 혼자 오는 사람은 많지 않습니

다. 누군가를 데리고 오지요."

그가 소유한 브랜드 중 가장 유명한 쉐이크쉑도 이런 기대치 위반 효과로 인기를 끌었다. 쉐이크쉑 버거는 2001년 미국 뉴욕 맨해튼 중심가에 있는 매디슨 스퀘어 공원 내 푸드 카트에서 시작했다. 그러다 보니 사람들이 기대하는 수준이 높지 않았다. 그런데 쉐이크쉑은 고급 레스토랑에서 쓰는 재료로 음식을 만들었다. 패스트푸드 음식을 기대했는데 파인 다이닝을 뛰어넘는 수준의 음식이 나오자 쉐이크쉑 버거의 인기는 급상승할 수밖에 없었다. 국내에서 만난 랜디 가루티 쉐이크쉑 최고 경영자는 "햄버거 패스트푸드 산업이 사양길로 접어든 이유는 햄버거의 인기가 없어져서가 아니라 질 나쁜 재료로 성의 없게 만들었기 때문이란 것을 알게 되었다"고 말했다.

그러나 이렇게 기대치 위반 효과로 유명해진 뒤에는 역설적으로 그로 인해 비판받을 확률이 높아진다. "맛있다고 해서 줄 서서 먹었는데 겨우 이 정도야?"라는 말이 나오는 것이다. 사람들 요구 사항도 많아진다. 그 요구를 모두 맞춰 준다고 욕을 먹지 않는 것은 아니다. 가루티는 그럴 때 "시끄러운 소수보다 조용한 다수를 바라보라"고 말한다.

쉐이크쉑의 햄버거 패티는 항생제와 호르몬제를 사용하지 않은 고급 고기를 매일 밤 갈아서 사용한다. 번(햄버거 빵)은 전분을 넣어 쫄깃하게 만든다. 양상추와 양파, 토마토, 오이 등 채소도 신선한 재료를 사용한다. 그러나 감자튀김만은 냉동 제품으로 제조된다.

처음 작은 매장에서 가게를 열었을 때는 냉동 크링클컷(물결 모양으로 자른 감자) 감자튀김을 썼다. 이후 쉐이크쉑이 인기를 얻으면서 소셜 미디어에서 냉동 감자튀김을 비판하는 사람들이 생겨났다. 그러자 쉐이크쉑은 그들의 의견을 받아들여 냉동 감자튀김 대신 생감자를 프레시컷(일자로 길쭉한 모양)으로 잘라 바로 튀겨 냈다. 그런데 오히려 더 많은 사람이 "냉동 크링클컷을 돌려 달라"며 화를 냈다.

생감자를 썰어 튀긴 것과 냉동 크링클컷은 맛이 다르다. 의외로 냉동 감자가 생감자보다 더욱 바삭한 맛을 낸다. 쉐이크쉑 팬 다수는 바삭한 냉동 감자튀김을 좋아했는데, 일부 소셜 미디어 유저의 의견을 받아들여 메뉴를 바꿔 버리니 화를 낸 것이다. 그래서 6개월 만에 생감자 대신 냉동 감자튀김으로 다시 바꿨다. 대신 미국 아이다호주와 워싱턴주에서 재배한 골든 감자만 사용하고, 색소와 방부제는 모두 뺐다. 사실 감자는 1년에 한 번 재배되기 때문에 창고에 오래 보관한 생감자보다 신선한 상태에서 냉동한 감자가 더욱 신선하다.

"저희는 감자 파동으로 중요한 교훈을 얻었습니다. 반대 의견을 가진 시끄러운 소수의 의견보다 조용한 다수의 의견을 파악하는 데 더욱 공을 들여야 한다는 사실을요."

누군가의 기대치를 만족시키기란 어렵다. 높은 자리에 올라갈수록, 유명해질수록, 잘나갈수록 그 기대치는 높아진다. 소셜 미디어 등에서는 단지 유명하고 인기가 많다는 이유로 꼬투리를 잡아 비판하는 사람들도 생겨난다. 그 기대치를 부담스러워할 필요는 없다. 그것을 역으로 잘만 이용하면 호감도를 더욱 높일 수 있다. 그리고 그 기대치를 파악할 때는 시끄러운 소수보다 침묵하는 다수의 의중을 잘 살피려고 노력해야 한다.

마윈은 왜
전문가들 말을 듣지 않았을까?

권위자 편향

세계 최대 전자 상거래 기업 알리바바그룹의 창업자이자 21세기에 가장 주목받는 경영자 마윈. 그는 원래 영어 선생님이었다. 중국 항저우 사범대를 졸업하고 7년 동안 항저우 전자과학기술대에서 영어 강사로 일했다. 1992년 그는 전공을 살려 '하이보 번역'이라는 통번역 회사를 설립했다. 이때까지 그는 IT의 문외한이나 다름없었다.

그런 그가 인터넷 회사를 창업하기로 결심한 건 뜻밖의 경험 때문이었다. 1995년 미국을 방문했다가 친구를 통해 인터넷이라는 것을 처음 알게 되었다. 인터넷 검색창에 '맥주'를 검색했는데, 다른 나라 자료는 많았지만 중국 관련 자료는 하나도 찾을 수가 없었다. 이 일을 계기로 자본금 2만 7000위안(약 500만 원)을 들여 홈페이지를 제작해주는 '차이나옐로페이지'를 세웠다.

결과는 처참했다. 당시 중국에는 인터넷이 거의 알려져 있지 않았기 때문에 마윈이 전자 상거래 회사를 세우겠다고 했을 때 사람들은 그를 사기꾼으로 취급했다. 업계 전문가들도 그에게 "중국은 얼굴을 맞대고 거래하는 '관시(關係 : 연결하다라는 뜻으로, 서로 도움을 주고받는 끈끈한 인간관계를 중시하는 중국 특유의 문화를 의미)'로 돌아가는 나라인데, 어떻게 인터넷 거래가 가능하냐'라며 독설을 날렸다. 그가 2000년대 초 미국에 투자를 받으러 갔을 때도 마찬가지였다. 미국 내 벤처투자자들은 그에게 "그런 사업 모델은 본 적이 없다"라고 했다. "미쳤다", "멍청하다"라고 일갈하는 사람들도 있었다. 오죽하면 그의 부모님조차 "인터넷인지 뭔지 제발 좀 그만둬라"라고 했을까.

기업 간 전자 상거래 서비스로 시작한 알리바바가 도약한 결정적 계기는 소비자와 판매자를 직접 연결하는 사이트 '타오바오' 설립이었다. 미국 이베이의 중국 버전인 타오바오를 만들자고 제안했을 때 동업자와 전문가들은 "이베이가 곧 중국에 진출할 텐데 승산이 있겠느냐"며 말렸다. 그러나 그는 전문가들의 비판에 굴하지 않고 자신의 뜻을 밀어붙였다.

"이베이는 바다의 상어고, 우리는 양쯔강의 악어다. 바다에서는 이베이가 유리하겠지만 강에선 우리가 이긴다."

이베이는 2003년 중국에 진출했다가 타오바오와의 경쟁에서 밀려 4년 만인 2006년에 철수했다. 반면 타오바오는 개점 6개월 만에 글로벌 사이트 순위 100위 안에 들었고, 1년 후에는 20위 안으로 진입하며 그야말로 폭발적으로 성장했다.

마윈처럼 과감하게 행동하는 사람은 드물다. 우리 대부분은 전문가, 교수, 학자 같은 권위자들의 말에 약하다. 심지어 근거가 빈약하고 논리가 허술해도 별 의심 없이 믿는 경향이 있다. 이것을 '권위자 편향(authority bias)'이라고 한다.

심리학에서 말하는 편향이란 옳고 그름과 상관없이 특정한 방향으로 생각하거나 판단하는 경향을 의미한다. 권위자 편향은 '복종 실험'으로 유명한 미국 심리학자 스탠리 밀그램에 의해 대중적으로 알려진 심리적 오류다. 밀그램의 복종 실험은 의도한 결과를 도출하기 위해 실험 결과를 선택적으로 사용하는 등 조작 행위가 있었음이 밝혀지면서 비판을 받았다. 하지만 권위자 편향이 인간의 의사 결정에 큰 영향을 끼친다는 것을 부정하는 사람은 없다. 권위자 편향은 사실 인간의 본능에 가깝다. 권위자들의 의견을 따르는 것이 생존에 유리하고 사회 시스템을 안정적으로 유지하는 데도 도움이 되기 때문이다. 과거에는 권위를 가진 이들이 가진 정보가 훨씬 많고 정확하기 때문에 이런 편향은 자연스러운 일이었다.

문제는 권위자들이 항상 정확한 것은 아니라는 사실이다. 요즘처럼 변화의 속도가 빠른 상황에서는 더더욱 그렇다. 게다가 다양한 정보를 쉽게 공유하고 얻을 수 있는 시대가 되면서 똑똑한 개인이 많이 늘었다. 마윈은 "사람들이 멍청하다고 놀리건 똑똑하다고 치켜세우건 상관없다. 우리 고객들이 많이 쓰기만 하면 된다"고 했다. 그리고 알리바바를 세계 최대의 전자 상거래 기업으로 키워 냈다. 전문가들의 말을 믿고 따르는 대신 의심한 결과물이 바로 지금의 알리바바인 것이다.

"만약 모든 사람이 우리 아이디어가 좋다고 생각하면 모두가 그 일에 뛰어들려고 할 텐데, 그건 우리가 돈을 벌 기회는 없다는 뜻이기도 합니다. 오히려 그들이 우리에게 '미쳤다'고 말하는 것이 더 좋았어요."

호텔업 초짜이던 포시즌스 호텔 창업자의 성공 비결

전 세계 47개국에서 118개의 호텔을 운영하는 포시즌스 호텔의 창업자 이저도어 샤프도 권위자 편향을 이긴 사람이다. 건설업자이던 그는 신혼여행을 가서 묵은 호텔이 너무 형편없던 것을 계기로 호텔 사업을 시작했다. 미국 캘리포니아 남부의 휴양지 팜스프링스 별장에서 만난 그는 그때를 생각하면 아직도 끔찍하다고 말했다.

"객실은 작고, 가구는 낡았으며, 소음도 심했어요. 화장실은 공용이었죠. 그런데 위치가 좋으니 늘 만실이었어요. 이 정도 수준의 호텔이 이렇게 돈을 잘 번다면, 이곳을 능가하는 곳을 만들면 훨씬 더 많은 돈을 벌겠구나 생각했습니다."

첫 호텔은 1961년 캐나다 토론토 중심지 자비스가에 지은 100실 규모의 모텔. '포시즌스(Four Seasons : 사계절)'라는 호텔 이름은 그가 여행하면서 묵은 호텔 중 가장 마음에 든 독일 뮌헨의 최고급 호텔 '피어 야레스차이텐(Vier Jahreszeiten : 독일어로 사계절)'에서 따왔다. 첫 호텔이 성공하자 1970년 영국 런던에 진출하면서 본격적으로 럭셔리 호텔 사업을 시작했다.

이때 많은 전문가, 투자자, 가족이 그를 말렸다. 당시 영국 런던 5성급 호텔 시장은 돌체스터, 리츠, 사보이 등으로 이미 포화 상태였다. 제2차 세계 대전 후유증으로 기존 고급 호텔의 실적이 악화되었을 때라 '고급 호텔의 시대는 끝났다'는 보고서가 쏟아졌다. 그런데도 그가 도전하려고 하자 전문가들은 그를 "어리석은 캐나다인"이라고 조롱

했다.

"하지만 전 자신 있었어요. 경제가 회복되면 호텔업은 살아날 테고, 최고급 호텔에서 묵기를 원하는 부유한 사업가도 늘어날 것으로 생각했습니다."

그가 주 고객층으로 생각한 건 자신과 비슷한 불만을 가진 북미의 부유층과 사업가들이었다. 런던에는 이미 럭셔리 호텔이 많았지만 불편한 점이 한두 가지가 아니었다. 북미 사업가들이 런던에 가려면 7~10시간 동안 비행기를 타야 했다. 매우 피곤하고 지친 상태인데 밤에 도착하면 밥 먹을 데가 없었다. 런던 식당은 대부분 밤 10시 전에 문을 닫았기 때문이다. 또 출장 짐은 아무리 잘 싸도 옷이 구겨지게 마련인데 24시간 세탁 서비스가 없어 도착한 다음 날 아침에 미팅이 잡혀 있으면 구겨진 옷을 입어야 했다. 이저도어 샤프는 매일 아침 헬스장에서 운동을 하는데 당시만 해도 제대로 된 운동 시설을 갖춘 호텔이 거의 없었다. 그래서 그는 런던 포시즌스 호텔에 24시간 음식을 먹을 수 있는 룸서비스와 24시간 구두닦이, 다림질 서비스를 도입했고, 호텔 내에 피트니스 센터도 설치했다.

심지어 당시 런던에는 고급 호텔임에도 에어컨이 없는 경우가 많았다. 샤프가 호텔을 지을 때 건축 회사에서는 "1년 중 에어컨을 쓰는 날이 며칠 안 되니 굳이 설치할 필요가 없다"는 의견을 냈다. 그러나 그는 미국과 캐나다 사람들은 더울 때 에어컨 없는 걸 참지 못한다는 사실을 알기에 에어컨 설치를 밀어붙였다.

샤프는 호텔에 대형 샤워 타월과 브랜드 어메니티(객실 비치품)도 도입했다. 여자 형제들이 작은 수건으로 물기 닦는 걸 불편해하고 형편 없는 호텔 샴푸가 싫어 항상 본인의 샴푸를 병에 넣어 다니는 모습을 보고 아이디어를 얻은 것이었다. 방에서 담배 냄새 나는 걸 싫어하는 친구를 보고 금연 층을 따로 만들기도 했다.

이저도어 샤프는 권위자들의 의견과 반대로 한 덕분에 지금의 포시즌스 호텔 제국을 일궈 냈다. 그는 호텔 경영을 배운 적도 없고, 경영학 석사(MBA)를 마친 것도 아니지만, 전 세계 유명 경영대학원에서 호텔 경영에 대해 강의한다. 이렇듯 당신에게 좋은 아이디어가 있다면 굳이 권위자들의 말에 휘둘릴 필요는 없다.

권위자 편향이 가져온 사상 최악의 참사

만약 당신이 마케팅 담당자라면 권위자 편향을 잘 활용할 필요가 있다. 상대성 이론을 발견한 아인슈타인과 우유는 아무 관련이 없지만 모 우유 기업이 아인슈타인의 권위에 기대어 '아인슈타인 우유'라는 히트 상품을 만든 것이 대표적이다. 그뿐 아니다. 건강 기능을 강조하는 치약이나 칫솔 등의 광고에는 언제나 흰색 가운을 입은 의사들이 출연한다. 그들이 진짜 의사가 아닌 광고 모델일지라도 의사 가운이 주는 권위에 고객들이 늘 혹하기 때문이다.

만약 당신이 소비자라면 권위자 편향에 휘둘리지는 않는지 따져 볼 필요가 있다. 우린 다 알지 않는가. 저 연예인이 저 화장품을 썼기 때문에 피부가 빛이 나는 것이 아니라고. 그리고 그 권위자가 제대로 된 권위를 가진 게 맞는지도 확인할 필요가 있다.

애널리스트가 주식 시장의 모든 것을 알 수는 없다. 그랬다면 세계 최고의 부자는 애널리스트여야 할 것이다. 인스타그램 인플루언서가 판매하는 물건을 확인 없이 사는 것도 바람직하지 않다. 팔로워 수가 진실을 증명하는 것은 아니기 때문이다.

물론 사람은 누구나 실수할 수 있다. 권위자도 마찬가지다. 아무리 권위자라고 해도 모든 걸 알지는 못한다. 그의 예측이 다 맞을 수는 없다는 뜻이다. 그러므로 권위자의 말을 참고하되 그 말이 옳은지는 냉정하게 판단할 필요가 있다. 이치에 맞지 않고 분명 틀렸는데도 권위자의 말이니까 무조건 맞는다며 따르다가는 낭패를 볼 수도 있다.

HBO 드라마 '체르노빌'은 권위자 편향이 어떻게 비극적인 사태로 이어지는지를 극적으로 보여 준다. 체르노빌 사고는 안전장치 관련 실험 중에 발생했다. 극 중 엔지니어들은 더 이상 실험을 진행하면 안 되는 상황임을 자신들의 눈으로 직접 확인하고도 권위자인 수석 엔지니어 아나톨리 댜틀로프의 말에 휘둘렸다. 그래서 댜틀로프의 지시에 따라 비상시 작동되는 냉각 시스템을 끈 채 실험을 진행했고, 그 결과 40여 년이 지난 지금까지도 여전히 해결되지 않는 역사상 최악의 방사능 유출 사고로 이어졌다. 체르노빌 사고는 당시 소련이라는 특수한 사회 체제 아래에서 여러 요인의 복합적인 작용으로 일어난 복잡한 사건이지만, 권위자 편향이 사건의 주요 원인 중 하나라는 사실을 부인하기는 어렵다.

내가 모르는 분야일수록 권위자 편향에 휘둘리기 쉽다. 하지만 그들이 내 돈과 내 인생을 책임져 주지는 않는다. 그러니 권위자의 말이라고 덮어놓고 따르기 전에 그들의 말이 맞는지 의심해 보라. 그게 잘 안되면 최소한 '내가 옳으니 무조건 따르라'고 강요하는 권위자는 경계할 필요가 있다. 사고가 나고, 돈을 날리고, 책임을 져야 할 상황에 이르렀을 때 권위자에게 분통을 터트려 봐야 소용없으니 말이다. 내가 살 궁리는 내가 찾는다고 생각하는 게 마음 편하다.

정보가 많은 사람이 오히려 최악의 선택을 할 수도 있다

정보 편향

사업을 시작할 때 가장 먼저 하는 일이 사업 계획서를 작성하는 것이다. 정교한 사업 계획서를 만들기 위해 거금을 주고 시장 조사를 하거나 유명한 컨설팅 업체에 사업 타당성 평가를 의뢰하기도 한다. 기업에서 새로운 프로젝트를 시작할 때도 마찬가지다. 몇백 페이지짜리 기획안을 만드는 데 수십 명이 몇 개월 동안 달라붙어 일한다. 그런데 아무리 공을 들여 작성한 기획안이라도 프로젝트가 계획대로 진행되는 경우는 거의 없다.

시장 조사와 컨설팅은 기존 사업과 시장을 바탕으로 이뤄진다. 신사업이 어떻게 될지는 그들도 모른다. 스티브 잡스는 이렇게 말한 바 있다. "대부분의 사람은 원하는 것을 보여 주기 전까지는 자신들이 무엇을 원하는지 모른다"고.

2018년 세계적인 화장품 그룹 로레알이 6000억 원에 인수한 패션 화장품 기업 '스타일난다' 김소희 창업자는 국내 온라인 쇼핑몰 1세대다. 2004년 그녀가 동대문시장에서 옷을 사다 인터넷으로 팔 때만 해도 보세 옷은 대부분 지하상가나 로드숍에서 팔았다. 당시만 해도 옷을 입어 보지 않고 산다는 것은 상상할 수 없는 일이었다. 그런데 21세이던 그녀는 어떻게 이런 생각을 했을까?

그녀를 만난 건 스타일난다가 로레알에 인수되기 얼마 전이었다. 서울 마포구 홍익대 근처에 있는 본사에 도착하자, 밝은 노란색 긴 곱슬머리의 그녀가 흰색 블라우스에 나팔 청바지를 입고 나타났다. 스타일난다의 모델 '난다걸' 모습 그대로 말이다.

"기다리고 있었어요. 골목이 복잡해서 찾아오기 어렵지 않았나요?"

기분 좋아지는 목소리. 발랄한 옆집 친구 같았다. 그녀는 언론과 인터뷰를 안 하기로 유명하다. 이렇게 사교적인 사람이 왜 인터뷰를 안 할까?

"부끄러워서요. 낯을 많이 가리는 편이에요. 또 제가 어린 나이에 사업을 시작했잖아요. 고객들하고 '언니, 언니' 이러면서 친해졌단 말이에요. 그런데 성공 비결이 어떻고 하는 거창한 인터뷰를 하면 고객들이 저를 얼마나 부담스러워하겠어요."

그녀가 처음부터 인터넷 쇼핑몰을 하겠다고 나선 것은 아니었다. 어느 날 엄마를 따라 동대문시장에 갔다가 마음에 드는 베이지색 트위드(양모 실로 직조한 빳빳하고 거친 질감의 옷감) 재킷을 하나 샀는데, 집에 놀러 온 친구가 그 옷을 보더니 말했다.

"어머, 예쁘다. 진짜 비싸 보인다. 한번 팔아 봐."

혹시나 하고 옥션에 올려 봤다. 3만 원짜리가 8만 원에 팔렸다.

'내가 고른 걸 남이 사 주다니.'

그렇게 몇 번 옷을 사고팔았다.

"재미있더라고요. 그래서 인터넷 쇼핑몰을 만들기로 결심했죠."

인터넷 쇼핑몰 사이트를 만드는 일은 별로 어렵지 않았다. 그녀가 힘든 건 시장의 거래처 사람들이 인터넷 쇼핑몰 사업에 대해 잘 몰라서 사업 파트너로 여기지 않는다는 점이었다.

"그때만 해도 옷 사러 가면 그냥 부평 지하상가에서 장사한다고 했어요. 인터넷 쇼핑몰에 대해 설명하기도 귀찮고, 설명해도 잘 모르니까요. 괜히 이상한 거 한다고 오해하면 옷을 제대로 못 받거든요."

만약 그녀가 외부 업체에 의뢰해 시장 조사부터 했으면 어땠을까? 컨설턴트들은 동대문시장을 돌아본 후 '상인들의 인식이 인터넷 쇼핑몰에 우호적이지 않다'고 분석했을 것이다. 시장 조사원들은 로드숍을 드나드는 20대 여성들을 대상으로 설문 조사를 실시해 '옷은 입어 보고 샀을 때와 입어 보지 않고 샀을 때 차이가 크기 때문에 인터넷으로 판매하는 건 성장 가능성이 없다'는 결과를 도출했을 것이다. 이렇게 그녀가 사전 조사를 먼저 했다면 지금의 스타일난다는 만들어지지 않았을지도 모른다.

너무 많은 정보는 어떻게 좋은 선택을 방해하는가

정보가 많을수록 더 나은 의사 결정을 하게 된다는 믿음을 '정보 편향(information bias)'이라고 한다. 의사 결정에 필요한 정보는 이미 충분히 가지고 있는데 정보 자체에 중독돼 더 많은 자료를 찾아 나서는 현상이다. 너무 많은 정보는 쓸모가 없을뿐더러 오히려 잘못된 판단으로 이끌 확률이 높다. 정보에 질려 일을 시작도 하기 전에 포기하게 되는 경우도 있다.

나도 언젠가 인터넷 쇼핑몰을 해 볼까 생각한 적이 있다. 김소희 대표가 스타일난다를 시작한 시기와 비슷한 2005년쯤이었다. 당시 나는 미국 뉴욕에서 어학연수 중이었는데, 어느 날 밤 한국에 있는 친구와 통화하다가 주말에 유명 브랜드 할인 매장이 몰려 있는 뉴욕 인근의 우드버리 아울렛에 놀러 간다고 하자 그녀가 말했다.

"우리 우드버리 아울렛 제품으로 인터넷 쇼핑몰을 운영하는 건 어때? 네가 아울렛에서 팔릴 만한 물건들을 사서 보내면 내가 한국에서 파는 거지."

지금과는 달리 그때는 해외 유명 브랜드 제품을 싸게 판매하는 사이트가 거의 없었다. 친구의 제안은 솔깃했고, 그 뒤 난 나름대로 사업 준비를 시작했다. 인터넷 사이트 개설에 대해 공부했고(만들 줄도 모르면서 이왕이면 예쁘게 만들고 싶었다), 맨해튼에서 우드버리까지 어떻게 오갈지를 연구했다(대중교통이 없었기 때문에 자동차가 필요했지만 난 면허가 없었다). 어떤 옷이 잘 팔리는지, 우드버리에는 어떤 브랜드 제품들이 잘 나오는지, 내가 산 옷을 친구에게 어떻게 배송할지, 친구는 그걸 소비자에게 어떻게 전달할지 등등 최소 3개월은 진지하게 고민했다.

그런데 결국 우리는 아무것도 하지 못했다. 정보를 모으다 보니 모르는 일이 너무 많았고, 내가 과연 이 일을 잘할 수 있을까 걱정과 우려가 더해졌으며, 나중에는 정보 자체에 질려 버렸다. 차라리 김소희 대표처럼 옷을 한두 가지 사서 네이버 블로그에 올려 팔아 보는 방식

이었다면 어땠을까 싶다.

더 많은 정보가 항상 더 좋은 건 아니라는 사실은 일상생활에서도 자주 경험할 수 있다. 심지어 사람들은 종종 적은 정보로 더 나은 선택을 하기도 한다. 나는 해외 출장이나 휴가지 숙소를 예약할 때 익스피디아 앱을 애용한다. 출국 날짜가 임박해 숙소를 예약해야 할 때는 선택지가 많지 않다. 그러면 그냥 예산에 맞는 곳, 인터뷰 장소와 가까운 곳, 우범지대가 아닌 곳, 평점이 가장 높은 곳 순서로 단순하게 고른다.

문제는 출국 날짜까지 여유가 있을 때다. 상식적으로는 출국 날짜가 임박했을 때보다 더 좋은 숙소를 구할 것 같지만 실제로는 그렇지 않다. 앱을 열자마자 일단 전 세계에 얼마나 많은 숙소가 있는지 깨닫고 새삼 놀라게 된다. 한 골목 안에도 다양한 숙소가 있고, 이들의 평점 역시 큰 차이가 없다. 구글에서 숙소 사진을 검색하고 후기를 꼼꼼하게 봐도 결정에 큰 도움이 되지 않는다. 이렇게 며칠을 고민하다 A를 선택했다고 치자. 어느 날 만난, 그 지역을 다녀온 친구가 "너 거기가면 꼭 B에서 묵어. 거긴 내가 가 본 숙소 중 최고야"라고 말하는 순간 며칠간의 고민은 시간 낭비가 되어 버린다.

이는 옷이나 과일을 살 때도 마찬가지다. 만약 검은색 반바지를 하나 사야겠다고 마음먹고 쇼핑 사이트에서 검색하면 수백 가지 제품이 나온다. 물론 그중 가장 좋고 마음에 드는 것을 선택하면 되지만, 그게 말처럼 쉬운 일이 아니다. 시간을 많이 들여 골랐는데 막상 받아 보니 반품을 해야 하는 상황에 다다르면 스트레스가 이만저만이 아니다. 그렇게 보자면 무신사 같은 의류 쇼핑몰의 성공 요인은 고객들이 정보 편향에서 벗어날 수 있도록 선택지와 정보를 대폭 줄인 데 있다. 신생 업체 마켓컬리가 쿠팡이나 SSG마켓 등 더 다양한 제품을 갖춘 쇼핑몰과의 경쟁에서 선전하는 것 역시 역설적으로 제품 종류가 적어 선택의 고민이 적기 때문이다.

이런 심리는 직장에서도 활용해 볼 수 있다. 상사가 "신박한 아이디어 없어?"라고 물을 때 괜히 열심히 한다고 "이런 것도 있고, 저런 것도 있고, 그런 것도 있습니다"라고 말해 봐야 좋은 소리 못 듣는다. 가짓수가 엄청 많으면 모를까, 딱히 아주 많은 것도 아니라면 제대로 고민해 보지 않았다는 인상만 심어 주기 때문이다. 그래서 "뭐라는 거야? 제대로 정리해서 보고해"라는 불호령이 떨어지거나 "섹시한 아이디어가 없네. 제대로 된 걸로 다시 올려"라는 말을 듣기 일쑤다. 이럴 때는 차라리 엄청나게 고심한 표정으로 "이런 게 하나 있는데요"라고 말하는 게 채택 확률이 높다. 상사를 선택의 고민에서 벗어나게 해 줬기 때문이다.

이는 옷 가게를 할 때도 마찬가지다. 상점을 방문한 손님에게 여러 가지 옷을 보여 주면 손님은 결정 장애에 빠질 확률이 높다. 오히려 한두 가지만 권하고 "이 옷이 진짜 손님에게 딱이에요"라고 말하는 것이 구매 확률을 높인다.

기획안을 만들어 본 적 없는 스타일난다의 단순한 성공 방식

다시 스타일난다로 돌아가 보자. 김소희의 성공 비결을 요약하면 모델 난다걸에 대한 팬덤, 대표가 직접 해 주는 고객 큐레이션 서비스, 빅 사이즈 고객을 겨냥한 77사이즈 코너, 중국어 등 다국적 사이트 개설 등이다. 그런데 이 중 기획안으로 탄생한 것은 하나도 없다.

"'사람들 마음을 이렇게 얻어서 이렇게 할 것이다'라는 식으로 기획안을 만들어 본 적이 없어요. 전 그렇게까지 똑똑하지 못해요. 첫 난다걸은 제 친구였어요. 친구를 예쁘게 입히고 사진 찍으며 놀았는데 사람들이 좋아해 준 거죠. 제가 워낙 옷 입는 거, 입히는 거 좋아하니까 고객들이 물어보면 답해 준 거고요. 77사이즈? 동대문 가면 다 해 줘요. 중국어 사이트도 중국 고객들이 해 달라고 하니까 한 거고요. 전 장사꾼이니 원하는 대로 해 줘서 하나라도 더 팔면 좋은 거잖아요."

로레알이 스타일난다를 거금을 주고 산 이유는 패션 부문보다는 화장품 사업 부문 3CE 때문이다. 그녀는 2008년 코스메틱 사업부를 개설하고 제품 제작을 위해 국내 굴지의 화장품 회사를 찾아갔다. 화장품 사업 시작도 단순했다.

"저희가 하는 게 옷에 맞춰 모델을 예쁘게 화장하는 거잖아요. 그러다 보니 화장품을 섞어 쓰기도 하고. 그래서 처음에는 '립스틱 하나 만들어 볼까?' 하고 찾아갔어요. 그랬더니 다들 놀라더라고요. 그때 제 나이가 스물일곱이었고, 당시만 해도 화장품 사업은 대기업만 하던 거였거든요."

그녀는 자신을 '베짱이'라고 말한다. 잠도 많고 노는 것도 좋아한다. 쇼핑몰 초기에는 일하는 사람이 없어 3~4시간만 자며 일했지만, 사업이 정상 궤도에 오른 후에는 그런 적이 없다. 그런데도 그녀는 패션,

화장품, 속옷, 컬러렌즈까지 빠르게 변화하는 패션업계에서 사업을 성공적으로 이끌었다.

패션은 대표적인 속도 사업이다. 시장에 있는 제품들을 분석해서 옷을 만드는 것이 아니라 옷을 먼저 출시하고 시장의 유행을 이끌어야 한다. 그렇기에 무엇보다 '감(感)'이 중요하다. 그녀는 자신의 스타일이 잘 먹힐 것이라는 믿음이 있었고, 그 믿음대로 진행되었다. 그 과정에서 난다 스타일에 대한 팬덤이 형성됐고, 그녀는 팬덤이 원하는 대로 사업을 진행했다. 그녀가 갑자기 돈 많이 벌었다고 뜬금없는 사업을 벌였다면 망했을 수도 있다. 그리고 그 과정에서 그녀가 시간과 돈을 들여 많은 정보를 모으는 데 급급했다면 오히려 감은 떨어지고 트렌드도 놓쳐 버렸을 것이다.

영화배우 제시카 알바가 친환경 유아 및 가정용품 업체인 '어니스트 컴퍼니'를 만든 과정도 단순하다. 그녀는 '씬 시티'와 '판타스틱 4'로 영화계 최정상에 있을 때 스태프 캐시 워런과 결혼해 2008년 첫아이를 낳았다. 아이를 키우던 그녀는 유아용 세탁 세제에 알레르기 반응을 일으키는 화학 물질이 들어 있다는 사실을 알고 충격을 받았다. 처음에는 화학 물질이 없는 제품을 찾아 고군분투했다. 그러나 마음에 드는 제품을 찾기가 너무 어려웠다. 그래서 '이럴 거면 차라리 내가 만들겠다'고 결심하고 2011년 회사를 세웠다.

그녀가 회사를 세울 당시에는 유기농 가정용품 브랜드가 많지 않았다. 팬들은 그녀의 임신과 출산, 육아 등 모든 과정을 파파라치의 사진으로 지켜봤다. 그러니 그녀의 말에 진정성을 느낄 수밖에 없었고, 그녀가 판매하는 물건 또한 사고 싶어 했다. 그 결과 그녀가 세운 어니스트 컴퍼니는 매년 약 3000억 원의 매출을 올리는 회사로 성장 했다. 그녀의 사업 방식이 수많은 쇼핑 블로거에게 영감을 주었음은 물론이다.

계획도 없이 무모한 도전을 하라는 건 아니다. 쓸데없이 많은 정보를 모으는 데 힘 빼지 말라는 것이다. 그리고 처음부터 쓸데없이 거창하게 일을 크게 벌일 필요가 없다는 것이다. 김소희 대표는 자신의 사업 스타일에 대해 이렇게 말했다.

"제 성향이 뭔가 위험한 걸 아저씨들처럼 크게 하는 스타일은 아니에요. 사부작사부작, 조금씩 하는 스타일이죠."

성공한 CEO들이
술과 담배를 멀리하는 이유

표면적 인지

2021년 1월 15일 나는 술을 줄였다. 여기서 '끊었다'라고 해야 극적 효과가 더욱 크겠지만, 술을 끊지는 못했고 줄이기만 했다. 대신 '혼술'은 완전히 끊었고 사적 술자리도 줄였다.

　이유는 건강 검진 결과 때문이었다. 간암 표지자 수치(AFP)가 정상 범위를 넘어선 것으로 나왔다. 간암일 가능성이 있다는 말이었다. 물론 정상 범위를 살짝 벗어난 것이라 심각한 상태는 아니었지만 너무 놀랐다. 기자 생활 15년 동안 지방간이 나타나거나 간 수치가 올라간 적은 없었다. 술을 즐기긴 했어도 폭음을 하는 스타일도 아니었다. 심지어 폭음하는 주변 사람들을 보며 난 술을 적게 마신다고 굳게 믿고 있었다. 매년 건강 검진 때마다 음주 습관 테스트를 하며 내 알코올 섭취가 정상 범위를 넘어섰다는 생각은 잠깐 했지만 말이다.

Q. 일주일에 몇 번 마시는가?

A. 일곱 번

Q. 한 번 마실 때 얼마나 마시는가?

A. 두세 잔(이라고 하지만 과음할 때도 종종, 아니 꽤 많았다)

Q. 술을 마시지 않을 때 불안함을 느끼는가?

A. 아니요(라고 했지만 장기간 마시지 않은 적이 없어서 불안함을 느끼는지 아닌지 잘 몰랐다)

이 테스트에서 내가 '다른 사람보다 많이 마시는가'는 전혀 중요하지 않았다. 난 매일 점심과 저녁 취재원과 만나 밥을 먹으며 반주를 했고, 자기 전 넷플릭스 등을 보며 맥주와 와인을 즐겼다. 거의 매일 반 병 이상씩 마시고 있었던 것이다. 코로나가 심해져서 재택근무를 할 때는 기사가 잘 써지지 않으면 으레 맥주 캔을 따곤 했다.

알코올 의존증 환자 중에는 분명히 술을 많이 마시는데도 '난 생각보다 많이 마시지 않아서 괜찮아'라고 착각하는 사람이 많다. 이를 '표면적 인지(superficial recognition)'라고 한다. 실제와 다르게 인식한다는 뜻이다. '물만 마셔도 살이 찐다'는 말이 표면적 인지의 대표적인 예다. 물만 마셔서는 살이 찔 리 없다. 소모 열량보다 더 많은 열량을 섭취했기 때문에 살이 찐다. 그런데 뭘 먹었는지는 기억하지 못하고 늘어나는 몸무게에만 초점을 두기 때문에 인지 내용과 실제 결과에 차이가 생긴다.

한국은 대체로 술에 관대하다. 언론계에서 술을 잘 마신다는 건 자랑거리로 통한다. 사교성이 좋다는 말과 동일시되기 때문이다. 그래서 난 입사할 때 내 주량이 소주로 만든 폭탄주 스무 잔이라고 당당하게 밝히기도 했다.

그러나 사회생활 15년 동안 사람들을 만나며 깨달은 것은 성공한 사람 중에는 술, 담배를 하지 않는 사람이 의외로 많다는 것이다. 술과 담배를 잘하는 사람은 초반에는 혜택을 많이 본다. 수많은 술자리에 불려 다니면서 자연스럽게 다양한 사람을 만나고, 그들과 더 빨리 친해질 기회를 얻기 때문이다. 담배 역시 마찬가지다. 뒤뜰에서 교류하는 담배 동지들은 든든한 지원군이 되어 준다.

　　그러나 나이가 들수록 주량이 줄고 필름이 끊기는 등 없던 술버릇이 나타나기 시작한다. 그러다 보면 어느 순간 술자리 실수로 내리막길을 걷는 경우도 생긴다. 실수를 하지 않더라도 술과 담배로 건강이 악화돼 일 처리 능력이 떨어지기도 한다.

　　또한 술과 담배를 많이 하면 외모에도 노화가 빨리 온다. 회사 이미지를 중시하는 글로벌 회사 CEO나 케이팝 등 문화업계 임원에게 그것은 치명적인 결격 사유다. 외국에서는 건강하지 못하면 CEO로 지명되는 것이 불가능하다. 심지어 흡연, 비만도 결격 사유로 여길 정도라서 CEO들은 과학적으로 치밀하게 건강을 관리한다.

　　높은 자리에 올라간다는 것은 몇천, 몇만 명의 생업이 달린 일을 최종 결정하고 책임진다는 의미다. 그러다 보니 대부분 성공한 사람들의 삶은 수도승의 삶과 같다. 한국P&G 총괄 사장과 해태제과 대표이사를 거쳐 2005년 1월부터 LG생활건강을 이끌고 있는 차석용 부회장이 대표적이다. 취임 후 단행한 20여 건의 기업 인수 합병이 모두 적중해 '차석용 매직(magic : 기적)'이란 말을 만들어 낸 그는 술, 담배, 골프, 회식을 거의 하지 않는다. 매일 새벽 3시에 일어나 오전 6시까지 출근한 후 오후 4시에 퇴근한다. 오전 8~11시, 오후 1~4시를 업무 보고 시간으로 정해 놓고, 나머지 시간은 사내에 있더라도 혼자만의 시간을 고수한다.

"그 시간 동안 럭셔리·헬스·미용 분야의 10여 개 외국 전문 저널과 국내외 서적 10여 권을 정독해요. 고객들과의 눈높이를 맞추고 사업 전략과 영감을 얻기 위해서는 어쩔 수 없습니다."

이런 자기 관리 덕분에 1953년생인 그는 LG그룹을 넘어 10대 그룹 계열사 최고령·최장수 타이틀을 유지하고 있다.

신사복 제조 기업 부림광덕 임용수 회장도 서울고와 한국외대를 졸업한 후 경양식집 사장, 미국 백화점 메이시스 중역 등을 거쳐 '내 사업을 해야겠다' 결심한 후 가장 먼저 한 일이 금연이었다.

"월급쟁이로는 도저히 부자가 될 수 없겠더라고요. 부자가 되려면 사업을 해야 한다는 생각이 들었습니다. 그런데 사업을 하려면 건강해야겠더라고요. 하루에 두 갑씩 피우던 담배부터 끊었어요."

국내외 27개 회사를 인수 합병한 뒤 모두 경영을 정상화해 '기업 재생의 신'으로 불리는 나가모리 시게노부 일본전산 회장도 술과 담배를 하지 않는다. 그는 오전 5시 50분에 일어나 아침을 먹고 6시 50분에 출근한다. 30분 동안 회사 경비에 대한 전표를 확인한다. 그리고 여기저기 전화를 하고 회의를 하는 등 업무를 보고 점심 식사는 10분만에 마친다.

유니클로의 야나이 다다시 회장도 마찬가지다. 취미 생활은 골프밖에 없다. 아침 5시 30분에 일어나 6시 45분에 집을 나서 7시에 회사에 도착한다. 그리고 오후 4~5시까지 일을 마치고 집으로 간다.

술을 사랑하는 것으로는 어느 나라에도 뒤지지 않는 중국의 기업인들도 예외는 아니다. 춘추항공의 왕정화 회장은 술, 담배뿐 아니라 골프도 하지 않는다. 매일 아침 하는 중국 권법인 태극권(太極拳)이 그의 유일한 취미이다. 리자청 청쿵그룹 회장도 술과 담배를 하지 않는다.

나는 '이 정도는 괜찮겠지'라고 안일하게 생각했던 것 같다. 건강 검진 결과에 충격을 받고 절주(節酒)를 시작했다. 내가 알코올 중독에 가까운 상태였다는 건 술을 끊고 알았다. 처음 3개월은 과자가 너무 먹고 싶었다. 평소 초콜릿이나 젤리는 좋아해도 바삭한 과자는 그다지 좋아하지 않았다. 그런데 밤만 되면 원래 맥주를 마시던 그 시간에 과자가 너무 먹고 싶었다. 과자를 먹지 않고는 잠을 잘 수 없을 지경이었다. 야밤에 배민마켓으로 과자를 주문해서 먹고 잤다. 1년 내내 한 봉지도 안 먹던 과자를 하루에 두세 봉지씩 먹으니 살이 빠질 리 만무했다.

불면증도 심해졌다. 평소 알딸딸한 술기운으로 잠들었는데 술을 마시지 않다 보니 신경에 온통 날이 서 있었다. 스트레스를 심하게 받은 날은 더욱 심했다. 딱 한 잔만 하면 행복한 기분으로 잠들 수 있을 것 같았다. 그러나 꾹 참고 반년을 버텼고, 그 결과 AFP가 정상으로 돌아왔다.

금주는 어떻게 성공으로 이어지는가

이렇게 살아 보니 좋은 점도 많았다. 운동을 예전처럼 열심히 안 해도 뱃살이 나오지 않았다. 과자 중독 증상은 다행히 3개월 뒤 멈췄다. 명료한 정신으로 있는 시간이 많다 보니 일의 효율도 높아졌다. 그때 마침 방탄소년단이 빌보드 1위를 하고 넷플릭스 오리지널 시리즈 '오징어 게임'이 전 세계 1위를 하면서 밤새워 일해야 하는 경우가 많았다. 그러나 그렇게 일을 하고도 책을 내기 위한 원고를 쓰고 방송에 출연하고 운동을 하고 그림 전시회도 다녔다.

돈도 많이 절약됐다. 퇴근길 편의점에서 사던 4캔 묶음에 1만 원 하는 맥주, 이마트 와인장터 행사 기간에 쟁여 두는 와인들로 나간 돈이 꽤 됐던 것이다. 친구들을 만나도 술을 마시지 않으니 식사 비용도 적게 나왔다. 덩달아 커피도 줄었다. 술을 안 마시다 보니 몸의 세포가 예민해져 카페인에 민감하게 반응하기 시작한 것이다. 대학 때부터 스타벅스 벤티컵으로 아이스 아메리카노를 두세 잔씩 마시던 나였다. 그러나 커피를 하루 한 잔(에스프레소 한 샷)으로 줄이고, 너무 힘든 경우에는 디카페인을 마셨다. 당연히 커피값도 꽤 절약됐다.

'아기곰'이라는 필명으로 활동하는 부동산 고수 문관식도 술과 담배를 하지 않는다. 커피도 안 마시고, 옷도 잘 안 사 입는다. 혼자 밥 먹을 때는 제일 싼 라면을 먹는다. 그는 이렇게 모은 월급으로 1990년대에 이미 아파트를 샀다.

"누군 그러더라고요. '티끌 모아 티끌'이라고. 그런데 누가 태산을 모으라고 했나요? 조그마한 흙무더기부터 모아야지."

1000만 원을 모아 본 사람이 1억 원을 모을 수 있고, 1억 원을 모아 본 사람이 10억 원도 모을 수 있는 법이다. 물론 평생 이렇게 아끼면서 살라는 것은 아니다. 돈이 돈을 부르는 '자본 소득'의 규모를 의미 있는 수준으로 키울 때까지 절제가 필요하다는 뜻이다.

가난한 사람이 가난한 이유는 자본 소득이 없어서다. 금수저로 태어나지 않은 이상 흙무더기를 모아서라도 조금의 자본 소득을 만드는 것이 중요하다. 요즘은 1980~1990년대와 비교하면 투자에 필요한 양질의 정보가 넘쳐 난다. 발 빠른 20대들은 주식 동호회 활동을 하며 주말에 땅 보러 다니고 친구들끼리 단톡방에서 정보를 교환한다.

월급 200만 원 받는 사람과 400만 원 받는 사람이 있다고 하자. 400만 원 받는 사람이 400만 원을 다 써 버리면 자산 증가를 기대할 수 없다. 그런데 200만 원 버는 사람이 매달 100만 원의 여유 자금을 만들 수 있다면 자본 소득의 첫 단추를 끼운 것이다.

"그때부터는 돈이 돈을 버는 거예요. 금수저로 태어나는 사람이 얼마나 되나요. 내가 날 금수저로 만들어야지."

아기곰은 비슷한 수준의 입사 동기 A와 B를 예로 들었다. A는 욜로족이다. 이 사람은 터무니없이 비싼 집의 노예가 되지 않겠다며 신입 사원 때 할부로 외제차를 뽑고 비싼 동네에서 월세를 살았다. 1년에 두 번 해외여행을 다니고 겨울에는 스키, 여름에는 서핑을 했다. B는 버스를 타고 다녔고, 도시락으로 점심 식비를 아꼈고, 커피나 배달 음식에도 돈을 쓰지 않았다. 이렇게 모은 돈에 대출을 보태 집을 샀다. A의 삶이 행복할까, B의 삶이 더 행복할까?

"전 A의 선택도 존중해요. 하지만 자기가 그렇게 살았으면서 나이 들어 내 집이 없다고 B를 투기꾼이라 욕하거나 정부를 비난하면 안 되죠. B도 마찬가지. 그렇게 열심히 살아서 집을 샀는데 나중에 혹시나 집값이 떨어지더라도 바보같이 살았다며 자학하면 안 돼요. 다 가치관의 차이죠."

2022년 3월 현재 난 여전히 혼술을 하지 않는다. 집 냉장고에도 술이 없다. 커피도 하루 한 잔만 마신다. 작년 여름에는 오피스텔을 분양받기도 했다. 절주 하나만으로 그렇게 된 건 아니지만 절주로 인해 생각보다 많은 부분이 바뀐 것은 사실이다. 무엇보다 건강을 되찾은 것이 가장 크다.

마흔이 넘으면 누구나 예외 없이 체력 저하를 호소하기 시작한다. 나이 들어서도 여전히 하고 싶은 일들을 하며 살기 위해서는 어떤 식으로든 체력을 유지하기 위해 애써야 하며, 그러려면 술과 담배를 줄이거나 끊어야 하는 순간이 온다. 성공한 사람들이 술과 담배를 멀리하는 이유는 바로 거기에 있다. 그러니 이왕이면 하루라도 빨리 술, 담배를 정리하는 건 어떨까. 그런다고 하루아침에 부자가 되거나 성공하지는 않겠지만, 나이 들어 병들고 가난해질 확률은 조금 줄어들지 않을까.

다이어트를 하든, 술을 끊든, 불필요한 소비를 줄이든, 가장 먼저 해야 할 일은 표면적 인지와 현실 사이의 괴리를 줄이는 것이다. 그래야 나도 모르는 사이 야금야금 나를 갉아먹고 있는 원흉이 무엇인지 정확히 파악해 긍정적인 변화를 끌어낼 수 있다.

금기를 깨는 순간
돈이 보인다

사혈 효과

국내 굴지의 K 백화점. 대규모 투자가 들어간 신규 점포 출점을 대비한 아이디어 회의가 한창이다. 이번 신규 백화점 프로젝트를 맡은 팀장이 말한다.

"다들 아시다시피 백화점 매출이 매년 하락하고 있습니다. 우린 고객들을 인터넷 쇼핑몰에 빼앗기고 있어요. 고객들을 다시 백화점으로 모셔 올 혁신적인 방법은 없을까요?"

직원 A : 백화점 설계는 미국 E 백화점 건축으로 유명한 건축가 R에게 맡기죠. 백화점 건물은 내부에서 밖이 안 보여야 한다는 특수성 때문에 아무나 못 합니다. R만 한 적임자가 없다고 생각합니다.

직원 B : 지하 슈퍼마켓은 국내에 없는 유럽 수입 제품들로 구성해 확실하게 차별화하겠습니다.

직원 C : 상층 키즈존 규모는 늘리는 게 좋겠지요?

이 회의의 문제점이 무엇이라고 생각하는가? 다들 혁신적인 방법을 찾는다고 하면서 그동안의 방식을 버리지 못하고 있다는 점이다. 백화점은 내부에서 밖이 보이지 않아야 한다는 것, 지하에는 슈퍼마켓이 입점한다는 것, 키즈존이나 스포츠 코너는 상층에 둔다는 것 등은 특별한 이유 없이 '원래 그래야 하는 것'으로 여겨지는 사안들이다.

1830년대 프랑스에서는 환자의 상처에 거머리를 놓아 피를 뽑는 '사혈(瀉血)' 치료가 유행했다. 당시 프랑스는 사혈을 위해 4000만 마리의 거머리를 수입하기도 했다. 사혈법은 신체가 네 가지 액체로 구성된다는 '사체액설(四體液設)'에 근거하고 있었다. 모든 질병의 원인은 인간의 몸에 있는 네 가지 액체의 불균형에서 비롯되는데, 특히 피가 너무 많을 경우 천식, 간질 등의 질병이 발생한다는 것이다. 치료 효과에 대한 의학적 근거가 없다는 비판이 꾸준히 제기됐지만 고대부터 2000년 넘게 이어진 민간요법이었다. 결국 대다수의 환자가 사혈을 하지 않아도 더 나아졌다는 사실이 의학적으로 명확히 입증된 후에야 사혈에서 벗어날 수 있었다. 이처럼 근거 없는 원칙에 사로잡혀 더 좋은 방법을 찾지 못하는 것을 '사혈 효과'라고 한다. 혁신적인 아이디어를 내기 위해서는 이런 알 수 없는 금기부터 찾아서 깨야 한다.

왜 백화점 슈퍼마켓은 모두 지하에 있을까?

앞에서 직원 A의 발언은 쇼핑 공간에는 시계와 창문이 없어야 한다는 원칙에 근거하고 있다. 이 원칙이 언제부터 무슨 이유로 시작된 것인지는 알려진 바 없다. 다만 고객들이 시계를 확인하면 쇼핑을 일찍 마칠 수 있고, 유리창을 통해 날이 어두워졌거나 날씨가 흐려진 것을 보면 서둘러 집에 갈 확률이 높기 때문에 시계와 창문을 없앤 게 아닌가 짐작할 뿐이다.

그런데 이상하다. 요즘은 시간을 확인하는 데 굳이 바깥을 내다볼 필요가 없다. 백화점은 대부분 교통이 원활한 도심 한가운데에 있어서 어둡거나 날씨가 좋지 않다고 해서 귀가에 큰 어려움이 있는 것도 아니다. 외부 시야를 차단해야 손님이 매장에 더 오래 머문다는 믿음은 너무 낡은 사고방식이다.

지하 슈퍼마켓도 마찬가지다. 과거 일본 백화점이 신선식품의 하역과 보관을 효율적으로 처리하기 위해 지하에 슈퍼마켓을 둔 것이 지금까지 이어져 온 것이다. 하지만 이제는 신선식품 쇼핑도 배달로 해결하는 시대다. 굳이 장을 보기 위해 백화점을 방문하는 사람은 많지 않다. 키즈존은? 요즘 백화점은 엄마들이 아이들과 놀러 가는 경우가 많은데, 꼭 접근하기 어려운 상층에 둘 필요가 있을까?

오랫동안 전해 내려오던 원칙이 깨지기 시작한 건 최근 일이다. 신세계그룹과 미국의 쇼핑몰 개발사인 터브먼사가 공동으로 설립한 쇼핑몰 스타필드는 창문으로 자연광이 환하게 들어온다. 최근 문을 연 여의도백화점 더현대 서울은 최상층에 숲을 만들었다. 국내 모 백화점은 지하 슈퍼마켓을 없애는 방안을 연구 중이라는 말도 들린다.

스타필드를 만든 터브먼사는 오래전부터 이런 금기들을 깨 왔다. 터브먼사가 설계한 쇼핑몰은 기둥이나 문턱이 거의 없으며 자연 채광을 살리는 설계로 내부가 밝은 것은 물론이고 외부 풍경도 쉽게 볼 수 있다. 카펫도 깔지 않는다. 이렇게 만드는 이유는 고객들에게 안정감과 편안함을 주기 위해서다. 고객들은 길을 잃는 것을 싫어한다. 자신이 어디에 있는지를 알고 싶어 한다. 기둥이 많으면 자신이 어디에 있는지 파악하기 어렵다. 복도나 통로가 넓어 탁 트인 공간에서 사람들은 안정감과 편안함을 느낀다. 그래서 고객들은 터브먼사가 설계한 쇼핑몰에서 심리적으로 편안함을 느끼고 체류 시간도 길어졌다. 이는 자연스럽게 매출 증가로 이어졌다.

심리학적 측면에서도 이런 변화가 더욱 효과적이다. 쇼핑을 하다 집에 가기로 결정하는 순간은 '어두워졌을 때'가 아니라 '지쳤을 때'다. 지치면 물건을 고르거나 옷을 입어 보는 게 귀찮아진다. 이것을 '의사 결정의 피로감(decision fatigue)'이라고 한다. 뭔가를 결정한다는 것은 스트레스가 쌓이는 일이다. 게다가 다리도 아프고, 배도 고프다. 이럴 때 우리는 쇼핑을 끝낸다. 그렇다면 쇼핑몰 설계자가 해야 할 일은 그 피로감을 덜어 주는 것이다. 창문도 없는 갑갑한 공간에 사람들을 가둬 놓는 것은 스트레스를 유발할 뿐이다. 손님들은 그런 공간에 오래 머물고 싶어 하지 않는다. 그런데 왜 우리는 오랫동안 '창문과 시계가 없어야 한다'는 황당한 원칙에 사로잡혀 쇼핑센터를 지어 온 것일까?

터브먼사가 개발하고 운영하는 쇼핑몰은 미국에서 가장 장사가 잘되는 곳으로 유명하다. 2015년 기준 '영업 면적 대비 매출액'이 1제곱미터당 95만 원(798달러)으로 경쟁 업체인 사이먼그룹의 73만 원(607달러), 메이서리치의 78만 원(654달러)보다 25퍼센트 정도 많다.

평균 임대료도 1제곱미터당 7만 3300원(61.12달러) 정도로 업계 최고다.

스타필드하남 개점 행사에서 만난 터브먼사의 로버트 터브먼 회장은 창업자인 앨프리드 터브먼의 둘째 아들로 미국 부동산업계를 대표하는 인물 중 한 사람이다. 미국 부동산 업체들을 대표하는 비영리 단체인 RER(Real Estate Roundtable : 부동산 원탁회의) 회장을 역임했고, 도널드 트럼프 미국 전 대통령의 30년 지기로 트럼프가 직접 터브먼의 도움을 많이 받았다고 밝혔을 만큼 미국 부동산업계에서 영향력이 큰 인물이다. 그에게 "이런 금기들이 언제부터 생겼느냐"고 물었더니 웃으며 말했다.

"저도 모르겠어요. 저희 아버지 세대에도 '쇼핑 공간에는 시계와 창문이 없어야 한다'는 말이 있었으니까요."

그는 회장에 취임한 순간부터 오랫동안 불문율로 자리 잡은 금기에 도전하며 새로운 기준을 만드는 데 힘을 쏟았다. 터브먼은 이 작업을 '저항의 문턱을 뛰어넘는다'는 말로 표현한다. 그 결과 그는 미국에서 일반적인 기존의 단층 로드숍에서 벗어나 2층 쇼핑몰을 시도해 성공을 거두었고, 쇼핑몰에 푸드코트와 멀티플렉스 극장을 최초로 도입해 쇼핑몰의 새로운 표준을 제시했다.

전국에서 찾아오는 시골 도서관의 고정 관념 파괴 실험

이런 금기들이 존재하는 또 하나의 대표적인 장소가 바로 도서관이다. 후쿠오카에서 남서쪽으로 80킬로미터 정도 거리에 있는 다케오 시의 시립 도서관은 평일 낮인데도 일본 전역에서 온 차들이 주차장에 가득했다. 도서관 안으로 들어가니 왼쪽에는 CD와 DVD를 빌려주는 공간이 있고, 오른쪽으로는 스타벅스 매장과 좌석들이 있었다. 그 앞으로는 33미터 길이의 매대 위에 잡지 600권이 놓인 '매거진 스트리트'가 있었다. 카페와 가까운 좌석뿐 아니라 2층 노트북 좌석, 내부 열람실까지 총 260석 좌석이 가득 찼다. 무엇보다 놀라운 건 소리였다. 숨소리마저 부담스러운 기존 도서관과 달리 다케오 시립 도서관은 조용하지 않고 음악이 흘러나왔다.

"도서관은 조용해야 하고, 폐가식(이용객들이 자유롭게 책을 둘러볼 수 없는 구조)으로 운영해야 하고, 따분하고 지겨운 곳이라는 고정 관념이 있는데, 전 그 고정 관념을 깨고 싶었어요."

미조카미 마사카쓰 관장은 먼저 도서관 구역을 소음별로 나눴다. 절간처럼 조용한 공간, 잔잔한 배경 음악이 흐르는 공간, 친구와 대화를 나눌 수 있는 공간으로 구성했다. 마지막 공간은 미국 커피 브랜드인 스타벅스 입점으로 완성했다. 사실 스타벅스 입점도 금기에 대한 도전이었다. 시의 예산으로 운영하는 도서관은 자체 운영하는 매장을 들이는 게 불문율이었는데 외국 브랜드를 입점시켰기 때문이다. 그러나 미조카미 관장은 스타벅스가 있어야 30~40대 기혼 여성이 더 많이 오고, 그들이 와야 아이들과 남편들이 따라올 것이라고 생각했다.

다케오 시립 도서관에는 포스터나 선전물이 붙어 있지 않다. 대신 터치스크린과 아이패드를 통해 정보를 제공한다.

"건물에 포스터가 붙어 있고 선전물이 쌓여 있으면 공간이 지저분해 보여요. 방문객들이 '이 도서관은 시골에 있지만 멋지다'라는 말을 하길 바랐죠."

이렇게 금기들을 없애자 다케오 시립 도서관에 사람이 모이기 시작했다. 도서관에 흐르는 노랫소리는 사람들이 대화를 나누거나 키즈존에서 아이들이 떠드는 소리를 상쇄해 주고, 책을 읽는 사람들에게는 여유를 줬다. 이는 도서관은 조용해야 한다는 가장 큰 금기를 부쉈기에 가능했다.

대학 때부터 회사를 다니는 지금까지 내 별명은 '스타벅스 소녀'다. 공부도, 일도, 스타벅스 같은 카페에서 하는 게 훨씬 잘된다. 절간처럼 조용한 도서관에서는 책장 넘기는 소리도 여간 신경 쓰이는 게 아니다. 회사에서도 마찬가지다. 타이핑 소리가 부담되고, 전화를 받으러 왔다 갔다 하는 것도 신경 쓰인다. 그런데 스타벅스에는 백색 소음을 즐기는 사람이 많아서인지 늘 전공 책과 노트북을 들고 무언가를 하는 사람들로 북적인다. 영화 '기생충'으로 2020년 아카데미 시상식에서 작품상, 감독상 등 4개 부문을 수상한 봉준호 감독도 집 주변 카페에서 시나리오 작업을 하는 것으로 유명하다. 그런데 우리는 왜 이제껏 이런 카페의 풍경을 텅텅 비어 가는 도서관에 적용할 생각을 하지 못했을까?

일본에서 금기를 깨고 성공한 공간은 도쿄에도 있다. 전통적 번화가인 긴자 한복판에 있는 초호화 쇼핑몰 '긴자 식스'다. 이곳 맨 위층 펜트하우스 격인 6층에는 2314제곱미터(약 700평) 규모의 서점 쓰타야가 있다. 쓰타야에서 책을 읽고 사진을 찍기 위해 20~30대 트렌드 리더들이 모여들면서, 부유층 사모님들만 찾는 한물간 상권이던 긴자는 젊은 사람들이 모이는 핫 플레이스로 거듭났다.

우리는 금기시하는 것들을 그냥 당연하게 받아들이는 경향이 있다. 금기에 대한 정확한 근거가 없어도 그것이 잘못됐다는 점을 눈으로 보여 주지 않는 한 의심하지 않는다. 하지만 혁신적인 아이디어를 내기 위해서는 내가 하는 일에 어떤 금기가 있는지부터 살펴봐야 한다. 그리고 그걸 깼을 때 어떤 결과가 나올지 생각해 보고 실험해 보고 도전해 봐야 한다.

내일 새 프로젝트에 대한 아이디어 회의가 있는가? 내가 하는 일 가운데 너무 당연해서 의심조차 해 본 적 없는 것들이 있는지 적어 보자. 그리고 그런 법칙과 금기가 왜 생겼는지, 무슨 이론을 바탕으로 만들어졌는지 검토해 보자. 그 이론이 피를 뽑아야 건강해진다는 사혈처럼 미신에 가까운 엉뚱한 것일 수 있다. 말도 안 되는 금기를 벗어나 새로운 규칙을 만드는 순간, 업계를 휘어잡을 트렌디한 무언가를 만들 수 있다.

성공해 본 사람이
계속 성공하는 까닭

성공 보존의 법칙

나에게는 오래된 징크스가 있다. 내가 경기를 보면 응원하는 팀이 진다는 것이다. 경기장에서 직관을 하든 TV 중계를 시청하든 예외가 없다. 스포츠를 좋아하는 나로서는 고통스러운 일이다. 월드컵처럼 중요한 경기를 보다가 우리 팀이 지고 있으면 조용히 화장실에 가거나 내 방으로 들어가 문을 닫았다. 내가 꼭 '패배의 여신' 같았다. 그러던 어느 날 술자리에서 그 징크스에 대한 얘기가 나왔는데 한 지인이 그랬다.

"너 롯데 아니면 한화 팬이지?"

부산 출신이지만 사투리가 크게 없는 탓에 내 출신지를 한 번에 파악한 사람은 거의 없다. 그 지인 말은 이랬다. 롯데와 한화가 승률이 워낙 낮은 탓에 지는 경기가 많을 수밖에 없는데, 부산이나 대전 사람들은 대부분 자신이 보니까 진다고 착각한다는 것이다.

이렇듯 '패배'는 패배의 당사자뿐만 아니라 그 주변인마저 위축되게 만든다. 오랫동안 패배를 경험한 사람은 성공의 맛을 느낄 때도 두려워한다.

'어, 왜 이러지? 이러다 또 망하는 것 아니야?'

물리학에는 '운동량 보존의 법칙'이라는 것이 있다. 운동량은 가해진 힘에 비례하고, 가해진 방향으로 일어나며, 다른 힘이 가해지지 않는 한 유지된다는 것이다. 이 법칙은 비즈니스 세계에서도 적용된다. 성공 궤도에 오른 사람은 처음 하던 고생을 반복하는 일이 거의 없다. 성공하는 사람들은 대부분 그 상태에서 가속 페달을 밟는다. 성공을 경험한 사람이 거듭해서 성공한다는 '성공 보존의 법칙(law of conservation of success)'이다. '고기도 먹어 본 사람이 잘 먹는다'는 말처럼 성공도 해 본 사람이 성공할 확률이 높다는 것이다.

2016년에 방문한 시카고는 들떠 있었다. 일주일간의 빡빡한 출장 중 끼어 있는 달콤한 주말. 만나는 사람들이 약속이나 한 듯이 꼭 메이저 리그 야구팀 시카고 컵스의 경기를 보라고 권했다. 1870년에 창단한 시카고 컵스는 월드 시리즈에서 1908년 이후 우승을 못 하고 있었다. 그러다 1945년 모처럼 월드 시리즈에 진출해 우승을 노리던 시카고 컵스는 홈경기에 염소를 데리고 야구장을 방문한 팬을 경기 중에 쫓아냈는데, 그 팬은 컵스가 앞으로 절대 우승을 못 할 거라고 저주를 퍼부었다. 그 후 71년 동안 컵스는 우승은커녕 월드 시리즈에 나가지도 못했다. 이것이 그 유명한 '염소의 저주'다.

"올해는 달라요. 우리에겐 테오 엡스타인(당시 단장)이 있거든요."

겨우 티켓을 구해 시카고 북부에 있는 유서 깊은 야구장 리글리 필드에 도착했다. 시카고 컵스의 빨강, 파랑 유니폼을 입은 팬들 사이에 앉아 맥주와 프레츨을 먹으며 시카고 컵스를 응원했다. 과연 내 징크스가 깨질 수 있을까? 전날 경기에서는 이겼다고 했는데, 내가 관람한 이날 경기는 졌다(이 정도면 내 징크스는 롯데 자이언츠 때문만은 아닐지도 모른다). 그런데 귀국 후 놀라운 소식을 들었다. 드디어 시카고 컵스가 우승했다고. 1908년 우승 이후 108년 만의 우승이었다. 스포츠 역사상 가장 오랫동안 우승하지 못한 팀의 저주가 깨진 것이다.

미국 메이저 리그는 '단장의 게임'이라고 한다. 한국이나 일본과 달리 단장이 선수단 구성과 팀 운영 전권을 행사한다. 신인 선발부터 트레이드, 자유 계약 선수(FA) 영입도 단장 몫이다. 그래서 단장을 '야구의 건축가'라고 부른다.

각 구단은 능력 있는 단장을 영입하기 위해 치열한 전쟁을 벌인다. 2002년 시즌이 끝나고 보스턴 레드삭스는 새로운 단장을 구하고 있었다. 보스턴 레드삭스 역시 시카고 컵스에 버금가는 저주에 시달리던 팀이었다. 1918년 우승 이후 당시 팀의 간판타자이자 메이저 리그 역사상 가장 위대한 선수이던 베이브 루스를 뉴욕 양키스로 보낸 뒤로 85년 동안 우승을 못 하고 있었다. 이를 베이브 루스의 애칭 밤비노를 따 '밤비노의 저주'라고 한다. 보스턴 레드삭스는 지긋지긋한 저주에서 벗어나기 위해 새로운 단장을 구했다. 영입 1순위 후보는 영화 '머니볼'의 실제 주인공이자 메이저 리그에 혁명적인 변화를 불러일으킨 빌리 빈 오클랜드 애슬레틱스 단장이었다. 그러나 우여곡절 끝에 그가 거절하면서 테오 엡스타인이 단장을 맡게 됐다.

당시 테오 엡스타인의 나이는 29세. 미국 메이저 리그 사상 최연소 단장이었다. 내세울 만한 것이라고는 변호사 자격증과 샌디에이고 파드리스에서 잠깐 일한 경력이 전부. 레드삭스를 위해 태어난다고 말하는 보스턴 시민들이 보기에는 탐탁지 않은 애송이였다. 그런데 그는 정확히 2년 뒤인 2004년 '밤비노의 저주'를 깨고 86년 만에 보스턴 레드삭스에 월드 시리즈 우승을 안겨 주게 된다. 그리고 시카고 컵스로 옮겨 메이저 리그에서 가장 오래된 저주인 '염소의 저주'마저 깨고 108년 만의 우승을 이끌었다.

스포츠 역사상 가장 악명 높은 두 저주를 파괴한 엡스타인의 성공 비결

108년 묵은 '염소의 저주'와 86년 묵은 '밤비노의 저주'가 테오 엡스타인이라는 한 사람의 손에서 풀리자 미국 언론들은 그를 '저주 파괴자' 혹은 '퇴마사'라고 불렀다. 그의 마법은 무엇이었을까? 2002년 말 보스턴 레드삭스 단장으로 지명된 엡스타인은 선수들 앞에서 이같이 말했다.

"우리는 뉴욕 양키스가 아니다. 양키스의 성공 방식은 무시하라. 그리고 우리만의 성공 방식에 집중하라."

보스턴 레드삭스 시절에는 스타플레이어 노마 가르시아파라를 내보내고 명성이 한참 떨어지는 선수들을 영입해 팬들의 거센 비판을 받았다. 시카고 컵스 시절에도 그는 숨은 인재를 찾아 상대적으로 저렴한 값으로 영입해 키우는 데 집중했다. 애디슨 러셀, 하비에르 바에스, 크리스 브라이언트 등 젊은 선수들을 싼값에 데려와 키웠다. 그렇다고 돈을 무조건 아낀 것은 아니었다. 써야 할 때는 또 썼다. 보스턴 시절에는 당시 최고의 투수 중 하나인 커트 실링을 데려왔고, 시카고 시절에는 존 레스터, 벤 조브리스트, 제이슨 헤이워드 같은 특급 선수들을 영입했다. 시카고 컵스 우승의 마지막 퍼즐 조각이던 감독 자리에 명장인 조 매든을 앉힌 것도 그의 작품이었다.

엡스타인은 이처럼 불확실성이 지배하는 메이저 리그에서 완벽에 가까운 트레이드를 이끌어 냈다. 그의 인재 채용 방식에 대해 일각에서는 "스카우트와 선수 육성을 동시에 해내는 컨베이어 시스템 같다"고도 했다.

그렇다면 그는 어떤 인재를 선호할까? 시카고 컵스의 포수 데이브 로스는 "엡스타인은 야구에 대한 기본 실력은 물론이고, 야구에 임하는 자세와 태도를 굉장히 중시하는 것처럼 보였다"고 말했다. 선수들에게 어떻게 자라 왔는지 묻고, 동료들을 어떻게 대하는지 보고, 평소에 어떻게 생활하는지도 유심히 관찰한다는 것이다. 그의 철학은 '선수가 아닌 인간을 스카우트하라'였다. 그리고 선수들을 뽑을 때 '실패를 대하는 자세'를 중요하게 생각했다.

"저는 선수들이 경기장에서 어려움에 부닥쳤을 때 어떻게 반응하는지를 유심히 봐요. 최고의 타자도 열에 일곱은 실패한다는 말처럼 야구는 실패를 통해 완성되기 때문입니다."

모든 성공도 자세히 들여다보면 잠깐의 실패가 있고, 모든 실패도 들여다보면 순간의 성공이 있다. 우승하지 못했다고 해서 전 경기를 진 것은 아니다. 중요한 것은 경기에서 이기거나 질 때 왜 그랬는지에 대한 복기(復棋)다. 그것을 통해 자신이 생각한 '성공의 법칙'에 확신을 가진 사람은 주변의 말에 흔들리지 않는다.

엡스타인은 그것을 그대로 보여 주었다. 야구는 팬들의 입김이 센 종목으로 유명하다. 그러나 그는 팀의 균형을 해치는 선수는 스타플 레이어라도 언제든 내보냈다. 스타를 통한 경기 운영에 의존하는 것이 아니라 우승할 수 있도록 팀 자체를 리빌딩하는 것에 집중했다. 보스턴 시절 노마 가르시아파라를 방출했을 당시에는 팬들과 언론으로부터 거센 비판에 시달렸지만 결국 이를 통해 저주를 풀었다는 평가를 받고 있다.

엡스타인은 또한 신기술을 활용하는 데도 주저함이 없었다. 그는 이에 대해 "두 렌즈를 통해 봄으로써 초점을 정확히 맞춘다"고 설명했다. 그런 그가 보스턴 레드삭스 단장에 취임한 후 가장 먼저 한 일은 창고 경비원 출신인 야구 통계 전문가 빌 제임스를 고문으로 앉힌 다음 그가 개발한 세이버메트릭스를 선수 스카우트에 활용하는 것이었다. 세이버메트릭스란 기록의 스포츠인 야구의 다양한 데이터를 통계수학적으로 분석해 선수의 재능을 평가하는 것을 말한다.

제임스가 이 방법을 개발한 건 1970년대였지만 경험과 감을 중시하던 메이저 리그 구단에서는 아직 입증된 게 없다는 이유로 그 방법을 사용하지 않고 있었다. 하지만 엡스타인은 세이버메트릭스를 과감히 활용했다. 그 결과 보스턴 레드삭스를 '고비용 저효율'에서 '저연봉 고효율' 시스템으로 바꿀 수 있었다.

시카고 컵스로 옮긴 후에는 빅 데이터를 적극적으로 활용했다. 먼저 선수들의 동작을 3D 영상 업체 키나트랙스의 마커리스 모션 픽처 기술로 모두 촬영했다. 이 기술은 영화 '아바타' 등에서 사용된 모션 픽처 기술에 스포츠 생체 공학을 결합한 것이다. 이렇게 촬영한 3D 영상을 인도의 영상 분석 전문 소프트웨어 회사인 아이메리트로 보내 철저하게 분석한 뒤 여기서 얻은 정보를 선수의 기량을 끌어올리거나 부상을 방지하는 데 활용했다.

스포츠는 멘털 게임이다. 징크스나 저주가 많은 것도 이 때문이다. 하지만 엡스타인은 "세상에 깨지지 않는 징크스는 없다"며 선수들을 다독였다. 오랜 저주로 팀을 뒤덮고 있는 패배주의를 걷어 내야만 우승이 가능하다고 생각했기 때문이다.

시카고 컵스가 우승에 도전한 2016년 월드 시리즈. 상대 팀인 클리블랜드 인디언스(현 가디언스) 역시 1948년 이후 68년 동안 우승을 못해 컵스 다음으로 오랫동안 우승하지 못한 팀이었다. 메이저 리그에서 가장 오랫동안 우승하지 못한 두 팀의 대결은 그야말로 피 말리는 접전의 연속이었다. 승부는 최종전인 7차전으로 이어졌고 9회 말까지 6 대 6으로 승부가 나지 않아 연장전으로 접어들었다. 시카고 컵스의 10회 초 공격을 앞두고 비가 내려 경기가 중단됐다. 엡스타인은 클럽 하우스를 찾아 "우리는 해낼 것이다", "가서 점수를 내자"고 외치며 선수들을 격려했다. 시카고 컵스는 10회 초 공격에서 2점을 내며 최종 점수 8 대 7로 마침내 우승을 거머쥐었다.

엡스타인의 혁신은 팀 밖에서도 진행됐다. 2004년 보스턴 레드삭스 단장이던 그는 86년 만에 월드 시리즈 우승을 일군 후 홈구장인 펜웨이 파크를 전면 개보수하는 작업에 들어갔다. 관중석 통로를 확장하고 외야 좌석을 1000석 정도 늘리는 작업이었다. 우승으로 입장객이 늘어날 테니 좌석 수를 늘려 수익을 높여야 한다는 경영상 판단 때문이었다. 관중이 늘어나면 선수단 분위기도 개선되고, 수입 증가로 구단 전체의 전력을 강화하는 효과도 거둘 것이란 판단도 있었다.

그러나 보스턴 레드삭스 팬들은 반발했다. 겨우 '밤비노의 저주'를 극복했는데, 그 성지(聖地)를 대공사로 바꾼다는 게 말이 되느냐는 것이었다. 하지만 엡스타인은 "나에게 미신이니 저주니 하는 말이 통할 리 없다"며 "빈틈없는 계획으로 팀 전력을 극대화한 뒤 수익을 최대화하는 것은 프로 야구단의 당연한 수순"이라고 말했다. 대신 그는 뉴욕 양키스처럼 새 구장은 짓지 않고, 보스턴 레드삭스가 기존에 구사하던 소형 경기장과 고가 입장권 전략은 유지하도록 했다. 티켓이 귀할수록 열성 팬들의 관심이 높아지고 가격이 올라간다는 점을 노린 전략이었다.

일본 경제 주간지 《닛케이 비즈니스》도 엡스타인 단장 시절 보스턴 레드삭스가 미국 메이저 리그 30개 구단 중 가장 적은 좌석을 보유하면서도 입장료 수입은 뉴욕 양키스에 이어 항상 2위를 기록할 정도로 장사를 잘하는 것에 대해 "고객을 흥분시켜 소비를 촉발하고, 티켓 희소성을 높여 가격을 올리며, 경기 외에 체험을 파는 경영 혁신이 있었기 때문"이라고 분석했다. 결국 엡스타인은 어떻게 하면 팬들이 흥분하는지, 어떻게 하면 경기에 이기는지, 어떻게 하면 돈을 버는지에 대한 자신만의 성공 법칙이 뚜렷하게 있었고, 그것을 실천하는 데 주저함이 없었다.

작은 성공 경험의 중요성

이는 페이스북을 만든 마크 저커버그도 마찬가지다. 치과 의사 아버지와 정신과 의사 어머니 밑에서 태어난 그는 11세 때 병원 컴퓨터에 환자 도착을 알리는 프로그램을 개발했다. 고등학생 때는 인공 지능을 사용해 사용자의 취향을 파악하고 음악을 추천해 주는 프로그램을 만들었다. 이 프로그램으로 그는 마이크로소프트와 미국 최대 인터넷 서비스 업체인 아메리카 온라인으로부터 스카우트 제안을 받았다.

2002년 미국 하버드대에 입학한 그가 처음 개발한 것은 코스매치다. 다른 사람들의 수업 시간표를 토대로 자신이 들을 수업을 고르게 하는 사이트였다. 과목을 클릭하면 누가 그 수업을 수강하는지 볼 수 있고, 원하는 학생을 선택하면 그 사람이 무슨 수업을 듣는지도 알 수 있었다. 수강 신청을 할 때면 친구에게 으레 "넌 뭐 들을 거야?"라고 묻는 학생들의 심리를 정확하게 꿰뚫어 그것을 사이트로 구현해 낸 것이다.

이후 저커버그는 학교 기숙사에서 여학생의 사진을 올리고 외모를 평가하는 페이스매시닷컴이란 사이트를 만들었는데 흥행에 성공했다. 그런데 그는 사이트 성공의 비결이 사진 속 여학생이 예뻐서가 아니라 같은 학교 학생이기 때문임에 주목했다. 그래서 그는 실명과 나이, 얼굴 공개를 원칙으로 하는 페이스북을 개발하기에 이르렀다. 페이스매시닷컴의 성공 비결을 정확하게 파악함으로써 페이스북 또한 성공적으로 론칭할 수 있었던 것이다.

SM엔터테인먼트 창업자인 이수만 총괄 프로듀서는 케이팝의 창시자이자 대부로 불린다. 그는 1995년 SM을 창립한 이래 H.O.T.부터 보아, 엑소, NCT까지 대부분의 가수를 성공시켰다. 전 세계적으로 드문 일이다. 제아무리 잘나가는 글로벌 기획사라도 힘든 일이다. 한 SM 임원은 "난해하고 새로운 콘셉트의 걸그룹 에스파까지 성공하는 걸 보며 아직 이 회사 성장 가능성이 충분하다고 생각했다"고 말했다. 에스파의 콘셉트가 처음 공개됐을 때 비웃던 사람들도 데뷔 후 그들의 노래를 따라 부르고 있기 때문이다.

SM음악은 SM스럽다. 이것을 SM에서는 'SMP(SM Music Performance)'라고 한다. SM의 세계관 속에서 그들의 성공 공식대로 음악을 만드는 것이다. 이런 작업을 수행하는 A&R팀은 국내 기획사 중 가장 시스템화가 잘돼 있다. 그러다 보니 SM은 팬들을 물려주는 특이한 문화도 있다. H.O.T. 팬들이 신화로, 엑소로, 동방신기로, NCT로 전수된다. 이렇게 세계관과 팬층이 확고하다 보니 메타버스 등 새로운 기술과의 접목도 쉽다.

이수만 총괄 프로듀서는 최근 두바이에서 개최된 바이낸스 블록체인 위크(BBW)에 한국인 최초 키노트 스피커로 출연해 다음과 같이 말했다.

"우리는 SMTOWN 버추얼 네이션을 이미 10여 년 전에 세웠다. 케이팝 셀러브리티가 있는 메타버스, 팬들이 함께하는 가상 국가에서 아바타로 불리는 인구수는 수억 명이 될 수도 있다. 기업도 국가도, 모두가 원하는 강력한 글로벌 콘텐츠를 만들고 보유하는 것이 더 중요해졌다."

　기자들도 마찬가지다. 특종을 해 본 사람이 계속 특종을 할 확률이 높다. 어디를 공략하면 특종이 나오는지, 어떤 기사가 특종이 되는지에 대한 경험을 바탕으로 확신을 갖고 있기 때문이다.

　자, 다시 한번 정리해 보자. 계속 성공하기 위해서는 일단 자신만의 '성공의 법칙'을 만드는 것이 먼저다. 이를 위해서는 성공이든 실패든 그동안의 경험을 복기해 그 이유를 정확하게 분석할 수 있어야 한다. 둘째, 처음에는 목표를 크지 않게 잡아 성공의 맛을 느낄 수 있어야 한다. 작은 성공 경험이 쌓여 큰 성공의 밑거름이 되기 때문이다.

　세 번째는 일희일비하지 말고 버티라는 것이다. 어차피 역사는 성공의 기록이다. 다 배우는 과정이라고 생각하고 나만의 신념으로 밀어붙이면 결국에는 성공할 수 있다. 이렇게 성공의 궤도에 한번 올라타고 나면 그 뒤에는 실패하는 것이 오히려 어렵다.

손해 보지 않으려는
마음부터 버려라

손실 회피

길을 걷던 당신. 화장품 가게 앞을 지나가는데 직원이 경품 뽑기 돌림판을 제안한다. '한번 해 볼까' 하는 생각에 돌려 봤는데, 이런 행운을 만날 줄이야. 당첨! 5만 원짜리 수분 크림을 경품으로 받았다.

기쁜 마음으로 주차해 놓은 차로 돌아갔는데 아뿔싸, 주차 금지 구역이었다. 불법 주차 과태료는 5만 원. 방금 5만 원짜리 수분 크림을 얻었는데 5만 원을 날리고 말았다. 그런데 당신은 이날을 행운의 날로 기억하겠는가, 불운의 날로 기억하겠는가?

대부분의 사람은 이날을 주차 딱지 떼인 날로 기억할 것이다. 우리는 얻은 것의 가치보다 잃은 것의 가치를 더 크게 평가하기 때문이다. 5만 원짜리 경품에 당첨된 기쁨보다 과태료 5만 원을 내야 하는 고통이 더 크게 느껴진다는 뜻이다. 이런 심리적 편향을 행동 심리학에서는 '손실 회피(loss aversion)'라고 한다.

손실 회피는 생존 본능에 가깝다. 인간은 늘 행복하다가도 한순간의 불운으로 언제든 죽음을 맞이할 수 있다. 늘 몸에 좋은 음식을 챙겨 먹어도 한번 잘못 먹은 독버섯으로 생명을 잃을 수 있지 않은가. 그래서 우리는 본능적으로 돌다리도 두드려 보고 건너려는 습성을 지니고 있다.

이스라엘의 심리학자 아모스 트버스키와 대니얼 카너먼은 손실 회피 개념을 '전망 이론(prospect theory)'으로 발전시켰다. 쉽게 말하면 인간의 심리는 어떤 일로 입을 수 있는 손실보다 훨씬 큰 가치를 제시해야만 비로소 움직인다는 것이다.

예를 들면 이렇다. 누군가 당신에게 동전 던지기 내기를 제안한다. 규칙은 간단하다. 그림이 나오면 1만 100원을 따고 숫자가 나오면 1만 원을 잃는 게임이다. 동전 던지기에서 그림 면과 숫자 면이 나올 확률은 50 대 50이다. 확률과 기댓값으로만 보면 이 내기는 당신에게 유리하다. 하지만 신기하게도 이 내기에 응하는 사람은 거의 없다.

그렇다면 사람들은 어느 정도의 이익을 제시할 때 이 내기를 흔쾌히 받아들일까? 카너먼과 트버스키가 추정한 바에 따르면 그림이 나올 때 2만 원을 얻고 숫자가 나올 때 1만 원을 잃는 규칙으로 제안해야 응한다고 한다. 어떤가, 이 정도면 당신도 한번 해 볼 만하다고 생각되는가?

이런 손실 회피는 당신이 협상할 때 반드시 기억해야 할 이론이다. '얻는 것이 잃는 것보다 10퍼센트 정도 많으니 계약하자'라는 말로는 통하지 않는다. '이걸 계약하지 않으면 당신은 이런 것들을 잃게 된다'라거나 '손실이 발생할 시 당신이 잃는 것은 이 정도지만 이 손실을 덮고도 남을 정도로 많은 이익을 얻게 된다' 하는 방식으로 접근해야 계약이 성사될 확률이 높다.

유튜버 도티로 잘 알려진 나희선 씨는 이 방법으로 구글에 다니던 고등학교 친구 이필성 씨를 설득해 2014년 국내 최대 MCN(다중 채널 네트워크) 기업인 샌드박스 네트워크를 만들었다. 그의 원래 꿈은 방송국 PD가 되는 것이었다. 연세대 법학과를 졸업한 그는 취업에 도움이 될 스펙을 만들기 위해 유튜브를 시작했다. 샌드박스 네트워크 본사에서 만난 그는 PD의 꿈을 갖게 된 순간에 대해 이렇게 말했다.

"군대 생활관에서 TV를 보다가 처음으로 꿈이 생겼어요."

그러나 대학 졸업장만으로는 원하는 곳의 입사를 장담할 수 없었다. 영어 성적도 안 좋았다. 그래서 남들은 안 하는 특별한 스펙을 만들고 싶다는 생각에 유튜브에 도전한 것이다.

"당시는 싸이의 '강남스타일' 때문에 국내에서 유튜브라는 채널이 화제가 될 때였어요."

1인 크리에이터라는 개념이 없던 시절이었다. 그냥 '유튜브에 채널을 개설할 수 있구나. 그걸 하면 스코어를 쌓듯이 구독자를 모을 수 있구나. 몇 개월 열심히 하면 구독자 1000명은 모을 수 있겠지? 1000명을 모으면 자기소개서에 특별한 한 줄을 써넣을 수 있겠구나' 하는 생각으로 채널을 열었다.

주제는 어릴 때부터 잘하던 게임으로 잡았다. 국내 대표 개인 방송 플랫폼인 아프리카TV 등에서 인기 있는 게임 채널 콘텐츠를 연구했고, '마인크래프트'라는 게임 방송이 상위권에 많다는 걸 알게 되었다.

세계적으로도 구독자 수나 조회 수에서 상위권을 차지하는 유튜버 중에는 마인크래프트를 방송하는 경우가 많았다.

"리그오브레전드는 역할이 정해져 있잖아요. 그런데 마인크래프트는 제 마음대로 다 만들 수 있더라고요. 제가 PD가 되고 싶던 건 콘텐츠를 기획하고 연출하고 싶어서였는데, 마인크래프트가 그런 걸 충족시켜 줬어요."

그때부터 매일 영상을 올렸다. 처음에는 조회 수가 형편없었다. 세 자리 조회 수를 넘기는 날이 드물었다. 그런데 유튜브는 누적형 플랫폼이다. 굴리면 굴릴수록 커지는 눈덩이처럼 업로드 영상이 쌓이다 보면 어느 순간부터 구독자가 늘고 조회 수가 증가한다. 그러다 어떤 콘텐츠가 화제를 모으고 알고리즘이 추천 콘텐츠로 띄워 주면 그동안 쌓아 둔 다른 영상들도 재조명되면서 채널이 비약적으로 성장한다.

"꾸준히 하다 보니 그냥 된 거예요. 엄청나게 바이럴되는 히어로 콘텐츠는 그때는 거의 없었고요. 차근차근 쌓여 갔던 건데 어느 순간 그 차근차근에 가속도가 붙었죠."

쉬운 일은 아니었다. 그는 하루도 빠짐없이 영상의 기획, 촬영, 편집, 유통, 편성 작업을 했다. 3~4시간 넘게 잔 기억이 없다.

"사람들이 그래요. 그냥 게임하는 거 녹화해서 올리는 거 아니냐고. 쉽게 일한다고. 그런데 실제로 해 보면 얼마나 많은 시간과 노동이 드는지 알게 돼요."

우선은 어떤 콘텐츠를 만들 것인가 기획하는 시간과 실제로 출연해 촬영하는 시간이 필요했다. 촬영한 영상 소스를 가공해서 편집하는 시간도 어마어마하게 들었다. 단순히 컷 편집만 한다고 해도 2시간짜리 영상 작업에 8시간이 걸렸다. 이걸로 끝이 아니다. 영상 미리 보기 이미지도 중요하다 보니 포토샵을 알음알음 배워 썸네일을 만들었다. 영상 제목도 직접 정하고, 설명과 해시태그도 적고, 시청자들의 댓글에 피드백도 달아 주었다. 유튜브는 광고 수익이 100달러가 될 때 수익 창출을 신청할 수 있다. 그때까지 3개월이 걸렸다. 콘텐츠에서 수익이 나자 유튜브라는 플랫폼에 믿음이 생겼다.

"어쨌든 돈을 벌었잖아요. '지금은 10만 원이지만 열 배만 키워도 100만 원이 되니까 더 열심히 하면 되겠다. 유튜브가 작은 회사는 아니니까 망하지는 않을 테고' 싶었죠. 그때 바로 전업해야겠다는 생각을 했어요."

그렇게 유튜버가 된 지 6개월. 그는 2013년 말 미국에서 '비디오 콘퍼런스(비트콘)'가 열린다는 이야기를 들었다. 제대로 해 보자고 결심한 터라 미국에 가서 직접 확인하면 일에 대한 믿음이 더욱 확고해지리라는 막연한 기대감이 있었다. 그래서 그는 제일 친한 친구이자 당시 구글코리아에서 일하던 이필성 씨에게 함께 가자고 제안했다.

"나 미국 가려고 하는데 너 영어 잘하니까 같이 가자. 내가 비행기 값 대 줄게."

"싫어, 귀찮아. 내가 왜 너 때문에 휴가를 써야 하냐?"

"너 아직 구글 본사도 못 가 봤다며. 간 김에 샌프란시스코 마운틴뷰 들러서 구글 본사도 가 보면 좋잖아."

그렇게 고등학교 친구 둘은 열흘간의 미국 여행길에 올랐다. 매일 같이 진행되는 디지털 미디어에 대한 담론은 그들이 생각하는 수준 이상이었다. 이미 디즈니, 드림웍스, MGM 같은 대기업들이 디지털 미디어에 뛰어들어 저만치 앞서가고 있었다. 충격을 받은 그들은 귀국하는 비행기에서 스타트업 회사를 만들자고 의기투합했다. '샌드박스 네트워크'라는 회사 이름을 짓고, 월 몇십만 원짜리 사무실을 임대해 법인 주소지로 삼았다. 그렇게 회사를 만들었지만 둘 빼고 직원은 없었다. 회사가 아직 제대로 자리를 잡지 못했기에 필성 씨는 여전히 구글에 다니고 있었다. 그러던 어느 날 필성 씨가 말했다.

"희선아, 미안하다. 나는 구글을 그만둘 수 없을 것 같다. 그땐 술김에 아무렇게나 말했는데 생각해 보니 구글은 너무 좋은 회사야. 나는 구글러로서 성공하고 싶다."

절대 구글을 나올 수 없다는 친구를 계속 설득하는 건 무리였다. 그래서 희선 씨는 같이 일할 만한 다른 사람을 열심히 찾아봤지만 필성 씨만 한 적임자를 찾을 수 없었다. 그래서 고민 끝에 필성 씨를 찾아가 CEO를 맡아 달라며 이렇게 제안했다.

"필성아, 네가 구글을 포기하는 게 얼마나 힘든 일인지 안다. 충분히 이해해. 네가 구글을 포기하면 나도 포기하는 게 있어야 하지 않겠냐. 내 채널 수익 너 다 줄게. 난 200만 원만 줘. 그럼 나도 포기하는 게 생기고, 너도 그걸로 회사 운영하면 되고. 어떠냐?"

이 제안에 필성 씨는 콜을 외쳤고, 그다음 날 바로 퇴사 메일을 썼다.

현재 샌드박스 네트워크의 기업 가치는 3000억 원 정도로 평가받는다. 그래서 필성 씨는 요즘 희선 씨에게 이렇게 말한다고 한다.

"구글에서 빼 줘서 고맙다. 힘들긴 한데 내 일을 하는 게 재밌다."

이렇듯 무슨 일이든 어느 정도 손실 회피를 감수해야만 성공할 수 있다. 절대로 손해 볼 수 없다고 생각하면 겁이 나 아무 도전도 못 하게 된다. 이 세상에 리스크 없는 도전은 없기 때문이다. 그래서 좋은 기회는 늘 위험을 동반하게 마련이다. 유능한 사람을 우리 회사로 데려오고 싶다면 손실을 덮고도 남을 만한 이익을 분명하게 제시해야 한다.

협상 중인 당신, 이제 어떻게 해야 할지 감이 오는가?

CHAPTER 2

당신만 모르는
일의 법칙

아무것도 하지 않는 것이
가장 큰 문제다

부작위 편향

기사는 읽혀야 하고 책은 팔려야 한다. 아무도 읽으면 안 되는 글은 일기와 극비 문서밖에 없다. 책을 내기로 결심한 이후 내가 낸 책이 베스트셀러가 되어 많은 사람에게 읽혔으면 했다. 모든 프로젝트에는 수많은 사람의 생계가 걸려 있다. 나 혼자 뿌듯하자고 하는 일이 아니다. 그때부터 책을 낸 주변 사람들을 붙잡고 물었다.

"어떻게 해야 베스트셀러가 될 수 있어요?"

그들의 답변은 책 종류만큼이나 다양했다. 에세이 책을 낸 유명인 선배는 "정치인들이 유세하듯이 행사장도 다니고, 여기저기 강연도 많이 해서 책을 팔아야 한다"고 했다. 성공한 기업들의 비결을 분석한 책을 낸 친구는 "인스타그램이나 페이스북 같은 소셜 미디어를 잘 활용해야 한다"고 했다. 출판업계 관계자는 "누구의 추천사를 받느냐가 중요하다"고 했고, 또 다른 관계자는 "추천사는 필요 없다. 유튜브를 하라"고 했다. 요즘은 유튜브 구독자가 많은 저자의 파워가 무엇보다 세다는 것이다. 어느 베스트셀러 저자는 "교보문고와 영풍문고에서 주요 매대에 책이 잘 진열되는 게 필요하다"고 했고, 또 다른 누군가는

"그것보단 온라인 서점 리뷰 개수가 많고 평점이 높을수록 좋다"고 했다. 그들의 이야기를 듣고 내린 내 결론은 이렇다.

'결국 답은 없다. 이것저것 닥치는 대로 해 보자.'

과거에는 이렇지 않았다. 일명 베스트셀러 공식이 있었다. 오피니언 리더들의 추천과 일간지 북섹션 기사 및 지상파 방송 소개, 대형 서점을 중심으로 한 마케팅 등이 결합되면 초반에 베스트셀러에 진입하는 경우가 많았다. 그러나 지금은 유튜브를 비롯한 소셜 미디어 채널이 많아지고, E북과 오디오북 등 판매 경로가 다양해졌다. 과거에는 없던 크라우드 펀딩 방식으로 책을 내서 성공하는 사례도 많아졌다. 채널이 다양해진 만큼 성공 공식도 다양해진 것이다. 이런 상황에서 뒤처지지 않으려면 다양한 것을 시도해 봐야 한다.

이는 비단 출판업계에만 해당하는 게 아니다. 트렌드에 민감한 업계일수록 이런 변화에 큰 영향을 받는다. 이를 가장 잘 알고 있는 사람 중 하나가 나영석 tvN PD다. 그는 2007년 '1박2일'로 성공한 이후 지금까지 '삼시세끼', '꽃보다 할배', '윤식당', '신서유기' 등 수많은 프로그램을 연속으로 성공시켰다. 그보다 더 신기한 것은 정말 다양한 방식의 프로그램을 시도했다는 점이다.

'신서유기'는 원래 2015년 네이버 TV에서 방영하던 인터넷 방송이었다. 2019년에는 이수근, 은지원의 '아이슬란드 간 세끼'라는 5분짜리 방송도 시도했다. 2021년에는 유튜브에서 '출장 십오야'라는 숏폼 프로그램을 시도해 다시 한번 성공을 거두었다. 이렇게 이것저것 다 해 보는 것에 대해 나영석 PD는 한 예능 프로그램에서 다음과 같이 말했다.

"저도 사실 급변하는 미디어 환경에서 예능이 나아가야 할 방향을 잘 모르니까 이것저것 해 보려고 하는 거예요. 유튜브, 온라인 동영상 서비스(OTT) 등을 통해 편성도 파격적으로 해 보고, 프로그램도 다양하게 시도해 보고."

그런데 의외로 성공한 사람 가운데 나영석 PD처럼 유연성이 뛰어난 사람은 많지 않다. 사실 유연성 부족은 성공한 사람들이 빠지기 쉬운 약점 중 하나다. 그렇다고 앞서 말한 성공 보존의 법칙과 충돌한다고 오해하지 않았으면 한다. 지금 말하는 약점은 성공 보존의 법칙을 충분히 경험한 사람들에게서 주로 나타나는 현상이다. 지속적인 성공 경험으로 자신의 방식이 무조건 옳다는 믿음이 생겼거나 혹은 그 성공을 지키려고 새로운 시도를 하지 않는 것이다. 이들은 지속적인 성공 때문에 변화에 대응하는 의지나 유연하게 사고하고 행동하는 능력이 부족해진다.

영국 런던에서 만난 나비 라드주 영국 케임브리지대 저지 경영대학원 교수 겸 인도글로벌비즈니스센터(CIGB) 최고 책임자는 기업도 마찬가지 현상을 겪는다면서 성공한 서구 기업들이 하는 다섯 가지 실수를 다음과 같이 말했다.

1. 현실 안주
2. 이분법적 사고
3. 위험 기피

4. 직원의 심리적 이탈

5. 시간만 소모하는 경직된 제품 개발 과정

즉 과거의 성공은 현실 안주를 낳고, 실패의 씨를 뿌릴 수 있다는 것이다. 그런데 왜 성공한 사람일수록 새로운 것을 시도하기가 어려울까? 가만히 있으면 현상 유지는 할 수 있기 때문이다. 새로운 성공은 없지만 그렇다고 망신당할 일도 없다. 그렇기에 선택의 기로에서 아무것도 하지 않는 것과 무엇인가를 하는 것 중에서 하지 않는 쪽을 선택할 확률이 높다. 우리는 무언가를 해서 얻는 피해를 아무것도 하지 않았을 때 얻는 피해보다 더 민감하게 느낀다. 이를 '부작위 편향(omission bias)'이라고 한다. '부작위'는 일부러 아무것도 하지 않는 행위를 의미한다. 부작위 편향이란 다시 말해 마땅히 해야 할 일을 일부러 하지 않는 심리적 경향을 뜻한다.

이는 미국 펜실베이니아대 심리학자 조너선 배런의 실험으로 증명됐다. 그는 실험에 참가한 부모들에게 "아이가 위험한 전염병에 걸리는 걸 막으려면 예방 접종을 해야 한다"고 말했다. 그리고 접종을 하면 부작용으로 1만 명 중 5명이 사망하고 접종하지 않으면 1만 명 중 10명이 사망한다는 통계를 알려 주었다. 이런 조건에서 부모들은 어느 쪽을 선택했을까?

통계로 보면 접종하지 않을 때의 사망 확률이 접종했을 때보다 두 배 높다. 그럼에도 실험 결과 대다수 부모들은 예방 접종을 시키지 않겠다고 답했다. 접종 부작용을 감염 위험보다 더 위협적으로 느낀 것이다. 이러한 부모들의 마음은 코로나 백신 접종 여부를 둘러싼 논쟁에서도 비슷하게 나타났다.

옛말에 '긁어 부스럼'이라는 말이 있다. 놔두면 될 것을 굳이 건드려서 사태를 악화시키는 상황을 두고 하는 말이다. 그러나 이는 그야말로 '옛말'일 뿐이다. 소셜 미디어를 운영하는 것도 마찬가지다. 맨체스터 유나이티드 전 감독인 알렉스 퍼거슨은 "트위터는 시간 낭비(Twitter is a waste of time)"라고 했다(이 말은 국내에서 "SNS는 인생의 낭비"라고 알려져 있다). 그러나 이는 그 말을 한 2011년에나 해당하는 것이다. 지금은 대기업 회장과 유명 스포츠 스타들도 인스타그램과 페이스북을 한다. 심지어 미국 대통령을 비롯한 각국 정상들도 적극적으로 소셜 미디어를 활용한다. TV를 틀기만 하면 나오는 인기 연예인들도 개인 방송을 따로 챙긴다. 예전에는 아무것도 하지 않는 상태가 '기본'이었다면 지금은 무언가를 하고 있는 상태가 '기본'인 것이다.

아무것도 하지 않으면 아무 일도 일어나지 않는다

2021년 여름 서울 종로구에 위치한 갤러리 그라운드시소 서촌에서 '요시고 사진전'이 열렸다. 요시고는 무명의 사진작가였다. 그는 그래픽 디자이너 일을 하며 여행지에서 취미로 사진을 찍어 꾸준히 인스타그램에 올렸다. 그라운드시소를 운영하는 지성욱 미디어앤아트 대표는 코로나 사태로 여행이 불가능해지면서 여행에 대한 사람들의 욕구가 커질 것으로 생각했다. 그래서 여행 사진전을 기획하고, 전 세계 유명한 여행 관련 사진작가들에게 연락했다. 그런데 그들이 요구하는 조건이 너무 과했다. 어차피 여행 사진전이라는 콘셉트는 분명하니 사진만 좋으면 사람들은 몰릴 것으로 생각했다. 그때 20대의 한 직원이 인스타그램에서 요시고 사진을 발견해 들고 왔다. 그 사진을 보는 순간 '이거다' 하는 느낌을 받았다.

"난해한 여행 사진이 아닌 요즘 감성에 딱 맞는 사진이었어요. 그래픽 디자인을 했던 친구라 색감이 강해서 2차 사진(전시된 사진을 찍은 인스타그램용 사진)에도 잘 맞고요."

요시고 사진전의 성공은 이렇게 만들어졌다. 입장하려면 평일 30분, 주말에는 2시간 넘게 기다려야 할 만큼 큰 인기를 끌었다. 요시고는 전시 이후 한국 팬들 덕분에 인스타그램 팔로워가 급증했다. 요시고의 성공 스토리는 그가 사진을 꾸준히 올리지 않으면 불가능했을 일이다.

이런 사소한 순간이 차곡차곡 쌓여 성공을 거둔 사례는 주변에서도 쉽게 찾아볼 수 있다. 인디 록밴드 잔나비는 정규 3집 앨범 '환상의 나라' 커버 일러스트 작가를 인스타그램에서 찾았다. 작사가 김이나도 개인 홈페이지에 일기장처럼 꾸준히 올린 글이 작곡가 김형석의 눈에 들어 작사가로 데뷔했다. 이 책의 일러스트 역시 인스타그램에서 찾은 '엄주' 님의 작품이다.

인테리어 디자이너 조희선 꾸밈바이 대표는 전업주부 시절 큰아이 세호의 이름을 딴 '세호의 집(Seho's home)'이라는 싸이월드 계정에 집 꾸미기 사진을 꾸준히 올렸다. 알음알음 팬이 생길 때쯤 어느 리빙

잡지사의 '형제 방을 독특하게 꾸민 집을 구한다'는 공지를 보고 지원했다. 담당 기자는 그녀가 올린 사진을 보고 잡지에 싣기로 결정했다. 그녀는 "운이 좋았다"고 표현했지만, 싸이월드에 사진을 올리지 않았거나 공지를 보고 연락하지 않았다면 일어나지 않았을 일이다.

소셜 미디어를 좀 더 효과적으로 활용할 방법은 없을까? 헬리오 프레드 가르시아 로고스컨설팅그룹 회장은 소셜 미디어를 전략적으로 활용하는 방법이 있다고 말한다. 그가 말한 방법은 다음과 같다.

1. 어떻게 활용할지 분명한 주제를 정한다.
2. 콘텐츠 업데이트 빈도수를 플랫폼 성격에 맞게 적절하게 조정한다.
3. 꾸준히 올린다.

이용자들이 '팔로우'할 가치가 있다는 생각이 들 만큼 자신의 개성이 담긴 킬러 콘텐츠가 있어야 하고, 정보를 제공하는 플랫폼으로서의 역할을 할 수 있는 꾸준함이 있어야 한다는 것이다.

유튜브 초통령으로 불린 나희선 샌드박스 네트워크 창업자는 "숫자의 함정에 빠지지 말라"고 했다. 그는 2013년부터 6년간(2200일) 3300개 영상을 매일 올렸다. 유튜브는 광고 수익이 100달러 이상이 되면 수익 창출을 신청할 수 있는데 100달러까지 3개월 정도 걸렸다고 한다. 그리고 어느 순간 영상 중 하나가 알고리즘에 의해 추천할 만한 비디오로 뜨면서 채널이 비약적으로 성장하게 되었다. 크게 성공한 채널은 대부분 이런 과정으로 성장한다.

"어찌 됐건 제가 정성껏 올린 영상을 보는 사람이 하나라도 있으면 그 자체로도 훌륭한 콘텐츠라고 생각해요. 그렇게 스노볼 굴리듯 하루도 빠짐없이 영상을 올리다 보니 구독자 수가 쌓인 거죠."

그들의 말을 듣고 나도 2020년부터 인스타그램을 시작했다. 문화부 기자로 일하며 쓰는 문화 관련 기사와 다녀온 전시 및 공연 등을 올리고 있다. 팔로워 수가 많지는 않지만 인스타그램으로 기사를 봤다며 간담회, 자문 위원 등 여러 제안이 들어왔다. 2021년부터는 틱톡도 시작했고, 음악 스트리밍 사이트 플로에는 플레이리스트를 만들어 올리고 있다. 다행히 내가 고른 음악을 듣는 사람이 2만 2000명이 넘었다. 틱톡과 플로는 기자 신분을 밝히지 않고 개인 채널로 운영한다.

이것들이 내게 직접적으로 수익을 주지는 않는다. 그리고 생각보다 너무 귀찮다. 밥을 먹기 전 인스타그램용으로 음식 사진 한 번 찍는 것도 깜빡할 때가 많다. 그림 전시장에서 인스타그램에 올릴 사진을 따로 찍는 것도 일이다. 틱톡에 올리는 15초짜리 케이팝 영상을 만드는 것도 쉽지 않다. 플로 플레이리스트에 들어갈 음악 열 곡을 찾는 데는 몇 시간이 걸린다. 매일 유튜브 영상을 올리는 사람들이 진심으로 대단하다는 생각이 든다.

그래도 중단하지 않고 조금씩 꾸준히 해 보려고 한다. 언젠가는 이 채널들에 들어간 노력이 쌓여 스노볼처럼 커지길 기대하면서. 아무것도 하지 않으면 아무 일도 일어나지 않으니까.

잘나가던 직장인이
사업하면 망하는 이유

영역 의존성

기자 A의 꿈은 소설가다. 그는 어릴 때부터 도스토옙스키의 소설을 읽으며 한국식 사실주의 문학을 완성하는 걸 꿈꿨다. 바쁜 기자 생활에도 틈틈이 소설을 집필했지만 결국 꿈을 이루는 데는 실패했다. 기사 문법과 소설 문법이 다르기 때문이다.

이미 이름을 날린 소설가라도 장르가 바뀌면 고전을 겪기도 한다. 30대 소설가 B씨는 도시 청춘들의 삶을 다루는 작품을 여럿 발표해 비평가들로부터 트렌디한 시각과 문체를 갖고 있다는 평을 받았다. 문학상도 한두 번 받았고 베스트셀러에 이름을 올린 작품도 서너 편 있었다. 그야말로 평단과 독자로부터 두루 인정을 받은 작가였다. 그런데 최근 요즘 대세라는 웹 소설에 도전했다가 실패했다. 인기 웹 소설들을 읽어 보니 엉터리 문법과 손발 오그라드는 문장이 너무 많았다. 그는 자신이 훨씬 잘 쓸 수 있다는 생각에 웹 소설 시장에 호기롭게 뛰어들었지만 오판이었다. 그의 첫 웹 소설은 그가 비웃던 작품들보다 조회 수가 훨씬 적었다.

이런 일이 자주 벌어지는 이유는 '영역 의존성(domain depen

dence)' 때문이다. 우리가 익숙한 영역의 인식을 바탕으로 다른 영역을 판단하거나 다른 영역의 새로운 요소들을 받아들이지 못하는 경향을 말한다. 영역 의존성 자체는 문제가 없다. 다만 이런 영역 의존성을 인정하지 않고 무작정 일을 시작하면 문제가 발생할 수 있다.

국내 패션 회사 C는 대기업 계열사다. 이 대기업의 주력 계열사는 따로 있었는데 바로 IT 부품을 만드는 회사 D. 그룹 매출 대부분이 D 회사에서 나온다. C 회사는 패션 기업의 특성상 폭발적인 성장을 기대하기 어렵고 경기에 따라 매출이 들쑥날쑥했다. 그러다 보니 연말 인사에서 D 회사 출신에게 C 회사의 경영을 맡기는 경우가 많았다. 이런 식으로 D 회사에서 C 회사로 발령을 받은 임원 K는 성과를 내고 싶어 회계 장부와 프로젝트를 꼼꼼히 살펴본다.

그런데 IT 쪽에서 일하던 임원 K가 보기에 C 회사의 경영 방식은 이해할 수 없는 부분이 한두 가지가 아니었다. 그중에서도 가장 신경쓰이는 것이 재고 문제였다. 인기 있는 디자인 몇 개만 만들어 많이 파는 게 여러모로 유리한데 왜 다양한 디자인을 만들어 재고를 남기는지 도저히 납득이 가지 않았다.

IT 부품은 연구·개발(R&D)에 대한 대규모 투자를 통해 좋은 제품을 만들고 그것을 대량 생산해서 생산 단가를 낮추고 수익을 극대화한다. 재고가 남는다는 것은 곧 실패를 의미한다. 재고는 있을 수도 없고, 나와서도 안 되는 것이다. 그런데 옷은 많이 팔리는 디자인 몇 개로 승부를 볼 수 없는 산업이다. 패션 회사가 살아남으려면 브랜드 이미지와 다양한 포트폴리오가 필수적이고, 그러려면 많이 팔리지 않는 디자인과 컬러도 필요하다. 하지만 임원 K처럼 IT 기업에서 일하던 사람이 패션업에 대한 이해 없이 자신의 잣대만 고집해 재고 문제를 걸고넘어 지면 문제가 생길 수밖에 없다.

그렇다고 새로운 영역에 도전하지 말라는 뜻은 아니다. 새로운 영역에 도전할 때는 영역 의존성을 인정하고 자신의 전문 분야를 살릴 방법을 찾아야 한다. 두 분야의 융합이라는 과제를 잘 해결하면 예상하지 못한 폭발적인 결과가 나오기도 한다. 오랫동안 구닥다리 브랜드라는 오명에 허덕이다가 한순간에 가장 핫한 브랜드로 떠오른 이탈리아 명품 브랜드 구찌처럼 말이다.

패션을 전혀 모르는 패션 회사 사장님이 승승장구한 비결

2015년부터 세계적인 명품 브랜드 구찌의 회장을 맡고 있는 마르코 비자리는 영역 의존성의 오류를 가장 잘 극복한 사람으로 통한다. 그는 컨설팅 회사 액센추어에서 회계 컨설턴트로 10년 가까이 일하다가 지인의 요청으로 1993년 이탈리아 가방 브랜드 만다리나 덕의 관리자를 맡으며 패션업계에 발을 들였다. 그 전까지 패션과 관련된 일을 하기는커녕 패션 자체에 별로 관심도 없던 사람이었다.

그러나 패션업계에 발을 들인 후 승승장구했다. 2005년 스텔라 매카트니, 2009년 보테가 베네타의 대표를 차례로 맡으며 두 브랜드를 세계적인 브랜드로 키웠다. 이후 구찌로 자리를 옮긴 뒤에도 첫 분기부터 전년 대비 두 자릿수 이익 증가율을 기록하며 구찌의 완벽한 부활을 이끌어 냈다. 한물간 브랜드로 평가받던 구찌를 가장 트렌디한 브랜드로 바꿔 놓은 것이다. 그 비결은 과연 무엇일까?

중국 상하이에서 만난 비자리는 큰 키에 말끔한 슈트, 얼굴형과 잘 어울리는 뿔테 안경을 쓰고 있었다. "패션이 멋지시네요"라는 말에 그는 이렇게 답했다.

"별말씀을요. 전 패션의 문외한인 걸요."

패션 회사 대표가 패션을 잘 모른다니, 의외였다. 그렇다면 회사를 어떻게 이끌고 성장시킬까?

"저는 디자이너가 아닙니다. 저는 계획을 세우고, 전략을 짜고, 사업 모델을 만드는 사람입니다. 제가 무엇을 하느냐보다 직원들을 어떻게 꾸리느냐가 더욱 중요합니다."

그가 새로운 회사의 CEO를 맡을 때마다 가장 먼저 한 일은 자신의 위치를 파악하는 것이었다. 충분한 시간을 두고 자신이 왜 이곳에 왔는지, 여기에서 무엇을 해야 할지를 모색했다. 그리고 그 회사만이 가지고 있는 경쟁력이 무엇인지 파악한 뒤 그것을 향상시킬 방법을 찾았다.

"요즘같이 빠른 속도로 변화하는 시대에 누군가를 모방하는 것은 위험합니다."

자기 위치를 알고, 자기가 할 일을 정확히 파악한다는 것. 말은 쉽지만 굉장히 어려운 일이다. 특히 여러 번 성공을 거둔 사람들은 이미 검증된 자신만의 성공 방식을 계속 적용하려는 습성이 있다. 특히 큰 성공을 경험해 본 사람들은 이런 '자기 복제'에서 벗어나기가 여간 어려운 일이 아니다. 그러나 그는 회사마다 다른 방식을 썼다.

친환경을 강조하는 스텔라 매카트니를 맡았을 때는 브랜드 정체성에 따라 가죽, 모피, 깃털 등 동물 소재를 일절 쓰지 않았다. 대신 합성 가죽, 인조 모피 제품을 적극적으로 개발해 시장을 공략했다. 반면, 가죽 소재 제품을 주로 만드는 보테가 베네타를 맡았을 때는 이탈리아 베네토주의 가죽 장인들을 대거 채용해(보테가 베네타는 '베네토주의 작업실'이라는 뜻이다) 고급 핸드백 제작에 집중했다. 연달아 맡은 두 회사에서 정반대 정책을 사용한 셈이다.

그가 파악한 구찌의 힘은 100년에 걸친 역사와 패션 리더라는 지위, 그리고 역사와 전통을 가진 로고의 가치에 있었다. 당시 명품업계 트렌드는 자사의 로고를 가리는 것이었지만 구찌는 이 트렌드와는 다른 방향을 선택했다.

"로고 없는 명품이 대세라고 모든 제품에서 로고를 지워 버리는 것은 해결책이 아닙니다."

구찌의 로고는 100년의 역사 속에서 수많은 이야기를 만들어 왔다. 이런 역사성은 다른 브랜드들이 가지지 못한 훌륭한 자산이고, 모두가 부러워하는 가치다. 그러나 고객들은 단지 구찌 로고가 박혔다는 이유만으로 가방을 사지는 않는다. 그렇다면 구찌만의 강점을 살리는 길은 다른 브랜드처럼 로고를 없애는 것이 아니라 로고를 제품 디자인과 연결해 역사성과 트렌드를 동시에 표현하는 것이다.

"최근 구찌의 가방을 보면 로고를 디자인 주제로 사용하고 있습니다. 과거의 자산을 활용해 동시대 패션으로 연결하는 것, 이것이 구찌의 전략이고 경쟁력입니다."

"제품 디자인 최종 선택 때 참여하시죠?"

"아니요(그는 아니라는 말을 다섯 번쯤 반복했다). 저는 디자이너가 아니라 경영자입니다. 디자인 업무는 미켈레(구찌 수석 디자이너)의 일입니다. 만약 미켈레의 작품이 제 생각과 다른 방향으로 간다면 제가 할 일은 디자인에 대한 개입이 아니라 인사(人事)를 하는 것입니다."

최고 경영자가 제품 디자인에 전혀 개입하지 않는 것은 매우 드문 일이다. 자신의 역할과 능력을 객관적으로 파악하고 있을 때만 가능한 일이다. 높은 사람이 별생각 없이 내뱉은 한마디에 실무자들이 방향을 잃고 헤매는 경우가 얼마나 많은가.

게다가 구찌 디자인을 책임지는 수석 디자이너 알레산드로 미켈레는 비자리가 직접 발탁한 사람으로, 그 전까지는 사실상 무명에 가까운 인물이었다. 미켈레의 전임이던 프리다 지아니니 시절이었다면 경영진이 디자인에 개입하지 않는다고 해도 그다지 놀랍지 않았을 것이다. 그녀는 10여 년간 구찌 디자인을 이끈 거물이었기 때문이다. 그러나 당시 지아니니 밑에서 일한 미켈레는 경력이나 인지도, 영향력 등 여러 면에서 지아니니에 못 미치는 인물이었다. 경영진이 디자인에 개입하려고 하면 얼마든지 할 수 있는 상황이었다.

명품업계에서 브랜드를 혁신할 때는 일반적으로 외부에서 간판급 스타 디자이너를 영입하고, 그 디자이너가 자신의 팀을 데려와 제품을 전면 개편한다. 팀 단위로 움직이는 게 관행이다 보니 지아니니 밑에서 일한 미켈레는 그녀가 구찌를 떠난다는 소식을 듣고 짐을 쌀 준비를 하고 있었다고 한다. 본인도 수석 디자이너가 되리라고 전혀 예상하지 못했을 만큼 파격적인 인사였던 것이다. 비자리가 웃으며 말했나.

"솔직히 말하면 미켈레는 제가 받은 후보 명단에 없었습니다."

당시 언론 보도대로 구찌의 신임 수석 디자이너 후보 명단에는 내로라하는 유명 디자이너의 이름이 가득했다. 브랜드 전면 쇄신을 외치는 상황에서 지아니니의 팀원이던 미켈레를 지아니니 후임으로 발탁하는 것은 상식 밖의 일이었다. 그러나 비자리는 불필요한 구조 조정을 원치 않았다.

"저는 윗사람이 바뀐다고 그 밑에서 일하던 사람을 다 내보내는 것을 좋아하지 않습니다."

그는 미켈레에게 전화를 걸어 말했다.

"새로운 수석 디자이너가 오더라도 당신이 회사를 나가야 할 일은 없을 겁니다. 걱정 마세요."

당시 비자리는 로마 출장 중이었는데 우연찮게 미켈레도 로마에 있었다. 비자리는 미켈레에게 잠깐 커피나 하자며 만남을 청했다. 그때까지 비자리는 미켈레를 대면한 적이 없었다. 둘이 나눈 대화는 예상보다 인상적이었다. 30분 정도로 예상한 만남은 4시간 동안 지속됐다. 둘은 구찌의 문제점, 전략, 비전 등에 대해 의견을 나눴고, 같은 방향을 지향하고 있다는 느낌을 받았다.

그 뒤로도 비자리는 미켈레와 여러 차례 전화와 이메일을 주고받았다. 그러면서 그가 팀 내에서 재능을 인정받고 있다는 것도 알게 됐다.

"이후 저는 수석 디자이너를 외부에서 찾아야겠다는 생각을 바꿨고, 지금도 그 결정이 옳았다고 확신하고 있습니다."

이 모든 것이 가능했던 이유는 비자리가 패션 사업이 다른 사업과는 완전히 다르다는 것을 파악하고 있었기 때문이다. 명품업계에서 제품 개발에 투자하는 것은 제조업계에서 연구·개발(R&D)에 투자하는 것과는 성격이 다르다. 자금을 투입해 최첨단 장비를 들여놓는다고 해서 제품이 좋아지는 사업이 아니기 때문이다. 명품을 만드는 것은 장인, 즉 사람이다. 최상의 상품을 만들기 위해서는 최고의 사람이 필요한 것이다.

모든 분야에 탁월한 전문가는 없다. 특히 다른 영역의 일에 도전할 때는 자신의 장점과 해야 할 일을 분명히 아는 것이 중요하다. 그렇지 않으면 영역 의존성의 오류에 빠져 일을 망칠 수도 있다. 잘나가는 직장인이 사업을 시작할 때도 마찬가지다. 회사에서 일을 잘하는 것과 사업을 잘하는 것은 다른 얘기다. 회사에서 맡은 일을 잘한다고 해서 사업가가 되어 사람을 고용하고 그들에게 월급을 주고 회사를 운영하는 것도 잘하리라는 보장은 없다.

모든 일은 영역 의존성으로 가득 차 있다. 그러므로 어떤 일이든 도전하기 전에 영역 의존성부터 체크하고 외연을 확대하는 것이 필요하다. 성공하고 싶다면 말이다.

그들이 계속 세계 최고의
자리를 유지하는 비결

크레스피 효과

최근 한 예능 프로그램에서 키움 히어로즈의 간판선수 이정후가 국민 MC 유재석에게 물었다.

"15년 넘게 최고의 자리에 계시는데, 그러면 동기 부여도 사라지고 목표 의식이 없어질 수도 있잖아요. 그럼에도 불구하고 계속 최고의 자리를 유지하는 비결은 무엇인가요?"

그러자 유재석이 답했다.

"제가 동기 부여로 일하는 스타일은 아니어서 그런가 봐요. 저는 그냥 이 일이 너무 좋고, 제가 좋아하는 동료들과 같이 계속 일을 하려면 우리 프로그램이 소위 말해서 잘나가야 하거든요. 그게 저에게 당면한 동기 부여가 아닌가 싶어요."

심리학에는 '크레스피 효과(Crespi effect)'라는 게 있다. 보상과 벌점의 강도가 점점 강해져야 일의 수행 능률이 오르는 것을 말한다. 즉 보상으로 원하는 행동을 유도하려면 보상의 양을 점점 더 키우는 것이 효과적이다. 반대로 벌을 줌으로써 바람직하지 못한 행동을 줄이려고 한다면 점점 더 처벌 강도를 높여야만 현 상태를 유지할 수 있다.

크레스피 효과는 미국의 심리학자 레오 크레스피(Leo Crespi)의 이름에서 유래했다. 1942년 그는 쥐를 두 집단으로 나누어 미로를 탈출할 때마다 한 집단에게는 상으로 먹이를 1개씩 주고, 다른 집단에게는 5개씩 주었다. 이 실험에서는 먹이를 5개씩 받은 집단이 더 빨리 미로를 탈출했다. 하지만 먹이를 1개씩 주던 집단에게 5개씩을 주고, 5개씩 주던 집단에게 1개씩을 주니 결과는 뒤바뀌었다. 보상을 강화한 집단에서는 수행 능력이 향상되었고, 보상을 줄인 집단에서는 수행 능력이 하락한 것이다.

이정후의 어릴 적 꿈은 아빠처럼 야구 선수가 되는 것이었다. 그의 아버지는 한국 프로 야구 역사상 최고의 선수 중 한 사람으로 손꼽히는 이종범. 아버지의 별명이 '바람의 아들'이어서 그에게는 '바람의 손자'라는 별명이 붙었다. 그의 야구 인생은 겉으로 보기에는 초반에 아버지가 반대한 것만 제외하면 탄탄대로다. 2017년 데뷔 직후 고졸 신인 최다 안타 신기록을 세우며 존재감을 드러냈고, 2021년에는 부상으로 21경기나 결장했음에도 타율 3할 6푼으로 타격왕이 됐다. KBO 사상 스물아홉 번째 히트포더사이클(한 게임에서 1루타, 2루타, 3루타, 홈런을 모두 친 것, 사이클링히트라고도 한다)을 기록하기도 했다. 데뷔 후 5시즌 동안 884안타를 쳐 최연소 800안타 고지를 밟은 것은 물론, 입단 후 5년 동안 가장 많은 안타를 친 선수로 이름을 올렸다(2위 이승엽 716개). 2022년 4월에는 670경기 만에 900안타를 쳐 이종범의 최소 경기 기록과 이승엽의 최연소 기록을 동시에 갈아 치웠다. 이런 눈부신 활약 덕분에 데뷔 첫 2시즌을 제외하고 매년 동일 연차 중 최고 연봉을 받아 왔다.

야구 선수가 되고 싶다던 꿈을 넘어 야구의 새로운 역사를 써 나가는 그가 앞으로 어떤 목표를 가져야 더 성장할 수 있을까? 성장의 자리에 서 본 사람들은 예외 없이 정상에 오르는 것보다 정상을 지키는 게 더 어렵다고 말한다. 눈앞의 목표가 사라지고 오직 자신과의 싸움만 남기 때문이다. 어린 나이에 정상에 오른 이정후가 유재석에게 그런 질문을 한 것도 새로운 동기 부여의 필요성을 느꼈기 때문이리라. 물론 그에게는 아버지의 기록을 넘는 것, 메이저 리그 진출 등의 목표가 남아 있기에 한국 야구의 전설로 성장하리라는 데는 의심의 여지가 없다.

이정후나 유재석처럼 '당대의 인물'이 아니더라도 크레스피 효과와 관련된 문제는 누구나 겪는다. 나만 해도 그렇다. 남들처럼 교복 입고 공부하던 학창 시절에는 대학 진학이 목표였다. 대학에 입학하고 나니 자연스럽게 취업이 목표가 되었다. 드디어 언론사 시험에 합격해 기자가 됐을 때는 세상을 다 가진 것 같았다. 신문에 내 이름 석 자가 찍히는 것만으로도 그렇게 짜릿할 수가 없었다.

그러나 어느덧 목표했던 삶은 일상이 되어 버렸다. 내 이름으로 나가는 기사에 더 이상 감흥을 느끼지 못했고, 쳇바퀴 돌듯 반복적인 하루하루를 사는 것이 지루하게 느껴졌다. 처음에는 기자가 아니었다면 못 만났을 유명한 사람들을 만난다는 것만으로도 행복했는데, 시간이 지날수록 그런 만남이 당연한 일이 되었다. '계속 기자 일을 해야 하나, 아니면 다른 일을 찾아봐야 하나?'라는 고민이 생겼다.

그래서 고심 끝에 문화부에 지원했다. 사실 내 성향은 문화부와 잘 맞았지만 일부러 문화부에 지원하지 않고 있었다. 어릴 때부터 공연, 전시, 음식, 여행에 관심이 많았다. 놀고먹는 걸로는 누구에게도 지지 않을 자신이 있었다. 건축 일을 하시던 아버지는 프로젝트가 끝나면 가족들을 데리고 전 세계 방방곡곡으로 여행을 갔다. 여행지에서 유명한 음식들은 모조리 먹었다. 매년 돌아오는 제철 음식을 거른 적도 없었다. 전어철에는 전어를 먹어야 했고, 방어철에는 방어를 먹어야 했다. 아버지는 차가 막히는 것을 병적으로 싫어해서 자동차 여행을 할 때면 우리 가족은 새벽 4시에 일어나야 했다. 아버지가 아직 자고 있는 동생들을 이불째 감싸 안고 차에 타는 모습을 보며 어머니가 "누가 보면 야반도주하는 줄 알겠다"고 한 적도 있었다. 그런 피를 물려받아 나도 부지런히 먹고 보고 놀러 다녔다. 대학생 때는 과외로 번 돈을 뮤지컬 관람과 와인 마시는 데 다 썼다. 외국의 도시를 방문하면 꼭 현지 음식에 도전해 보고, 미술관에 들르고, 각종 공연과 스포츠를 부지런히 챙겼다.

그럼에도 기자 일을 시작했을 때는 정작 문화부에 가지 않았다. 오히려 사회부를 거쳐 산업과 경제 관련 부서에 오래 있었다. 어릴 때부터 "좋아하는 일은 직업으로 하는 게 아니다"라는 말을 듣고 자랐다. 영화를 좋아하는 사람이 영화 담당 기자가 되면 영화 보는 게 일이 되어 영화가 싫어지고, 더 나아가 삶 자체가 재미가 없어진다는 말이었다. 그 말이 왠지 설득력 있게 들렸다. 내가 좋아하는 것들을 싫어하게 될까 봐 두려웠다. 하지만 요즘은 '덕업일치'가 대세다. 즉 덕질(자신이

114

좋아하는 일을 하는 것)과 생업 일치의 가치를 높이 평가한다. 좋아하는 일을 하면서 돈까지 번다는 건 얼마나 축복받은 삶인가.

나는 왜 일하는가

처음 이 깨달음을 얻은 건 앞에서도 소개한 뉴욕 외식업계의 대부 대니 메이어 유니언스퀘어 호스피탤러티 그룹 회장을 만났을 때다. 그역시 나처럼 어릴 때부터 부모님과 미식 여행을 자주 다녔다. 성인이된 후에도 먹는 것이 삶의 가장 큰 낙이었다고 한다. 그러나 그는 로스쿨 진학을 준비했다. 법률가가 꿈은 아니었지만 집안 분위기의 영향으로 정치나 공공 서비스 분야에서 일하는 것이 당연하다고 생각했다. 로스쿨 입학시험 전날, 외삼촌 부부, 외할머니와 함께 저녁 식사를하며 그는 말했다.

"내일 로스쿨 입학시험이 있어서 와인은 못 마셔요."

"넌 법률가가 되고 싶지 않으면서 그 시험을 왜 보는 거냐? 네가 평생 하고 싶은 일을 찾아야 하지 않겠니?"

"그게 뭔데요?"

"그걸 왜 나한테 물어? 너는 어릴 때부터 입만 열면 음식과 레스토랑 이야기만 했잖니!"

그는 그렇게 외식업의 길로 뛰어들었다. 개업하려던 레스토랑에 문제가 생기고, 고용한 종업원들이 크고 작은 실수를 저지르고, 생각지도 못한 문제에 봉착할 때가 한두 번이 아니었지만 그래도 도전을 멈추지 않았다. 좋아하는 일을 하는 것이 그에게는 가장 큰 동기 부여가 되었던 것이다.

전 세계 1위 비보이팀인 '진조 크루'를 만든 형제 김헌준과 김헌우도 마찬가지다. 시작은 형 스킴(김헌준)이었다. 1999년 중학교 시절 친구에게 빌린 만화책《힙합》을 보고 춤에 푹 빠져 버렸다. 그런 형의 모습을 본 윙(김헌우) 역시 자연스럽게 형을 따라 춤에 빠졌다. 이 두 사람이 2001년에 창단한 팀 진조 크루는 지금까지 180회의 우승 경력을 자랑한다. 2012년에는 세계 최초로 5대 메이저 대회를 석권했다. 이들을 만나기 위해 방문한 경기도 부천 연습실에는 '실력'이라고 쓰인 붓글씨가 붙어 있었다. 비보잉 연습실에 걸린 붓글씨가 낯설어 보였다.

"저희가 세계 1위를 유지하는 비결은 정신력인 것 같아요. 강한 정신력으로 열심히 노력해 실력을 쌓은 덕분이거든요."

이들이 세계 무대에 본격적으로 이름을 알리기 시작한 건 2005년 매일 밤샘 연습을 하면서부터다. 1년에 딱 5일만 쉬면서 5년 동안 매일 밤 11시부터 아침 9시까지 10시간 동안 춤 연습을 했다. 낮이 아닌 밤에 연습한 건 두 가지 이유 때문이었다. 먼저, 비용. 초기에는 돈이 없어서 무용 연습실을 월 50만 원을 주고 밤에만 썼다. 두 번째는 집중력. 밤에 하면 누구의 방해도 받지 않고 연습실 대여 시간 내내 연습에 집중할 수 있었다.

"적당히 해서는 저희보다 잘하는 사람들과의 격차를 줄일 수 없었어요. 그들도 노력하고 있을 텐데 똑같은 시간을 연습해서는 더 잘할 수 없잖아요."

'경영의 신'이라 불리는 이나모리 가즈오 회장은 그의 저서《왜 일하는가》에서 다음과 같이 말했다.

"서양 사회에서는 '일이란 곧 고역'이라는 인식이 팽배했다. (……) 인류의 시조인 아담과 이브는 신이 금지한 선악과를 따 먹은 죄로 낙원인 에덴동산에서 추방당했다. 낙원에서 살 때는 일할 필요가 없었지만, 추방되고 난 후에는 먹을거리를 얻기 위해 힘겹게 일해야 했다. (……) 서양 사람들은 '일은 고통으로 가득 차 있어서 피해야 할 행위'라 여긴다. 바로 거기에서 '일은 최대한 짧은 시간 안에 끝내고 보수는 최대한 많이 받는 게 좋다'는 노동관이 생겨났다고도 생각할 수 있다. 서양과 달리 동양에는 이 같은 노동관이 없었다. 일은 분명 고생도 수반하지만, 그 고생 이상으로 기쁨과 긍지, 그리고 삶의 보람을 가져다주는 존엄한 행위라고 여겼다."

유재석과 대니 메이어, 김헌준과 김헌우의 공통점은 좋아하는 일을 선택한 것이다. 좋아하는 일을 잘하기 위해 노력했고, 어느 순간 그들은 업계 최고의 자리에 올랐다. 그리고 좋아하는 일을 계속하기 위해 치열하게 사는 것을 당연하게 받아들였다. 이나모리 회장의 말처럼 그들에게 일은 "분명 고생도 수반하지만, 그 고생 이상으로 기쁨과 긍지, 그리고 삶의 보람을 가져다주는 존엄한 행위"이기 때문이다.

그러고 보면 전 세계 어디에도 열심히 살았는데 잘 안되는 경우는 있어도 열심히 살지 않았는데 잘되는 경우는 없다. 심지어 '욜로(YOLO : You Only Live Once의 줄임말로, 내일에 대한 걱정은 버리고 오늘을 즐기는 삶의 방식)'라는 말을 유행시킨 힙합 가수 드레이크도 소처럼 일하며 앨범을 내기로 유명하다.

내 경우로 말할 것 같으면 뒤늦게 좋아하는 일을 하겠다며 문화부로 왔지만 일이 줄지는 않았다. 들어야 할 음악, 봐야 할 공연, 시청해야 할 영화와 드라마가 끝이 없다. 그래도 과거보다는 일의 만족도가 훨씬 높아졌다. 만족도가 높아지니까 자연스럽게 일을 더 잘하고 싶고, 그래서 자발적으로 치열하게 살게 된다. 보상이나 처벌의 강도와 상관없이 나름 재미있게 일할 수 있는 방법을 찾은 것이다. 크레스피 효과에 휘둘리지 않게 되었다고나 할까.

일이란 게 원래 고생스러운 측면이 있다. 그러므로 그 고생을 기꺼이 감내하고 나아가려면 강력한 동기 부여가 필요하다. 그런데 보상과 처벌은 수단일 뿐 그것 자체가 일을 계속하게 만드는 힘이 될 수는 없다. 그러므로 당신도 크레스피 효과에 휘둘리고 싶지 않다면 가장 확실한 동기 부여가 무엇인지를 스스로에게 묻고 그 답을 찾아보라. 일을 하면서 가장 재미있거나 기쁘거나 뿌듯하던 때를 돌이켜 보면서 그때 마음을 정리해 보는 것도 괜찮은 방법이다. 무작정 열심히 일하면 금세 지쳐 버리지만, '왜 일하는가'에 대한 답을 찾은 사람은 쉽게 지치지 않는다.

트렌드를 앞서가는
사람들의 비밀

군중 심리

마케팅, 광고, 엔터테인먼트뿐만 아니라 요즘은 어느 업계든 트렌드에 민감하다. 아니, 좀 더 정확하게 말하자면 트렌드를 앞서가지 않으면 순식간에 도태되는 세상이다. 그런데 트렌드를 파악하는 게 예전보다 훨씬 어려워졌다. 우리 사회가 공동체적인 유대를 이루지 못하고 파편화되면서 메가트렌드가 사라졌고, 유행과 상관없이 자신의 기호와 취향을 고집하는 사람이 늘었기 때문이다. 한국 사람끼리도 좋아하는 분야가 다르면 통역이 필요할 정도로 각자가 자신만의 세상에서 살고 있다. 심지어 트렌드도 금방금방 바뀐다. 오늘 유행하는 아이템이 한 달 뒤에도 유행하고 있으리라는 보장이 없다. 그럼에도 오늘도 트렌드에 뒤처질까 봐 두려운 회사의 팀장들은 팀원들에게 묻는다.

"요즘 뭐가 트렌디합니까?"

그러면 팀원들은 부리나케 트렌디한 아이디어를 찾아 페이스북과 인스타그램, 유튜브를 정처 없이 뒤져 본다. 하지만 이미 소셜 미디어에서 유행할 정도면 이미지 소비의 역치에 도달하고 있다는 뜻이다. 이 역치를 넘어서는 순간 트렌디한 것은 더 이상 트렌디한 것이 아닌,

어디에선가 본 식상한 것이 되고 만다.

　트렌드(trend)는 '돌다', '회전하다'라는 뜻의 고대 독일어 'trandi-jan'에서 나온 말로, '어느 방향으로 나아간다'라는 뜻으로 쓰이다가 일정 기간 지속되는 현상 혹은 특정한 방향성을 뜻하는 오늘날의 의미가 되었다. 사회 문화적 트렌드는 다수의 사람이 어떤 추세를 따른다는 뜻이므로 '군중 심리(herd mentality)'의 영향을 받는다. 군중 심리는 한 개인이 특정 집단의 지배적 의견이나 행동을 따라 하려는 심리적 경향이다. 인간은 사회적 동물인 만큼 본능적으로 군중 심리의 영향을 받는다. 그래서 군중 심리로 인해 본인의 가치관이나 합리적 판단에 반하는 선택이나 행동을 하기도 한다.

　우리가 군중 심리에 영향을 받는 이유는 무리에 속해 있을 때 더 안전하다고 느끼는 생존 본능 때문이라고 알려져 있다. 여러 사람이 쳐다보는 방향을 무심코 쳐다본다든지, 길게 늘어선 줄에 관심을 갖는다든지, 별다른 정보도 없이 많은 사람이 좋아한다는 이유로 어떤 제품을 따라 산다든지 하는 것이 군중 심리의 전형적인 사례다. 대다수 사람이 선택하니까 나도 선택하는 심리 현상을 '밴드왜건 효과(bandwagon effect : 편승 효과)'라고 하는데 이 역시 군중 심리의 일종이다. 밴드왜건 효과는 음악대 마차가 지나가면 그 뒤를 따르는 군중들의 행렬을 빗대어 지은 이름이다.

　그렇다고 밴드왜건 효과가 언제나 통하는 것은 아니다. 패션업계에서는 한 디자인의 유행이 끝나는 시기를 중고생들에게서 그 디자인이 흔하게 보이는 때로 추정한다. 그만큼 많은 사람이 입었다는 뜻이다.

아무리 좋은 디자인이라도 너무 흔해지면 가치가 떨어지고 낡은 것으로 치부된다. 이처럼 너무 많은 사람이 소비하면 오히려 그 제품에 대한 수요가 줄어드는 현상을 '스노브 효과(snob effect : 속물 효과)'라고 한다. 명품 브랜드들이 판매 수량을 조절하고 재고가 쌓여도 할인 판매를 하지 않는 것도 이 때문이다. 일시적인 매출 상승보다는 당장의 손해를 감수하고라도 브랜드 가치를 지키는 게 장기적으로 이익이기 때문이다.

군중 심리의 일종으로 특정 집단이 사용하는 제품을 구매함으로써 그 제품을 사용하는 집단과 자신을 같은 부류라고 여기는 '파노플리 효과(panoplie effect)'도 있다. 파노플리란 프랑스어로 '세트'를 의미하는 단어로, 프랑스의 철학자 장 보드리야르가 1960년대 프랑스 사람들의 삶을 분석하면서 처음 사용한 용어다. 운동선수나 연예인, 재벌들이 사용하는 아이템의 완판 현상이 이에 해당한다.

비슷하면서도 미묘하게 다른 군중 심리의 속성에서 보듯이 트렌드의 탄생과 생명력은 예측하기 어렵다. 그렇다면 트렌드를 선도하는 인재가 되려면 어떻게 해야 할까? 간단히 말하자면 군중 심리를 만들 수 있으면서, 군중 심리를 역이용하되, 본인은 군중 심리를 따라가지 않아야 한다.

군중 심리를 거부함으로써 새로운 트렌드를 만든 사람들

그것을 가장 잘 보여 주는 대표적인 사람이 바로 양태오 태오양 스튜디오 대표다. 그는 현재 한국에서 가장 잘나가는 인테리어 디자이너다. 그를 처음 만난 건 2016년. 유명 배우들 집의 인테리어를 맡은 것이 알려지면서 스타들의 디자이너로 대중의 관심을 받기 시작했다. 그 이전부터 그의 디자인은 이미 국제적인 명성을 얻고 있었다.

그는 100년 된 한옥 청송재를 본인의 집과 사무실로 꾸민 후 '한옥 인테리어'를 국내에 유행시켰다. 그 덕분에 북촌의 한옥 가격이 오르고, 한옥을 기반으로 한 카페들이 우후죽순 생겨났을 정도다. 2016년에는 한옥 디자인을 망향휴게소 화장실에 접목해 큰 화제를 모았다. 한옥의 정갈함과 현대적인 세련미가 조화를 이룬 이 화장실은 셀카를 찍는 화장실로 유명하다. 이곳의 인테리어 디자인 역시 아류작이 여럿 생겼을 정도로 강한 인상을 남겼다. 최근에는 국립경주박물관, 국립한글박물관 리모델링도 담당했다.

하지만 그것도 잠시, 미디어는 새로운 스타를 원했고 대중은 새로운 디자인을 원했다. 인테리어 트렌드는 너무 빠르게 변했고, 그래서 얼마 안 가 한옥 인테리어는 식상한 것이 되고 말았다.

2021년 오랜만에 그에게서 연락이 왔다. 세계 3대 아트 서적 출판사로 꼽히는 파이돈 프레스가 선정한 '세계 최고의 인테리어 디자이너 100인'에 유일한 한국인으로 그가 선정되었다는 소식이었다. 오랜만에 만난 그는 예상치 못한 소식에 살짝 들떠 있는 듯했다.

"작년 말 파이돈에서 저를 선정했다는 이메일을 두 번이나 보냈다는데 확인도 안 하고 있었어요. 책 사라는 건 줄 알았거든요."

파이돈의 에디터 윌리엄 노위치는 "한국 문화와 역사에 대한 깊은 연구로 세계적으로 환영받을 수 있는 독창적이고 현대적인 한국의 미학을 만들었다"고 그를 선정한 이유를 밝혔다. 그러나 그는 그동안 마음고생이 심했다고 한다.

"한국의 미학은 제 디자인을 대표하는 것이기도 하지만 친환경적 요소 등 이 시대가 원하는 시각이라고 생각하거든요. 그런데 사람들이 제 디자인을 트렌드와 비교하며 과거로만 바라볼 때 굉장히 힘들었어요. 이번 파이돈 선정은 제가 가는 길이 틀리지 않았음을 알려 주는 것 같아 굉장히 기뻐요. '무소뿔처럼 흔들리지 않고 진정성을 가지고 걸어가면 되는 거구나' 하는 생각이 듭니다."

인테리어 디자이너는 고객이 있는 예술이다. 고객의 취향도 맞추면서 자신이 추구하는 미학적 완성도를 보여 주어야 한다. 트렌드를 따라가고 싶은 고객을 설득하면서 나만의 감각을 펼치는 작업은 쉽지 않다. 특히 한국인은 한국적인 것의 가치를 낮게 보는 경향이 있다. 쉽게 접할 수 있기에 가치를 제대로 평가하기가 어려운 것이다.

군중 심리가 발생하는 이유는 남의 것이 더 좋아 보이기 때문이다. 특히 한국은 전통 주거 문화 연구에 대한 역사가 짧아 서양의 트렌드에 더 쉽게 휩쓸린다. 그러나 독일의 바우하우스나 다다이즘 등 디자인의 역사와 예술에 한 획을 그은 사조들은 항상 전통으로부터 시작했다.

그런 면에서 트렌드를 선도하는 위치에 있는 사람들이 가져야 할 덕목은 '우직함'이다. 남의 충고를 내 것으로 소화하되 나만의 것을 밀고 나갈 줄 아는 힘이 필요하다. 그렇게 해야 자신만의 작품 세계가 유지되고, 작품의 수준을 지속적으로 이어 갈 수 있다. 노위치는 "양태오가 그동안 해 온 작업을 보면 갑자기 이상하거나 수준이 낮은 의미 없는 공간을 만들시 않을 것 같았나"라고 말했다. 양태오에게 한국적인 것은 세계 무대에서 그를 다른 나라 디자이너들과 차별화해 주는 가장 좋은 무기였다.

"한국적인 것 자체가 굉장히 아름다워요. 이 시대가 원하는 미학을 많이 가지고 있어요. 자연주의적 성향과 미완성의 미학, 뉴트럴 톤 같은 것들요."

루이비통, 펜디, 드고네이, 바쉐론 콘스탄틴 같은 명품 브랜드들이 그에게 협업을 제안한 이유도 그에게는 어디에서도 볼 수 없는 한국적 특색이 있기 때문이다. 그것을 잘 아는 그는 의도적으로 꾸준히 한국적인 것을 찾아 디자인에 넣었다. 그가 생각하는 한국의 미학이란 '비움'이다.

"어떻게 하면 허례와 겉치레를 비워 내고 본질만 남길지 고민하고 있어요. 조선 후기의 달 항아리는 아무것도 칠해지지 않은 듯하지만 굉장히 단아하고 아름답잖아요."

달 항아리를 한국의 미로 뽑은 사람은 또 있다. 일본을 대표하는 산업 디자이너인 후카사와 나오토 '나오토 후카사와 디자인' 대표다. 후카사와 역시 전통을 중요시하고 가장 본질적인 것만을 남기는 디자인을 추구한다는 점에서 양태오의 디자인 철학과 닮았다. 그는 군중 심리를 유도하는 트렌드를 만들려면 인간의 본성을 따라가야 한다고 했다. 2003년부터 무인양품 디자인 자문 위원으로 활동한 그가 디자인

한 대표적인 제품은 벽걸이형 CD플레이어다. 환풍기에서 영감을 얻은 이 디자인은 벽에 걸린 줄만 당기면 CD가 재생된다. 벽에 매달린 줄을 보면 당기고 싶다는 인간의 본성을 반영한 것이다.

"사람의 마음은 거짓말을 할 수 있지만 몸은 솔직해요. 사람이 환경에 따라 어떤 식으로 행동하는지를 파악해서 디자인에 반영하고 있어요."

그는 전 세계적으로 유행한 일본식 젠(線) 스타일도 일본인들의 본성이 반영된 것이라고 말한다.

"일본인의 미에 대한 인식은 강하게 주장하는 형태가 아니라 뒤로 숨는 겸허한 형태예요. 이런 본성이 디자인에 드러나는 것이지요."

군중 심리의 맹점은 군중 자신들도 어떤 제품이나 상품이 나오기 전에는 자신들이 무엇을 좋아할지 모른다는 사실이다. 게다가 트렌드는 너무 빨리 바뀐다. 그러다 보니 군중 심리를 읽되 그것에 매몰되지 않는 게 어려운 일일 수밖에 없다. 또 한물갔다는 소리를 들으면서도 우직하게 자신의 스타일을 밀고 나가는 것 역시 쉽지 않은 일이다. 하지만 분명한 것은 군중 심리 밑바닥에 있는 인간의 본성을 파악해 뚝심 있게 밀고 나가는 사람들이 트렌드를 선도한다는 사실이다. 트렌드를 앞서가는 이들은 모두 다 그 어려운 일을 해낸 사람들이다.

무계획이 때로는
최고의 계획일 수 있다

계획 오류

어릴 적 나의 꿈은 과학자, 정확히는 유전 공학자였다. 초등학교 때 강경옥 작가의 만화 《노말시티》를 보고 복제 인간을 만들고 싶었다. 직업 탐방하듯이 스쳐 지나는 장래 희망이 아닌 나름 진지한 꿈이었다. 고등학교 계열 선택에서 이과를 골랐고, 수학과 과학을 특히 열심히 공부했다. 특별 활동으로 과학반에 가입했고, 방학 때는 과학 캠프를 다녔다. 생물 경시대회에도 종종 나가 간혹 입상도 했다. 이대로라면 순탄히 유전 공학자가 될 수 있으리라 생각했다. 그런데 고등학교 3학년 때 수학 능력 시험을 망치고 나서 원하는 대학, 원하는 학과에 들어갈 수 없게 되었다. 그러자 나에게는 과학적인 재능이 없다는 생각이 들면서 방황이 시작되었다.

대학교 1학년 때는 호텔을 좋아하니 호텔리어가 돼 볼까 생각했다. 그래서 와인 소믈리에가 되기 위한 공부를 했고 아르바이트도 호텔에서 했다. 대학교 2학년 때는 그림이 좋아졌다. 큐레이터가 돼 볼까 하고 잠깐 그림 공부도 했다. 그러다 미국 뉴욕에 가고 싶어 국회에서 인턴 비서관으로 일하며 돈을 모았다. 이런저런 방황 끝에 신문사 인턴에 합격했고 그때부터 지금까지 기자로 일하고 있다. 만약 수능 시험을 망치지 않았다면 지금과 전혀 다른 삶을 살고 있을지도 모른다.

1988년 하버드대를 졸업한 작가 데버라 코파켄은 2018년 30년 주년 기념 동창회에 다녀와서 '30주년 동창회에서 인생에 대해 깨달은 것들'이라는 제목의 글을 발표해 큰 화제를 모았다. 그녀가 밝힌 서른 가지 교훈 중 첫 번째가 '인생을 계획대로 산 사람은 아무도 없었다. 계획을 가장 꼼꼼하게 짜고 잘 지키는 사람도 계획대로 살지는 못했다'였다. 이렇듯 인생은 계획대로 흘러가지 않는다. 큰 목표는 물론이고, 그 계획에 드는 시간조차 예상대로 진행되지 않는다. 이렇게 계획대로 되지 않는 것에 대니얼 카너먼은 '계획 오류(planning fallacy)'라는 라벨을 붙였다.

어떤 일을 하든 우리가 맨 처음 하는 것은 바로 계획을 세우는 것이다. 이때는 의욕이 넘치고, 자신감에 차 있으며, 일을 성공시켰을 때의 기쁨과 보람을 생각하면서 잔뜩 희망에 부풀어 있다. 계획을 세우는 단계에서는 미래에 대한 낙관주의와 자신에 대한 과대평가로 실패를 그다지 염두에 두지 않는다. 다양한 변수를 고려하지 않은 채 계획만 원대하게 세우는 것이다. 그런데 계획을 실행하다 보면 늘 예상하지 못한 문제가 발생하고, 계획에 없던 과제들이 중간에 끼어든다. 그래서 처음에 예상한 시간과 비용과 노력이 훨씬 더 많이 들어가는 사태가 발생한다.

심리학자 로저 뷸러는 졸업 논문을 써야 하는 학생들에게 언제까지 논문을 마칠 수 있을지 예측해 보라는 과제를 냈다. Ⓐ 가장 순조로운 경우 Ⓐ 일반적인 경우 Ⓑ 가장 최악의 경우 Ⓒ 등 세 가지로 구분해서 적어 내라고 했다. 그 결과 학생들은 각각 Ⓐ 27.4일 Ⓑ 33.9일 Ⓒ 48.6일로 예상했다. 실제로는 어땠을까? 논문을 완성하는 데 걸린 시간은 평균 55.5일이었다. 대다수의 학생이 가장 최악이라고 예상한 경우보다 더 많은 시간이 소요된 것이다.

나 또한 부끄럽게도 원하는 대학에 못 갈 것이라는 변수를 한 번도 생각해 보지 않았다. 오죽하면 고등학교 시절 사귀던 동갑내기 남자 친구와 함께 대학에 진학한 후 유학을 가는 계획까지 세우고 있었을까. 하지만 인생은 늘 예상한 대로 진행되지 않는다. 그런데 계획대로 되지 않는 것이 꼭 나쁜 일일까?

계획대로 흘러가지 않아서 탄생한 31조 원짜리 회사

링크드인 창업자 리드 호프먼은 그렇지 않다고 말한다. 기업이 변화하는 환경에 맞게 사업 목표와 경쟁 자산을 바꿔 나가는 것처럼 사람도 상황 변화에 따라 목표와 계획을 계속 수정하고 변화시켜 나가면 얼마든지 새로운 기회, 때로는 더 좋은 기회를 잡을 수 있다는 것이다. 호프먼의 원래 꿈은 대학교수였다. 스탠퍼드대에서 인지 과학을 전공했고 최고의 인재에게 수여하는 마셜 장학금 대상자로 선정돼 영국 옥스퍼드대에서 철학 석사 학위를 받았다. 그렇게 그는 꿈을 향해 한 걸음씩 나아가고 있었다.

그러나 공부를 할수록 학계가 자신의 진로가 아니라는 것을 깨달아

갔다. 세상에 영향력을 미치는 학자가 되고 싶었는데 학자가 쓴 논문은 기껏해야 50~60명만 읽을 뿐이었다. 그는 더 큰 영향력을 미치는 사람이 되고 싶었다. 그래서 컴퓨터 관련 사업을 하는 것이 다음 꿈이 되었다. 그러나 여기에는 큰 문제가 하나 있었다. 자신에게 실리콘 밸리에서 성공할 만한 전문성이 있는지 확신하지 못했던 것이다. 그러나 그는 성공한 많은 사람이 그랬듯이 일단 실행에 옮겼다. 27세이던 1994년 쿠퍼티노에 위치한 애플 컴퓨터에 취직한 것이다.

애플은 그를 사용자 경험 부서에 배치했다. 하지만 그는 일을 시작하고 얼마 지나지 않아 사용자 경험보다 제품 관리가 더 중요하다는 것을 알게 되었다. 그런데 여기서 또 다른 딜레마에 빠졌다. 제품 관리 부서로 옮기려면 제품 관리 경력이 필요했다. 경력을 쌓기 위해 또 다른 경력을 쌓아야 하는, 우리나라 취업 준비생 모두가 겪는 문제를 호프먼도 겪었던 것이다.

그는 여기서 어떻게 했을까? 그는 무작정 제품 관리 책임자인 제임스 아이작스를 찾아갔다. 몇 가지 좋은 제품 아이디어가 있다고 말하고 그 아이디어를 보고서로 작성해 제출했다. 그리고 본인 업무 시간 외에 제품 관리 일을 도울 테니 일을 가르쳐 달라고 요청했다. 이때의 경력을 바탕으로 후지쯔의 제품 관리자로 옮겼다. 이런 경험을 바탕 삼아 1997년에는 온라인 이성 교제 사이트인 소셜넷을 공동 창업했다. 이때도 경험 삼아 친구인 피터 틸이 공동으로 세운 온라인 결제 회사 페이팔의 업무를 도왔다. 이것이 발판이 돼 2000년 1월 페이팔 부사장으로 합류했다.

쓸모없는 경험은 없다고 한다. 그는 이런 경험을 통해 또 하나의 교훈을 얻게 되는데 바로 '인맥의 중요함'이다. 특히 그는 아는 사람을 통한 인맥의 중요성을 느꼈다. 사회적 지위가 올라가고 인지도가 높아질수록 알고 지내자며 연락하는 사람이 많아진다. 그렇다고 무턱대고 만나다가는 불미스러운 일에 휘말릴 가능성도 크다. 이때 사람들이 믿는 방법은 자신이 신뢰하는 사람에게서 소개를 받는 것이다. 이 교훈을 사업 아이디어로 발전시켜 2002년에 설립한 회사가 바로 비즈니스 전문 소셜 미디어 링크드인이다. 2016년 마이크로소프트가 262억 달러(당시 환율로 약 31조 원)에 인수했고, 전 세계 200여 개국의 7억 7000만 명이 회원으로 있다.

셰릴 샌드버그가 진로 계획을 세우지 않는 이유

메타 플랫폼스로 이름을 바꾼 페이스북의 최고 운영 책임자 셰릴 샌드버그도 원래 꿈은 공직자였다. 그녀의 첫 직장은 세계은행. 그곳에서 1년간 일하며 인도의 보건 관련 프로젝트를 진행했다. 그 후 더 나은 기회를 찾아 끊임없이 새로운 시도를 했다. 하버드대 경영대학원에서 경영학 석사 학위를 받은 후 컨설팅 회사 맥킨지, 미국 재무부 등 민간 회사와 공직을 오가며 자신에게 맞는 길을 찾았다. 그러던 중 구글 최고 경영자인 에릭 슈밋과 진로 상담을 하게 되었고, 그 후 구글에 취직했다. 당시 슈밋은 샌드버그에게 "가속도가 붙어 저절로 굴러가는 시장, 큰 파도에 올라타라"고 조언했다고 한다.

구글에서 6년을 일한 후 마크 저커버그를 만나 페이스북으로 옮겼고, 2008년부터 페이스북(메타 플랫폼스)의 최고 운영 책임자로 일하고 있다. 샌드버그는 "내게는 진로 계획이 없다. 계획을 세워 두면 지금 당장 내 눈앞에 보이는 것들만 선택할 수 있기 때문이다"라고 말했다. 그녀는 무계획이 때로는 가장 큰 계획일 수 있음을 보여 주는 대표적인 사례다.

리드 호프먼과 셰릴 샌드버그는 인생이 계획대로 흘러가지 않는다는 사실을 겸허히 받아들였다. 그리고 자신을 하나의 기업이라 여기고 시대의 변화에 발맞추어 끊임없이 목표를 수정하고 거듭 변화했다. 그들이 계획 오류의 함정에 빠지지 않고 성공할 수 있던 이유다.

그러므로 계획의 오류에서 벗어나고 싶다면 일이 예측한 대로 흘러가지 않는다는 사실을 늘 염두에 둘 필요가 있다. 일이 계획대로 굴러갈 것이라고 생각하는 막연한 낙관주의에서 벗어나라는 말이다. 그래야 계획이 틀어졌을 때 좌절하고 실망하는 일을 줄일 수 있다. 그리고 처음부터 너무 빠듯하게 계획을 잡지 않는 것이 좋다. 예상치 않은 변수들이 튀어나올 수 있다는 점을 늘 염두에 두어야 한다는 말이다.

계획을 세울 때 활용할 만한 팁으로 'ABZ 계획법'이라는 것이 있다. 미국의 직업 탐색 컨설턴트인 리처드 볼스가 제안한 방법으로, 적극적으로 새로운 기회를 추구하면서 동시에 위험도 줄일 수 있는 계획법이다.

플랜 A는 지금 하고 있는 일을 말한다. 나는 기자이므로 매일 아침 아이템을 발제하고 기사를 쓰는 일이 여기에 해당한다.

플랜 B는 진로의 방향 혹은 목표를 바꾸거나 목표 달성 방법을 바꿀 때 필요한 계획이다. 나의 경우에는 책을 내기 위한 원고를 쓰는 것과 방송에 출연하는 것, 음악 스트리밍 서비스에서 플레이 리스트들을 만드는 것이다. 상당 부분 플랜 A와 비슷하지만, 플랜 B가 플랜 A보다 더 나은 기회로 발전할 경우 갈아탈 수도 있다. 플랜 B를 자세하게 작성할 필요는 없다. 상황이 어떻게 변할지 모르기 때문이다. 대신 어느 정도까지 진로 방향을 바꿀지, 바꾼다면 어떤 대안이 있는지 정도는 생각해 두는 것이 좋다.

플랜 Z는 마지노선이자 안전망이다. 계획한 진로가 최악의 상태로 치달을 때 기댈 수 있는 안전하고 확실한 진로 계획을 말한다. 내 경우 플랜 Z는 대학을 졸업하고 취득한 교사 자격증이다. 자격증을 기초로 해서 학원 강의에 도전해 볼 수 있지 않을까 생각하는 것이다. 내가 마음 편히 플랜 A와 플랜 B를 설계할 수 있는 이유도 자격증이라는 플랜 Z가 있기 때문이다.

그렇다면 플랜 A에서 플랜 B로 갈아타야 하는 시점은 언제일까? 플랜 A가 싫어졌을 때가 아니라 플랜 B가 더 나은 기회라는 확신이 들 때다. 예를 들어 이직을 계획하고 있다고 하자. 만약 이직의 이유가 지금 하는 일이 잘 안 풀려서, 혹은 함께 일하는 동료와 상사가 마음에 들지 않아서라면 그 계획은 잠시 보류하는 게 좋다. 그 지옥을 벗어나 봐야 또 다른 지옥을 만날 확률이 높다. 이직이 나에게 더 좋은 기회를 줄 것이라는 긍정적인 확신이 있을 때 실행해야 긍정적인 결과로 이어진다.

이루고 싶은 꿈이 있다면
동네방네 소문부터 내라

떠벌림 효과

나 : 저도 이제 책도 내고, 방송도 출연하고, 할 수 있는 건 뭐든 다 해 보려고요!

후배 A : 전 선배가 왜 지금까지 책을 안 냈는지 궁금했어요. 제 편집 자 만나 보실래요?

홍보 대행사 임원 B : 생방송 프로그램 고정 출연 제안이 하나 있는데, 괜찮으시죠?

음원 스트리밍 서비스 직원 C : 저희 이번에 플레이리스트 서비스 들 어가는데 크리에이터로 참여하실래요?

식사 자리에서 무심코 내뱉은 말이 이런 반응을 이끌어 낼 줄 몰랐 다. 2007년 신문사에 입사했을 때만 해도 기사만 열심히 쓰면 되는 줄 알았다. 그렇게만 해도 독자들은 내 기사를 읽고 피드백을 줬고, 출 입처 사람들도 자신의 이야기를 들려주기 위해 나를 만나고 싶어 했 다. 그런데 시대가 변하면서 채널이 다양해졌다. 특히 2020년부터 내 가 맡고 있는 문화 분야에는 소셜 미디어를 활용하는 인플루언서가 많다. 아티스트, 셰프, 배우 등이 직접 전달자로 나서기도 한다. 이런 상황에서 어떻게 하면 신문 기자로서의 영향력을 높일 것인가 고민하다가 한 일이었는데, 수변 사람늘이 도와주겠다며 나선 것이다.

바로 '떠벌림 효과(profess effect)' 혹은 '공개 선언의 효과(public commitment effect)' 덕분이다. 남몰래 마음속으로만 세운 결심은 지켜도 그만 안 지켜도 그만이다. 아무도 모르기 때문에 뭐라 할 사람도 없다. 하지만 그것을 공개하면 마음가짐이 달라진다. 사람들에게 인정받고 싶고, 자기가 속한 무리에서 지위를 유지하고 싶은 본능 때문에 내뱉은 말을 어지간하면 지키려고 한다. 널리, 자주 공개할수록 계획이나 다짐, 결심을 대하는 자세와 긴장감이 달라져서 남몰래 세웠을 때보다 지킬 확률이 훨씬 높아진다.

떠벌림 효과는 의외의 두 가지 기능이 있다. 먼저, 앞의 상황처럼 주변 사람들이 도와주겠다고 나서는 경우다. 생각해 보면 난 참 많은 사람의 도움을 받았다. 원고를 준비하며 인터뷰했던 인물들 목록을 뽑아 보니 어느 것 하나 누군가의 도움 없이 진행된 게 없었다. 세상에는 대가 없이 남을 돕고자 하는 착한 사람이 많다. 고민이나 원하는 것을 끌어안고 혼자 끙끙 앓아 봐야 해결되는 건 없다. 가볍게 술자리에서 건넨 한마디가 큰 기회로 돌아오기도 한다.

두 번째는 실행력이다. 내가 목표로 삼은 것을 공개적으로 말하면 내가 한 말에 더 책임을 느끼고, 실없는 사람이 되지 않기 위해 약속을 더 잘 지키게 된다. 나 역시 책을 내겠다고 동네방네 소문을 내고 다녔기 때문에 조금이라도 빨리 출간하기 위해 지금 주말과 휴가를 몽땅 쏟아붓고 있다. 다이어트도 마찬가지다. 혼자 '내일부터 다이어트 해야지' 생각하는 것보다 주변에 "내가 이번에 살 못 빼면 너희한테 호텔 뷔페 쏜다"라며 허풍이라도 떠는 편이 훨씬 더 효과적이다.

이는 사회 심리학자 모턴 도이치 박사와 해럴드 B. 제라드 박사가 실험으로 증명한 방법이다. 이들은 1955년 사람들을 세 집단으로 나눈 다음, A 집단에게는 자신들의 의견을 아무에게도 말하지 않게 하고, B 집단에게는 자신의 의견을 금방 지울 수 있는 글자판에 적어 두게 했다. 그리고 마지막 C 집단에게는 종이에 의견을 적고 서명한 후 공개하도록 했다. 그랬더니 얼마 후 A 집단은 24.7퍼센트, B 집단은 16.3퍼센트가 본래 의견을 수정했으나, C 집단은 5.7퍼센트만 최초의 의견을 수정했다. 실험을 진행하며 밝혀진 또 한 가지 흥미로운 점은 여러 사람에게 알릴수록 효과가 좋아졌다는 사실이다.

그런데 내가 떠벌림 효과를 이용해 나를 자극한 것에는 조금 더 특별한 이유가 있다. 혼자서는 좀처럼 넘어서기 어려운 두려움을 강제로 극복하고 싶기 때문이다. 바로 거절에 대한 두려움이다. '출판사 직원이 거절하면 어떻게 하지?', '방송 작가가 나를 보고 실망하면 어떻게 하나?', '음악 플레이리스트에서 내 조회 수가 제일 적게 나오면 부끄러워서 어떻게 해'……. 출연하는 방송도 이제는 어느 정도 적응할 만도 한데 갈 때마다 조마조마하다. '오늘까지만 출연해 주시면 될 것 같아요'라는 말이 나올까 봐.

개인차가 있을 뿐 거절당하는 것은 누구에게나 힘든 일이다. 모르는 사람에게 전화하는 게 일인 텔레마케터들은 1년 이상 근무하는 경우가 20퍼센트 미만이라는 조사 결과가 있다. 텔레마케터 신입 사원 중 절반은 6개월 안에 그만둔다고 한다. 그만큼 거절당하는 일은 노하우가 쌓이기 어려운 일이다. 나 역시 인터뷰 요청을 할 때, 만나자는 약속을 잡을 때, 하다못해 취재원들에게 관련 멘트를 받기 위해 전화하는 그 순간에도 심장이 떨린다.

사실 모든 새로운 일의 시작, 새로운 인간관계의 시작은 거절당할 것을 바탕으로 한다. '별로인데요?' 혹은 '싫습니다'라는 말을 들을 각오를 해야 한다. 아니, 이 정도 답변이라도 오면 감사하다. 가장 힘든 거절, '묵묵부답'도 예사로 넘겨야 한다. 사람들을 만나고 인터뷰하는 게 직업이다 보니 하루에도 몇 번씩 거절과 무시를 경험하지만 많이 경험했다고 해서 무감각해지는 것은 아니다. 연락하는 일이 아무것도 아니라는 사실을 머릿속으로는 알면서도 가슴이 쿵쾅거리는 건 어쩔 수 없다. 다만, 거절과 무시를 피할 수 없는 상황에 놓여 있기 때문에 그때마다 괴로워하고 상처받지 않으려고 노력할 뿐이다. 그래서 언젠가부터 거절과 무시에 너무 민감하게 반응하지 않는 나만의 노하우를 찾아서 연습하고 있다.

전혀 모르는 사람을 만나서 일을 의뢰하고 허락을 구하는 일을 언론사에서만 하는 건 아닐 것이다. 일반 직장에서도 유명 인사 혹은 전문가들과 협업으로 진행되는 일이 많다. 이런 사람들과 연락이 닿으려면 가장 먼저 해야 할 일은 연락처 수소문이다. 언론사 기자는 유명인들을 쉽게 만날 수 있다고 생각하기 쉬운데, 뉴스 가치가 있는 인물을 만나는 일은 결코 쉽지 않다. 내가 가장 많이 듣는 말 중 하나는 "ㅇ

○ 연락처 좀 알려 줘" 혹은 "△△는 어떻게 알게 됐어?"다.

내가 모르는 사람에게 연락하는 방법

내가 모르는 사람의 연락처를 찾아 인터뷰를 요청하고 허락을 받아 내기까지 일반적인 과정을 공개하면 다음과 같다. 먼저, 만나고 싶은 사람들 리스트를 만든다. 보통 언론사 인터뷰는 상대방의 요청을 받아 진행하는 것으로 아는 경우가 많은데, 이런 경우는 흥미로운 이야기가 안 나올 확률이 높다. 누가 봐도 재미있고 얘기가 되는 인터뷰(특히 글로벌 CEO의 경우)는 방한 등 특별한 일정이 있지 않은 한 인터뷰 상대가 먼저 요청하는 경우는 거의 없다.

이렇게 리스트를 만들고 나면 먼저 구글링을 시작한다. 그중에서 노벨 경제학상 수상자나 석학, 교수들과의 인터뷰는 비교적 쉽게 성사된다. 대학 홈페이지에 대부분 이메일이 공개돼 있기 때문이다. 만약 책을 낸 석학이라면 해당 출판사에 연락하는 방법도 있다. 스케줄이 맞기만 하다면 대부분 인터뷰에 응한다.

어려운 건 경영자들이다. 그들은 분 단위로 시간을 쪼개 사는 사람들이고, 직접 연락이 닿는 경우는 거의 없다. 이때 한국 지사로 연락하는 건 성공률이 낮다. 그들이 본사 경영자들과 인터뷰를 연결해 줄 이유가 딱히 없기 때문이다. 그래서 먼저 본사 홈페이지에서 연락할 만한 상대를 찾는다. 보통 홍보 담당자나 문의 사항을 처리하는 업무용 이메일이 하나씩 있다. 여기로 이메일을 보내거나 유럽 회사의 경우에는 팩스를 보낸다. 이렇게 공식적으로 들어간 이메일은 대부분 상부에 보고되기에 인터뷰가 성사되든 안 되든 일은 진행이 된다.

요즘에는 인스타그램이나 링크드인 같은 소셜 미디어를 하는 사람이 많다 보니 해당 계정으로 디엠(DM)을 보내는 경우도 자주 있다. 사실 내가 인스타그램이나 링크드인을 하는 주목적도 섭외를 위해서다. 이렇게 이메일이나 DM을 보낼 때는 최대한 내 신분을 밝히면서, 인터뷰할 주요 내용, 만약 인터뷰를 한다고 하면 어떻게 기사가 나갈지에 대한 대략적인 청사진을 써서 보낸다.

정말 바쁠 것 같은 대상자의 경우에는 제목에 '20분만(only for 20minutes)'이라는 단어를 넣기도 한다. 아무리 바빠도 '20분 정도는 말할 시간이 있지 않을까'라는 생각에서다. 물론 이렇게 만나서 진짜 20분 만에 끝나는 일은 거의 없다.

난 그들에게 '개인적으로 팬'이라는 표현도 많이 쓴다. 특히 유명 인사는 팬이라고 하면 인터뷰는 거절해도 따로 밥이라도 먹자는 사람이 많다. 내가 팬임을 증명하는 방법은 구체적이어야 한다.《월 스트리트 저널》에 나온 △△ 기사를 봤는데 어떤 부분에서 크게 공감했다거나 그 사람의 자서전이나 관련 서적들을 언급하며 "이런 걸 묻고 싶었어요!"라며 말하는 것이 좋다. 뮤지션이나 아티스트들은 그들의 공연이나 전시회에 간 이야기를 시작으로 풀면 효과적이다. 아무리 바쁜 사람이라도 자신을 좋아한다고 밝힌 팬에게는 마음을 열어 줄 확률이 높다.

이는 켈리 최 켈리델리 회장이 스시 사업을 시작할 때도 사용한 방법이다. 그녀는 스시 사업을 시작할 때 프랑스 스시 장인 야마모토, 미국 도시락 회사 스노우폭스 김승호 회장, 드니 엔느캥 전 맥도날드 유럽 최고 경영자(CEO) 등에게 도움을 받았다.

그녀가 원래 이들과 친분이 있는 것은 아니었다. 그냥 무조건 부탁했다. 야마모토에게는 직접 그가 운영하는 가게로 세 번 찾아가 도움을 청했다. 김승호 회장과 드니 엔느캥 CEO에게는 이메일을 보내 경영 방식과 글로벌 시스템 관리법에 대해 물었다. 그녀는 이메일을 보낸 팁을 이렇게 설명했다.

"유명한 사람들은 내게 관심이 없을 거라는 생각을 버리고, 그 사람들의 저서와 인터뷰를 모두 읽고 이메일을 보내면 아무리 바쁜 사람이라도 답장을 해 줘요. 대신 현재 상황과 앞으로의 계획을 10~15줄에 간결하게 담아야 해요."

물론 그렇게 한다고 모두 성공하는 것은 아니다. 거절한다는 답장이라도 오면 다행이다. 그러니 이렇게 보내 놓고 '답 안 하면 자기만 손해지 뭐'라며 마음 편하게 기다리는 것이 좋다. 거절에 너무 민감하게 반응하면 스트레스를 받는 쪽은 나이기 때문이다.

거절은 너무나 당연한 일

전문가들에 따르면 거절에 대한 민감성은 개인마다 다른데 이는 어릴 적 양육 환경에 따라 형성되는 경우가 많다고 한다. 최근 미국 스토니브룩대의 연구자 애슐리 아라이자 교수 연구팀이 아이들을 대상으로 다년간의 추적 조사를 통해 거절에의 민감성이 형성되는 과정을 살펴본 결과, 6세와 9세 때 양육자와 친밀한 관계를 맺고 있고 유치원과 학교 등에서 좋은 교우 관계를 경험한 아이들이 그렇지 않은 아이들에 비해 12세 때 거절 민감성이 낮은 것으로 나타났다.

이제 와서 '날 왜 이렇게 키웠느냐'고 부모님을 원망해 봐야 소용없으니 우리는 후천적으로라도 거절에 대한 민감성을 낮추려는 노력이 필요하다. 거절에 대한 민감성이 높은 사람이라면 지인 혹은 지인의 지인에게 도움을 요청하는 것도 방법이다. 지인이라면 아예 모르는 사람보다는 편하게 이야기할 수 있어서 아주 무리한 부탁이 아니라면 거절당할 가능성이 낮고, 거절을 하더라도 내가 미처 생각하지 못한 또 다른 기회를 열어 주기도 한다.

내가 '계량 경제학의 대부'로 불리는 2013년 노벨 경제학상 수상자 라스 피터 핸슨 교수를 인터뷰할 때였다. 세계적인 경영자 및 경제 석학과의 만남이 메인인 위클리비즈 인터뷰에서 경영자들은 만나기는 어렵지만 인터뷰 내용은 이해하기 쉬운 편이다. 그런데 경제학자 인터뷰는 만나는 것도 쉽지 않지만 인터뷰 내용이 난해해서 제대로 정리하는 게 여간 어려운 일이 아니다. 현재의 경제 이슈에 대해 그의 이론을 엮어서 해답을 끌어내야 한다. 특히 한국어로 번역된 책이 없는 경우는 정말 힘들다. 한국어로 읽어도 알 수 없는 경제 이론을 영어로 읽어야 하기 때문이다. 큰일 났다 싶어서 언론 기사에 소개된 시카고대 출신 한국인 교수들에게 모두 연락했다. 그리고 지인의 지인에게 도움을 요청해 소개를 받았다. 그렇게 박사 과정 시절 핸슨을 지도 교수로 두었던 김화균 텍사스대 A&M 메이스 경영대학원 교수를 찾았다. 그리고 그에게 핸슨 이론에 대한 속성 강의라도 들어 볼까 해서 연락했는데, 그의 답변은 더욱 절망적이었다.

"핸슨 교수님과 인터뷰를 한다고요? 원래 외부 강연도 잘 안 나가는 분인데. 제가 학교 다닐 때도 워낙 수업 내용이 어려워 핸슨 교수님의 말을 절반만 이해해도 선방한 것이라는 말이 있을 정도였어요. 하지만 핸슨 교수님도 자신의 이론이 어렵다는 걸 잘 알기에 반복해서 물어도 귀찮은 내색 없이 친절하게 대답해 줘요."

시카고대 출신 경제학과 교수도 어렵다는 내용을 알아들을 자신이 없었다. 다시 이 교수들을 통해 현재 시카고대 경제학과에서 유학 중인 학생들을 찾았고, 그중 한 사람인 남시훈 박사를 알게 돼 그에게 동행을 부탁했다. 그리고 약속의 그날, 나는 김화균 교수의 코치를 받아 남시훈 박사를 대동하고 인터뷰 장소에 갈 수 있었다.

"똑똑."

문을 두드리고 교수실 안으로 들어갔다. 핸슨 교수는 불친절한 이론과 달리 환하게 웃으며 우리를 반겼다. 준비한 인터뷰 질문을 던졌고, 그가 답했다.

"금융 위기 이후 경제 시스템은 어떻게 변화했나요?"

"금융 위기 이후 많은 사람이 자주 사용하는 개념 중 하나가 '시스템적 리스크(systemic risk)'입니다. 현재 베커프리드먼연구소에서는 '거시 금융 모델링 그룹(Macro Financial Modeling Group)'을 결성해 이 문제를 연구하고 있습니다. 이 연구가 궤도에 오른다면 우리는 앞으로 금융 위기가 언제 어떻게 일어날지를 더 잘 예측할 수 있을 것입니다. 이런 점이 바로 경제학의 재미입니다."

아, 솔직히 말하건대 전혀 재미있지 않았다. 너무 어렵고 힘들었다. 내가 못 알아듣는 걸 눈치챈 핸슨 교수가 말했다.

"어렵죠? 제 말을 이해하는 사람은 거의 없어요."

그때부터 핸슨 교수는 노트를 꺼내 단어를 적어 가며 설명을 시작했다. 거의 인터뷰가 아닌 강연이었다. 그 강연 노트를 바탕으로 인터뷰 내용을 정리했다. 기사를 쓰면서도 "하나도 모르겠어요"라고 여기저기 말하며 이기석 경희대 경제학과 교수, 정혁 서울대 교수 등의 도움을 받았다. 완성된 최종 인터뷰 기사는 성태윤 연세대 교수에게 보내 잘못된 부분이 없는지 마지막 점검을 받았다. 200자 원고지 20매짜리 기사 하나에 최소 10명이 넘는 교수의 자문이 들어간 것이다(이 지면을 빌려 도와주신 분들에게 진심으로 감사드린다는 말씀을 전하고 싶다).

연락해야 할 사람이 있는가? 하고 싶은 일이 있는가? 아니면, 해결하기 어려운 일이 있는가? 일단 떠벌리고 다니며 도와줄 사람들을 찾고, 거절에 대한 두려움은 잊은 채 편하게 연락하자. 그가 내 이메일에 답장하지 않은 이유는 나를 무시하거나 이메일 내용이 이상해서가 아니라, 그 이메일이 스팸함에 들어가 있기 때문일 확률이 더 높다. 이유야 어찌 됐든 나를 처음 보는 사람이 내 제안이나 요청을 거절하는 것은 너무 당연한 일이다. 당장의 거절은 마음에 담아 두지 말고 다음 프로젝트로 넘어가라.

스티브 잡스를 회의에 들어오지 못하게 한 까닭

사회적 촉진

모처럼 여유로운 주말. 밀린 원고를 쓰려고 거실에 있는 책상 앞에 앉았다. 노트북을 켜고 작업 중이던 원고를 열었다. 한 줄 쓰고 유튜브를 봤다가 두 줄 쓰고 인스타그램을 열었다. 그렇게 30분쯤 앉아 있으니 허리가 아프다.

'잠깐 TV 좀 보고 할까.'

어젯밤에 놓친 '나 혼자 산다'를 보고 지난주에 못 본 '런닝맨' 재방송까지 보고 나니 2~3시간이 훌쩍 지났다. 안 되겠다 싶어 가방에 노트북과 수첩, 작업할 책들을 넣고 걸어서 20분 거리에 있는 스타벅스로 자리를 옮겼다.

가운데 놓인 큰 사각 테이블. 좌석마다 콘센트가 설치되어 있어 내가 가장 선호하는 자리다. 옆에 앉은 세 사람도 모두 노트북으로 무언가를 작업하고 있다. 나 같은 사람들이다. 분명 집에 있는 책상보다 공간도 좁고 딱딱한 나무 의자라 엉덩이도 불편하지만, 집에서보다 훨씬 집중이 잘된다. 열심히 작업하다 보니 2시간이 훌쩍 지났다. 그렇게 원고를 완성하고 나서 생각한다.

'내일은 집에서 꾸물거리지 말고 바로 카페로 와야지.'

이렇게 혼자일 때보다 다른 사람과 함께 공부하거나 일할 때 능률이 더 오르고 작업 효과가 개선되는 것을 '사회적 촉진 효과(social facilitation effect)'라고 한다. '관중 효과'라고도 부른다. 스포츠 심리학의 창시자인 미국 인디애나대 심리학과 교수인 노먼 트리플렛은 사이클 선수들이 혼자 달릴 때보다 함께 달릴 때 기록이 더 좋아진다는 사실을 발견하고 재미있는 실험을 했다. 그는 40명의 아이들에게 낚싯대를 주고 릴에다 낚싯줄을 최대한 많이 감는 숙제를 내 주었다. 처음에는 혼자 하게 했고, 이어서 다른 아이와 함께 수행하게 했다. 그 결과 아이들은 다른 아이와 함께 할 때 더 빠르게 줄을 감는 것으로 나타났다.

그런데 사회적 촉진은 단순하거나 숙달되거나 예행 과정이 잘 이뤄진 친숙한 작업에서만 발생한다. 반대로 복잡하고 서툴고 덜 친숙한 작업은 다른 사람들과 함께 할 때 작업 효과가 오히려 감소한다. 이를 '사회적 저하 효과(social impairment effect)'라고 한다. 1908년 심리학자 로버트 여키스와 존 도드슨이 발견한 것으로 '여키스-도드슨 법칙'이라고도 한다.

골프 배울 때를 생각해 보자. 연습장에서 혼자 연습할 때는 딱딱 잘 맞던 드라이버가 그린에 나가 사람들이 쳐다보고 있으면 온몸이 굳어서 하나도 맞지 않는다. 사람들이 쳐다보고 있다는 것만으로도 머릿속이 새까매진다. 그런데 프로 선수들은 갤러리가 있을 때 훨씬 더 공이 잘 맞는다고 한다. 초보 운전자도 마찬가지다. 혼자 운전할 때는 침착하다가도 누군가 옆에 타고 있으면 잔뜩 긴장해서 실수를 연발한다. 익숙한 길도 헤매고, 깜빡이도 잘못 켜기 일쑤다.

직장으로 무대를 옮겨 보자. 신입 사원들은 초보 운전자와 비슷하다. 열심히 하려는 의욕도 넘쳐 나고 신선한 아이디어도 많다. 그런데 동료들과 상사들이 모여 있는 자리에서 말할 때는 잔뜩 긴장해서 안 하던 실수도 하게 된다. 상사가 "도대체 무슨 말을 하는 건가요?"라고 눈치라도 주면 눈앞은 하얘지고 머릿속은 까매진다. 그럴 때는 신입 사원들이 기죽지 않고 자신이 생각하는 것들을 일단 다 얘기할 수 있는 분위기를 만드는 게 가장 중요하다.

이런 심리적 성향을 활용해 큰 성공을 거둔 인물이 에드 캐트멀이다. 그는 애니메이션의 역사를 바꾼 픽사를 스티브 잡스와 함께 창업했다. 캐트멀은 직원들의 '사회적 저하'를 막기 위해 잡스를 아이디어 회의에 들어오지 못하게 했다.

사람들 앞에서 떨지 않고 말하려면 알아야 할 것들

내가 캐트멀을 만난 건 크리스마스이브 전날인 금요일이었다. 픽사를 상징하는 거대한 룩소 주니어(픽사 로고에 등장하는 탁상 램프의 이름) 조형물을 지나 '스티브 잡스 빌딩'이라는 간판이 달린 본사 건물로 들어섰다. 1층 로비는 야구 점퍼를 입은 설리번('몬스터 주식회사'의 주인공)과 '카', '인사이드 아웃', '인크레더블'의 주인공 인형으로 가득 차 있었다. 2층으로 올라가자 내부가 환히 들여다보이는 6.6제곱미터(약 2평)

남짓한 작은 방이 보였다. 책상 하나와 테이블 하나가 전부인 그곳은 바로 픽사와 디즈니, 두 애니메이션 스튜디오를 지휘하는 에드 캐트멀의 방이었다.

은색 머리칼에 멋스러운 구레나룻을 기른 캐트멀은 야구 점퍼에 청바지 차림으로 나를 반겨 주었다. 그는 사무실 안에 있는 에스프레소 기계에서 직접 커피를 내려 주었다. 고작 몇 마디 주고받았을 뿐인데도 상대방을 편하게 만드는 인품이 느껴졌다. 그에게 물었다.

"회의에 왜 잡스를 못 들어오게 했나요?"

"잡스만 들어오면 다들 얼어붙어서 아무 말도 못 했거든요."

회의할 때 나오는 아이디어는 대부분 형편없다. 이걸 고쳐 보자고 내놓는 아이디어 역시 별로 쓸모가 없다. 그러나 마음 편히 계속해서 이야기하다 보면 달라진다. 누군가 툭 던진 한마디가 기폭제가 돼 기발한 아이디어가 봇물 터지듯 쏟아지면서 꽤 괜찮은 방향으로 이어진다. 형편없는 아이디어가 반짝이는 기획으로 거듭나는 것이다.

이럴 때 가장 중요한 것은 '실수해도 안전하다'고 생각하는 환경을 만드는 것이다. 물론 회의에서 말 한번 잘못했다고 자르기야 하겠는가. 그러나 우리는 무거운 분위기 속에서 본능적으로 움츠러든다. 뚫어져라 쳐다보는 눈빛에 말문이 막혀 버리고 가벼운 질문에도 어버버하게 된다.

"스티브 잡스는 명석하고 경쟁심이 강하고 자기주장이 분명한 리더예요. 하지만 유머와 공감 능력이 부족하죠. 상대방이 틀렸다고 생각하면 사정없이 몰아붙입니다. 그러다 보니 직원들이 회의할 때마다 잡스의 눈치를 보기 시작했습니다. 그래서 잡스에게 회의에 들어오지 말라고 했죠. 제 의견에 잡스도 동의했었어요."

잡스가 빠진 후 픽사의 아이디어 회의 분위기는 한결 부드러워졌다. 캐트멀은 대부분의 회의에 들어가지만 지켜보기만 할 뿐 별말은 하지 않는다. 가끔 화제 전환을 위해 가벼운 농담을 던질 때가 있는데 그마저도 하지 않으려고 애쓴다. 회의 분위기를 최대한 편안하게 만들어 직원들 사이에서 사회적 촉진 효과가 발휘되도록 하는 것이다.

"우리는 이런 현상을 여러 차례 경험했어요. 그래서 이제는 실수를 두려워하지 않고 이야기하는 것이 픽사의 문화로 자리 잡혔습니다."

내가 기사 아이템 회의에 들어갈 때도 마찬가지다. 잘하면 괜찮은 아이디어가 될 것 같기도 한데 머릿속에서만 맴돌 뿐 실마리가 잡히지 않을 때가 있다. 그럴 때 누군가 "뭐라고? 똑바로 말해"라고 하면 "아닙니다"라고 입을 닫게 된다. 그런데 "오, 괜찮은 것 같아. 조금 더 이야기해 봐"라고 하면 머릿속에 떠오르는 대로 이야기를 풀어놓게 되고, 동료들이 거기에 각자의 생각을 붙이면서 괜찮은 아이디어로 발전하게 된다.

사회적 촉진 혹은 사회적 저하는 본능적으로 남에게 잘 보이고 싶은 욕구 때문에 나타난다. 잘하는 것은 자랑하고 싶고 못하는 것은 숨기고 싶다 보니 이런 현상이 나타나는 것이다. 그러므로 당신이 리더의 위치에 있다면 절대로 잡스처럼 해서는 안 된다. 틀린 의견일지라도 눈치 보지 않고 마음껏 이야기할 수 있는 분위기를 만들어야 최상의 결과를 도출해 낼 수 있다.

사회적 촉진은 단순하고 숙련된 일일수록 더 강하게 작용한다. 그러므로 어렵지 않은 일이지만 게으름 때문에 혹은 귀찮아서 자꾸 미루는 일이 있다면 친구나 다른 사람들과 함께 해 보라. 누군가 지켜보고 있다는 점을 의식하는 것만으로도 일의 능률이 올라간다는 사실을 경험하게 될 것이다.

반대로 혼자 할 때는 잘하는데 누군가 지켜보면 자꾸 실수하게 되는 일이 있다면 최대한 그 일을 익숙하게 만들어야 한다. 중요한 프레젠테이션을 앞두고 청중의 시선이 부담스럽다면 사람들이 웅성대는 소리를 틀어 놓고 반복해서 연습해 보라. 익숙해질수록 실수는 줄어들고 자신감은 상승한다. 나는 외국인과 인터뷰가 있을 때 첫인사부터 간단한 농담, 질문지까지 영어로 작성해 놓고 미리 상황을 가정해 여러 차례 연습해 본다. 그러다 보면 영어가 모국어가 아니기 때문에 느껴지는 불편함이 줄어든다. 물론 상황이 시나리오대로만 흘러가지는 않지만 돌발 상황에도 대처할 만한 여유가 생긴다.

사람들 앞에 서는 게 두려운가? 그렇다면 일단 익숙해질 때까지만 반복해서 연습해 보라. 그 후에는 사회적 촉진 효과가 당신의 성장에 날개를 달아 줄 것이다.

기회와 운을 끌어당기는
가장 효과적인 방법

프랭클린 효과

"지금 아래 보이는 것이 그랜드캐니언입니다."

기장의 말에 창밖을 내려다봤다. 울퉁불퉁 광활한 갈색의 대협곡. 태어나서 처음 보는 그랜드캐니언은 살짝 넋을 잃고 본다면 우주로 착각할 것 같은 풍경이었다.

2016년 4월, 나는 짐 굿나잇 SAS 회장의 전용기를 타고 미국 동부의 노스캐롤라이나에서 3700킬로미터 떨어진 서부의 라스베이거스로 날아가고 있었다. SAS의 본사가 있는 캐리에서 굿나잇 회장의 인터뷰를 마치고 라스베이거스에서 열리는 SAS 포럼에 참석하기 위해서였다. 전용기는 침대, 샤워실, 소파, 벽걸이 TV 등 모든 것을 갖추고 있었다. 마치 호텔 스위트룸과 다를 바 없었다. 태어나서 처음으로 '사업을 해서 돈을 많이 벌고 싶다'는 생각을 했다. 누구나 한 번쯤은 '회사 때려치우고 사업해야지'라는 생각을 해 보았을 것이다. 그런데 누군가는 진짜로 사업을 시작하고, 누군가는 계속 회사를 다닌다.

2억 5000만 달러(약 3000억 원) 규모의 벤처 투자사 빌리지 글로벌을 이끌며 200여 개가 넘는 회사에 투자하고 있는 벤 카스노카는 이미 7세 때부터 사업을 시작했다. 검볼(사탕 모양의 껌)을 형에게 팔았고, 11세 때는 아버지 앞에서 웹디자인 회사 창업 계획을 브리핑했다. 14세 때인 2002년에는 컴케이트라는 전자 정부 소프트웨어 회사를 만들어 큰 성공을 거두었다. 당시 컴케이트가 시민들의 민원을 분류하고 처리하는 소프트웨어를 만들었는데, 이는 지금도 미국의 여러 중소 도시에서 활용되고 있다. 17세 때 스타트업 전문지《Inc.》의 '올해의 벤처 사업가'에 뽑혔고, 18세에 경제 전문지《비즈니스 위크》가 뽑은 '미국에서 가장 뛰어난 청년 사업가'에 이름을 올렸다. 전 세계 스타트업 관련 콘퍼런스에서 초청 1순위 연사로 손꼽히는 그의 별명은 '스타트업의 대가'이다.

라스베이거스 베니션 호텔에서 열린 SAS 포럼에서 그를 만났을 때 가장 궁금한 점을 물었다.

"어떻게 하면 사업을 해서 돈을 많이 벌 수 있나요?"

"일단 뭐든 시작하세요. 누군가는 허락부터 구하지만 현명한 사람들은 일을 저지르고 나중에 용서를 구하죠. 전 특히 어렸기 때문에 맨몸으로 덤볐고요."

여기서 일을 저지를 때 유의해야 할 점이 하나 있다. '분수 파악'이다. 내가 가진 경쟁력이 무엇인지, 그래서 어떻게 돈을 벌 수 있는지 정확하게 파악하고 시작해야 한다. 카스노카는 초등학생 때 훌륭한 기술 선생님을 만난 덕분에 자신의 장단점을 일찍 파악했다. 그는 컴퓨터를 잘 다뤘고 물건을 파는 데 소질이 있었다. 그래서 컴퓨터로 제품(소프트웨어)을 만들어 팔았다. 초기 자본이 적게 드는 모델로 설계해 자금 문제도 없었다. 이론적인 부족함은 초등학생 때부터 매일 아침 6시 30분에 일어나 경영 서적을 읽으며 채워 나갔다.

경쟁자들보다 더 잘하는 무언가가 있다는 건 기업가로서 생존하기 위한 기본 조건이다. 내가 가진 것 중 남들보다 나은 것을 정확히 파악할 줄 알아야 한다. 그것이 나만의 경쟁 자산이 될 수 있기 때문이다. 경쟁 자산에는 현금, 주식 등 유형 자산뿐 아니라 지식, 정보, 인맥 등 무형 자산도 포함된다. 단 5000달러(약 600만 원)로 저소득층 여성의 직업 교육을 돕는 비영리 단체 '성공을 위한 옷(Dress For Success)'을 세워 세계적인 단체로 키워 낸 낸시 루블린은 "고객의 시선을 끌려면 최초이거나 유일하거나 더 빠르거나 더 낫거나 더 저렴한 제품이어야 한다"고 말했다. 이는 제품뿐 아니라 사람에게도 똑같이 적용된다.

그러나 남들보다 더 뛰어나다고 해서 반드시 성공하는 건 아니다. 《이머전스》의 저자 스티븐 존슨은 "기회는 교류하는 사람에게 찾아온다"고 했다. 카스노카 또한 그 말에 동의했다.

"당연하죠. 성공에는 인맥과 운이 작용해요. 제겐 고등학생 때 마크 베니오프 세일스포스닷컴 최고 경영자를 만난 것, 사회생활을 시작한 후에는 리드 호프먼을 만나 링크드인에서 함께 일한 것이 큰 기회였어요."

현재 실리콘 밸리를 주름잡는 페이팔 출신 인사들도 수시로 모여 정보를 공유하고 도움을 주고받으면서 페이팔 이후 더 큰 성공을 거두었다. 그들의 끈끈한 유대 관계와 업계에 미치는 큰 영향력을 '페이팔 마피아'라고 표현하기도 한다. 벤처 투자업의 대부 피터 틸을 비롯해 테슬라의 일론 머스크, 링크드인의 창업자 리드 호프먼, 유튜브의 공동 설립자 채드 헐리, 스티브 첸, 자베드 카림 등이 모두 페이팔 출신이다. 벤 카스노카 역시 리드 호프먼을 통해 페이팔 사단의 영향을 많이 받았다.

"전 2006년부터 첨단 기술 전문가들과 일주일에 한 번 점심 먹는 모임을 운영하고 있어요. 자신이 이런 비공식적인 모임을 조직하거나 참여하기 어렵다면 관심 있는 콘퍼런스에 적극적으로 참여해 인맥을 넓히는 것도 좋은 방법이에요."

이런 모임에 나가는 것은 조금만 부지런하다면 어렵지 않다. 문제는 모임에서 만난 사람들과 얼마나 친해지는가이다. 우리나라의 많은 조찬 모임과 콘퍼런스 행사들이 진정한 사교의 장이 되지 못하는 이유는 상대방에게 말을 건네는 것을 어려워하기 때문이다. 모임에 가보면 정말이지 다들 열심히 아는 사람을 찾거나 휴대폰만 보고 있는 경우가 많다. 가끔 명함을 주고받으며 인사를 나눈다고 해도 깊은 관계로 발전하기는 매우 어렵다. 이에 대해 카스노카에게 묻자 의외의 대답이 돌아왔다.

"저는 친해지고 싶은 사람에게 '제 자문 위원이 되어 주세요'라고 말했어요. 생각보다 많은 사람이 그 제안을 흔쾌히 받아들여요. 누군가가 자신의 조언을 정기적으로 필요로 한다는 사실은 매우 기분 좋은 일이거든요."

누군가에게 도움을 청한다는 것은 그의 능력을 인정하고 존중한다는 뜻이다. 가장 세련된 방식의 칭찬인 것이다.

오늘날 페이팔 사단이 있는 것처럼 18세기에는 벤저민 프랭클린이 만든 독서 토론 클럽 전토(Junto : 공동의 목적을 위해 모인 모임)가 있었다. 필라델피아에 사는 인쇄업자, 바텐더, 가구 제작자 등 다양한 직업의 사람들이 일주일에 한 번씩 모여 아이디어를 공유하며 서로의 발전을 도모하는 모임이었다. 훗날 소방서, 경찰서, 병원, 도서관 건립 등 지역 사회 발전을 위한 활동으로 이어지며 미국 건국 초기 정부 수립의 기초를 세웠다. 이 모임의 리더이자 건국의 아버지로 추앙받는 벤저민 프랭클린은 인간의 본성을 꿰뚫어 본 인물이었다.

"인간은 나에게 호의를 베푼 사람보다 내가 호의를 베푼 사람을 더 좋아한다."

프랭클린이 18세기 펜실베이니아주 의회 의원으로 일할 때의 일이다. 그의 일에 사사건건 시비를 걸며 그를 비방하는 한 의원이 있었다. 프랭클린은 그와의 관계를 개선하고 싶었지만 비굴하게 호감을 사고 싶지는 않았다. 그때 그 의원의 서재에 아주 희귀하고 신기한 책이 있다는 이야기를 들은 프랭클린은 다음과 같은 편지를 썼다.

"당신의 서재에 ○○○ 책이 있다는 말을 들었습니다. 매우 궁금합니다. 혹시 며칠 동안만 빌려줄 수 있을까요?"

편지를 받은 의원은 프랭클린에게 즉시 책을 보냈다. 프랭클린은 약 일주일 후 책을 돌려주면서 '아주 잘 읽었다'는 감사의 뜻을 담은 편지를 보냈다. 이후 두 사람이 다시 의회에서 만나게 되었는데, 그 의

원은 예전과 달리 호의적인 태도로 먼저 인사를 건넸다. 그 후 두 사람은 절친한 친구가 되었고 죽을 때까지 각별한 우정을 나누었다. 프랭클린은 사서전에서 이 사례를 언급하며 "당신을 한 번 도운 사람은 더욱 당신을 돕고 싶어 하고, 당신에게 피해를 입힌 사람은 더욱 당신에게 피해를 입히고 싶어 한다"라는 말을 남겼고, 이로부터 '벤저민 프랭클린 효과(Benjamin Franklin effect)'라는 말이 탄생하게 되었다.

벤 카스노카는 어렵지만 친해지고 싶은 사람에게 자문 위원이 되어 달라고 부탁한다고 했다. 상대방 입장에서 보면 귀찮은 일일 수도 있지만 속으로는 내심 '이 친구가 내 자문을 필요로 할 만큼 나를 인정하는구나'라는 생각이 들어 뿌듯할 것이다. 이렇게 관계를 맺고 나면 인연은 갈수록 끈끈해지게 된다. 즉 카스노카는 벤저민 프랭클린 효과를 활용해 사람을 자기편으로 끌어들인 것이다. 마이크로소프트의 빌 게이츠, 아마존의 제프 베이조스, 메타 플랫폼스의 마크 저커버그가 그의 투자사에 참여한 것도 이런 노력 덕분이리라.

나 또한 벤저민 프랭클린 효과를 종종 활용하는 편이다. 어떤 사안에 대해 깊이 있는 분석이나 통찰이 필요할 때 나는 정보원들에게 수시로 조언을 구한다. 내가 이런 부탁을 하면 귀찮아하지 않을까 혹은 실례가 되지 않을까 지레 겁먹은 적도 있었지만, 의외로 기꺼이 시간을 내 대학 강의 못지않은 수준 높은 조언을 해 주었다. 조언을 구하는 일이 계속되다 보니 자연스럽게 멘토, 멘티 사이가 되어 관계가 깊어지는 경우도 종종 있다.

그 후로 나는 비우호적인 사람에게도 가끔 '조언 구하기 방법'을 쓴다. 기사 아이템에 대한 의견을 묻기도 하고, 저녁 메뉴에 대한 조언을 구하기도 한다. 실제 그 조언이 아무 소용이 없더라도 둘 사이 냉랭하던 공기가 한결 따뜻해진 것을 느낄 수 있다.

벤저민 프랭클린 효과의 힘은 생각보다 세다. 그러니 기회와 운을 끌어당기고 싶다면 카스노카처럼 어렵지만 친해지고 싶은 사람에게 다가가 진심으로 조언을 구해 보라. 상대방의 조언 한마디가 지금 당신에게 가장 필요한 말일 수도 있고, 조언이 지금 당장은 도움이 안 될지라도 상대방과 조언을 주고받는 사이가 될 수 있다면 그 자체만으로도 당신에게는 살아가는 데 큰 힘이 될 것이다. 거꾸로 당신에게 누군가 조언을 구해 온다면 되도록 진심으로 대하라. 당신에게 호감이 있고, 당신의 능력을 인정한다는 뜻이니까. 이때야말로 누군가를 내 편으로 만들 좋은 기회다.

CHAPTER 3

유능한 사람들도
빠지기 쉬운 생각의 함정

: 멘털 관리

나는 합리적인
인간이라는 착각

휴리스틱

1974년 행동 경제학자인 대니얼 카너먼과 심리학자인 아모스 트버스키는 〈불확실한 상황에서의 판단〉이라는 논문에서 다음과 같은 사례를 소개한다.

'스티브'라는 사람에 대해 다음과 같이 설명하고 그가 농부, 영업 사원, 비행기 조종사, 도서관 사서, 의사 중에서 어떤 직업을 갖고 있을지 추측해 보라고 한다.

"스티브는 수줍음을 많이 타고 내성적입니다. 남들에게 대체로 협조적이지만 타인이나 세상, 현실에는 별 관심이 없습니다. 온순하고 깔끔한 성격의 소유자로, 질서와 구조에 대한 욕구가 있으며, 세세한 사항에 신경을 씁니다."

대부분 그를 도서관 사서로 예측할 것이다. 하지만 미국의 직업 분포를 보면 도서관 사서로 일하는 사람보다 농부나 영업 사원으로 일하는 사람이 훨씬 많다. 따라서 스티브가 도서관 사서일 가능성은 통계적으로 높지 않다. 하지만 사람들 대부분 이런 확률을 무시한 채 직업에 대한 선입견만으로 묘사와 어울리는 직업을 추측한다고 한다.

이번에는 다른 예를 보자. 당신에게 다음과 같이 두 곳에서 이직 제안이 왔다고 해 보자. 당신은 둘 중 어느 곳을 선택하겠는가?

A 회사 : 직원 평균 연봉이 1억 원
B 회사 : 직원 평균 연봉이 5000만 원

모든 조건이 똑같다면 당연히 A 회사를 고르는 게 합리적이다. 그런데 만약 A 회사에서 CEO와 임원 2명의 연봉이 10억 원이고 나머지 직원들의 평균 연봉이 4000만 원이라면? 그런데 B 회사는 말 그대로 모든 직원이 똑같이 5000만 원을 받는다면? 이럴 경우 A 회사로 이직하게 되면 B 회사를 선택한 것보다 적은 연봉을 받게 된다. 이런 것을 '평균값의 오류'라고 한다. 평균값은 그 뒤에 있는 개별 값들의 특성을 은폐시켜 버린다. 그로 인해 우리는 잘못된 선택을 하게 된다. 현명한 판단을 내리려면 주어진 정보 뒤에 숨겨진 함정은 없는지 살펴보는 것이 먼저다. 앞의 조건을 듣자마자 연봉 1억 원을 기대하고 A 회사를 선택한 사람은 머지않아 성급한 선택을 후회하고 다른 직장을 알아보게 될 것이다.

당신은 그러지 않는다고 할 수 있는가? 그렇다면 다음 실험을 보자.

미국 오리건대의 폴 슬로빅 교수는 어떤 환자를 퇴원시킬지 결정해야 하는 상황에서 실험 참가자들에게 두 가지 소견서를 보여 주었다. 첫 번째 소견서에는 "이 환자와 유사한 환자들이 퇴원했을 때 나중에 폭력적인 행동을 할 확률이 20퍼센트"라고 적혀 있었고, 두 번째 소견서에는 "이 환자와 유사한 환자 100명 중 20명이 퇴원한 뒤 폭력적인 행동을 보였다"라고 적혀 있었다. 내용상으로는 같은 의미다.

그런데 실험 참가자들은 첫 번째 소견서의 경우 21퍼센트가 퇴원에 반대한 반면, 두 번째 소견서에는 41퍼센트가 반대 의견을 보였다. 이 실험을 통해 슬로빅 교수는 사람들이 확률적인 표현(20퍼센트)보다 빈도(20명)로 표현되는 것에 더 감정적으로 반응한다는 사실을 밝혀냈다. 즉 논리적이고 이성적으로 접근해야 하는 사안에서도 감정적인 영향을 크게 받는다는 것이다.

당신은 스스로를 합리적인 인간이라고 생각하는가? 물건을 살 때는 늘 상품에 대한 모든 정보를 꼼꼼히 살펴보고 예산을 고려해 보며, 절대 할인이나 한정판이라는 말에 끌려 안 사도 될 물건을 산 적이 없는가 말이다.

물론 어떤 브랜드의 제품을 살지, 어느 식당에서 밥을 먹을지, 새로운 사람을 만났는데 그가 어떤 사람인지 생각해 봐야 할 때 등등 모든 상황에서 꼼꼼히 정보를 모아 종합적으로 판단하기는 어렵다. 그리고 그럴 필요가 없는 문제도 많다.

하지만 때로 사람들은 논리적 분석이나 사실에 근거해 판단을 내려야 할 때조차 과거의 경험이나 직관에 의존해서 판단을 내린다. 행동 경제학의 창시자인 대니얼 카너먼은 이런 현상을 '휴리스틱 (heuristic)'이라고 불렀다. 휴리스틱은 마치 자율 주행 프로그램처럼 오래 생각하지 않고도 직관적이고 자동적으로 판단하게 해 주는 역할을 한다. 밥을 먹을 때 숟가락을 어느 손으로 잡을지, 바지를 입을 때 어느 쪽 다리를 먼저 넣을지 같은 사소한 일을 일일이 고민하고 판단해야 한다면 뇌는 금세 지쳐 버리고 말 것이다. 휴리스틱은 복잡하고 바쁜 세상에서 될 수 있는 한 빨리 문제를 풀게 해 주는 매우 효과적인 판단 기술임이 틀림없다. 하지만 휴리스틱의 힘은 너무 강력해서 작동해서는 안 되는 사안에서도 위력을 발휘하고 때로는 치명적인 오판을 하게 만든다.

예를 들어 보자. 경제학자들에 따르면 한 회사가 설립된 지 5년 후에도 살아남을 확률은 대략 20퍼센트이다. 그런데 사업을 하겠다는 사람들에게 5년 뒤 생존 확률을 물어보면 20퍼센트보다 훨씬 높게 예측한다. 자신이 실패하는 80퍼센트에 속할 거라고 생각하는 사람은 거의 없지만 우리나라 통계청에서 발표한 '2020 기업생멸행정통계'를 보면 자영업자 비중이 큰 숙박업·음식점업과 도소매업의 5년 생존율은 각각 21.5퍼센트, 28.5퍼센트였다. 어떻게든 되겠지 하는 생각으로 경쟁이 치열한 카페나 식당을 창업했다가는 땅을 치고 후회할 확률이 그만큼 높다는 것이다.

노벨상 수상자들이 만든 펀드는 왜 망했을까?

그렇다면 어떻게 해야 후회할 결정을 피할 수 있을까? 우선 스스로 합리적인 사람이라는 착각에서 벗어나야 한다. 사람들은 생각보다 비합리적이다. 그래서 어제 좋아하던 것을 오늘은 그냥 선택하지 않기도 하고, 손해를 볼 게 뻔한 프로젝트를 중단하지 못한 채 내내 붙잡고 있기도 하며, 지금 팔면 이익인 주식을 팔지 않고 버티다 나중에는 손해를 보고 팔기도 한다.

대니얼 카너먼은 이에 대해 이렇게 말했다.

"인간은 스스로 합리적인 판단을 한다고 생각하지만 막상 결정을 내릴 때 활용할 지식은 늘 단편적이며 그마저도 불완전한 예측에 의존하는 경우가 많다."

이는 천재적인 두뇌를 가진 노벨 경제학상 수상자들도 예외는 아니었다. 1994년 채권 중개 회사 사장 존 메리웨더는 노벨 경제학상을 받은 로버트 머턴 하버드대 경제학과 교수, 마이런 숄스 시카고대 경제학과 교수를 영입해 롱텀 캐피털 매니지먼트(LTCM)라는 자산 운용사를 만들었다. 세상에서 가장 똑똑한 사람들이 모여 만든 펀드였기에 전 세계의 이목이 집중되었다. 이 펀드의 전략은 완벽했다. 과거 데이터를 바탕으로 정교한 모델을 만들어 채권들 간의 가격 차이가 일정 수준 이상 벌어졌을 때 저평가된 쪽은 매수하고 고평가된 쪽은 매도하며, 나중에 가격차가 줄어들었을 때 이익을 확정하는 방식이다. 첫해에 수익률 21퍼센트를 기록하며 시장의 주목을 끌었고, 두 번째와 세 번째 해에는 40퍼센트 이상의 수익률을 올리며 단번에 미국에서 가장 큰 규모의 펀드로 성장했다. 하지만 그들의 전략을 따라 하는 기관이 늘면서 수익률이 점차 감소하기 시작했고 LTCM은 떨어지는 수익률을 과감한 레버리지로 메꿨다. 한마디로 돈을 빌려서 투자한 것이다. 투자금이 자기 자본의 서른 배에 달할 만큼 위험한 상태였지만 그들은 자신들의 전략에 대한 확신이 있었다.

그러나 이 펀드는 1998년 신흥국 금융 위기 여파로 외환 보유고가 바닥난 러시아가 모라토리엄(채무 지불 유예)을 선언하면서 파산했다. 전략이 잘못된 것은 아니었다. 그들의 실수는 당시 모라토리엄을 선언할 일은 없다고 한 러시아 정부의 말을 믿은 것이다. 이보다 더 중요한 패착은 투자자의 심리를 예상하지 못했다는 점이다. 러시아가 모라토리엄을 선언해도 어느 정도 기간이 흐르면 수익률은 회복될 수 있었다. 그러나 투자자들은 위기가 왔을 때 너도나도 돈을 빼려고 한다. 노벨 경제학상을 수상한 천재 교수들도 공포에 휩싸인 투자자들이 어떻게 행동할지는 전혀 예상하지 못한 것이다.

내가 취재차 만난 전 세계 일의 고수들은 이처럼 사람들이 생각보다 비합리적이라는 사실을 잘 알고 있었다. 내가 가장 놀란 부분은 자신 또한 언제라도 비합리적인 결정을 할 수 있는 존재임을 잘 알고 있다는 것이었다. 그래서 그들은 자신의 의견을 고집하기보다 그때그때 상황에 맞게 사람들의 의견을 모아 어떤 일이 발생하든 유연하지만 신속하게 대응했고, 결국 일을 성공으로 이끌었다. 그러므로 자신이 언제든 생각의 오류에 빠질 수 있음을 알고 그것을 경계하는 일은 매우 중요하다.

영국 일간지 《인디펜던트》가 운영하는 온라인 뉴스 사이트 '인디100'에 2022년 2월 '역사상 최악의 실수 13개'라는 기사가 게재된 적이 있다. 그중에서 몇 가지만 소개하자면 다음과 같다.

블룸즈버리 출판사가 J. K. 롤링의 세계적인 베스트셀러 《해리 포터》 시리즈를 계약하기까지 12개 출판사가 퇴짜를 놓았다. 그리고

1999년 익사이트의 최고 경영자 조지 벨은 래리 페이지와 세르게이 브린이 만든 구글을 75만 달러(당시 환율로 약 8억 1000만 원)에 인수하라는 제안을 거절했다. 2009년 페이스북은 입사 면접에서 프로그래머인 브라이언 액턴과 얀 쿰의 채용을 거절하고 몇 년 뒤 그들이 설립한 와츠앱을 190억 달러(당시 환율로 약 20조 원)에 인수해야 했다. 세계적인 음반 레이블 데카는 1962년 비틀스를 퇴짜 놓았다.

그런데 이렇게 생각해 보자.《해리 포터》시리즈가 출판사 블룸즈버리가 아닌 다른 곳에서 출간됐어도 대박이 났을까? 비틀스가 만약 데카와 계약했어도 지금 같은 세계적인 스타가 될 수 있었을까? 만약 브라이언 액턴과 얀 쿰이 페이스북에 취직했다면 그들은 페이스북 안에서 와츠앱을 개발할 수 있었을까? 모두 아닐 수도 있고 또 모두 지금과 같은 결과가 나왔을 수도 있다. 그건 누구도 모른다. 지금이야 결과가 다 나와 있기 때문에 '최악의 실수'로 꼽은 것이지 당시에는 그 결정이 합리적이었을 수도 있다.

여기에서 배워야 할 교훈은 따로 있다. 그들이 저지른 뼈아픈 실수를 나도 할 수 있다고 생각하는 것. 우리가 할 수 있는 일은 덜 후회하는 결정을 하는 것뿐이다. 그러니 이제 그만 '나는 합리적인 인간'이라는 착각에서 벗어나라. 그래야만 생각의 오류를 경계하고 피해서 어처구니없는 실수를 저지르지 않을 수 있다. 그것이 우리가 할 수 있는 최선의 선택이다.

한때 잘나갔던 사람들이 하는 대표적인 실수

무두셀라 증후군

영화 '버드맨'은 과거 히어로물 영화 주연으로 할리우드 톱스타에 올랐지만 지금은 퇴물이 된 배우 리건 톰슨에 대한 이야기다. 명성을 되찾기 위해 브로드웨이 무대에 도전하지만 번번이 벽에 부딪힌다. 그는 항상 과거를 추억하며 재기에 대한 강박에 시달린다. 그가 대화를 나누는 사람은 자신이 가장 화려하던 시절의 자아인 '버드맨'이다.

이처럼 과거의 행복했던 추억에 사로잡혀 사는 것을 '므두셀라 증후군(Methuselah syndrome)'이라고 한다. 므두셀라는 《성경》의 〈창세기〉에 등장하는 인물로 969세까지 살았다고 기록되어 있다. 《성경》에는 죽지 않고 승천한 에녹의 아들이자 노아의 방주를 만든 할아버지로만 기록되어 있을 뿐 그가 어떤 인물인지에 대해서는 구체적으로 기록되어 있지 않다. 다만 《성경》에 등장하는 인물 가운데 가장 오래 살았기 때문에 장수의 상징으로 통한다.

사람은 보통 현실이 힘들 때 좋았던 과거로 회귀하려는 경향을 보인다. 그럴 때 나타나는 것이 바로 므두셀라 증후군이다. 영화 '버드맨'의 주인공처럼 과거에는 잘나갔지만 현재는 경제적으로 힘든 상황에 처해 있는 사람들에게서 많이 나타난다. 현실을 도피하려는 일종의 퇴행 심리라고 할 수 있다. 므두셀라 증후군은 남은 인생을 살아가는 데 별로 도움이 되지 않는다. 과거의 기억을 떠올리는 것만으로 괴로운 현실이 바뀔 리 만무하기 때문이다.

인생지사 새옹지마라는 말처럼 하루아침에 어떻게 될지 모르는 게 인생이다. 하늘 높은 줄 모르고 승승장구하다가도 한순간에 고꾸라지는 것이 인생이다. 직장 생활을 하다 보면 잘나갈 때도 있고 그렇지 못할 때도 있다. 내가 아무리 잘해도 팀 성과가 못 미쳐 승진에서 누락되기도 하고, 승진은 했지만 회사 상황이 안 좋아 연봉이 동결되기도 한다. 시대 변화에 적응하지 못하거나 예상치 못한 악재에 부딪혀 별안간 회사가 문을 닫는 경우도 많다.

10년 단위로 시가 총액 순위를 살펴보면 이런 변화가 피부에 와닿는다. 1988년 시가 총액 기준 세계 20대 기업 중 17개가 일본 기업이었다. 하지만 2022년 현재는 자동차 기업 토요타만 세계 시총 순위 100위 안에 남아 있다. 주식 역사상 최초로 3조 달러(약 3700조 원)를 찍으며 세계 최고 기업으로 성장한 애플은 2009년만 해도 10위 안에 들지 못했고, 전 세계 모든 자동차 회사를 합친 것보다 더 비싼 회사가 된 테슬라는 2016년 모델 3를 발표하기 전까지는 '언제 망할지 모르는 회사'라는 악평에 시달렸다.

우리나라도 다르지 않다. 20년 넘게 부동의 1위를 지키는 삼성전자는 2000년 초반만 해도 1위가 아니었다. 삼성전자가 처음 1위로 오르던 해에 10위권에 있던 회사 중 지금까지 순위를 유지하는 회사는 없다. 그 자리는 네이버와 카카오 같은 새로운 회사들이 차지했다.

10년 후가 문제가 아니라 당장 1년 후 어떻게 될지 모르는 세상이다. 2021년 한 해에만 100대 기업 중 20개 회사가 새로운 회사에 자리를 물려주었다. 60세까지 정년이 보장되던 과거와 달리 이제는 50세만 돼도 퇴직에 대한 압박을 느낀다. 직장인들이 느끼는 정년퇴직 시기는 평균 51.7세였다. 심지어 대기업 직원들이 생각하는 정년은 49.5세로 50세가 채 되지 않는다. 이런 사회 변화의 영향으로 예전에는 므두셀라 증후군이 60대 이상에게서 많이 나타나는 현상이었지만 요즘에는 나이가 많지 않은 사람들에게도 흔한 일이 되었다. 평균 수명은 늘어나는데 정년은 빨라지는 역설적인 상황에 현명하게 대처하려면 므두셀라 증후군에 발목을 잡혀서는 안 된다. 어제의 성공을 잊어야 새로운 기회가 열린다.

내일의 성공을 위해 어제의 성공을 잊어라

프랑스에서 스시 사업으로 약 6000억 원의 자산을 보유한 켈리델리 그룹 켈리 최 대표의 롤러코스터 같은 인생은 므두셀라 증후군을 어떻게 넘어서야 하는지 잘 보여 준다. 8남매 중 2명이 영양실조로 세상을 떠났을 만큼 어려운 집안 사정 탓에 고등학교 진학은 꿈도 꿀 수 없었다. 하지만 서울 답십리에 있는 와이셔츠 공장에서 일하면 야간에 학교를 보내 준다는 말을 듣고 공부를 하고 싶은 마음에 서울행 버스를 탔다. 당시 그녀의 나이는 17세였다.

공장에서 오후 5시까지 재봉기를 돌리고 퇴근 후에는 야간 고등학교에서 공부를 하는 고된 삶을 살았다. 꾸벅꾸벅 졸다가 재봉기 바늘에 손도 많이 찔렸다. 그 모습을 본 작업반장이 그녀에게 한 발로 서 있는 벌을 주기도 했다. 처음에는 부모님 원망을 많이 했다. 엄마에게 "나를 왜 낳았어?"라며 반항도 했다. 그러나 공장에 다니면서 생각이 바뀌었다. 그녀보다 더 어리지만 어렵게 사는 친구가 많았기 때문이다.

"그래도 저는 제가 버는 돈은 제가 다 썼는데, 그 친구들은 거의 다 집으로 보냈어요. 부모님께 감사하는 마음이 생긴 거죠."

그러다 한 친구가 사고로 사망하게 되었고, 그 일을 계기로 공장을 나왔다. 이후 신문 배달, 책 배달 등을 하며 생활비를 벌었다. 의류 공장에서 일하며 만난 디자이너 덕분에 디자이너가 되고 싶다는 꿈이 생겼다. 공장에서 번 돈으로 복장 학원에 등록해 디자인 공부를 했다. 당시 한국 최고의 디자이너는 모두 일본 출신이었기에 무작정 일본으로 떠났고, 일본에서 최고의 디자이너는 모두 프랑스 출신이었기에 다시 프랑스 파리로 날아갔다. 프랑스 말로 '안녕하세요'가 '봉주르'라는 것을 도착해서 처음 알았을 정도로 무모한 도전이었다.

그래도 비행기에서 만난 방송국 PD의 도움으로 현지 특파원을 알게 되어 파리에 정착할 수 있었다. 디자인 학교를 졸업하고 파코라반 등에서 디자이너로 일했다. 그러다 한국인 친구의 제안으로 광고 회사를 세웠다. 회사는 나날이 성장했다. 파리 중심가의 큰 집에서 운전기사를 둘 만큼 풍족하고 화려한 삶을 살았다. 하지만 그것도 잠깐, 닷컴 버블 사태로 세계 경제가 몸살을 앓던 2000년대 초반 회사는 부도를 맞았다. 그녀 나이 마흔. 쉼 없이 달려온 인생이었지만 10억 원의 빚만 남게 되었다. 충격으로 한동안 아무것도 할 수 없었다.

"과거의 나를 내려놓지 못하는 것이 가장 힘들었어요. '예전에는 비서도 있고 운전기사도 있던 사람인데' 하는 생각이 계속 떠올랐습니다. 선비가 굶으면 굶었지 농사는 안 짓는다는 속담처럼 된 거죠."

처음에는 취직자리를 알아봤다. 그러나 대표 이사까지 지낸 40세의 그녀를 고용할 사람은 없었다. 그녀도 다른 사람 밑에서 일할 자신이 없었다. 하지만 빚은 갚아야 했고, 어떻게든 살아야 했다. 고민 끝에 그녀는 살던 집을 민박집으로 바꾸고 여행 가이드 일을 시작했다.

"주변에는 알리지 않았어요. 차마 말을 못 하겠더라고요."

그녀는 민박집을 하며 빚부터 갚아 나갔다. 손님들과 대화를 나누며 다음 사업 아이템을 찾기 시작했다. 매일 크고 작은 슈퍼를 돌며 시장 조사를 했다. 슈퍼마다 직원이 500~1000명인데, 그들이 그녀를 알아보고 인사할 정도로 자주 갔다. 음식도 팔아 주고, 연락처를 주고받고, 이야기도 들어 주며 친해진 사람들의 말에 귀를 기울였다. 그러다가 스시 사업을 생각하게 됐다.

"처음에는 삼각김밥 공장을 만들어 슈퍼에 납품하려고 했어요. 그걸 하려면 무균 공장 설비가 필요한데 10억 원 정도가 든다는 거예요. 그럴 돈은 없어서 고민하다가 현장에서 바로 만들어 내는 스시를 생각하게 됐죠."

이 스시 체인은 유럽 전역으로 확대되었고, 어느새 전 세계 12개국에 1200여 개 매장을 거느린 연 매출 5000억 원의 글로벌 기업 켈리

델리로 성장했다. 10억 원의 빚을 떠안고 파리의 센강에 몸을 던지려고까지 했던 그녀가 영국 상위 0.1퍼센트 부자가 되면서 인생의 대역전극을 이뤄 낸 것이다.

이렇듯 므두셀라 증후군을 극복하기 위해서는 한때 잘나갔던 과거를 내려놓고 자존심 또한 내려놓을 수 있어야 한다. 그리고 지금 당장할 수 있는 작은 일부터 찾아야 한다. 부사장이라는 영광을 내려놓고 70세에 인턴 직원이 되어 새로운 삶을 시작한 영화 '인턴'의 주인공 로버트 드니로처럼 말이다.

자존심을 내려놓으면 새로운 길이 열린다

베트남 축구 대표팀 감독 박항서 역시 므두셀라 증후군을 극복한 대표적인 인물이다. 그는 2002년 월드컵 4강 신화의 주역이자 한국에서 잘나가던 선수 및 감독이었다. 1978년 청소년 대표팀 주장을 맡아 아시아 선수권 우승을 이끌었고, 1985년에는 프로 리그 우승의 주역으로 베스트 일레븐에 선정되기도 했다. 1988년 은퇴 후 프로팀 코치로 일하다가 2000년 국가대표팀 수석 코치, 2002년 U-23 감독에 이어 2002년 국가대표팀 코치로 월드컵 4강 신화를 일궈 냈다.

그러나 화려했던 순간이 지나고 그의 경력은 점차 내리막길을 걸었다. 2002년 부산 아시안 게임에서 감독을 맡았으나 동메달에 그치며 경질되었고, 경남 FC와 전남 드래곤즈 감독을 맡았으나 성적 부진으로 해임되었다. 그 후 2부 리그에 머물던 상주 상무팀을 1부 리그로 승격시켰지만 계약은 갱신되지 않았다. 중국 프로팀 감독 제안을 받았으나 계약 직전에 무산됐다. 당시 그는 조롱의 대상이었다. 야인(野人) 생활은 1년 넘게 지속됐고, 그 사이 '박항서'라는 이름은 사람들의 기억에서 잊혀 갔다.

"마음의 상처는 있었어요. 저를 두고 어디서는 '축구계에서 퇴출당했다'고 했죠. 사실 그 정도까지는 아니었지만 밀려난 건 사실이었으니까요. 젊은 지도자들이 계속 나오고 그들을 선호하는 분위기로 가고. '아, 이건 시대의 흐름인 모양이다' 생각했죠."

소외감도 들고 자격지심도 생겨났다. 그래도 축구를 내려놓을 수는 없었다. 가장 잘할 수 있는 게 축구밖에 없었기 때문이다. 그는 영어로 지원서를 작성해 이동준 디제이매니지먼트 대표를 찾아갔다. 어디든 좋으니 감독 자리를 알아봐 달라고 한 것이다. 당시 그의 나이 58세였다.

그는 이후 베트남 축구 협회 면접을 통과해 베트남 축구 국가대표팀 감독이 되었다. 하지만 유럽 감독을 원한 베트남 국민은 박항서 감독이 내정되었다는 소식에 "얼굴도 모르는 한국 3부 리그 감독에게 대표팀을 맡기는 게 말이 되느냐"며 그를 반대했다. 베트남은 세 사람만 모여도 축구 이야기를 한다는 말이 있을 정도로 축구에 대한 열정이 뜨거운 나라다. 박 감독에 대한 반대 여론 또한 거셀 수밖에 없었다.

하지만 그 자리를 '마지막 기회'라고 생각한 박 감독은 갖은 수모에도 불구하고 묵묵히 자리를 지켰다. "내가 보다시피 키가 작다. 그래서 키가 작은 베트남 선수들의 비애를 누구보다 잘 안다"라며 베트남 축구 협회를 설득한 그는 '우리는 체력이 약해서 이길 수 없어'라고 생각하는 선수들의 마인드도 바꿔 놓았다. 객관적으로 체력이 약하지 않고 작아도 민첩하니 빠른 스피드 위주의 경기를 펼치면 분명 승리할 수 있다는 자신감을 선수들에게 불어넣은 것이다.

그 결과 그는 아시아 축구 연맹(AFC) U-23 챔피언십 준우승을 시작으로 아시안 게임 4강, 10년 만의 아세안 축구 연맹(AFF) 스즈키컵 우승, 동남아 국가 중 최초로 월드컵 최종 예선 진출이라는 업적을 세우며 베트남의 영웅으로 떠올랐다. 모든 것을 내려놓고 58세에 자신을 반기지 않은 나라에서 축구 감독으로 제2의 인생을 시작한 그는 말한다.

"저한테 마지막 기회라고 생각했기에 어지간한 어려움은 참을 각오가 돼 있었어요. 20대 젊은이나 은퇴를 준비할 나이대 사람이나 처지는 비슷하다고 생각해요. 능력이 있더라도 나이 때문에 기회가 제한되지요. 그러면 기회가 있는 곳, 나를 알아봐 주는 곳을 간절하게 찾으면 돼요. 간절한 만큼 성과는 만들어지더라고요."

자존심을 내려놓고 당장 할 수 있는 작은 일을 찾는 것, 그곳이 설령 밑바닥일지라도 나를 알아봐 주는 곳을 찾아 다시 시작하는 것. 둘 다 결코 쉬운 일은 아니다. 하지만 그런 마음가짐이 없다면 당신도 어느 순간 므두셀라 증후군의 함정에 빠질 수 있다. 현재의 자신을 초라하다고 여기는 사람일수록 특히 주의할 필요가 있다. 초라한 현재를 감추려고 과거의 성공 경험을 늘어놓을수록 오히려 사람들은 당신을 '패배자'나 '한물간 사람'으로 기억할 확률이 높기 때문이다.

'나는 특별하다'라는
착각부터 버려라

허구적 독특성

나는 내 외모가 괜찮은 편이라고 생각했다. 그런데 처음 방송에 출연한 날 화면에 나온 내 모습을 보고 깜짝 놀랐다. 그동안 내가 큰 착각을 하고 있었다는 걸 깨달은 것이다.

사람들은 자기 자신을 실제보다 더 특별하고 대단한 존재로 착각하는 경향이 있다. 이를 '허구적 독특성 효과(false-uniqueness effect)'라고 한다. 이는 자기 능력에 대한 과대평가로 이어진다. 한 조사에 따르면 운전자 대부분은 자신이 다른 운전자보다 더 신중하고 반사 신경도 더 뛰어나다고 생각하는 것으로 나타났다. 또 교사들을 대상으로 한 수업 수행 능력 조사에서 대상자의 95퍼센트가 자신의 능력이 평균 이상이라고 답했다. 이런 결과는 평균을 밑도는 사람 중 상당수가 본인을 평균 이상의 능력자로 평가하고 있다는 것을 의미한다.

이는 일종의 자기기만이다. 내가 이렇게 내 외모에 대해 착각하게 된 데는 사진관에서 알아서 해 주던 포토샵 작업, 친구들과 찍은 수백 장의 사진 중에서 어렵게 고른 인스타그램용 사진 몇 장 때문일 것이다. 이는 예뻐 보이고 싶다는 내 욕구를 달래 주고, 굳이 다이어트를 하지 않아도 된다고 생각하게 해 내 삶을 편안하게 만들어 줬다. 그래서 나는 TV에 출연할 때까지 현실을 직시할 기회가 없었던 것이다.

이런 현상은 나 자신뿐 아니라 나와 관련된 것으로까지 그 범위가 확장된다. 단지 나와 관련이 있다는 이유로 감정적으로 관여하게 되어 실제보다 높게 가치를 평가하는 것이다. 2015년 미국 마블 스튜디오의 슈퍼히어로 영화 '어벤져스 : 에이지 오브 울트론'이 개봉됐을 당시 한국 관객들의 반응이 좋은 예다. 당시 나를 포함한 한국 관객들은 세계적으로 주목받는 마블 영화에 서울이 등장한다는 소식에 큰 기대를 안고 개봉을 기다렸다. 그러나 개봉 후 드러난 영화 속 서울의 모습에 크게 실망하고 말았다. 서울이 멋지게 나오기는커녕 오히려 아주 낙후된 도시처럼 등장했기 때문이다.

그해에 방한한 C. B. 시벌스키 마블 부사장에게 단도직입적으로 물었다.

"왜 서울을 칙칙하게 표현했죠? 낡고 오래된 건물이 많아서 가난한 도시 같은 느낌이 들었어요."

그러나 그는 의아하다는 표정을 지으며 답했다.

"저도 그 말을 들었어요. 그래서 어제 서울에 도착하자마자 한강, 상암동, 세빛섬 등 영화에 나온 촬영지를 모두 둘러보았어요. 그런데 영화 속 모습이랑 비슷하던데요?"

오랜 해외 출장을 마치고 귀국하면 문득 서울이 낯설게 느껴질 때가 있다. 이상하게 왠지 모르게 회색빛이 두드러져 보인다. 이런 느낌은 유럽이나 미국처럼 색이 강한 도시들을 다녀온 후에 유독 강하다.

그런데 며칠 지나면 서울의 색채에 눈이 적응을 하고 세계 어느 나라를 가도 이만한 곳은 찾아보기 어렵다고 생각하며 뿌듯해한다. 한강은 파리 센강보다 아름답고, 북한산의 화려한 산세는 알프스산맥 어느 산에 견주어도 뒤지지 않는다. 당연히 너무도 아름답지만 내가 태어난 나라, 내가 사는 곳이기 때문에 후한 평가를 한다는 사실을 부정할 수 없다. 서울을 평가하는 문제에 허구적 독특성의 영향을 받는다고 해서 크게 문제 될 일은 없다. 그런데 허구적 독특성이 정확한 현실 인식을 가로막아 일을 그르치게 되는 경우도 있다. 그때는 정말 위험한 일이 발생한다.

'나는 특별한 존재'라는 믿음이 때로는 나를 망친다

한국 산업계가 처한 현실을 '샌드위치'에 빗대어 묘사하는 경우가 많다. 중국이나 일본과 여러 면에서 경쟁 관계에 있는 한국 기업의 특성상 조금이라도 불리한 형국이 펼쳐지면 '중국과 일본 사이에서 샌드위치 신세가 됐다'는 표현을 많이 쓴다. 산업부 기자 시절 나 역시 마찬가지였다. 2018년 영국 런던에서 열린 싱커스 50 행사에 참석한 나는 경영학 석학 25명에게 한국 산업이 일본을 따라잡으려면 어떻게 해야 하는지, 쫓아오고 있는 중국을 따돌리려면 어떻게 해야 하는지 물었다. 그런데 이들 중 상당수가 한국이 중국에 앞서 있다는 것을 전제로 한 내 질문이 틀렸다고 지적하며 "한국은 이미 여러 분야에서 중국에 뒤처져 있고, 한국의 새로운 경쟁 상대는 인도가 될 것"이라고 답했다. 이들의 답변에 큰 충격을 받았다.

나비 라드주 영국 케임브리지대 저지 경영대학원 선임 연구원은 "샤오미조차 혁신의 관점에서는 삼성전자를 앞질렀다"고 말했다. 시드니 핑켈스타인 미국 다트머스대 터크 경영대학원 교수도 "중국 기업은 품질 낮은 제품을 박리다매로 팔아 돈을 버는 수준에서 벗어났다"고 평가했다. 수비르 초두리 ASI 회장은 "중국은 이미 미국과 비슷한 반열에 올랐고 세계 시장에서 가장 큰 영향력을 행사하고 있다"고 분석하며 앞으로 100년간은 이런 상황이 이어질 것으로 예측했다.

세계 석학들은 한국 기업의 경쟁력을 낮게 보는 가장 큰 이유로 '브랜드 가치 부족'을 들었다. 마크 에스포시토 하버드대 경영학과 교수는 "세계 시장에서 살아남으려면 고유한 핵심 가치가 있어야 한다"며 "일본은 토요타로 대표되는 장인 정신이, 중국은 하이얼로 대표되는 속도가 있지만, 한국 기업들이 추구하는 가치가 무엇인지는 분명하지 않다"고 말했다.

과거 일본의 소니 기업은 허구적 독특성에 빠져 있었다. 그들은 치고 올라오는 삼성을 "저렴한 가격과 빠른 납품 기일 등으로 저가 시장을 잠식할 뿐 장인 정신을 가진 소니의 상대는 안 된다"고 오판했다. 하지만 삼성은 영원히 따라잡지 못할 것 같던 소니의 매출을 넘어선 이듬해 오히려 위기론을 내세우며 미래 사업 발굴에 열을 올렸다. 그 결과는 지금 보는 대로다. 전 세계 가전 시장을 주름잡던 소니는 이제 전혀 다른 사업으로 돈을 버는 회사가 되었다.

진짜 탁월한 기업은 허구적 독특성을 경계한다. 별 볼 일 없다고 생각한 기업들이 언제 앞으로 치고 나올지 모르는 세상이기 때문이다. 그리고 진짜 그런 일들이 지금 이 순간 우리 눈앞에서 벌어지고 있다.

　나 자신, 내 능력, 내 나라를 객관적으로 바라보는 것은 쉽지 않은 일이다. 그러나 현실을 냉철하게 바라보지 못하면 발전의 기회를 잃어버리게 된다. 회사 혹은 직장 상사가 내 능력이나 업적을 제대로 평가해 주지 않는다는 생각이 든다면 불만을 갖기에 앞서 왜 그런 결과가 나왔는지 정확하게 따져 봐야 한다. 내가 중요시하는 것과 남들의 평가 기준이 전혀 다를 수도 있다. '세상에서 내가 가장 특별하다'는 환상에서 빠져나와 현실을 객관적으로 파악할 때 비로소 제대로 대응할 수 있다.

실패할 것이 뻔한 일을
고집하는 사람들의 심리

매몰 비용의 오류

1969년 프랑스와 영국은 공동으로 '콩코드'라는 이름의 세계 최초 초음속 여객기 개발에 성공했다. 기존의 여객기보다 속도가 두 배 이상 빨라 8시간이 걸리던 런던-뉴욕 구간을 3시간 30분 만에 주파함으로써 전 세계의 주목을 받았다. 7000만 파운드(오늘날 가치로 약 2조 원) 정도로 예상한 개발 비용은 개발 과정에서 세 배 이상 늘었다. 좌석이 100석도 안 되는 데다 연료비가 비싸다 보니 통상적인 항공권 가격보다 열다섯 배나 비쌌다. 게다가 음속을 돌파할 때의 엄청난 소음으로 지상에 갖가지 문제를 일으켜 최대 속도를 내는 데 제약이 많았고, 잦은 기체 결함 등 여러 문제가 발생해 사업성이 현저히 떨어졌다.

훗날 공개된 기록에 따르면 영국과 프랑스는 콩코드 여객기로 돈을 벌지 못한다는 것을 이미 알고 있었다. 하지만 사업을 접지 않았다. 세계의 이목이 쏠려 있는 데다 개발에 들어간 어마어마한 비용을 포기할 수 없었기 때문이다. 1976년 상업 비행을 시작한 이후 줄곧 만성적인 적자에 시달리던 콩코드 여객기는 27년 후인 2003년 퇴역했다. 총 190억 달러(약 23조 원)를 날린 뒤였다.

이처럼 투자한 비용이 아까워 잘못된 선택을 밀어붙이는 경우가 종종 있다. 현재 진행하는 일을 계속할 경우 실패할 게 뻔하고 손실이 발생한다는 사실을 알면서도 중단하지 못하는 것이다.

10만 원에 산 주식이 있다고 해 보자. 현재 주가가 5만 원으로 떨어졌고 이후 반등할 여지가 없을뿐더러 오히려 하락할 가능성이 크다면 더 큰 손해를 막기 위해 지금 매도하는 것이 맞다. 하지만 과거에 지불한 '매수 단가' 10만 원에 사로잡혀 그 이하로는 절대 팔 수 없다며 주식을 쥐고 있다가 더 큰 피해를 보는 사례가 많다. 현재 잃고 있는 5만 원이 너무 아까워 잘못된 선택을 하는 것이다.

이미 지급하여 회수가 불가능한 비용을 '매몰 비용(sunk cost)'이라고 한다. 이미 들어간 시간과 노력, 돈 등의 매몰 비용이 아까워 실패가 예상되는 일에 계속 투자하는 것을 '매몰 비용의 오류'라고 한다. 미국의 행동 경제학자 리처드 세일러가 제시한 개념으로, 이미 지급한 비용에 대한 과도하고 불합리한 집착 때문에 발생한다.

모든 의사 결정은 언제나 불확실한 상황 속에서 이루어진다. 문제가 발생한 즉시 지금까지 들어간 비용보다 앞으로 발생할 피해가 더 크다면 그만두는 것이 이득이다. 하지만 매몰 비용의 오류가 합리적인 판단을 방해한다. 당장 손절매하는 게 이득임을 알면서도 "이 프로젝트에 들어간 비용이 얼만데", "1년 동안 준비한 아이템인데 버리기엔 그동안 들인 시간과 노력이 너무 아까워", "돈이 아까워서 지루한 영화지만 계속 봤어", "돌아가기엔 너무 멀리 와 버렸어", "지금까지 기다렸는데 조금만 더 기다려 보자" 등의 이야기를 하며 잘못된 결정을 계속 밀고 나간다. 하지만 잘못된 결정 끝에 우리를 기다리고 있는 것은 막대한 손실뿐이다.

몇 년 전 한 후배와 이야기하다 깜짝 놀란 적이 있다. 5년 동안 만난 남자가 있는데 그동안 몇 번 헤어졌다가 다시 만났다고 했다. 헤어지는 게 맞는데 지금 와서 그만두기에는 너무 많은 시간과 에너지와 노력을 그에게 썼다는 것이다. 그래서 도저히 헤어질 엄두가 나지 않는다며 그냥 그와 결혼할까 생각 중이라고 했다. 연애에도 매몰 비용의 오류가 적용된다는 사실에 놀랐고, 그것 때문에 그냥 결혼할까 생각 중이라는 말에 또 한 번 놀랐다. 매몰 비용의 오류가 우리 생활에 미치는 영향이 얼마나 큰지 실감하는 순간이었다.

똑똑한 선택을 하고 싶다면 이미 지출된 비용을 무시할 수 있어야 한다. 과거에 쓴 각종 비용을 배제하고 현재의 상황과 미래에 대한 객관적인 전망 속에서 판단을 내려야 후회 없는 선택을 할 수 있다는 말이다. 그리고 인생의 터닝 포인트 또한 매몰 비용을 과감히 버리고 새로운 것에 도전할 때 만들어진다.

더 나빠지기 전에 미련 없이 떠나라

방탄소년단은 원래 힙합 그룹이었다. 방시혁은 2010년 당시 고등학교 1학년이던 리더 RM의 랩을 듣는 순간 '이 사람을 데뷔시키는 것을 소명으로 삼아야겠다'고 마음먹었다고 한다. 처음 그의 계획은 RM과 뮤지션을 모아 순수 힙합 그룹을 만드는 것이었다. 인디 래퍼 슈가와

언더그라운드 댄서 제이홉이 합류하고, 이어 보컬리스트이자 댄서인 진, 지민, 정국, 뷔가 합류했다. 그러나 1년 후 방시혁은 그룹의 콘셉트를 바꾸기로 했다. 조금 더 아이돌다운 그룹을 만들기로 한 것이다.

2011년, 방시혁과 빅히트 직원들은 모두 하던 일을 멈추고 몇 달 동안 아이돌 시장을 조사했다. 아이돌이란 무엇인가, 우리가 하고 있는 일은 무엇인가, 팬들은 누구이며 그들의 특징은 무엇인가 등에 대한 답을 찾았다.

지금 방탄소년단의 노래는 그때와는 다르다. 빌보드 싱글 차트 핫 100 1위를 차지한 '다이너마이트'와 '라이프 고즈 온' 모두 가벼운 팝 음악이다. 10주 동안 빌보드 1위 자리를 지킨 '버터' 역시 마찬가지다. 슈가는 BBC와의 인터뷰에서 "처음에는 힙합을 좋아하는 친구들끼리 모여 팀을 시작했지만 여러 해 동안 다양한 장르의 음악을 해 보면서 지금에야 딱 맞는 옷을 입었다고 생각한다"고 했다.

자신이 지금까지 하던 일을 바꾸기는 쉽지 않다. 아티스트의 고집이 강조되는 음악계에서는 더욱 그렇다. 게다가 '내가 지금까지 이 일을 위해 얼마나 오랜 시간을 투자했는데'라고 생각하면 변화가 더욱 두렵게 느껴진다.

미래에 대한 예측은 누구나 틀릴 수 있다. 이때 현실을 외면하고 하던 대로 '고(go)'만 고집하면 과다한 비용을 지출하게 되고 결국 실패로 이어진다. 그러나 매몰 비용의 오류를 잘 극복하면 결과적으로 생명력을 더욱 지속시킬 수 있다.

1865년 독일 남서부 소도시 루트비히스하펜에 세워진 바스프는

150년이 넘는 세계 최대의 화학 기업이다. 창립 당시 바스프는 폐기물 취급을 받던 콜타르(석탄 추출물)로 염료를 만드는 사업으로 돈을 벌었다. 1885년에는 청바지의 파란색을 내는 염료인 인디고를 처음으로 상용화했다. 인디고 개발에만 13년을 매달리느라 회사는 파산 직전까지 갔다. 1910년대에는 세계 최초로 화학 비료를 만들었다. 바스프의 현재가 있게 한 사업들이다. 루트비히스하펜 본사에서 만난 쿠르트 보크 회장은 바스프는 150여 년 동안 수많은 위기의 순간을 지나왔다고 전했다.

"바스프는 두 차례의 세계 대전과 크고 작은 사건을 포함해 지금까지 셀 수 없는 위기를 겪었습니다. 특히 전쟁으로 해외 사업에서 막대한 손실을 보았고 회사가 사라질 뻔하기도 했지요."

바스프는 2012년 화학 비료 사업을 러시아 회사에 매각했고, 인디고 등 염료 제품도 더 이상 생산하지 않는다. 오디오테이프와 비디오테이프를 가장 먼저 발명했지만 1980년대 이후 CD 등 디지털 기기들이 등장하자 1990년대에 바로 발을 뺐다.

"화학 산업은 경쟁이 치열해요. 장기적으로 경쟁력이 뒤처질 것으로 보이는 제품에선 과감히 손을 뗐습니다. 비록 수익성이 있다 하더라도 우리보다 더 잘 만들어 낼 경쟁자가 있는 제품에서는 미련 없이 손을 뗐지요."

이 '미련 없이'라는 단어를 실행에 옮기는 일은 사실 얼마나 힘든가. 몇 개월 매달린 프로젝트를 엎을 때 아깝지 않은 사람이 있겠는가. 더 손해 볼 게 뻔한데도 마이너스 주식을 들고 있는 사람의 심정도 마찬가지다. 몇 년 동안 만나 온 연인과 헤어지지 못하는 사람의 마음은 말할 것도 없다. 하지만 뒤엎고 처음부터 다시 시작하는 게 맞는다면 지금 당장 결심하는 게 옳다. 시간이 지체될수록 매몰 비용만 더 커질 것이 분명하기 때문이다.

다른 사람들은 당신에게
아무 관심이 없다

조명 효과

드디어 백수 끝! 내가 원하던 회사에 당당하게 합격했고, 오늘은 기다리고 기다리던 첫 출근 날이다. 처음이니까 너무 튀지 않게 흰색 블라우스에 검은색 치마 정장을 입고, 머리는 단정하게 한 갈래로 묶었다. 아침은 회사 근처 카페에서 크림치즈를 바른 블루베리 베이글과 아이스 아메리카노로 해결할 생각이다. 카페에서 메뉴를 주문하고 커피를 한 모금 마시려는데 블라우스에 커피가 묻고 말았다. 얼른 화장실로 달려가 커피 얼룩을 지워 보지만 잘 안 지워진다. 재킷을 입으니 어느 정도 가려지긴 하지만 얼룩덜룩하니 단정치 못해 보인다.

'오늘은 신입 사원 교육이라 많은 사람이 강당에 모일 텐데 첫인상부터 망치는 거 아닐까? 재킷 벗으면 커피 자국이 크게 보일 텐데 진짜 신경 쓰이네.'

결론부터 이야기하자면 괜한 걱정이다. 사람들은 당신 셔츠에 커피 얼룩이 묻었다는 사실을 기억하지 못할 확률이 매우 높다. 수많은 신입 사원 중 당신을 기억하는 사람이 있다면 오히려 행운이다. 적어도 당신이 투명 인간은 아니라는 방증이기 때문이다.

우리는 보통 다른 사람들이 자신에게 보내는 관심을 과대평가하는 경향이 있다. 미국 코넬대 사회 심리학과 토머스 길로비치 교수는 2000년에 발표한 논문에서 재미있는 실험 결과를 공개했다. 실험에 참가한 학생들을 한 방에 모아 놓고 간단한 과제를 내 주었다. 이때 일부 학생들에게는 가수 배리 매닐로의 얼굴이 크게 그려진 티셔츠를 입게 했다. 1973년에 데뷔한 배리 매닐로는 한두 세대 위의 사람들에게 인기 있는 가수로, 대학생들이 티셔츠로 입기에는 부담스러운 인물이었다. 매닐로 티셔츠를 입은 학생들은 티셔츠에 그려진 그의 얼굴이 너무 크다고 생각했다. 연구자들은 그들에게 주변 학생 중 몇 퍼센트가 티셔츠에 그려진 사람을 알아볼 것 같으냐고 물었다. 그들은 50퍼센트 정도는 알아볼 것으로 추측했다. 그러나 실제로는 25퍼센트만이 배리 매닐로를 알아봤다. 또 다른 실험 참가자들에게 이 실험 장면 영상을 보여 주고 몇 명이 알아볼지 예측해 보라고 하자 실제 결과와 비슷한 예측치가 나왔다.

두 번째 실험에서는 대학생들에게 원하는 인물의 티셔츠를 직접 고르게 했다. 밥 말리, 마틴 루서 킹 목사 등 대학생들이 입어도 어색하지 않은 인물이 그려진 티셔츠였다. 이번에도 주변 학생 중 몇 명이 그 인물을 알아볼 것 같으냐고 물었다. 그들은 이번에도 50퍼센트 정도는 알아볼 것으로 예측했지만, 실제로는 10퍼센트에도 미치지 못했다. 이처럼 본인에 대한 다른 사람들의 관심을 실제보다 크게 평가하는 현상을 '조명 효과(spotlight effect)'라고 한다.

조명 효과는 자기중심주의의 산물이다. 우리는 자신이 하는 모든 일을 중요하게 생각한다. 그래서 다른 사람들 역시 나를 주의 깊게 관찰하고 있다고 생각하고, 작은 실수에도 '이불킥'으로 헛되이 힘을 쓴다. 하지만 사람들 대부분은 자신을 신경 쓰느라 타인에게 신경 쓸 여력이 없다. 실제로 다른 사람의 관심을 받으려면 엄청난 사건의 주인공쯤은 되어야 한다. 그러니 웬만해서는 '다른 사람들이 나를 어떻게 생각할까?' 걱정하지 않아도 된다는 말이다. 그런데 실제로 내게 조명이 켜지는 상황이라면 어떨까?

조명 효과를 제대로 이용하는 법

말레이시아의 소비재 1위 기업 아스트로의 로하나 로잔 대표 이사는 무슬림 가정에서 태어났다. 그녀는 집안의 반대를 무릅쓰고 영국으로 유학을 떠나 켄트대를 졸업하고 세계적인 생활용품 회사 유니레버에 취직했다. 당시 그녀는 수습사원 중 유일한 아시아인이었다. 그녀를 제외한 나머지 동료는 전부 백인 남성이었다. 다른 선배들도 마찬가지였다. 신입 교육을 받고 있던 그녀에게 한 남자 선배가 다가와 말했다.
"로잔, 일어서!"
그녀는 이미 서 있었다. 키가 작다고 놀린 것이었다. 이런 괴롭힘이 여러 번 있었지만 그녀는 화를 내는 대신 묵묵히 실력으로 맞서기로 결심했다. 그러자 몇 개월 뒤 동료들은 그녀를 "피라냐 같은 로하나"라고 불렀다. 피라냐는 남아메리카에 사는 육식성 민물고기로, 그녀가 독하게 일하는 것을 보고 붙여 준 별명이었다.

"전 그 말을 듣고 기분이 좋았어요. 그들이 절 '아시아 소녀'가 아닌 한 '일원'으로 받아들였다는 뜻이니까요."

말레이시아 쿠알라룸푸르 아스트로 본사에서 만난 로잔은 이렇게 말하며 환하게 웃었다. 그녀는 영국 유니레버에서 이사회 멤버가 될 때까지 언제나 '유일한 아시아 여성'이었다. 최초의 여성 임원이자, 최초의 아시아계 임원이 된 것이다. 그녀는 "남들과 다르다는 건 좋은 것"이라며 말을 이었다.

"수습사원들에게도 전 늘 그렇게 말해요. 가장 좋은 건 사람들이 당신의 능력을 인정하는 것이고, 가장 나쁜 건 사람들이 당신의 존재조차 모르는 것이라고."

어느 분야에서 두각을 드러내기 위해서는 사람들의 주목을 받을 만큼 능력이 뛰어나거나 탁월한 성과를 내야 한다. 하지만 그러기가 쉽지 않다. 그런데 로잔은 유일한 아시아 여성이었기에 좋든 싫든 남들의 관심 대상이 됐다. 눈길을 끌었으니 이제 실력을 보여 주는 일만 남은 것이다.

"다른 환경을 가졌다는 건 일단 주목받을 기회를 얻었다는 거예요. 그런 면에서 유일한 아시아 여성이라는 사실은 저에게 오히려 장점이었어요. 어딜 가나 주목을 받았으니까요."

주목을 받았는데 그에 걸맞은 능력을 보여 주지 못하면 밀려날 수밖에 없는 것이 세상 이치다. 하지만 로잔은 보란 듯이 능력을 보여 주었고 그 덕분에 모국으로 돌아온 후에도 아스트로의 대표 이사 자리를 꿰찰 수 있었다. CNN, CNBC 등 해외 언론은 그녀를 '말레이시아를 대표하는 기업인'이라고 치켜세웠다.

"가장 큰 이유는 제가 경영하는 기업이 1위 자리를 유지하는 덕분이겠지요. 하지만 기술적으로 본다면 제가 외국어를 구사하고 글로벌 시민의 매너를 갖추고 있어서라고 생각합니다. 전 이 두 가지가 제 인지도를 높여 줬다고 생각해요."

그런데 놀랍게도 로잔은 나서는 걸 딱히 좋아하는 사람은 아니었다. 남들과 어울리기보다는 혼자 있는 걸 선호한다고 했다. 어린 시절부터 혼자 책 읽고 혼자 생각하길 좋아하는 내성적인 아이였다고 한다. 대학 때 전공도 재무였다. 혼자 자료를 보면서 분석하는 것이 더 편했다. 그런 그녀가 대외 활동이 필수적인 CEO가 된 것은 매우 큰 변화였다.

"저는 언론을 불편해하고, 수줍음이 많아요. 무대에 서는 것도 좋아하지 않습니다. 하지만 CEO는 이 모든 것을 해야 하는 사람이죠."

꼭 CEO까지 오르지 않더라도 사회적 지위가 높아질수록, 나이가 들수록 사람들 앞에 나서야 하는 일은 많아진다. 그녀는 이런 문제를 어떻게 해결했을까?

"제 비결은 독서였어요."

상대방에게 말할 때 굳이 달변일 필요는 없다. 중요한 것은 타인의 말에 공감해 주고 나와 다른 의견을 가진 사람들을 잘 설득하는 것이다. 그녀는 일이 막힐 때면 서점에 가서 책을 20권씩 사서 읽으며 문제를 해결해 나갔다. 다른 사람들과 어울리기보다는 혼자 있는 걸 좋아하는 그녀는 조명 효과를 적절히 활용할 줄 알았다. 주목받는 것을 두려워하거나 겁내기는커녕 그런 기회가 흔치 않다는 점을 알고 찾아온 기회를 놓치지 않기 위해 필사적으로 노력한 것이다.

로잔은 어릴 때부터 그랬다. 2남 1녀 중 둘째로 태어난 그녀는 무슬림의 보수적인 가정이 다 그렇듯 여자는 집에 있어야 하고 교사로 일하다 결혼해서 가정을 잘 꾸리는 게 최선의 삶이라는 이야기를 들으며 자랐다. 오빠와 남동생은 어릴 때 영국의 기숙 학교로 유학을 갔지만 그녀가 유학을 가겠다고 나서자 집안 반대가 극심했다. 그녀는 끊임없이 아버지를 설득했다.

"전 남자들처럼 사이클을 하고, 수영을 하고, 정글을 탐험해요. 그런데 왜 전 남자 형제들과 다르게 자라야 하나요? 그들에겐 세상 밖으로 나갈 기회를 주면서 왜 저한테는 하지 말라고 하시죠? 학교 성적도 제가 더 좋은데 말이에요."

그럼에도 부모님이 유학을 지원해 주지 않자 로잔은 스스로 기회를 만들었다. 장학금을 받아 영국으로 유학을 떠난 것이다. 그녀는 가만히 있으면 기회가 찾아오지 않는다는 사실을 잘 알고 있었다. 그래서 기회를 얻기 위해 본인이 할 수 있는 것들을 찾아 모든 것을 바쳤다. 그리고 마침내 기회가 찾아온 순간 그걸 움켜쥐기 위해 다시 한번 최선을 다했다.

찾아온 기회를 놓치고 싶지 않다면

사실 스포트라이트를 받는다는 것은 매우 어려운 일이다. 웬만한 성과로는 절대 스포트라이트를 받을 수 없다. 그런 면에서 보자면 현재 세계적으로 유명한 피아니스트인 클로이 플라워도 '아시아 여성'이라는 조명을 잘 이용해 성공한 인물이다.

한국계 미국인인 그녀는 미국 로스앤젤레스에서 태어나 2세 때부터 피아노를 쳤다. 줄리아드 음악원을 졸업하고 런던 왕립 음악원으로 유학을 갔다. 평생 정통 클래식 음악만 연주해 온 그녀는 여기서 우연히 래퍼 팻 조의 음악을 들었다.

"춤이 절로 춰졌어요. 그때부터 힙합을 클래식만큼 들었죠. 그러다 둘을 섞어 봤는데 거의 완벽하게 맞아떨어졌어요."

이렇게 해서 탄생한 것이 팝과 클래식을 결합한 '팝시컬(POP+Classical)'이다. 힙합 비트를 더한 피아노 연주. 무대 위에서의 모습도 클래식처럼 얌전하지 않고 힙합처럼 격렬하다. 그런데 우연히 클로이 플라워의 연주 영상을 본 미국 유명 래퍼 카디 비가 그녀에게 2019년 그래미상 시상식 무대에서 함께 공연을 하자고 제안했다. 래퍼 카디 비와 클로이 플라워의 '머니' 컬래버 무대는 지금도 회자될 정도로 화제가 되었다.

"카디 비가 제 연주뿐 아니라 무대에서의 모습도 마음에 들어 했대요. 그때부터 대중음악가와 클래식 연주자의 협연이 많아졌죠."

하지만 그 전까지만 해도 한국계 미국인이라는 출신 배경이 번번이 그녀의 발목을 잡았다.

"저는 동양인이라 백인들로만 구성된 미국인 집단에 완전히 소속될 수 없었어요. 그런데 한국인들 모임에서도 종종 미국적인 성격이 강하다는 이유로 배척당하곤 했죠."

의기소침해하던 그녀에게 어머니가 말했다.

"너는 남들과 다르다는 사실을 부끄러워하지 말고 오히려 기뻐해야 해."

그때부터 그녀는 새로운 모험을 두려워하지 않았다. 새로운 음악을 탐험하는 여정에서 종종 고립됐다는 느낌이 들 때도 걸음을 멈추지 않았다.

"저는 기존의 클래식 음악계에 맞는 사람이 아니었어요. 대중음악계에서는 더욱 이단적인 존재였고요. 그러나 한국계 미국인으로서 저의 경험은 이런 어려움에 좌절하지 않고 극복해 내는 데 큰 도움이 되었죠."

만약 당신이 회사 내 유일한 동양 여성이 아니라면, 미국 클래식 음악계에서 힙합을 하는 동양 여성이 아니라면, 회사에서 작은 실수를 하나 했다고 너무 걱정할 필요는 없다. 대다수의 사람은 인지조차 하지 못했을 게 분명하다. 혹시 몇 명이 알고 있다고 해도 며칠만 지나면 기억에서 사라질 것이다. 그러니 괜히 아무 잘못 없는 이불을 걷어찰 필요가 없다.

당신이 정작 걱정해야 할 것은 스포트라이트를 받게 되었을 때 사람들의 기대만큼 능력을 보여 줄 수 있느냐 하는 점이다. 그러니 지금 당신이 해야 할 일은 부지런히 실력을 갈고닦는 것이다. 찾아온 기회를 놓치고 후회하고 싶지 않다면 말이다.

주식으로 돈을 잃는
사람들의 공통점

행동 편향

주식 시장에는 크게 두 부류의 투자자가 있다. 치고 빠지듯이 주식을 자주 사고파는 '단타파'와 사서 오랫동안 묵혀 두는 '장투파'. 어느 쪽 수익률이 더 높을까? 미국 UC버클리 테런스 오딘 교수는 6년간 6만 명의 개인 투자자를 조사한 결과 주식을 자주 사고파는 사람의 수익률이 낮다는 사실을 발견했다. 단타파의 연평균 수익률은 11.4퍼센트, 장투파의 수익률은 18.5퍼센트였다.

군이 오딘 교수의 연구 결과를 언급하지 않더라도 우리는 주식 시장에서 회자되는 '거래가 잦으면 주머니가 빈다'는 격언을 잘 알고 있다. 마음이 불안할 때마다 '장기 투자만이 답이다'라는 워런 버핏의 명언을 머릿속에 새기기도 한다. 그럼에도 우리는 끊임없이 주식을 사고판다. 왜 그럴까? 여러 이유가 있겠지만 심리적으로는 '행동 편향(action bias)'의 영향이 크다. 아무것도 안 할 때 불안함을 느끼는 현상을 의미하는 행동 편향은 결정에 확신이 없을 때, 그리고 상황이 안 좋을 때 더욱 강하게 나타난다. 어떻게든 방법을 찾아서 뭐라도 해야 마음이 편하기 때문이다. 즉 행동을 보임으로써 '최소한 노력은 했잖아'

193

라고 합리화하고 싶은 것이다.

　이스라엘의 학자 마이클 바엘리는 축구 경기에서 페널티 킥을 차는 선수들을 관찰했다. 그 결과 선수들의 3분의 1은 공을 골대의 중앙으로 찼고, 3분의 1은 왼쪽으로, 3분의 1은 오른쪽으로 찬다는 것을 발견했다. 그런데 정작 공을 막아야 할 골키퍼의 경우 절반은 왼쪽으로, 절반은 오른쪽으로 몸을 날렸다. 골키퍼가 중앙에 가만히 멈춰 있는 경우는 매우 드물었다. 선수들의 3분의 1이 골을 중앙으로 찬다는 통계가 있음에도 불구하고 골키퍼는 오른쪽이나 왼쪽으로 움직이는 것이다. 이것이 바로 행동 편향 때문에 나타나는 현상이다. 몸을 움직이지 않으면 자신이 최소한의 노력도 하지 않은 멍청이처럼 느껴져서 틀린 방향으로라도 몸을 날리는 편이 심적으로 덜 괴롭기 때문이다. 아무 소용이 없어도, 오히려 더 나쁜 결과를 초래할지라도 아무것도 안 하고 가만히 있는 게 더 괴로운 것이다.

　행동 편향은 일상 곳곳에서 나타난다. 소개팅 자리, 마음에 드는 사람이 나왔는데 상황이 잘 안 돌아간다 싶으면 쓸데없는 말을 늘어놓게 된다. 이럴 때 플러스가 되는 경우는 거의 없다. 미용실에서 머리를 망쳤을 때도 마찬가지다. 괜히 이것저것 더 하다 보면 헤어스타일은 산으로 가고 머릿결까지 망가진다. 게다가 비용까지 추가된다.

레고와 코카콜라가 위기에 빠진 순간

이런 현상은 기업에서도 자주 일어난다. 이른바 '혁신 강박증'이다. 세

계적인 블록 장난감 회사 레고는 1932년 덴마크의 목수이던 올레 키르크 크리스티안센이 아이들의 장난감을 직접 만들어 주다가 세웠다. 지금은 전 세계 어른 아이 할 것 없이 모두가 즐기는 블록을 만드는 회사로 성장한 레고지만, 한때는 혁신 강박증으로 망하기 일보 직전까지 갔다.

1980년대 아타리, 패미콤 등 비디오 게임이 등장해 유례없는 성공을 거두자 전통적인 장난감을 만들던 레고는 적자가 쌓이기 시작했다. 2000년대 접어들면서 불안을 느낀 레고의 경영진은 외부 인사를 영입해 여러 가지 신사업을 벌이기 시작했다. '아동들은 더 이상 블록 같은 전통적인 장난감을 좋아하지 않는다'는 외부 컨설턴트의 분석에 따라 전자 장난감 사업을 확대했다. 미국 시장을 뚫기 위해 미니 피규어 대신 근육질 남자 모형 '잭 스톤'을 개발하기도 했다. 액션 피규어(관절이 움직이는 사람 모양의 캐릭터 인형)가 유행하자 마블로 유명한 해즈브로에서 개발자를 데려와 히어로물 '갤리도어'도 만들었다. 2~3년마다 레고랜드를 개장하고, 2005년까지 300개의 레고 스토어를 열 계획도 세웠다. 그런데 이 야심에 찬 신사업들은 모두 실패로 돌아갔고, 오히려 무분별한 신제품 출시로 관리 비용만 증가해 적자가 눈덩이처럼 불어났다.

레고의 행동 편향에 제동을 건 인물은 당시 입사 2년 차에 불과하던 예르겐 비 크누스토르프였다. 당시 전략 개발 담당자이던 그는 레고 그룹 이사회에서 말했다.

"올해 매출은 30퍼센트가 줄었는데 운영 비용으로만 2억 5000만 달러(약 3000억 원)를 들여야 합니다. 내년에는 순손실이 지금의 두 배가 될 것입니다. 현재 남아 있는 신용 한도도 없습니다. 이대로라면 그룹의 토대가 무너질 것입니다."

그의 발언은 이사회를 발칵 뒤집어 놓았다. 레고 본사가 있는 덴마크 빌룬에서 만난 그는 당시의 상황을 다음과 같이 얘기했다.

"난리가 났죠. 레고는 수십 년간 일한 직원이 수두룩한 곳이에요. 한 이사는 '내년쯤 스타워즈 시리즈가 새로 나오고 미국 불황이 끝나면 우리 상황도 나아질 텐데, 뭘 제대로 알고서 말하는 것이냐'며 대놓고 면박을 줬지요."

그런데 뜻밖에도 창업자의 손자인 셸드 시르크 크리스티안센은 생각이 달랐다. 크누스토르프의 진단이 옳다고 생각한 것이다. 그 결과 이듬해인 2004년 크누스토르프는 36세에 레고 창업자 가문 출신이 아닌 사람으로는 처음으로 CEO가 되었다. 그는 오너 가문의 믿음에 흑자 경영으로 보답했다. 2015년에는 전 세계 장난감 업체 매출 1위 자리에 올랐다.

그가 한 일은 혁신이라는 이름 아래 펼쳐진 수많은 신사업을 다 정리하고 기본인 '블록'으로 돌아간 것이다.

"레고가 사라지면 사람들은 무엇을 가장 그리워할까요? 블록과 미니 피규어입니다. 그래서 저는 레고의 핵심인 블록에 집중했습니다."

전 세계 어디에나 레고 마니아들이 있다. 그런데 고객층을 확장하기 위해 혁신해야 한다며 블록을 쉽게 만들고 디자인을 바꾸자 신규 고객이 늘기는커녕 오히려 충성도 높은 고객들이 떨어져 나갔다. 그래서 크누스토르프는 다시 기본으로 돌아가 핵심 고객에 집중했다. 또 그는 외부 컨설턴트들의 조언에 따라 늘렸던 특수 블록의 수를 다시 원래대로 줄였다. 아이들의 창의력 발달에 도움이 된다고 해서 특수 블록을 늘렸는데 수익성만 악화되고 특수 블록이 창의력 발달에 도움이 된다는 증거도 없었기 때문이다.

"1만 4200개에 달하는 모든 블록을 일일이 검토해 필요 없는 블록을 줄였어요. 저는 이 방법이 창의성을 감소시켰다고 생각하지 않습니다. 창의성은 오히려 주어진 공간이 제한될 때 더욱 촉진된다고 생각해요. 레고는 블록 자체로도 충분히 혁신적이기 때문이죠."

기업들은 혁신이 필요하다고 판단하면 혁신의 본질을 외면한 채 혁신을 위한 혁신을 할 때가 많다. 그런 행동은 십중팔구 위기를 더욱 악화시킨다. 1886년 약사이던 펨버턴이 만든 코카콜라는 140년 가까이 전 세계 사람들에게 사랑받은 음료다. 전 세계에서 이처럼 오랫동안 강력한 파워를 유지한 브랜드는 단연코 없다. 하지만 코카콜라에도 위기는 있었다. 1980년대 콜라업계의 2인자이던 펩시콜라가 블라인드 테스트 광고의 성공에 힘입어 무섭게 치고 올라오자 위기를 느낀 코카콜라 경영진들은 100년 넘게 유지해 온 코카콜라의 맛을 바꾸는 모험을 감행했다. 20만 명의 소비자를 동원한 대규모 시장 조사를 통해 새로운 맛의 '뉴코크'를 출시한 것이다. 그러나 뉴코크는 경영진들의 성공 확신에도 불구하고 소비자들의 거센 반발에 부딪혀 77일 만에 시장에서 퇴출당하고 말았다. 기존 콜라를 '코카콜라 클래식'이라는 이름으로 다시 출시해야만 했다. '코카콜라'는 단순한 음료가 아니라 미국인들의 생활이자 문화, 추억이라는 사실이 드러났다. 소비자들이 코카콜라를 맛이 아닌 브랜드 그 자체로 소비한다는 점을 간과한 것이다. 이 사건을 계기로 코카콜라에 대한 관심이 높아져 전화위복이 된 것은 코카콜라사로서는 다행한 일이었다.

불분명한 상황에서 우리는 뭔가를 하고 싶은 충동을 느낀다. 그런데 그럴 때 섣불리 움직이다가는 상황이 악화될 수도 있다. 상황에 대한 올바른 판단을 내린 뒤 행동해도 늦지 않다는 말이다. 그럼에도 우리는 너무 빨리, 너무 자주 행동하는 경향을 보인다. 그것은 인간의 본능과 관계가 있다.

인류가 사냥과 채집으로 먹고살던 시절에는 번개처럼 빠른 반응이 생존하는 데 매우 중요한 역할을 담당했다. 호랑이를 만나면 얼른 도망가거나 무기를 휘둘러야 살아남을 수 있다. 가만히 서서 어떻게 할지 고민하다가는 호랑이에게 잡아먹히기 십상이다. 시대는 바뀌었지만 그때의 본능은 아직도 우리의 유전자에 새겨져 있다. 아무리 가만히 앉아서 생각을 하는 게 먼저라고 얘기해도 행동부터 하고 보는 습성이 남아 있는 것이다. 그래서 20세기를 대표하는 철학자 앨프리드 화이트헤드는 "우리는 먼저 생각하고 나중에 행동할 수 없다. 태어나는 순간부터 행동 속으로 빠져들게 되며 생각을 통해서 행동을 적절히 이끌어 나갈 수 있을 뿐이다"라는 말을 하기도 했다.

행동 편향의 오류에 빠져 상황을 더 악화시키고 싶지 않다면 생각을 통해서 행동을 이끌 필요가 있다. 아무것도 하지 않는 것이 무조건 좋다는 뜻이 아니라 행동할 때와 가만히 있을 때를 구분해야 한다는 말이다. 지금 당신 앞에 호랑이가 나타날 확률이 얼마나 될까? 거의 없다. 그 말은 곧 당신이 어떤 위기 상황에 처해 있든 행동하기에 앞서 생각할 시간은 충분하다는 뜻이다. 너무 빨리, 너무 자주 행동하는 경향이 있다면 지금껏 그렇게 해서 상황이 더 안 좋아진 경험을 떠올려 보라. 그리고 일단 가만히 생각해 보라. 이성적으로 지금 어떻게 하는 것이 더 효과적인지. 철학자 파스칼은 말했다.

"인간의 모든 불행은 그들이 방 안에 조용히 머물러 있지 못하는 데 있다."

'말 안 해도 알아주겠지'라고 생각하는 사람들에게

가면 증후군

"나는 원래 이 자리에 어울리는 사람이 아닌데 사람들이 그걸 알아채면 어떡하지?"

"내가 성공한 건 내 노력 덕분이 아니라 운이 좋아서였어."

"칭찬이 부담스러워. 내가 한 게 별로 없거든."

"왜 저렇게 기대를 하지? 나에 대해 잘 모르는 것 같아. 나중에 알면 실망할 텐데……."

혹시나 이런 이야기를 자주 하는 사람이라면 '가면 증후군(imposter syndrome)'에 걸린 건 아닌지 의심해 봐야 한다. 가면 증후군이란 사회적으로 인정받는 유능한 사람이 자신이 실제로는 무능하며 언젠가 사람들이 그 사실을 알게 되리라 걱정하는 심리 상태를 말한다. 가면 증후군에 걸린 사람은 자신의 성공을 노력이 아닌 운 덕택이라고 평가 절하한다. 또한 자신은 원래 그 자리에 있을 자격이 없고, 조만간 가면이 벗겨져 실체가 드러날 것이라며 불안해한다.

1970년대 후반 미국 조지아 주립대의 폴린 클랜스와 수잰 아임스는 가면 증후군이 성공한 여성들에게 많이 생긴다는 사실을 발견했다. 그들은 공통적으로 스스로를 똑똑하지 않다고 여기며 사람들이 자신을 과대평가한다고 생각했다. 이와 관련해 셰릴 샌드버그 메타 플랫폼스(페이스북) 최고 운영 책임자는 《린인》에서 이렇게 말했다.

"여성은 자신을 끊임없이 과소평가해요. 남성은 자신의 업무 능력을 실제보다 높게 평가하는 반면, 여성은 실제보다 낮게 평가하는 경우가 많아요. 성공의 원인을 물으면 남성은 자신의 자질과 기술 덕분이라고 대답해요. 하지만 여성은 외부적 요인으로 공을 돌리죠."

샌드버그가 이를 깨달은 건 대학교 4학년 때 들은 웰즐리여성연구소 페기 매킨토시 박사의 강연 덕분이었다. 당시 강연 제목은 '사기 친 느낌'이었다.

"매킨토시는 많은 여성이 자신이 한 일에 대해 남에게 칭찬받으면 마치 부정직한 방법으로 성취하기라도 한 것처럼 느낀다고 설명했어요. 그래서 남에게 인정을 받으면 자부심을 느끼지 못하고 마치 착오라도 있는 듯 분에 넘친다고 생각하며 죄책감을 느낀다고 해요."

가면 증후군을 겪은 유명 여성 인사들을 찾는 건 어려운 일이 아니다. 미국의 영화배우 내털리 포트먼은 하버드대 졸업식 축사에서 자신의 입학에 무언가 착오가 있다고 생각했고, 머리가 나쁘다는 사실을 들키지 않기 위해 일부러 어려운 수업만 찾아 들었다고 고백했다. 미국 최초의 흑인 퍼스트레이디인 미셸 오바마도 가면 증후군을 겪은 적이 있다고 털어놨다.

"전 이 자리에 오기까지 가면 증후군을 겪었어요. 반면 남성들은 대부분 고위직으로 가는 걸 당연하게 여기죠. 그럴 능력이 없는 사람도 마찬가지입니다."

그녀는 시카고의 흑인 노동자들이 모여 사는 가난한 동네에서 자랐다. 형편은 어려웠지만 가족들의 응원과 똑똑한 머리, 근면함으로 프린스턴대와 하버드대 로스쿨을 졸업하고 대형 로펌에서 일하다 버락 오바마를 만나 결혼했고, 미국 최초의 흑인 퍼스트레이디가 됐다.

오바마가 정치에 발을 들이기 전 그녀는 이미 시카고 시장 자문관, 시카고대 부속 병원 부원장 등을 역임했다. 그녀는 자서전《비커밍》에 "버락이 유명해지자 사람들은 내가 얻은 성취도 버락 덕분이 아니냐는 눈길을 보냈다"라고 썼다.

말하지 않으면 아무도 알아주지 않는다

나는 지금보다 낮은 연차일 때 이름만 대면 알 만한 기업의 홍보 임원 자리를 제안받은 적이 있다. 헤드헌터의 전화를 받자마자 이런 생각이 들었다.

'왜 나한테 연락하지? 나에 대해 뭔가 잘못 알고 있는 거 아냐? 괜히 만났다가 회사에 내가 이직한다고 소문이라도 나면 어떻게 하지? 아니, 이직을 한다고 해도 내가 그 일을 할 수 있을까? 난 그들이 생각하는 것만큼 능력이 있지 않다고. 결국 한다고 해도 금방 실력이 들통 나 망신만 당하고 잘려서 실업자가 될 거야.'

부끄럽지만 난 전화 한 통을 받고 이렇듯 여러 생각을 했다. 그리고 고민 끝에 헤드헌터를 만나지 않았다. 나중에 이 이야기를 들은 한 선배가 그랬다.

"일단 만나는 보지 그랬어. 그 정도 자리면 너에 대한 평판 조사를 다 하고 네가 할 만하니까 연락을 했겠지. 그리고 아직 어린데 실업자가 될지 모른다는 걱정은 왜 하니? 오히려 어린 나이에 임원이 되면 그다음 이직 제안도 임원으로 올 텐데."

셰릴 샌드버그는 '제가 그 일을 잘할 수 있을지 모르겠어요', '흥미로울 것 같지만 그런 일은 한 번도 해 본 적이 없어요', '지금 자리에서도 배울 점이 아직 많아요' 등 지레 겁먹고 도망가는 이런 종류의 답변을 남성한테서는 별로 들어 본 적이 없다고 했다.

그런데 자신의 성공을 온전히 받아들이지 못하는 여성들은 자신을 드러내기를 꺼린다. 혹시나 실패할까 봐 두려워하는 마음도 크다. 그렇다고 인정받고 싶지 않은 것은 아니다. 오히려 타인의 시선을 지나치게 의식하고, 인정받고 싶은 욕구도 강하다. 하지만 말을 안 해도 상사와 동료들이 자신을 알아주기를 바라는 것이다.

대부분의 회사들처럼 우리 회사도 스스로 쓰는 자기 업무 평가가 있다. 그동안 내가 어떤 기사를 썼으며 어떤 기여를 했는지에 대해 세세히 기록해 평가 자료로 활용한다. 난 평가서를 작성할 때마다 왠지 쑥스러웠다. '내가 쓴 기사들은 다 내 이름으로 나가는데 윗사람들도 다 알지 않나?'라는 생각에 되도록 겸손하게 작성했다. 그런데 어느 날 임원이 된 한 회사 선배가 청천벽력 같은 말을 했다.

"난 부원들 평가할 때 딱 자기가 쓴 업무 평가서만 봐. 자기가 한 일은 자기가 제일 잘 알거든. 사실 너무 바빠서 누가 무슨 기사를 썼는지다 기억도 못 해. 그런데 안타까운 건 여기자들은 상대적으로 그걸 열심히 안 써. 여기자들 평가서를 보면 '왜 이런 것도 안 썼지?'라는 생각이 들어. 남기자들 평가서를 보면 '얘가 이런 것도 했어?'라는 생각이 드는 경우가 많은데 말이야. 안타깝지."

순간 정신이 번쩍 들었다. 티를 내도 모자랄 판에 '말 안 해도 알아주겠지' 생각한 내가 부끄러웠다. 100을 해 놓고 80을 했다고 말하는 건 미련한 짓이다. 100을 했으면 100을 했다고 적는 게 옳다. 평가자가 내가 한 모든 일을 기억하고 있을 리 만무하기 때문이다.

그럼에도 가면 증후군에 시달리는 사람들은 100을 적어야 할 때 자기 회의에 빠진다. 자신이 잘해서라기보다 운이 좋았거나 타이밍이 잘 맞았거나 주변 사람들의 도움 덕분이라는 생각이 들어 100이라고 적기가 두려운 것이다. 그럴 때는 어떻게 하는 게 좋을까? 어떻게 하면 가면 증후군에서 벗어날 수 있을까?

먼저, '어차피 우린 다 비슷한 인간'이라고 생각하는 것이 필요하다. 나만 그러는 게 아니라는 사실로 용기를 얻어야 한다. 2020년 미국 직장인 커뮤니티 블라인드가 실리콘 밸리 재직자를 상대로 한 설문조사에 따르면 '당신이 유능하지 않다는 사실을 회사 사람들이 알까 봐 두렵습니까?'라는 질문에 62퍼센트의 응답자가 '그렇다'고 답했다. 심지어 아마존의 경우 72퍼센트의 사람들이 두렵다고 답했으며, 구글은 71퍼센트, 리프트는 69퍼센트, 페이스북은 66퍼센트의 사람들이 두렵다고 답했다. 즉 대부분의 사람이 자신의 능력에 대해 의심하고 괴로워한다. 그래서 작가와 여배우로 크게 성공한 티나 페이는 영국 신문과 인터뷰하면서 이같이 말했다.

"가면 증후군은 극도의 자기 우월주의와 '나는 사기꾼이야! 사람들이 내 참모습을 알아채고 말 거야!'라는 생각 사이에서 계속 흔들리는 것입니다. 저는 거의 모든 사람이 사기꾼이라는 사실을 깨달았기 때문에 그렇게 비참하게 생각하지 않으려고 합니다."

두 번째는 내가 내 성과를 부정하지 않는 것이다. 충분히 인정받아 마땅한 실력을 갖추었기에 지금의 자리에 오른 것이다. 그러니 남들이 당신에 대해 무언가를 칭찬하면 "어휴, 아니에요"라고 말하지 말고 그냥 "감사합니다"라고 하면 된다. 일단 나부터도 이렇게 말하려고 한다. 배우 김태희는 한 방송에서 얼굴에 콤플렉스가 있느냐는 질문에 이렇게 답했다.

"콤플렉스가 있지만 말하지 않으려고요. 제가 그 말을 하면 사람들이 그 부분만 볼 테니까요."

어차피 사회에는 나를 지지해 주는 사람보다 헐뜯으려고 벼르는 사람이 더 많다. 그들은 내가 높은 자리에 올라갈수록 배 아파하며 어떻게든 나를 끌어내리려고 할 것이다. 그런데 굳이 내가 먼저 나의 단점을 그들에게 던져 줄 이유가 있을까.

세 번째는 날 무조건 지지해 줄 사람들을 곁에 두는 것이다. 셰릴 샌드버그와 미셸 오바마가 가면 증후군을 극복하게 된 것도 부모님과 남편이 "너는 정말 능력 있는 사람이야"라고 끊임없이 말해 준 덕분이다. 아니, 누군가에게 당신의 마음을 솔직히 털어놓을 수만 있어도 마음은 한결 가벼워질 것이다.

최고의 성과를 내는 팀을
만들고 싶다면 이것부터 하라

집단 사고

닐로퍼 머천트는 30년 넘게 실리콘 밸리에서 일하며 100여 개의 제품을 론칭해 180억 달러(약 21조 원) 규모의 매출을 기록한 실리콘 밸리의 전략가다. 애플, JP모건, IBM, 월마트, 어도비, 로지텍 등 세계적인 기업과 일하며 그들의 성장을 도왔다. 싱커스 50이 경영의 미래에 가장 큰 영향을 끼칠 인물로 평가하며 세계 경영 사상가 22위로 선정할 만큼 그녀는 명망이 높다.

머천트가 세계에서 세 번째로 큰 소프트웨어 회사에서 일할 때 일이다. 그녀는 미주 지역 매출 관리를 담당하고 있었는데 어느 날 팀장이 사무실을 방문했다. 그는 무척이나 들떠 있었다.

"CEO가 방금 최근 시장 조사 결과를 공유해 줬어. 우리 팀은 앞으로 18개월 안에 신제품 6개를 개발해야 해."

팀장은 아주 간단한 일처럼 말했지만 그런 일을 하기에는 시간이 턱없이 부족했다. 매출 추정, 팀원의 역할 분담, 판매 활동, 마케팅 계획, 제품 로드맵, 고객 반응, 회사의 명성 등 구체적인 사안은 아무것도 이야기되지 않았다. 속으로 불가능하다고 생각했지만 머천트는 감히 문제 제기를 할 수 없었다. 회사의 비전에 찬물을 끼얹는 것 같았기 때문이다.

"불안했지만 가만히 있었어요. 이 프로젝트가 제 선으로 내려오기까지 상사들이 다 같이 고민한 결과라고 생각했어요."

CEO는 "우리가 해야 한다"고 말했고, 팀장은 "우리가 해내겠다"고 말했다. 머천트는 침묵했지만 그 후 목표를 완수하기 위해 최선을 다했다. 그러나 어떻게 해야 하는지, 왜 해야 하는지에 대한 조율 없이 시작된 일이 제대로 굴러갈 리 없었다. 두어 달 후 신제품 세트 출시를 책임진 수석 제품 관리자가 머천트에게 전화를 했다.

"문제가 생겼어요. 신제품에 원래 계획한 기능을 다 넣고 출시하기는 어렵겠어요."

이미 신제품에 대한 주문을 받고 있는 상황이었다. 회사는 긴급회의를 소집했다.

"회의실은 분노와 걱정으로 가득 찼어요. 우리가 선택할 방안은 세 가지가 있었죠. 첫째는 준비 안 된 신기술을 빼고 출시하는 것, 둘째는 불완전하지만 모든 기능을 넣어 우선 출시하고 나중에 수정 패치를 내놓는 것, 셋째는 제품 출시를 연기하는 것. 예상했겠지만 우리가 선택한 방법은 두 번째였어요."

모두가 불가능하다는 것을 알고 있었지만 아무도 그에 대해 말하지 않았고, 그 침묵의 대가는 컸다. 제품은 기대 수준에 크게 못 미쳤지만 예정대로 출시됐고 시장에서는 부정적인 반응이 쏟아졌다. 당연히 매출은 신통치 않았다. 그 과정에서 유능한 직원들도 대거 그만뒀다.

왜 이런 일이 발생했을까? 분명히 문제가 있음에도 왜 아무도 말하지 않았을까? 머천트는 이를 '에어 샌드위치(air sandwich)'라는 개념으로 설명했다. 에어 샌드위치는 임원진과 현장 직원 사이의 거리를 말한다. 기존 기업 문화에서는 임원들이 주요 의사 결정을 하고, 현장 직원들이 실행을 담당한다. 하늘에 있는 분들의 비전을 땅 위에 있는 사람들이 현실로 바꿔야 하는 것이다.

"제가 조사한 바로는 직원 중 5퍼센트만이 회사의 비전과 전략을 이해하고 있습니다. 대부분은 큰 그림을 이해하지 못한 채 혼란 속에서 일을 하고 있죠. 전략이 실패할 수밖에 없는 것은 이 때문입니다."

팀원들은 대부분 회사의 임원들이 영리하고 경험이 많고 회사의 성공을 위해 최선을 다한다고 생각한다. 그들의 결정이 회사를 위한 최선의 방안이라고 믿는다. 그래서 이해할 수 없는 지시가 내려와도 입을 다문다. 혹시나 내 생각이 틀렸을지도 모르는데 괜히 말했다가 사람들에게 무지하다는 말을 들을까 봐 두렵기도 하다. 본인 생각이 옳다는 생각이 들어도 괜히 나섰다가 윗사람에게 밉보이는 것도 신경 쓰인다. 그러다 보니 위에서 이해할 수 없는 지시가 떨어져도 문제 제기를 하기보다는 '그냥 시키는 대로 할래'라고 생각하게 된다.

왜 똑똑한 사람들이 모여서 바보 같은 결정을 할까?

이렇듯 각각의 유능한 사람들이 집단의 잘못된 의견 일치에 자신의 생각을 맞추는 행위를 '집단 사고(groupthink)'라고 한다. 집단 사고는 의사 결정 과정에서 집단의 응집력과 획일성을 강조하고 다른 대안들을 검토하지 않거나 반대 의견을 억압함으로써 비합리적인 결정을 내리게 한다. 회의 시간에 자신의 의견을 철회하는 것, 아무런 의견을 내지 않고 다른 사람의 제안에 무조건 고개를 끄덕이는 것, 이구동성으로 동의하는 의견을 거스르려 하지 않는 것, 생각이 달라도 침묵을 지키는 것 등이 모두 집단 사고에 속한다.

집단 사고라는 개념을 처음 제시한 미국 예일대 심리학과 교수 어빙 재니스는 역사적으로 말도 안 되는 엉터리 정책들이 탄생하는 데는 이유가 있을 것으로 생각했다. 연구 끝에 그는 집단 사고의 원인 중 가장 중요한 요소가 집단의 응집력이었음을 밝혔다.

응집력이 강한 집단의 구성원들은 자신들이 절대 실패할 리 없다고 생각한다. '만약 지도자와 구성원들이 모두 어떤 계획의 성공을 확신하면 행운은 우리 편이 될 것이다'라는 얼토당토않은 믿음을 가지는 것이다. 그래서 외부의 경고를 무시하고, 집단의 결정에 의구심을 품는 데 죄책감을 느낀다. 결정에 반대하는 발언을 자제하고, 언쟁을 피하며, 우호적이고 좋은 관계를 유지하려는 경향도 보인다. 그러다 보니 겉으로는 논쟁이나 의견 충돌이 없어서 분위기가 좋고 아무 문제가 없어 보이지만 실상은 그로 인해서 오류가 발생한다. 똑똑하고 능력 있는 사람들이 모여서 말도 안 되는 의사 결정을 하는 이유가 바로 이 때문이다.

게다가 누구나 만장일치에 대한 환상을 가지고 있다. '만약 다른 모든 사람이 같은 의견이고 나만 의견이 다르다면 내 의견은 분명히 틀렸다'라고 생각한다. 이런 생각에 사로잡힌 상태에서는 누구도 감히 훼방꾼이 되려 하지 않는다. 대다수의 생각에 동의하지 않는 것은 집단에서 제외되는 것을 의미한다. 그래서 사람들은 다수의 생각에 동의하고 그 집단에 자신이 속해 있음에 안도감을 느낀다.

이런 집단 사고는 리더의 힘이 막강할수록 자주 발생한다. 당신의 리더가 "해 봤어? 내가 해 봐서 아는데"라고 말했다고 해 보자. 그 말에 반박할 수 있는 간 큰 직원은 그리 많지 않다. 머천트는 이런 말을 자주 하는 리더를 '정답 제시형 리더(chief of answers)'라고 칭했다.

"제가 생각하는 최악의 리더예요."

그 회사가 잘 돌아가는지 아닌지는 회의를 보면 안다고 했다. 망해가는 회사는 회의 내내 리더만 말한다. 그러고는 직원들에게 "질문은 없나?"라고 형식적으로 묻는다. 당연히 질문하는 직원은 거의 없다. 그렇게 리더의 일방적인 의견 제시 후에 회의는 끝이 난다.

과거에는 관리자와 리더들이 접하는 정보량이 절대적으로 많았다. 간혹 실패한다고 해도 사업 변화 속도가 느리기 때문에 만회할 기회가 있었다. 그러나 지금은 젊은 직원들이 다양한 경로로 더 많은 정보를 접할 확률이 높다. 리더가 아무리 똑똑해도 사업 변화의 속도가 워낙 빠르다 보니 현장에서 일하는 실무자만큼 문제를 파악하기가 힘들다. 그러므로 과거의 성공에 젖어 지금도 자신의 말이 무조건 옳다고 생각하는 리더의 의견은 틀릴 확률이 매우 높다. 머천트는 실리콘 밸리에서 가장 화려하던 지도자 머리사 메이어 야후 CEO의 몰락도 그녀가 정답 제시형 리더였기 때문이라고 분석했다.

구글 최초의 여성 엔지니어이던 머리사 메이어는 직원이 25명에 불과하던 구글을 세계적인 기업으로 이끌어 부사장 자리에까지 오른 인물이다. 2012년에는 13년 동안 일한 구글을 떠나 당시 여성 기업인 중 최고 연봉을 받으며 야후의 CEO가 되었다.

"메이어의 가장 큰 실수는 일방통행식 경영을 했다는 것입니다. 자신이 생각한 정답이 무조건 옳다고 생각하고 직원들에게 강요했죠."

메이어는 재택근무제를 폐지하고 직원들에게 이직 금지 동의서를 쓰도록 강요했다. 그녀는 혁신이 소통과 협업에서 나온다고 믿고 구글의 방식을 일방적으로 야후에 이식하려고 했다. 하지만 이는 야후 직원들의 자존심에 금이 가게 만들었다. 머천트는 리더가 자신보다는 팀이 스포트라이트를 받게 해야 한다고 말했다.

"우리가 지금 필요로 하는 리더는 모든 문제를 해결해 주는 배트맨 같은 영웅 스타일보다 배트맨이 일에 성공할 수 있도록 도와주는 집사 앨프리드 같은 스타일입니다."

실무자들이 지금 하는 일을 성공시킬 수 있도록 돕는 게 리더의 역할이라는 것이다. 그러려면 입을 다물고, 실무인 팀원들이 말을 많이 하게 해야 한다.

하지만 그것만으로는 부족하다. 아무리 편하게 이야기하라고 해도 회의를 진행하다 보면 사람들이 입을 다물고 서로 눈치만 보기 일쑤다. 그럴 때는 구글의 아리스토텔레스 프로젝트를 참고해 보자.

공교롭게도 머리사 메이어가 떠난 2012년, 구글은 아리스토텔레스 프로젝트를 진행했다. 인사팀 리더이던 아비어 더비가 주도하여 약 4년간 진행한 이 프로젝트는 '구글 안에서도 특별히 높은 성과를 내는 팀은 무엇이 다른가?'라는 질문에 대한 답을 얻기 위한 실험이었다. 프로젝트 이름은 '전체는 부분의 합보다 크다'라는 말을 남긴 고대 그리스 철학자 아리스토텔레스의 이름을 가져온 것이다.

사회학자와 심리학자, 통계학자들이 동원되어 구글에 있는 180여 개 팀을 면밀히 분석했고, 200명 이상을 인터뷰했으며, 250여 개의 팀 속성을 분류해 내는 대규모 프로젝트였다. 처음에는 대부분의 사람들이 추측하듯 능력이 뛰어난 사람들이 모인 팀이 더 많은 성과를 낼 것으로 예상했다. 하지만 실험 결과 팀원 개개인의 능력 유무는 그다지 큰 영향을 끼치지 못했다. 구글이 밝혀낸 성공하는 팀의 가장 중요한 특징은 '심리적 안정감'이었다.

심리적 안정감이란 팀원이 업무와 관련해 자유롭게 의견을 개진해도 어떠한 처벌이나 보복을 받지 않으리라 믿는 것을 말한다. 높은 성과를 내는 팀에서는 모두가 동료들의 눈치를 보지 않고 자기의 생각이나 질문, 우려 사항들을 자유롭게 말했다. 활발하게 자신의 아이디어를 이야기하고, 서로의 의견에 귀 기울이고, 실수나 문제 또한 회의를 통해 빠르게 파악해 높은 성과를 이끌어 내는 것이다. 이 실험 이후 구글은 목표 달성에 실패한 팀에도 보너스를 주는 등 특단의 조치를 통해 구성원들의 심리적 안정감을 강화하는 데 힘쓰고 있다. 이에 대해 하버드 경영대학원 에이미 에드먼드슨 교수는 다음과 같이 말한다.

"지식과 혁신이 성장의 원동력이 된 지금의 기업 환경에서는 구성원이 두려움 없이 자신의 의견을 솔직하게 이야기할 수 있어야 조직과 기업이 성장할 수 있다. 그러기 위해서는 리더가 먼저 나서서 현명한 실수를 용인해야 한다. 리더가 현명한 실수를 용인하면 직원들은 더 자유롭게 자신의 의견을 말할 것이다."

그러므로 집단 사고의 오류에 빠지지 않고 성공하는 팀을 만들고 싶다면 팀원들이 실수를 해도 용인하는 분위기부터 만들어라. 실수하고 실패하고 추락하는 팀에는 '침묵'이 있지만, 성공하는 팀에는 '침묵'이 없다. 그러므로 당신이 속해 있는 팀에 침묵이 자주 흐른다면 성공할 확률은 매우 낮다고 볼 수 있다. 집단 사고의 오류에 빠져 회사를 망치는 결정을 해도 그것을 바로잡을 사람이 없기 때문이다.

CHAPTER 4

7만 시간,
가장 스마트하게 일하는 법

: 시간 관리 & 몰입

하기 싫은 일을
가장 빨리 끝내는 법

습관화 & 지각 범주화

거래처 갑질, 또라이 상사, 감정 노동, 통장을 스치고 사라지는 월급……. 일을 하다 보면 견뎌야 할 것이 너무 많다. 그 모든 것을 견뎌내다 보면 오늘도 야근 확정. 쌓여 있는 일을 보며 울화통이 치밀어 오르지만 어쨌든 내일 아침 보고서를 올리려면 일을 끝내야 한다. 아이디어 회의도 준비해야 한다. 신제품 시장 조사는 언제 하지? 스트레스가 밀려온다. 그래, 일단 밥부터 먹자. 컵라면과 삼각김밥으로 대충끼니를 때우고 보니 벌써 7시 30분. 밥을 제대로 챙겨 먹은 것도 아닌데 시간은 왜 이렇게 빨리 가는 걸까? 컴컴한 사무실 창밖을 바라보며 "긴 하루가 가네. 난 또 집에 못 가고 이러고 있네"라고 중얼거리다 문득 생각한다. 옆자리 동료는 아까 6시 되자마자 퇴근하던데 일은 다끝냈을까? 왜 나만 혼자 이러고 있을까?

만약 당신의 야근 풍경이 이와 별반 다르지 않다면 뭔가 새로운 돌파구가 필요하다. 심리학에서 말하는 '습관화(habituation)'를 응용해보는 것은 어떨까? 습관화란 동일한 자극을 반복적으로 접할 때 점차주의를 덜 기울이고 반응이 감소하는 현상을 말한다.

1989년 프랑스 발달 심리학자 J. P. 르카뉘에는 태아기의 언어 자극 학습에 대해 연구했다. 연구자는 이 실험에서 출산을 앞둔 산모들의 배에 스피커를 올려 두고 4초에 한 번씩 '바비(babi)'라는 두 음절로 된 소리를 반복적으로 들려주었다. 처음 두 번은 소리를 들려주었을 때 태아의 심장 박동이 눈에 띄게 줄어들었다. 이후 소리 자극이 반복되자 심장 박동이 다시 정상 범위로 돌아왔다. 자극에 노출되는 횟수가 늘수록 약한 반응을 보인 것이다. 이번에는 두 음절의 순서를 바꿔 '비바(biba)'라는 새로운 자극을 만들어 들려주었다. 그러자 태아의 심장 박동이 또다시 감소했다가 자극이 반복되자 다시 정상 수준을 회복했다. 의식이 형성되지 않은 태아들도 반복적인 자극에 무뎌진다는 것을 보여 준 실험이다.

군이 이런 실험 결과를 확인하지 않더라도 어떤 일이든 같은 자극이 반복되고 시간이 흐르면 그에 대해 둔감해지는 것은 분명하다. 어떤 일이든 처음 할 때 느낀 짜릿함은 곧 사라지고 만다. 낯선 사람을 처음 만났을 때의 긴장감을 생각해 보라. 그런데 그 사람을 여러 번 만나다 보면 처음만큼 긴장하지 않게 된다. 오래된 연인을 만날 때 편안하다고 말하는 이유도 마찬가지다. 익숙해지면 긴장감은 떨어지게 되어 있다.

우리는 이를 일하는 데 적용해 볼 수 있다. 즐겁고 신나는 일일수록 한 번에 오래 하기보다는 간격을 두고 자주 끊어서 하는 것이 좋다. 그러면 다시 시작할 때마다 비슷한 강도의 기쁨을 느끼게 되고 더욱 신나게 일할 수 있다. 그리고 이렇게 끊어 줌으로써 습관화로 인한 무뎌

짐 또한 방지할 수 있다.

그와 반대로 하기 싫고 지루한 일은 될 수 있는 한 끊지 않고 몰아서 하는 것이 좋다. 처음에는 짜증이 나지만 시간이 흐르면 자극이 줄어들기 때문이다. 만약 하기 싫은 일을 자주 끊어서 하면 다시 시작할 때마다 불쾌한 자극이 같은 강도로 찾아오기 때문에 일에 무뎌지기는커녕 매번 새로운 고통에 시달리게 된다. 그래서 하기 싫다고 조금 하다 말고 또다시 조금 하다 말면 더 일이 안 되게 되어 있다. 다시 시작할 생각만 해도 짜증이 나기 때문이다. 그러니 되도록 하기 싫은 일은 한꺼번에 몰아서 처리하는 것이 좋다.

지루한 일일수록 최대한 잘게 쪼개서 해결하라

재미있는 일이야 뭘 어떻게 해도 즐겁게 할 수 있으니 하기 싫은 일에 초점을 맞춰 보자. 귀찮고 지루한 일을 몰아서 하기로 마음먹었다고 치자. 하지만 앉은 자리에서 다 끝내기에는 분량이 너무 많다. 이럴 때는 다시 그 일을 세분화해서 변주를 주는 것도 방법이다. 이를 '지각적 범주화(perceptual categorization)'라고 하는데, 어떤 일을 자신에게 의미 있는 덩어리로 구분하여 인식하는 것을 뜻한다. 쉽게 말하면 다양한 하위 카테고리를 만들어 우리의 뇌를 속이는 방법이다. 이를테면 '일요일 아침 10~12시 집 안 청소'라고 계획하기보다 '10시~10시 30분 거실 청소, 10시 30분~11시 침실 청소, 11시~11시 30분 화장실 청소, 11시 30분~12시 주방 청소' 등 구체적으로 하위 카테고리를 만드는 것이다.

둘 다 똑같이 2시간 동안 집 안을 청소하는 것은 맞지만 거실, 침실, 화장실, 주방 등 하위 카테고리를 나양하게 만들면 시투함을 상쇄시킬 수 있다. 같은 일을 몇 시간 동안 하는 게 아니라 다양한 일을 한다는 생각이 들어 덜 지루하게 느껴지는 것이다.

뇌 과학자들에 따르면 사람의 의지력은 체력처럼 어느 정도 정해져 있다. 그러므로 부족한 의지력을 탓하는 데 더 이상 기운 빼지 말고 그럴 시간에 하위 카테고리를 만들어라. 나는 일은 하기 싫은데 해야 할 일이 많을 때는 다이어리에 다음과 같이 세부적으로 적는다.

A. 인터뷰 녹음 풀기

B. 인터뷰 1차 정리

C. 인터뷰 기사 쓰기

D. 책 원고 '습관화' 관련 자료 수집

E. 책 원고 '습관화' 1차 정리

F. 책 원고 쓰기

단순하게 적는다면 A, B, C를 하나로 묶을 수 있고, D, E, F를 하나로 묶을 수 있다. 그러나 그럴 경우 하나의 계획당 드는 시간이 너무 길어 보기만 해도 지루하다. 그래서 되도록 일을 세분화해서 적는다. 또 계획 하나가 끝날 때마다 빨간색 색연필로 그 계획을 지운다. 그러면 아직 일이 끝난 게 아님에도 하나를 달성했다는 성취감에 기분이 좋아진다. 이렇게 모든 계획을 빨간색 색연필로 다 지우고 나면 심지어 많은 일을 한 것처럼 뿌듯하기까지 하다. 두 가지 일을 했을 뿐인데도 여섯 가지 일을 한 것처럼 느껴지기 때문이다.

지각적 범주화는 모든 일의 중간 지점에서 느끼는 슬럼프를 가장 효과적으로 이겨 내는 방법이기도 하다. 이와 관련해 재미있는 실험이 하나 있다.

유대인들의 최대 명절인 '하누카'는 기원전 165년 시리아로부터 예루살렘 성전을 탈환한 날을 기리는 것이다. 성전에 있는 우상들을 치우고 촛불을 밝혔는데 그 촛불이 하루치 기름으로 8일간 빛났다고 한다. 이를 기념해 하누카 때 8일 동안 촛불을 켜 두게 되었다. 미국 노스웨스턴대 켈로그 경영대학원의 마페리마 투레-티예리와 시카고대 부스 경영대학원의 에일릿 피시바흐는 하누카를 지키는 유대인 200명을 대상으로 8일 동안 촛불 의식을 거행하는 사람이 얼마나 되는지를 조사했다. 첫날 밤에는 76퍼센트가 촛불 의식을 행했지만 둘째 날에는 55퍼센트로 떨어졌고, 중간쯤인 5일째에는 49퍼센트, 6일째에는 43퍼센트까지 떨어졌다. 그러다 마지막 날에는 다시 57퍼센트로 올라갔다. 이 데이터를 그래프로 정리해 보니 U자 형태가 되었는데, 이러한 패턴은 하누카 촛불 의식에만 해당하는 것이 아니고 거의 모든 일에서 나타났다. 사람들이 대체로 처음과 끝은 잘 관리하는데 중간 지점에서는 힘들어 하고 흐트러지는 경향을 보였다. 이처럼 일의 중간 지점에서 겪는 슬럼프는 개인의 열정이나 전문성 여부와는 상관없다는 것이 투레-티예리와 피시바흐의 결론이었다.

중간 지점에서 의욕이 꺾이고 일의 완성도가 떨어지는 것은 누구나 경험해 봤을 법한 일이다. 다행스럽게도 그것이 나만의 문제는 아니었던 것이다.

지각적 범주화는 중간 지점에서 겪는 슬럼프를 효과적으로 극복하게 도와준다. 하나의 일을 최소 2개, 많게는 4~5개까지 하위 카테고리로 만들어 하면 같은 시간에 많은 일을 처리한 듯한 느낌이 들어 자칫 빠질 수 있는 슬럼프를 슬기롭게 넘기는 데 도움이 된다.

지각적 범주화는 힘들고 괴로운 시기를 벗어나는 데도 도움을 준다. 베스트셀러 작가이자 캐나다 토론토대 심리학과 교수인 조던 피터슨은 《12가지 인생의 법칙》에서 인생의 힘든 시간을 지날 때는 시간 단위를 아주 짧게 끊어서 생각하는 게 큰 도움이 된다고 말한다. 다음 한 주가 걱정된다면 우선 내일만 생각하고, 내일마저도 막막하다면 앞으로 1시간, 혹은 10분, 5분에만 집중하라고 한다. 이 또한 지각적 범주화의 또 다른 활용법일 것이다.

좋은 습관을 내 것으로 만드는 법

지금까지 습관화와 지각적 범주화를 활용해서 생산성을 높이는 방법에 대해 살펴봤는데, 사실 요즘 나의 생산성을 갉아먹는 주범은 따로 있다. 그것은 바로 휴대폰. 그래서 디지털 기기로부터 멀어지는 연습을 하고 있다. 먼저 쓸데없이 휴대폰을 만지작거리는 것을 막아 주는 휴대폰 중독 방지 앱을 깔았다. 일정 시간 동안 휴대폰을 사용하지 않으면 '도넛'이라는 가상의 아이템을 보상으로 주는 앱이다.

이 앱을 깔게 된 것은 언젠가부터 내가 일에 집중하지 못한다는 사실을 깨달았기 때문이다. 어떤 일에 푹 빠져서 일할 때 느껴지는 쾌감이 있다. 이른바 몰입의 즐거움이다. 꼭 일이 아니어도 영화나 드라마를 보거나 책을 읽을 때, 혹은 무엇인가를 온전히 집중해서 끝냈을 때의 뿌듯함과 희열이 있는데, 요즘에는 그것을 잘 느끼지 못한다.

무슨 일을 하든 오래 집중하지 못하고 끊임없이 휴대폰을 열어 본다. 인플루언서도 아니면서 습관적으로 인스타그램을 보고, 쉬는 날에도 수시로 네이버 기사와 인터넷 커뮤니티 게시판을 들여다본다. 그사이 딱히 새로운 이슈가 뜬 것도 아니다. 휴대폰을 꺼 놓을 수는 없는 직업이지만 꼭 필요한 연락은 전화벨 소리나 알람으로 알 수 있으니 자주 열어 보지 않아도 되는데 휴대폰을 만지작거리고 있는 것이다. 그러니 몰입이 잘될 리 없다.

니르 이얄은《초집중》에서 '딴짓'도 습관이라고 말한다. '딴짓'을 하지 않고 '본짓'에 집중하기만 해도 생산성을 높이고 원하는 삶을 살 수 있다는 것이다. 이를 고치기 위해서는 의식적인 노력이 필요하다. 뇌과학자 장동선 박사는 뇌는 항상성을 유지하기 위해 갑작스러운 변화를 거부하도록 설계돼 있어 작심삼일만으로는 습관을 바꾸기가 어렵다면서 "특정 행동을 몸에 익히려면 통상 3주에서 한 달 이상 반복해야 한다"고 했다. 바꿔 말하면 아무리 하기 싫은 일도 3주만 버티면 몸에 익은 관성을 버리고 새로운 습관을 만들 수 있다는 것이다.《뉴욕타임스》기자인 찰스 두히그는 베스트셀러《습관의 힘》에서 습관 형

성 과정을 자세하게 설명한다. 습관은 '신호-반복 행동-보상'이라는
습관의 고리가 작동하면서 만들어진다. 휴대폰을 들여다보는 습관은
다음과 같은 습관 고리를 형성한다.

A. 해야 하는 일이 지겨워짐(신호)

B. 휴대폰을 열어 봄(반복 행동)

C. 긴장감이 해소됨(보상)

두히그에 따르면 한번 자리 잡힌 습관은 구겨진 종이의 주름처럼
다시 사라지지 않는다고 한다. 다만 그 습관을 다른 행위로 바꿀 수 있
을 뿐이다. 습관 고리에서 반복 행동을 긍정적인 것으로 바꾸면 나쁜
습관에서 벗어날 수 있다. 예를 들어 휴대폰을 열어 보고 싶다는 신호
가 느껴지면 그것은 뇌가 보상을 원한다는 뜻이므로 휴대폰을 열어
보는 대신 다른 반복 행동을 하는 것이다. 자리에서 일어나 스트레칭
을 한다든지, 차를 마신다든지, 지금 하는 일이 아닌 다른 일로 넘어
간다든지 등등. 최소 3주 이상 의식적으로 노력하면 휴대폰의 유혹을
뿌리칠 수 있을 것이다. 이렇듯 습관 형성 과정을 이해하면 휴대폰을
자주 보는 등 나쁜 습관에서 벗어날 뿐만 아니라 운동이나 다이어트
처럼 좋은 습관을 들일 수도 있다.

생산성을 높이려면 몰입을 방해하는 나쁜 습관을 좋은 습관으로 바
꿔야 한다. 야근을 줄이고 싶다면, 그리고 그 시간에 좋아하는 사람들
과 만나거나 원하는 일을 하고 싶다면 말이다.

일이 너무 안 풀릴 때는
일단 자리에서 일어나라

심사숙고의 함정

《내셔널 지오그래픽》의 조사에 따르면 사람들은 매일 백쉰 번씩 선택을 할 상황에 놓이며, 그중에서 서른 번 정도 신중한 선택을 하기 위해 고민하고, 다섯 번 정도 올바른 선택을 했다는 사실에 뿌듯해한다고 한다. 삶의 매 순간이 선택의 연속이며, 올바른 선택을 하는 게 얼마나 어려운 일인지를 단적으로 보여 준다.

그러다 보니 수많은 선택 앞에서 우리는 종종 피로감을 느낀다. 그럼에도 우리는 후회하지 않기 위해, 최선의 결과를 위해 심사숙고 과정을 거친다. 어떤 일을 신중히 분석할수록 실수는 줄어들고 결과는 더 좋아진다고 믿는 것이다. 소비자들은 늘 이 물건과 저 물건을 꼼꼼히 비교해서 상품을 고르고, 의사들은 비용이 많이 들더라도 여러 가지 검사를 지시한다. 그런데 심사숙고를 한다고 해서 늘 최선의 선택을 하는 건 아니다.

미국 버지니아대 심리학과 교수인 티머시 윌슨은 실험에 참가한 학생들에게 마흔다섯 가지의 딸기 잼을 맛보게 한 다음 순위를 매겨 보라고 했다. 학생들이 매긴 순위는 전문가들이 매긴 순위와 크게 다르지 않았다. 선호하는 맛도 비슷했고, 최악으로 꼽은 잼도 같았다. 그 후 다른 그룹의 학생들에게 같은 요청을 하면서 이번에는 순위를 매기되 그 이유를 상세하게 설명해 보라고 했다. 그러자 순위표가 완전히 뒤바뀌었다. 가장 맛있다고 평가받은 잼이 가장 나쁜 평가를 받은 것이다. 이성적으로 꼼꼼히 따지다가 오히려 판단에 왜곡이 생기고 만 것이다.

무의식적 사고의 힘

'이대로 집에 갈 순 없어.'

2주간의 긴 출장이었다. 2020년 2월 제92회 아카데미상 시상식에서 봉준호 감독의 영화 '기생충'은 작품상, 감독상 등 4개 부문에서 상을 받았다. 대한민국 영화사에 기록될 영광스러운 순간이었다. 그리고 기자로서 그 현장에 함께할 수 있어 개인적으로도 감격스러운 순간이었다. 그러나 기쁨은 잠시. 시상식은 하루인데 2주간 기삿거리를 끊임없이 찾아야 했다. 미국 서부 시간과 한국 시간에 맞춰 일하느라 잠을 제대로 못 잤고, 밥은 슈퍼마켓 홀푸드 델리와 코리아타운에서 해결했다. 봉준호 감독이 회식을 코리아타운 한인식당에서 했기 때문이다.

출장 마지막 날 공항으로 출발하려는데 왠지 모르게 억울하다는 생각이 들었다. 그래서 떠나기 전에 바다라도 잠깐 보고 가야겠다 싶어 공항 근처에 있는 베니스 해변으로 갔다. 해변은 보드를 타거나 비치

볼을 하는 젊은이로 북적였다. 얼마쯤 걸었을까. 걷다 보니 어느새 회전 관람차로 유명한 샌타모니카 비치였다. '아이언맨', '포레스트 검프' 등 수많은 영화와 드라마에 등장한 그 해변이다. 배가 고파서 멕시코 음식 체인점인 치폴레에 들어가 닭고기, 검은콩, 브라운 라이스에 과카몰리가 듬뿍 올려진 부리토볼을 주문해 먹었다. 그다음은 디저트. 출장 기간 푹 빠진 필즈 커피숍에 들어갔다. 민트 모히토 커피를 주문하고 자리로 돌아오는데 많이 본 듯한 여성이 앉아 있었다. 샤론 최였다. 시상식 기간 내내 봉준호 감독의 통역을 완벽하게 수행해 세계의 이목을 집중시킨 그 사람이다. 화장기 없는 얼굴에 안경을 쓰고 있었지만 한눈에 알아볼 수 있었다.

"샤론 최 맞으시죠?"

"절 어떻게 찾으셨어요?"

얼마나 만나고 싶었던가. 그녀와의 인터뷰는 아카데미상 시상식을 취재하러 온 모든 기자의 미션이었다. 그녀는 아카데미상 시상식, 골든 글로브상 시상식 등 전 세계가 지켜보는 무대에서 위트 넘치는 봉준호 감독의 한국말을 뉘앙스와 토씨까지 생생히 살려 전달했다. 게다가 봉준호 감독이 "그녀는 완벽했고, 우리는 모두 그녀에게 의존한다"고 칭찬하면서 그녀의 통역 장면을 담은 유튜브 동영상은 100만 조회 수를 훌쩍 넘길 정도로 인기를 끌었다. 그런데 그녀는 아카데미상 시상식이 끝난 후 자취를 감춰 기자들의 애간장을 태웠다. 그렇게 온데간데없이 사라진 그녀를 샌타모니카의 커피숍에서 마주친 것이다. 그녀는 친구들과 저녁 약속이 있어 왔다고 했다.

"여긴 한국 사람들이 잘 오지 않는 곳인데 어떻게……. 사람들을 피하느라 일부러 약속 장소를 여기로 잡았거든요."

그녀도 나저럼 민트 모히토 커피를 좋아했다. 그렇게 예정에 없던 그녀와의 단독 인터뷰가 진행됐다. 그녀가 취재진을 피해 다니는 상황이라 내가 '기생충' 팀원들의 동선을 일일이 따라다녔다면 절대로 만나지 못했을 것이다. '여기까지 출장 왔는데 바다 한번 못 보고 한국으로 돌아갈 순 없어'라는 가벼운 마음으로 왔기에 얻은 뜻밖의 행운이었다.

이렇듯 본능적으로 움직였을 때 일이 잘 풀리는 경우가 의외로 많다. 그렇다고 심사숙고의 과정이 전혀 없던 것은 아니었다. 내가 커피숍에서 시상식 때와는 다른 차림을 한 샤론 최를 단번에 알아볼 수 있던 것은 인터뷰를 하고 싶은 간절함으로 그녀가 등장하는 유튜브 영상을 하나도 빠짐없이 찾아봤기 때문이다. 그녀의 과거 영상 중 편한 차림을 한 모습을 보지 않았다면 커피숍에서 우연히 마주친 그녀를 놓쳤을 수도 있다. 혹시나 인터뷰가 성사되면 물어보려고 준비한 그녀와 관련된 자료도 많았다. 그런 사전 정보들이 없었다면 우연히 만났더라도 그저 인사 정도만 나눌 뿐 제대로 된 인터뷰를 할 수는 없었을 것이다. 모든 정보와 본능, 직관, 행운이 조화를 이룬 셈이었다.

우연한 발견을 일컫는 '유레카'도 이런 조화에서 나온 결과물이다. 시칠리아의 히에론 왕은 자신의 왕관이 순금인지 아닌지가 궁금해 과학자 아르키메데스에게 이 문제를 해결하도록 했다. 아르키메데스는 어떻게 하면 왕관을 망가뜨리지 않고 문제를 해결할지 고심한다. 도저히 방법을 찾지 못해 고심하던 그는 목욕을 하다가 욕조에서 흘러넘치는 물을 보고 밀도 측정법을 떠올려 문제를 해결한다.

생각을 지나치게 하다 보면 해결 방법이 머리에 들어올 구멍을 막아 버리게 된다. 직관의 지혜를 차단하는 것이다. 사람들은 통계와 분석 자료를 바탕으로 이성적인 판단을 해야 탁월한 결정을 내릴 수 있다고 생각하지만 때로는 직관과 본능을 따르는 게 답일 수 있다. 고민을 너무 길게 하면 오히려 그릇된 결정을 내릴 확률이 높아진다. '장고 끝에 악수를 둔다'는 바둑 격언은 그런 패착을 경계하라는 말이다.

복잡한 결정일수록 단순한 기준으로 판단하라

네덜란드 랏바우트대의 심리학과 교수 딕스터후스는 《똑똑한 무의식》이라는 책에서 무의식적 사고와 관련한 흥미로운 실험을 소개한다. 실험 참가자들에게 네 가지 스펙의 단순한 상품과 열두 가지 스펙의 복잡한 상품을 여러 개 보여 주고 제품의 스펙을 꼼꼼하게 읽어 본 후 4분 동안 제품의 장단점을 비교 분석해 보라고 요청했다. 또 다른 참가자들에게도 스펙을 읽어 보도록 요청했지만 이번에는 4분 동안 제품 비교와 상관없는 다른 과제를 수행하도록 했다. 그 후 두 그룹에게 각 제품에 대한 순위를 매겨 보도록 했다. 스펙이 단순한 제품의 경우에는 두 그룹이 매긴 순위에 차이가 없었지만, 스펙이 복잡한 제품은 제품 간 장단점을 꼼꼼히 분석한 참가자들의 정확도가 더 떨어졌다. 대상에 대해 어느 정도 수준까지 이해했다면 오래 깊이 생각하는

것보다 무의식적 사고에 맡기는 편이 정확도가 더 높다는 것이다.

신경 과학자이자 작가인 조나 레러 역시 《탁월한 결정의 비밀》이라는 책에서 지나친 심사숙고는 오히려 위험하다고 경고하며 탁월한 선택을 위한 몇 가지 팁을 제시한다. 화장지나 볼펜을 고르는 등 비교적 간단한 결정을 할 때는 꼼꼼히 분석하고 비교하는 게 정확도를 높이지만 어려운 결정을 할 때는 가장 중요하게 생각하는 기준을 네 가지 정도로 줄이는 것이 좋다고 한다. 만약 자동차를 산다고 하면 가격, 브랜드, 디자인, 색상, 연비, 승차감 등 모든 요소를 고려할 것이 아니라 가장 중요시하는 요소 네 가지만으로 선택하라는 것이다. 이러한 조건에 따르면 만족도가 훨씬 높아진다고 한다.

위대한 투자자인 워런 버핏 역시 투자 판단을 할 때 최소한의 기준으로 정확도를 높인다. 한 주주가 할리데이비슨 주식을 사지는 않으면서 연간 15퍼센트의 이자로 3억 달러(약 3600억 원)를 대출해 준 이유가 무엇이냐고 묻자 버핏은 이렇게 답했다.

"나는 그 회사에 대해 대출을 해 줄 만큼은 알고 있지만 주식을 살 만큼은 알지 못했습니다. 할리데이비슨이 파산할 가능성은 없으며, 따라서 15퍼센트의 이자는 아주 매력적이라고 생각했습니다. 할리데이비슨의 경우처럼 아주 간단한 결정으로 충분한 수익을 올릴 수 있다면 '오토바이 시장이 크게 위축되지는 않을까? 수익이 위축되지는 않을까?' 같은 어려운 문제를 고민하는 대신 '파산할 가능성이 있을까?'라는 단순한 고민만 해결하면 됩니다. 이것이 전부입니다. 그리고 앞으로도 이런 경우 나는 간단한 결정을 택할 것입니다."

탁월한 결정을 하고 싶다면 지나친 심사숙고 대신 기준을 몇 가지로 정한 뒤 그에 따르는 것이 좋다. 어려운 결정일수록 기준을 몇 가지로 압축하는 것이 필요하다.

고민이 많은데 아무리 생각해도 답이 안 나올 때는 한 템포 쉬어야 한다. 수많은 히트곡의 가사를 쓴 작사가 김이나는 글이 안 써질 때면 무작정 걷는다고 한다. 나 역시 머릿속이 복잡할 때는 일단 밖으로 나가 걷는다. 그렇게 한 템포 쉬어 주면 머릿속이 맑아지면서 최악의 결정을 막을 수 있다.

일이 잘되지 않아 고민인가? 일단 운동화를 신고 밖으로 나가 걸어 보라. 그러면 심사숙고의 함정에서 빠져나와 최악의 결정을 내리지 않을 수 있고, 잘하면 의외의 장소에서 의외의 해결 방법을 발견할 수도 있다.

당신이 가장 아껴야 할 것은 돈이 아니라 시간이다

시간의 상대성

분명 주말 내내 글만 썼다고 생각했다. 할 일이 너무 많아 특별한 약속도 잡지 않았다. 아침에 일어나 샤워를 하고 커피를 내렸다. 머그컵에 담긴 커피 한 잔을 들고 책상 앞에 앉아 노트북을 켜고 글을 쓰기 시작했다.

물론 하루 종일 타이핑을 한 것은 아니다. 드라마 '킹덤'과 '시그널'의 각본을 쓴 김은희 작가 말대로 그런 순간은 정말 드물다. 자료를 찾느라 책도 뒤지고 구글 검색도 했다. 취재는 끝났는데 글이 잘 안 써질 때는 좋아하는 작가들의 에세이도 읽었다. 그렇게 앉아 있다 허리가 아프면 침대에도 잠깐 누웠다. 내가 좋아하는 소설가 정세랑도 집에서 글을 쓸 때는 그렇게 한다고 했다. 그렇게 침대에 누워 머리도 식힐 겸 잠깐 TV도 봤다.

그런데 글 진도가 안 나가도 너무 안 나간다. 회사에서 일할 때 딴건 몰라도 일 빨리한다는 칭찬은 듣고 살았다. 타고난 급한 성격 때문에 일이 지체되는 걸 못 견디기도 했다. 안 되겠다 싶어서 일하는 시간을 측정해 봤다.

결과는 황당했다. 분명 '하루 종일' 일했다고 생각했는데 정작 일하는 데 들어간 시간은 3~4시간이 안 됐다. 잠깐 머리 식힐 겸 침대에 누워 TV를 본 시간과 큰 차이가 없었다. 넷플릭스 같은 온라인 동영상 서비스(OTT)의 다음 회 자동 재생 기능 덕분에 나도 모르는 사이 1~2시간이 훌쩍 지나간 것이다. 자료 찾는다며 구글 창을 열었을 때, 카카오톡 알람이 울려 메시지 확인차 휴대폰을 열었을 때도 용건만 끝내고 창과 폰을 닫지 않았다. 괜히 인스타그램도 확인해 보고, 웹툰도 봤다. 가끔 유튜브를 보며 웃기도 했다. 하루 종일 글을 쓰고 딴짓은 잠깐 한 것 같은데, 어떻게 이런 결과가 나왔을까?

우리가 느끼는 시간이 그만큼 상대적이기 때문이다. 행복한 시간은 빠르게 지나가고 힘든 시간은 길게 느껴진다. 미국 프린스턴대 영문학과 교수를 지낸 헨리 반 다이크의 〈시간은〉이라는 시는 시간의 상대성을 압축적으로 보여 준다.

시간은
기다리는 이들에겐 너무 느리고
걱정하는 이들에겐 너무 빠르고
슬퍼하는 이들에겐 너무나 길고
기뻐하는 이들에겐 너무 짧다
하지만 사랑하는 이들의 시간은 영원하다

시간의 상대성만 놓고 보자면 시간을 가장 알차게 보내는 방법은 행복하고 즐거운 시간은 늘리고, 의미 없이 흘러가는 시간은 최대한 줄이는 것이다. 그러기 위해서는 시간에 대한 관점을 다시 생각해 봐야 한다.

크로노스의 시간 VS 카이로스의 시간

고대 그리스어에는 시간을 뜻하는 말이 두 가지가 있다. 항상 일정한 속도로 누구에게나 똑같이 흐르는 물리적 시간 '크로노스'와 특별한 의미가 부여된 주관적인 시간 '카이로스'가 바로 그것이다. 크로노스는 하루 24시간, 한 달 30일처럼 모든 사람에게 공평하게 주어지는 물리적인 시간이다. 카이로스는 자신만의 의미가 더해진 주관적인 시간이다. 2021년 11월 18일은 누군가에게는 여느 날과 다를 바 없는 하루였겠지만(크로노스의 시간), 고3 수험생들에게는 인생을 좌우하는 수능 시험을 치른 날(카이로스의 시간)이었다. 이처럼 카이로스의 시간은 특별한 의미가 부여된 시간이다.

만약 늘 시간에 쫓기며 '시간이 없어'라는 말을 입에 달고 산다면, 그래서 늘 '하루만 더 있었으면 잘할 수 있었을 텐데'라고 후회하는 삶을 반복하고 있다면 당신은 시간의 노예로서 크로노스적 시간을 보내고 있을 확률이 높다. 반면 하루하루 알차고 열정적으로 살아가고 있다면, 그러면서도 원하는 목표를 달성하고 일상의 여유를 누리고 있다면 당신은 시간의 주인으로서 카이로스적 시간을 보낸다고 할 수 있다.

그런데 시간을 쪼개 열심히 살아가다 문득 고개를 가로저을 때가 있다. 이렇게까지 숨 가쁘게 살고 싶지 않은 것이다. 나도 마찬가지였다. 하지만 이제는 생각이 바뀌었다. 시간의 주인이 되지 않으면 결국에는 내가 원하는 삶에서 멀어질 수밖에 없다는 사실을 깨달았기 때문이다. 사랑하는 사람들과 더 많은 시간을 보내고 싶다면, 요리, 춤, 스키, 자격증 공부 등 하고 싶은 새로운 무언가에 도전하고 싶다면, 그래서 의미 있고 가치 있는 일에 좀 더 집중하고 싶다면 카이로스적 관점으로 시간을 바라봐야 한다.

일단 바쁘다는 핑계로 미뤄 오던 일을 떠올려 보라. 자격증 도전, 영어 공부, 가족들과의 식사, 친구와의 만남, 봉사 활동 등 의미 있고 가치 있는 일들을 떠올리는 것이다. 그런 다음 그 시간을 얻기 위해 다른 시간을 어떻게 쪼개면 좋을지 생각해 보라. 원하는 것이 분명할수록 다른 시간을 효율적으로 사용할 힘을 얻을 수 있다.

원하는 것을 생각했다면 그것을 하기 위해 필요한 시간을 계획해 보라. 김앤장법률사무소의 김진수 변호사는 2019년 사법 연수원 최초로 지방대 출신 수석 졸업생이란 타이틀을 거머쥔 인물이다. 그는 '스톱위치'와 '엑셀'을 사용해 시간을 관리했다. 부산대 기계과에 입학한 뒤 공대 수업을 들으며 공인 회계사(CPA) 시험에 도전해 한 번에 붙었다. 대학교 2학년 때 공부를 시작해서 3학년 1학기 때 1차 시험에 합격했고, 2학기 때 2차 시험에 붙은 것이다.

"휴학을 안 했기 때문에 절대적인 공부 시간이 부족하긴 했지만 덕분에 매너리즘에 빠지지 않았던 거 같아요."

그가 효율적으로 시간을 관리하도록 도와준 것이 스톱워치다. 방법은 간단하다. 공부할 준비를 끝내고 책을 읽어 나가기 시작할 때 스톱 워치를 켠다. 그리고 잠시라도 집중이 안 될 때는 스톱워치를 끈다. 그러면 딱 공부한 시간만 카운트된다.

"처음엔 제가 온종일 공부한다고 생각했는데 이렇게 하다 보니 하루에 4~5시간밖에 안 하더라고요."

눈에 시간이 찍히니 그 시간을 좀 더 많이 내고 싶은 욕심이 생겼다. 차츰 요령도 생겨 스톱워치 시간으로 하루에 10시간까지 찍었다. 그 결과 휴학을 하지 않고도 당당히 공인 회계사 자격증을 딸 수 있었다. 그런 그가 갑자기 사법 고시에 도전하게 된 것은 우연한 일이 계기가 되었다.

공군에서는 CPA 자격증이 있으면 재정 장교로 우선 선발한다. 그래서 대학을 졸업하고 재정 장교로 임관했는데, 재정 장교가 되면 외부 업체와 계약할 일이 많다. 계약이 평탄하게 이루어지면 별문제 없지만 사건, 사고가 터지면 문제가 복잡해진다.

"전 법을 잘 모르니까 문제가 생길 때마다 법무실에 가서 물어봤어요. 이런 일이 반복되다 보니 제가 일을 제대로 하고 있는지 불안하더라고요."

그때부터 관련 규정을 찾아보기 시작했다. 그러다 공부를 좀 더 하고 싶어 법률 공부를 시작했다. 군 복무 중이었기 때문에 로스쿨은 갈 수 없어 독학으로 사법 시험을 준비했다. 저녁 6시 퇴근 후 숙소로 돌아오자마자 잠자리에 들었다가 자정에 일어나 출근할 때까지 공부했다. 출근하기 전 1시간 정도 자고 일어나 하루를 시작했다. 이를 매일 반복하다 보니 평일에는 5~6시간씩 공부가 가능했다. 주말에는 집중적으로 몰아서 공부했다. 이때도 스톱워치를 썼다. 본격적으로 사법시험에 도전하면서부터는 과목별로 공부한 시간을 엑셀 파일로 정리했다. 이렇게 해 놓으면 나중에 과목별로 총 몇 시간을 공부했는지 한눈에 파악할 수 있다. 사법 시험의 경우 과락(科落)이 있기 때문에 모든 과목을 균등하게 공부하는 게 중요했다. 그렇게 그는 군 복무 중이던 2013년에 공부를 시작해 2015년 2월에 1차 시험에 합격했다. 2015년 7월에 전역하고 그해 치른 2차 시험에는 떨어졌지만 이듬해에 붙었다.

우리가 가진 유일한 자산은 시간

매일 쏟아지는 다양한 업무도 효과적으로 처리하는 방법이 있을까? 미국 공화당 100대 기부자이자 타깃과 월마트 등에 제품을 공급하는 '미국 유통업계 대부' 김동구 비피인더스트리 회장이 추천한 방법은 '10분 계획표'다.

그가 태어난 곳은 서울 종로구 효자동. 흔히 말하는 사대문 안 부잣집이었다. 그러나 아버지가 돌아가신 뒤 가세가 급격히 기울기 시작했다. 고학으로 성균관대에 입학한 그는 2년 정도 대학 생활을 한 뒤 카투사로 군대에 갔다. 판문점에서 근무했는데 전역 후 그곳에서 만난 통역 장교와 함께 무역업을 시작했다. 그의 나이 25세였다.

중구 명동에 있는 조그만 사무실에서 회사를 시작했는데 책상 둘과 전화기 하나가 유일한 자본이었다. 당시 미국 대사관에 가면 현지 회사들의 이름과 업종, 인원, 규모 등이 적힌《던 앤 브래드스트리트(Dun & Bradstreet)》라는 책자가 있었다. 이걸 보고 각 회사에 필요할 것 같은 물건을 예측해 편지를 보냈다. 발송한 뒤 도착하기까지 15~20일이 걸리는 국제 우편으로 100통을 보내면 그중 2~3통만 답장이 왔다. 회신 온 회사 중에서도 실제 계약으로 이어지는 건 10퍼센트가 안 되었다. 0.1퍼센트의 확률에 도전하는 셈이었다.

만드는 법을 모르는 물건을 의뢰받았을 때는 무조건 답이 있을 만한 곳을 찾아 발품을 팔았다. 제품 하나에 대한 답을 찾기 위해 수백 곳의 현장을 누벼야 할 때도 있었다. 그 때문에 운동화가 빨리 닳아 3개월 정도가 지나면 새 운동화를 사야만 했다. 그러다 보니 절대적으로 시간이 부족할 수밖에 없었다. 그래서 그는 모든 일의 계획을 120퍼센트로 잡았다. 오늘 8시간 해야 끝나는 일이면 2시간 더해 10시간씩 일했다. 마감 시한도 앞당겼다.

"그러면 생산 속도가 빨라지고, 중간에 실수가 생겨 일이 지체돼도 마감 시한을 넘기지 않을 수 있었어요."

잠자는 시간은 정해 놓지 않았다. 일어나야 할 시간이 정해지면 몇 시에 잠들었든 알람 없이 눈을 떴다. 그리고 계획은 10분 단위로 세우고 움직였다. 10분이라는 시간 동안 우리는 꽤 많은 일을 할 수 있다. 양치하는 3분, 라면 끓이는 4분을 스톱워치로 재다 보면 그 시간이 생각보다 훨씬 길다는 사실을 깨닫게 된다. 이렇게 시간을 쪼개어 발로 뛰며 쌓은 인맥들은 그에게 훌륭한 자산이 됐다. 10분이 모여 소중한 경험이 되었고, 이런 경험을 바탕으로 신뢰가 쌓였으며, 신뢰의 힘은 그에게 더 큰 기회를 가져다주었다. 이렇듯 작은 성공이 모여 더 큰 성공을 이루면서 지금에 이르렀다.

스티브 잡스는 어느 인터뷰에서 "인생에서 당신이 가진 유일한 자산은 시간이고, 그 시간을 멋진 경험을 쌓는 데 투자한다면 결코 손해볼 일은 없을 것이다"라고 말했다. 시간을 잘 활용한다면 내 발목을 붙잡는 모든 장애물을 뛰어넘어 인생에서 승리할 수 있다. 김진수 김앤장법률사무소 변호사와 김동구 비피인더스트리 회장의 예에서 보듯이 누구에게나 똑같이 주어지는 하루 24시간을 어떻게 쓰느냐에 따라 삶의 방향이 결정된다. 원하는 삶을 사는 가장 빠른 방법은 카이로스적인 관점으로 시간을 바라보고, 시간의 주인이 되어 하루 24시간을 능동적으로 사는 것이다.

우리에게 익숙한 더블클릭, 마우스 오른쪽 클릭, 드래그 앤드 드롭 등을 개발한 마이크로소프트 전설의 프로그래머 나카지마 사토시는 《오늘, 또 일을 미루고 말았다》에서 이렇게 말했다.

"나에게 유일한 무기는 성실함도 업무 능력도 아닌, 바로 시간 관리법이었다. 인간의 능력은 갑자기 향상되지 않는다. 그렇다면 시간을 완벽하게 파고들 수밖에 없다. 즉 시간을 지배하는 것이다. 나는 '시간 지배력'이 전 세계적으로 훌륭한 업적을 달성한 사람들의 비밀 병기라고 믿는다."

미루는 습관을 바꾸는
가장 효과적인 방법

지연 행동

2001년 노벨 경제학상을 수상한 조지 애컬로프 미국 UC버클리 교수는 자신과 노벨상을 공동으로 수상한 조지프 스티글리츠 미국 컬럼비아대 교수에게 보내야 할 소포를 8개월 동안이나 보내지 않았다. 진화론의 창시자 찰스 다윈은 20년 동안 진화론 발표를 미룬 채 따개비와 지렁이 탐구에 매달렸다고 한다. 레오나르도 다빈치의 위대한 명작 '암굴의 성모'는 의뢰받은 지 25년이 지나서야 완성한 그림이다. 이는 자신을 미루기 전문가라고 말하는 앤드루 산텔라가 《미루기의 천재들》에서 소개한 사례들이다.

나에게 레오나르도 다빈치와 찰스 다윈의 피가 흐르는 걸까? 기사를 쓰려고 책상 앞에 앉으면 그제야 청소할 것이 보인다. 다 먹은 스타벅스 컵을 버리고, 쌓여 있던 복사용지를 정리하고, 물티슈로 책상을 닦는다. 그런 다음 겨우 노트북을 켠다. 여기서 끝이면 좋으련만 지저분한 바탕 화면이 눈에 들어온다. 아이콘을 그룹별로 정리하고, 이메일함의 오래된 메일들을 지운다. 결국 마감 시간이 눈앞에 닥쳐서야 기사를 쓰기 시작한다.

어제오늘 일이 아니다. 학교 다닐 때도 다르지 않았다. 공부하려고 마음먹은 순간 갑자기 공부와 상관없는 할 일들이 생각난다. 바닥에 쌓인 옷 가지를 옷장에 걸고, 책장 책을 정리하고, 다이어리를 열어 오늘의 공부 계획을 색색의 볼펜으로 적는다. 엄마에게 "너는 공부하라고 하면 꼭 청소부터 하지!"라는 잔소리를 듣고 나서야 책을 펼친다.

나도 이러면 안 된다는 것을 잘 알고 있다. 하지만 그것이 나만의 문제는 아니라는 점에서 조금이나마 위안을 얻는다. 1984년 버몬트 주립대 연구 결과에 따르면 미국 직장인 46퍼센트가 '항상' 혹은 '거의 항상' 문서 작성을 미룬다. 심리학 전문지 《사이콜로지 투데이》에 따르면 미국인 5명 중 1명은 자신을 만성적인 미루기 환자라고 여긴다.

중요한 일이지만 어렵고 힘들고 불편해서 미루는 경향을 심리학에서는 '지연 행동(procrastination)'이라고 한다. 중요한 일보다 사소한 일에 먼저 손이 가고, 불편하고 귀찮은 일은 제쳐 두고 쉽고 재미있는 일만 하려는 습관이다. 지연 행동은 공부나 업무 같은 과제에서만 일어나는 게 아니다. 양치질이나 청소 같은 일상적인 일부터 결혼이나 이직 같은 인생 중대사까지 거의 모든 영역에 영향을 미친다.

일을 미루는 사람들은 보통 다음과 같은 사고 과정을 거친다. 마감 시간까지 여유가 많이 남아 있는 초기에는 한없이 여유롭다. 마감 전에 충분히 끝낼 수 있다고 생각한다. 시간이 흐를수록 '슬슬 시작해야 하는데' 하는 조바심이 들지만 여전히 마감 전에 끝낼 수 있다고 믿는다. 그러다 마감 시간이 다가오고 시간이 부족하다는 느낌이 들면서 불안감이 밀려온다. 여기서부터는 죄책감과 수치심이 동반된다. '난 왜 그때 일을 시작하지 않았을까'라고 자책하며 괴로움에 시달린다. 그러다가 최후의 순간, 선택의 기로에 선다. 지금이라도 시간 내에 대충 끝낼 것인가, 마감 시간 연장을 요청할 것인가, 깔끔하게 포기할 것인가. 대부분은 초치기로 어찌어찌 결과물을 만들어 낸다.

지연 행동은 비합리적인 행동이다. 미뤄서 좋을 게 하나도 없다는 사실을 뻔히 알면서도 미루기 때문이다. 그럼에도 왜 매번 미루는 행위를 반복할까? 가장 큰 이유는 노력과 결과 사이의 시간적인 간격 때문이다. 등산을 예로 들면, 정상 정복이라는 결과를 얻기 위해 가파른 등산로를 몇 시간 동안 오르는 노력을 들여야 한다. 이 노력의 첫발을 떼려면 상당히 강한 정신력이 필요하다. 멈춰 있는 무거운 물체를 움직이게 할 때 처음에 가장 큰 힘이 필요하듯 말이다.

기가 막힌 사업 아이디어가 떠올랐다고 해 보자. 장밋빛 미래를 상상하는 것만으로도 흥분된다. 그런데 막상 아이디어를 현실화하려면 험난하고 지겨운 단계를 거쳐야만 한다. 엄청난 양의 서류 작업을 해야 하고, 관계 부처나 협업자들을 만나 아쉬운 소리도 해야 한다. 시안을 만들고 테스트하고 수정하는 과정을 반복해야 한다. 이런 지난한 과정을 뚫고 큰 성공을 거둔 사람들의 비결은 무엇일까? 그들은 어떻게 미루는 습관을 극복했을까?

에어비앤비의 성공에서 배우는 미루기를 막는 네 가지 방법

전 세계 관광업 및 숙박업의 판도를 바꾼 숙박 공유 기업 에어비앤비

는 2008년 브라이언 체스키, 조 게비아, 네이선 블러차직 등 3명이 창업했다. 지금은 200개국에서 600만 개 이상의 숙소를 제공하며 1억 5000만 명의 회원을 보유한 기업으로 성장했지만 그들도 처음에는 지루하고 막막한 시간을 거쳤다. 그들은 '내가 사는 공간을 공유하겠다'는 아이디어가 굉장한 반응을 불러일으키리라 생각했으나 투자자들은 그렇게 생각하지 않았다.

서울 용산구 이태원동에 있는 에어비앤비 서울 지사에서 만난 네이선 블러차직은 그때로는 절대 다시 돌아가고 싶지 않다며 고개를 저었다. 2008년 1월 그들은 공들여 만든 사업 계획서를 들고 벤처캐피털 대표들 앞에 섰다가 면박만 당했다.

"그들은 '누가 생판 모르는 집에서 자고 싶어 하겠냐', '호텔업도 포화 상태인데 숙박 공유 시장이 잘될 리가 있겠냐', '시장 자체가 작은데 돈을 어떻게 벌겠냐', '모르는 사람을 뭘 믿고 집에 들이겠냐. 그럴 사람이 있어 봐야 얼마나 있겠냐'라면서 부정적인 말만 했습니다. 결국 투자는 한 푼도 못 받았죠."

3명 모두 창업한다고 회사를 그만둔 상황이라 수입이 없었다. 게다가 때마침 덮친 월 스트리트 금융 위기로 이듬해부터는 투자자들을 만날 기회조차 생기지 않았다. 생활비가 바닥나 신용카드 빚으로 하루하루를 버텼지만 상황은 나아지기는커녕 더 악화되기만 했다. 문을 닫을 수밖에 없는 상황에서 마지막으로 모든 걸 쏟아부어 보자며 미국에서 가장 유명한 스타트업 투자 육성 회사인 '와이 콤비네이터'의 프로그램에 지원해 합격했다. 와이 콤비네이터는 7퍼센트의 지분을 받고 3개월 동안 인력과 자금 유치, 충원, 재무, 마케팅, 법무 등 사업 전반을 지원해 주는 곳이다. 에어비앤비 3인방은 13주의 기한을 정하고 그동안 사업 신행이 안 뇌년 쌀늠하게 포기하기로 했다.

이처럼 마감 시한을 정하는 것은 지연 행동을 막기 위한 첫 번째 방법이다. 경제학자 댄 애리얼리에 따르면 외부적으로 정해진 마감 시한일수록 효과가 크다고 한다. 만약 스스로 마감 시한을 정해야 한다면 일을 여러 단계로 나누고 단계별로 정하는 것이 좋다.

마감 시한을 정했다면 목표를 설정해야 한다. 이것이 지연 행동을 막는 두 번째 방법이다. 마감 시한까지 충분히 달성 가능한 현실적인 목표여야 한다. 희망 사항과 현실을 혼동해서는 안 된다. 의욕에 앞서 너무 큰 목표를 세우면 마감 시한을 정한 것 자체가 무의미해진다. 마감 시한이 오기도 전에 포기해 버릴 확률이 높기 때문이다. 에어비앤비 3인방이 와이 콤비네이터에서 가장 먼저 배운 것도 '현실적인 수익 모델 확보'에 관한 것이었다.

"그들은 우리에게 경기 침체기라 큰돈은 벌 수 없다고 했습니다. 적은 돈이라도 수익을 내는 구조를 먼저 만들라고 했죠."

그래서 그들은 '라면(noodle soup) 수익성'이라는 모델을 만들었다. 회사를 운영하며 집세를 내고 라면을 먹을 수 있을 만큼만 돈을 번다면 성공으로 인정하기로 한 것이다. 그 기준을 주당 1000달러(약 120만 원)로 잡았다. 첫 주 수익은 200달러(약 24만 원)로 기준 금액에 한참 못 미쳤다. 그러나 13주 뒤에는 무려 4500달러(약 550만 원)를 벌었다. 경기 침체로 주머니 사정이 안 좋아진 사람들이 부담스러운 호텔 대신 에어비앤비의 숙박 공유 서비스를 이용하기 시작한 것이다.

그 뒤 그들은 수익 모델을 '돼지갈비(porkchop) 수익성'으로 업그레이드했다. 고기를 사 먹어도 될 만큼의 돈을 벌자며 목표를 상향한 것이다. 목표를 달성했으면 스스로에게 보상을 주는 것. 이것이 지연 활동을 막는 세 번째 방법이다. '이 일만 끝내면 내가 제일 좋아하는 걸 하면서 자축하자'고 생각하면 좋아하는 것에 대한 기대감으로 일을 의욕적으로 진행할 수 있다.

일반 고객을 대상으로 하는 공유 모델 사업은 자잘하게 손 가는 일이 많다. 창업 초반 에어비앤비에 올라온 집 사진들은 호스트들이 직접 찍어 올려서 화질이나 구성이 엉망이었다. 사진을 보면 그 집에 머물고 싶다는 생각이 싹 사라지는 것이 많았다. 그래서 디자이너 출신인 체스키와 게비아가 직접 호스트 집을 방문해 사진을 찍어 올렸다. 여간 번거로운 일이 아니었지만 그렇게 방문한 현장에서 이용자들의 생생한 후기를 들을 수 있었다. 그들의 불만과 요구 사항을 반영해 시스템을 개선하는 일은 엔지니어인 블러차직 담당이었다. 불만을 듣고 개선하기까지 채 일주일도 걸리지 않았다.

지연 활동을 방지하는 네 번째 방법은 과제에 대해 생각하기를 멈추고 바로 실행으로 옮기는 것이다. 5분이나 10분 등 시간을 정해서 딱 그 시간에 일을 끝내기로 하면 집중력이 상승하고 실행이 쉬워진다. 실행으로 옮길 때는 되도록 다른 사람들과 같이 하는 것이 좋다. 함께 일하는 사람들이 있으면 그들에게 피해를 주지 않으려는 마음 때문에 해이해지는 것을 막을 수 있다. 만약 다른 사람들과 같이 할 수 없는 환경에 놓여 있다면 일의 집중을 방해하는 요소를 처음부터 차단하는 것도 방법이다. 글을 쓸 때 미리 인터넷 접속을 끊거나 휴대폰을 안 보이는 곳에 두는 것 등이 이에 속한다.

이렇게 2년이 지나자 에어비앤비는 조금씩 입소문이 나기 시작했다. 공간을 공유한 집주인들과 사용자들이 자신의 경험을 소셜 미디어에 긍정적으로 올리면서 자연스럽게 회원 수도 늘어났다.

에어비앤비 3인방은 사업이 궤도에 오른 뒤에도 초창기의 방식을 유지했다. 해야 할 일을 회사 곳곳에 붙여 두어 직원들이 당장 할 일이 무엇인지 확인할 수 있게 했다. 체스키는 에어비앤비를 사용한 호스트와 게스트의 이야기를 담은 만화를 그려 회사 곳곳에 붙였다. 직원들은 자신이 할 일은 무엇인지, 그 일이 세상을 어떻게 바꾸는지를 확인함으로써 업무에 더욱 열중할 수 있었다. 작은 노력이었지만 효과는 컸다. 사용자가 늘자 투자는 자연히 따라왔다. 블러차직은 스타트업 경영을 '긴 여행'으로 생각한다며 이렇게 말했다.

"긴 여행을 하다 보면 어려운 시기를 지나기도 하고, 실패를 경험할 수도 있습니다. 하지만 이 모든 것이 학습 기회입니다. 근성과 끈기를 가지고 하루하루 바퀴벌레처럼 버티다 보면 성공은 당신에게 다가갈 것입니다."

그의 말처럼 우리는 어떤 일을 하든 어려운 시기를 지나거나 실패를 경험할 수 있다. 그런데 실패가 두려운 사람들은 자꾸만 일을 미루게 된다. 그럴 때는 결과에 신경 쓰지 않는 자세가 필요하다. 일본의 심리학자인 사사키 쇼고는 《언제나 미루는 당신이 지금 당장 행동하게 되는 50가지 방법》에서 다음과 같이 얘기했다.

"실적 올리기가 유난히 어렵다는 텔레마케팅 영업을 기막히게 잘하는 사람이 있다. 성공하는 텔레마케터의 비결은 뭘까? 유능한 텔레마케터는 결과에 신경 쓰지 않는다고 한다. '몇 건을 성사해야지'가 아니라 '통화를 몇 건 해야지'라는 마음으로 수화기를 드는 것이다. 텔레마케팅 성공률이 100통 중 1건 정도라면 전화 100통 걸기를 목표로 하면 된다. 이때 100건 중 99건은 거절당할 것을 알고 시작하는 것이니 거절에 대한 두려움도 없어지고 전화 통화를 미루지도 않는다."

그러니 결과를 생각하지 말고 일단 시작하라. 언젠가 할 일이라면 지금 하자!

매력 자본을
우습게 보지 마라

후광 효과

당신이 CEO라면 다음 두 남성 중 누구를 채용하겠는가?

A : 깔끔하게 다듬은 짧은 머리에 수염 없는 매끈한 피부, 빳빳한 디올 옴므의 리버스 칼라 셔츠와 슬림한 핏의 에르메스 슈트를 입음.

B : 가슴까지 내려오는 덥수룩한 수염에 까무잡잡한 피부, 빡빡 깎은 머리에 주황색, 노란색, 빨간색 무늬가 교차하는 헐렁한 날염 반팔 티셔츠와 검정 조거팬츠를 입음.

일반적인 고정 관념이 작동한다면 아마도 A에게서는 '깔끔함, 반듯함, 엘리트, 도시적, 세련미' 등의 이미지가 연상될 것이고, B에게서는 '자유분방함, 예술적, 명상, 열정' 등의 이미지가 떠오를 것이다. 아무래도 CEO로는 A가 더 어울리지 않을까? 사실 A와 B는 잭 도시 트위터 창업자의 과거와 현재 모습을 묘사한 것이다. A는 잭 도시가 트위터를 창업한 2007년 즈음의 모습이다. 실리콘 밸리를 대표하는 패셔니스타이던 그는 요가와 패션 사업 같은 사적인 일에 빠져 불성실한 근무 태도로 논란을 일으켰다. '패션에 관심 많은 철없는 대표'라며 비판받다가 결국 창업 2년 만인 2008년 CEO직에서 쫓겨났다.

2015년 누적된 적자로 위기에 빠진 트위터를 구하기 위해 다시 CEO로 돌아왔다. 덥수룩한 수염에 짧게 자른 머리, 평범한 청바지에 짙은 색 라운드 티를 입고 나타난 그에게서 예전의 말끔한 모습은 찾아볼 수 없었다. 많은 사람이 그의 패션이 CEO와 어울리지 않는다고 지적했다. 그는 보유 주식의 3분의 1을 직원들에게 나누어 주고 본인은 급여를 받지 않겠다고 선언함으로써 결연한 의지를 보여 주었고, 트위터의 정체성이던 140자 제한 정책을 폐지하는 등 과감한 변화를 통해 2년 만에 흑자 전환에 성공했다. 2021년 11월 그는 자신이 세운 핀테크 회사인 블록에 전념하겠다면서 트위터를 다시 떠났다. 이제는 아무도 그의 옷차림에 대해 왈가왈부하지 않는다.

이처럼 어떤 개인(대상)의 한두 가지 특성이 전체적인 평가에 영향을 미치는 심리 현상을 '후광 효과(halo effect)'라고 한다. 일부 요소에 집중하여 객관적인 판단을 하지 못하는 일종의 지각 오류다. 옷차림으로 잭 도시의 CEO 자질을 평가한 것도 후광 효과가 만든 오류였다.

후광 효과는 미국 심리학자 에드워드 손다이크가 처음 사용한 용어다. 그는 1920년 군대 장교들에게 휘하 사병들을 지능, 체력, 리더십, 성격 등의 항목으로 평가해 달라고 요청했다. 평가 결과에서 특이한 점을 발견했는데 외모가 출중하고 체격이 큰 병사일수록 다른 항목에서도 높은 점수를 받은 것이다. 손다이크는 이를 한두 가지 뛰어난 장점을 일반화하여 종합적인 평가에 적용하는 것으로 해석한 뒤, 이에

'후광 효과'라는 이름을 붙였다.

후광 효과의 영향력은 주변에서 흔히 찾아볼 수 있다. 호감도 높은 유명인들을 광고 모델로 쓰는 이유도 후광 효과 때문이다. 광고 모델과 제품 사이에 직접적인 관계가 없더라도 모델에 대한 호감도가 제품 평가에 긍정적인 영향을 미친다. 새로 개봉하는 영화를 홍보하면서 '○○○ 제작진 작품'이라고 감독이나 제작진들의 대표적 흥행작을 강조하는 것도 과거 성공한 작품의 후광 효과를 노리는 것이다.

후광 효과가 우리에게 가장 큰 영향력을 미치는 영역은 아마도 '첫인상'일 것이다. 첫인상이 좋으면 어지간히 큰 실수를 반복하지 않는 한 그에 대한 호감도가 낮아지지 않는다. 첫인상을 판단하는 데 걸리는 시간을 얼마나 될까? 3초? 10초? 연구 결과에 따르면 첫인상은 불과 0.1초 만에 결정된다.

2006년 미국 프린스턴대 심리학과 재닌 윌리스와 알렉산더 토도로프 교수는 실험 참가자 200명에게 여러 장의 얼굴 사진을 0.1초 동안 보여 준 뒤 매력, 호감도, 능력, 공격성 등을 평가해 보라고 했다. 그 후 같은 사진을 0.5초, 1초 동안 보여 주고 다시 평가하게 했다. 0.1초만 보고 내린 판단은 0.5초, 1초 동안 보고 내린 평가와 크게 다르지 않았다. 심지어 시간제한 없이 사진을 보고 평가한 대조군의 평가와도 큰 차이가 없었다. 토도로프 교수는 "오래 본다고 판단이 달라지지는 않으며, 관찰 시간이 길어질수록 최초 판단을 더욱 확신하게 된다"라고 말했다. 여러 평가 항목 중에서 매력도와 신뢰성을 가장 빨리 판단했고, 특히 신뢰성은 시간 차이별 편차가 가장 적었다. 토도로프 교수는 이 결과가 생존 본능과 관련되어 있다고 해석한다. 믿을 만한 존재인지, 아닌지를 빠르게 판단해야 생존에 유리하다는 사실을 우리의 뇌가 진화 과정에서 습득한 것이다.

첫인상은 0.1초 만에 결정되는 만큼 겉으로 드러나는 요소가 판단의 근거가 된다. 얼굴 생김새뿐만 아니라 말투, 자세, 표정, 패션 스타일, 심지어 이름까지 외부적 요소가 종합적으로 작용한다. 첫인상을 결정하는 외적 요소들을 한마디로 표현하면 '매력'이라고 할 수 있다.

매력의 힘은 강력하다. 매력적인 사람의 취업률은 그렇지 않은 사람보다 10퍼센트 더 높고, 소득은 15퍼센트 정도 더 높다는 연구 결과가 있다. 관리자 3000명을 대상으로 한 설문 조사에서 응답자의 43퍼센트가 옷차림 때문에 직원을 승진이나 연봉 인상 대상자에서 제외한 적이 있다고 답했다. 응답자의 20퍼센트는 옷차림 때문에 직원을 해고하기까지 했다. 이처럼 직장 생활에서 매력은 돈이나 교육, 인맥만큼이나 중요하다. 매력이야말로 일상을 지배하는 조용한 권력이라고 할 수 있다.

챔피언들이 승리의 순간 두 팔을 하늘로 뻗는 이유

런던정경대 사회학과 교수를 거쳐 현재 런던정책연구센터에서 연구위원으로 재직하는 캐서린 하킴은 '아름다움이 곧 자본력'임을 '매력 자본(erotic capital)'의 개념으로 설명한다. 매력 자본이란 타인에게 자신을 매력적으로 보임으로써 호감을 얻어 더 많은 돈을 벌 수 있게 하는 기술을 의미한다. 매력적인 사람은 다른 사람들을 쉽게 친구, 연인, 동료, 고객, 의뢰인, 팬, 추종자, 지지자, 후원자로 만든다. 사생활뿐만 아니라 스포츠, 예술, 정치, 비즈니스에서도 유리한 위치를 선점하게 한다. 심지어 큰 회사일수록 매력적인 사람을 CEO로 뽑는다는 연구 결과도 있다. 회사 전체의 후광 효과를 책임지는 얼굴이기 때문이다.

매력 자본을 키우기 위해 성형 수술을 하고 다이어트를 하라는 말은 아니다. 매력 자본은 단지 얼굴과 몸매가 아름다운 것만 뜻하지는 않는다. 얼굴은 잘생겼는데 호감을 주지 못하는 사람도 많다. 중요한 건 사람을 끌어당기는 능력이다. 매력 자본은 사람들의 시선을 끌고, 호감을 불러일으키고, 알고 싶게 만들고, 갈망하게 하는 능력이다.

프랑스어에는 '벨르 레드(belle laide)'라는 표현이 있다. '아름다운 못생김'이라는 뜻인데, 외모는 평범하지만 훌륭한 자기 표현력과 세련된 스타일로 매력이 넘치는 사람을 가리킨다. 이들은 뛰어난 유머 감각과 활력 넘치는 긍정적인 에너지로 상대를 편안하게 해 주고 무장 해제시킨다.

하버드대 에이미 커디 교수는 자세를 바꾸는 것만으로도 자신감 넘치는 매력적인 사람이 될 수 있다고 말한다. 그는 《자존감은 어떻게 시작되는가》라는 책을 통해 자신감이 넘치는 사람일수록 신체를 최대한 확장하는 자세를 취한다면서 자세와 마음의 상관관계를 설명한다. 스포츠 경기에서 승리하는 선수들은 거의 대부분 양팔을 하늘로 뻗거나 좌우로 쭉 펴는 자세를 취한다. 무리 생활을 하는 동물들도 서열이 높을수록 신체를 최대한 확장하는 자세를 취한다. 성취감과 자신감을 드러내는 이런 자세를 두고 '파워 포즈'라고 한다. 양손을 허리춤에 얹는 슈퍼맨이나 원더우먼의 대표적인 자세도 일종의 파워 포즈다.

반대로 자신이 약하다고 느끼는 사람은 몸을 웅크린다. 혼나는 사람이 양손을 앞으로 모으고 고개를 숙이는 자세를 취한다거나 겁에 질린 강아지가 꼬리를 말아 넣는 것처럼 방어 본능이 작동하는 것이다. 이처럼 심리 상태가 몸짓 언어로 표현되는 것은 자연스러운 일이다. 그런데 신기한 것은 몸짓 언어도 심리 상태에 영향을 미친다는 사실이다. 마음이 몸에 영향을 주듯이 몸도 마음에 영향을 준다.

커디 교수의 연구에 따르면 면접 전 2분 동안 신체를 확장하는 챔피언 자세를 취한 사람들은 결단력 및 적극성과 연관 있는 호르몬인 테스토스테론 수치가 19퍼센트 증가했고, 스트레스를 받을 때 분비되는 호르몬인 코르티솔 수치는 25퍼센트 감소했다. 이와 달리 구부정하고 웅크린 자세, 즉 무력한 자세를 취한 사람들은 테스토스테론 수치가 10퍼센트 감소했고, 코르티솔 수치는 15퍼센트 증가했다. 이어모의 면접을 보게 했는데 강력한 자세를 취한 사람들이 면접에 통과할 확률이 20퍼센트 이상 높았다. 이 밖에 웃는 표정을 짓는 것만으로도 행복감이 늘어나는 등 몸짓 언어 변화가 심리 변화로 이어진다는 증거는 많다.

면접이나 중요한 미팅을 앞두고 있다면 구부정한 자세를 유발하는 휴대폰 보기, 노트북 작업 등을 삼가고 의식적으로 당당한 자세를 취함으로써 마음가짐을 다지는 게 좋다(남들이 눈치채지 못하는 선에서 하라는 것이지 상대방 앞에서까지 챔피언 자세로 눈길을 끌라는 뜻은 아니다). 소극적이고 자신감 없는 사람보다 당당하고 자신감 있는 사람이 더 매력적인 것은 당연하다. 아주 사소한 노력으로 본인의 매력을 업그레이드할 수 있는 것이다. 어깨를 펴고 허리를 세우라던 어른들의 잔소리가 우리의 관절 건강을 걱정해서만은 아니었던 것이다.

후광 효과가 엄연히 존재하는 사회에서 일을 잘하고 그에 맞는 대우를 받기 위해서는 매력 자본을 키우는 일이 매우 중요하다. 다행히 유머, 패션 스타일, 예의범절, 미소, 건강한 활력 등 매력 자본은 지능처럼 관리하고 발전시킬 수 있다.

옷차림과 화장, 운동에만 신경 쓴다고 폄하하는 사람이 있으면 그냥 무시하면 될 일이다. 그들은 당신의 경쟁자가 될 수 없다. 매력 자본의 힘을 아는 사람들은 오늘도 조용히 자신의 매력을 키우기 위해 애쓰고 있다. 그러므로 당신이 해야 할 일은 당신을 빛나게 만드는 가장 큰 매력을 찾아 열심히 키우는 것이다. 이 모든 것이 귀찮다면 최소한 자세만이라도 바르게 하자. 최소의 노력으로 의외의 큰 효과를 볼 것이다.

실수보다 빠른 사과가
중요한 이유

리커버리 패러독스

위기 상황이 발생했다. 이 사건의 책임자인 당신은 당장 기자 간담회에 나가 언론과 국민 앞에서 무슨 말이든 해야 한다. 어떻게 대응하는 것이 가장 좋을까?

A. 실수를 은폐하고 잘못을 부인한 다음 열심히 변명한다.

B. 잘못을 인정하고 사과한 다음 어떤 문제가 있었는지 발표한다.

C. 어떤 방식으로 문제에 대응하고 있는지 알려 준 다음 계획을 발표한다.

A가 정답일 리는 없다. 하지만 B와 C 중에서는 어느 게 맞을까? 위기관리 분야의 세계적 권위자인 헬리오 프레드 가르시아 로고스컨설팅그룹 회장은 B가 정답이라고 한다. 위기 상황이 발생하면 잘못을 인정하고 어떤 문제가 있었는지 구체적으로 알리는 게 우선이다. 그러고 나서 어떤 방식으로 문제에 대응하고 있는지 알려 준 다음 계획을 발표해야 한다는 것이다.

예를 들어 건물이 무너지고 있다면 그 상황을 정확하게 알린 다음 사람들을 건물에서 꺼내는 일이 우선이다. 그리고 구조되는 상황을 실시간으로 알려 줘야 한다. 사람이 다 구조되지 않은 상황에서 '앞으로 어떻게 하겠다'라는 계획을 성급하게 말한다면 지키지 못할 경우 더 큰 화만 부를 뿐이다.

위기관리의 목표는 신뢰를 잃지 않는 것이다. 최고의 위기관리는 위기가 발생하기 전에 위험 요인을 정확히 파악하고 방지하는 것이다. 하지만 아무리 철저하게 관리해도 뜻하지 않은 위기는 언제든 찾아올 수 있다. 위기 상황이 발생했을 경우 빠르고 적절하게 대처하여 피해를 최소화하고 신뢰를 잃지 않도록 해야 한다. 한번 잃은 신뢰는 회복하기까지 엄청난 시간과 노력이 든다. 반면, 위기 상황에 빠르고 완벽하게 대처하면 불행이 기회로 바뀌는 경우도 있다.

최악의 위기관리 VS 최고의 위기관리

가르시아 회장이 꼽은 최악의 위기 대응 사례는 이른바 '디젤게이트'라고 불리는, 세계 최대의 자동차 회사 폭스바겐의 배출 가스 조작 사건이다. 2000년대 들어서면서 각국의 자동차 배출 가스 규제가 엄격해지자 폭스바겐은 2005년 획기적인 배기가스 저감 장치를 개발해 '클린 디젤'이라는 이름으로 대대적인 마케팅을 펼쳤다. 배기가스는 줄었지만 오히려 연비는 좋아져서 전 세계 디젤 자동차 열풍을 주도했다. 그런데 2015년 미국의 한 시민 단체에서 폭스바겐이 주장한 배출 가스 수치가 허위라는 조사 결과를 발표했다. 특별한 프로그램을 이용해 실험실에서만 그런 수치가 나오게끔 조작했으며, 실제 도로 주행에서는 기준치의 마흔 배가 넘는 가스가 배출된다는 것이었다.

배출 가스 조작 논란이 터지자 마르틴 빈터콘 전 폭스바겐 최고 경영자는 "아무것도 몰랐다"면서 책임을 회피했다. 몰랐다면 무능한 것이고 알았다면 공범인 것이다. 물론 검찰 조사를 염두에 둔 발언이었을 수 있지만 사고를 책임질 위치에 있는 사람이 할 말은 아니었다.

실수를 은폐하고 잘못을 부인한 대가는 컸다. 배출 가스 조작 논란이 가라앉을 기미를 보이지 않자 뒤늦게 폭스바겐은 "피해자들에게 배상하겠다"는 대책을 내놓았지만 '디젤게이트'는 좀처럼 진정되지 않았다. 아니, 오히려 여론과 소비자들의 반응은 더 악화되었다.

'골프'라는 브랜드로 대표되는 폭스바겐은 친환경 자동차 회사라는 이미지를 지니고 있었다. 그래서 폭스바겐을 사는 사람들에게는 다른 차보다 친환경 기업 제품을 이용한다는 자부심이 있었는데 그것을 폭스바겐이 스스로 부숴 버린 것이다.

환경 보호 단체 그린피스 회원들은 볼프스부르크 폭스바겐 공장 정문 앞에서 '거짓말은 그만!'이라는 포스터를 들고 시위를 벌였고, 전봇대에는 '사라진 신뢰'라는 검은색 스티커가 나붙었다. 오가던 직원들은 애써 외면하며 고개를 돌렸다. 한 20대 직원은 "폭스바겐에 다닌다는 사실이 '자부심'이었는데 이제는 '수치심'이 됐다"며 침통한 표정을 지었다.

이에 대해 볼프강 매닝 독일 함부르크대 경제학과 교수는 "폭스바겐이 배기가스를 조작한 것은 소비자에게 사기를 친 것이지만 경영진이 잘못을 부인한 것은 사회에 사기를 친 것"이라고 꼬집었다.

위기에 제대로 대처하지 못한 대가는 가혹했다. 주당 170유로(약 22만 원) 선이던 주가는 110유로(약 14만 원)로 곤두박질쳤고, 미국에서만 50만 대 이상의 자동차를 리콜했으며, 180억 달러(약 22조 원)의 벌금을 물었다. 미국에서 더 이상 디젤 자동차를 판매하지 못하게 된 것은 물론이고, 기존 자동차 판매량도 크게 줄었다. 한 대당 약 40만 원의 배기가스 저감 장치 비용을 아끼려다가 수십조 원의 피해를 입은 것이다.

인터넷 공동 저작 시스템인 '위키'를 처음으로 개발한 프로그래머 워드 커닝햄은 '기술 부채'라는 개념을 제시해 전 세계 소프트웨어 개발들의 공감을 산 바 있다. 기술 부채란 해결해야 할 문제를 비용과 시간이 오래 걸리는 완전한 기술 대신 불완전하지만 쉽고 간단한 기술로 처리했을 때 발생하는 상황을 설명하는 개념이다. 당장 급한 불은 끌 수 있어 마감 시한이나 매출 목표 등을 달성할 수는 있지만 결국에는 그 대가를 치러야 한다는 것이다. 마치 돈을 빌리면 더 많은 이자를 내야 하는 것처럼 완전히 해결되지 않은 문제는 부채가 되어 결국에는 더 큰 대가를 치러야 하는 상황을 불러온다. 기술 부채를 제대로 해결하지 않아서 소비자와 사회에 피해를 입히고 사고 수습을 위해 큰 대가를 치르는 경우는 무수히 많다.

오늘날 경영 환경에서 완벽하게 덮을 수 있는 위기는 없다. 언제 밝혀지느냐의 시간문제일 뿐이다. 위기 상황은 늦게 공개될수록 더 치명적인 결과로 이어진다. 그런데 안타깝게도 기업들은 위기 상황이 터지면 잘못을 감추고 부인하는 데 급급해한다. 멕시코만에서 영국 석유 기업 BP 시추선이 폭발한 사건이 대표적이다. 2010년 4월 멕시코만에서 유정 시추 작업을 하던 BP의 시추선 딥워터 허라이즌이 폭발하면서 11명이 숨지고 막대한 양의 기름이 바다로 유출되었다. 이 사고로 멕시코만 해역의 생태계가 파괴되고, 어업이 중단되었으며, 방제 조치와 시추공 봉쇄에 5개월이 소요됐다.

하지만 당시 토니 헤이워드 최고 경영자는 "크게 우려할 만한 일은 아니다"라며 상황을 무마하려 했다. 그러다 피해 규모가 걷잡을 수 없이 커지자 이번에는 "사고 시추선은 우리 배가 아니다"라며 발뺌을 했다. 이 발언으로 상황은 되돌릴 수 없을 만큼 악화되었다. 이에 대해 가르시아 회장은 다음과 같이 말했다.

"잘못이 아니라고 부인하면서 사건을 은폐하려다 위기를 키운 것입니다. 어떠한 경우에도 문제를 숨기려고 해서는 안 됩니다. 결국 드러나지 않는 사건은 없다고 생각하는 게 맞습니다."

위기를 기회로 바꾸는 법

실수는 누구나 한다. 하지만 위기에 제대로 대응하는 사람은 많지 않다. 결단과 용기가 필요하기 때문이다. 잘못을 저질렀을 때는 빠르게 인정하고 사과하는 것이 최선의 방법이다. 상당수 위기 상황은 의외로 빠른 인정만으로도 해결된다. 사고 수습을 위해 진심으로 성의를 다해 대응함으로써 피해자 혹은 관련자들의 이해와 용서를 구하면 때로는 이전보다 더 큰 신뢰를 얻을 수 있다. 이를 '리커버리 패러독스(recovery paradox)'라고 한다. 수습의 역설, 즉 위기가 기회로 바뀌는 전화위복의 상황을 의미한다.

미국 운송 업체 페덱스는 모범적인 사고 수습으로 소비자들의 신뢰를 얻은 좋은 예다. 2012년 한 소비자가 페덱스를 통해 모니터를 배송받았는데 심하게 부서져 있었다. CCTV를 통해 직원이 상자를 울타리 너머로 던지는 장면이 확인되었다. 화가 난 남성은 CCTV 영상을 유튜브에 올리고 회사에 항의했다. 페덱스는 바로 다음 날 사과 영상을 올렸다.

"여러분은 페덱스 직원이 상자를 집어 던진 영상을 봤을 것입니다. 이 사건에 대해 진심으로 사과합니다. 배송 피해를 본 남성과도 연락해 문제를 원만하게 해결했습니다. 배송 직원은 징계를 받을 예정입니다. 다시는 이런 일이 일어나지 않도록 조치를 취하겠습니다."

그리고 피해 고객에게 동일한 제품을 즉시 배송해 주었다. 논란은 하루 만에 수그러들었다.

기업들만 위기를 겪는 것은 아니다. 우리도 일을 하면서 크고 작은 실수나 잘못을 저지른다. 단톡방에 부적절한 메시지를 올릴 때도 있고, 마감 시간을 못 지킬 때도 있고, 보고서에 숫자를 잘못 기입하기도 한다. 그런데 실수나 잘못을 저질렀을 때 혼나거나 책임지는 게 두려워 끙끙 앓으며 상황을 악화시키는 경우가 많다. 그럴 때는 문제가 생긴 즉시 상사 혹은 상대방에게 알리고 해결책을 함께 모색하는 것이 가장 좋다. 생각보다 세상의 많은 잘못은 '죄송합니다'라는 사과 한마디로 해결되는 경우가 많다. 자신의 잘못을 빠르게 인정하는 태도는 상대방에게 신뢰감을 준다. 다음은 박용만 전 대한상공회의소 회장이 자서전《그늘까지도 인생이니까》에서 한 말이다.

"자신의 실수를 인정하는 사람은 설사 자기한테 불리한 일이라도 있는 그대로를 전달할 사람이므로 그의 말은 항상 믿을 수 있다. 약속을 지키는 사람은 자기가 하겠다고 한 것은 반드시 이행하는 사람이므로 필요한 것을 해 주면서 믿고 맡기면 된다."

실수는 안 하는 게 좋지만 했다면 빠르게 인정하고 사과하는 것이 최선이다. 리커버리 패러독스를 기억하라. 실수에 어떻게 대응하느냐에 따라 위기를 최고의 기회로 만들 수도 있다. 그리고 한 번 한 실수는 두 번 다시 하지 않는 게 좋다. 똑같은 실수를 반복하는 사람을 참아 줄 만큼 넓은 아량을 지닌 사람은 매우 드물다.

당장의 어려움을 회피하기 위해 어물쩍 넘어가지 말자. 결국에는 제대로 수습하지 않은 것에 대한 대가를 이자까지 더해 갚아야 하는 순간이 올 테니까 말이다.

스트레스를 줄이고 싶다면 이것부터 하라

자이가르니크 효과

1927년 독일 베를린. 심리학자인 블루마 자이가르니크는 스승 쿠르트 레빈 교수 및 동료들과 함께 레스토랑을 방문했다. 이들은 각기 다른 수프와 메인 요리, 스테이크, 음료, 사이드 메뉴 등을 주문했다. 많은 사람이 서로 다른 메뉴를 주문해서 기억하는 게 쉽지 않아 보였지만 웨이터는 고개만 끄덕일 뿐 메모를 하지는 않았다. 일행은 주문한 메뉴와 다른 음식이 나올까 봐 걱정했지만 그것은 쓸데없는 걱정이었다. 음식은 정확히 주문한 대로 나왔다. 사람들은 비범한 기억력을 보여 준 웨이터를 향해 엄지를 치켜들었다.

식사를 마치고 밖으로 나온 자이가르니크는 목도리를 레스토랑에 두고 왔음을 깨달았다. 그녀는 레스토랑으로 다시 가서 그 웨이터에게 물었다.

"혹시 제 목도리 못 보셨나요?"

그런데 웨이터는 멀뚱멀뚱 그녀를 바라보기만 할 뿐이었다. 목도리뿐 아니라 그녀가 레스토랑에 다녀갔다는 사실조차 기억하지 못했다. 그녀는 놀라서 물었다.

"당신처럼 기억력이 좋은 사람이 어떻게 방금까지 이곳에 있던 저를 못 알아보나요?"

그러자 웨이터가 말했다.

"제 기억은 서빙이 끝나면 사라집니다."

이 일을 계기로 자이가르니크는 스승인 쿠르트 레빈과 함께 기억에 대한 연구를 시작했고 곧 흥미로운 사실을 발견했다. 사람들은 그 웨이터와 비슷하게 어떤 일을 완성하거나 목표를 달성하고 나면 그와 관련해서는 다 잊어버린다는 사실이었다. 반면 미처 완성하지 못한 일은 쉽게 잊지 못했다.

자이가르니크는 실험 참가자들을 A와 B 두 그룹으로 나누어 같은 과제를 내 주었다. A 그룹은 과제를 마칠 때까지 아무런 방해를 받지 않았고, B 그룹은 중간중간 하던 일을 멈추고 다른 과제로 넘어가게 했다. 실험을 마친 후 과제에 대한 기억을 조사한 결과, B 그룹이 A 그룹에 비해 두 배 더 잘 기억하는 것으로 나타났다. 그중 68퍼센트는 중간에 그만둔 과제였다. 미처 해결하지 못하고 넘어간 과제가 머릿속에 남아 있었던 것이다. 이처럼 완성하지 못한 일을 쉽게 잊지 못하는 현상을 '자이가르니크 효과(Zeigarnik effect)'라고 한다.

화요일 밤 11시. 다음 주 월요일에 제출해야 할 기획서와 PPT 자료를 만드느라 정신이 없다. 어차피 오늘 끝낼 수 있는 일이 아니라서 잠자리에 들기로 한다. 불을 끄고 누웠는데 끝내지 못한 과제에 대한 스트레스로 잠이 오지 않는다. 자이가르니크의 이론에 따르면 일을 끝내야만 머릿속에서 지울 수 있다. 일을 끝낼 때까지 스트레스에 시달릴 생각을 하니 끔찍하다. 이로부터 벗어날 방법은 없을까?

미국의 심리학자 로이 바우마이스터는 과제를 끝내지 않은 상태에서도 꿀잠을 자는 비법이 있다고 한다. 그것은 바로 좋은 계획을 세우는 것. 할 일을 구체적으로 꼼꼼하게 적어 놓으면 뇌는 과제를 끝낸 것과 비슷한 반응을 보인다는 것이다.

바우마이스터는 졸업 시험을 몇 달 앞두고 스트레스를 받고 있는 대학생들을 세 그룹으로 나눴다. A 그룹에게는 이번 학기에 열릴 한 파티에 대해 집중적으로 생각하도록 했고, B 그룹에게는 다가올 시험에 대해 집중적으로 생각하도록 했다. C 그룹에게는 졸업 시험을 앞두고 언제 어디에서 공부할지 자세한 학습 계획표를 작성해 제출하도록 했다. A와 B 그룹의 스트레스 강도는 눈에 띄는 변화가 없었지만 C 그룹은 달랐다. 이들의 긴장감과 압박감은 계획표를 작성하기 전보다 크게 줄었다. 구체적인 계획을 짜는 것만으로도 일에 대한 스트레스가 줄어들기 때문이다.

시간 관리 전문가로 유명한 미국의 데이비드 앨런은 계획을 세울 때 해야 할 일들을 먼저 글로 기록하는 것이 가장 좋다고 말한다. 세부적인 과제들을 글로 정리하는 것만으로도 안정감을 얻을 수 있다는 것이다. 이건 나도 종종 쓰는 방법이다. 다이어리에 그날의 할 일을 구체적으로 적어 놓으면 확실히 마음이 안정됨을 느낀다. 생각보다 할 일이 많지 않다는 것을 확인하는 경우도 많다. 이때 계획을 '구체적'으로 짜는 것이 핵심이다. 뭉뚱그려서 한두 줄로 정리한 계획은 스트레스를 줄이는 데 아무런 도움이 되지 않는다.

네 아이를 키우는 워킹맘이 전 세계 400명만 통과한 자격시험에 합격한 비결

일이 많고 복잡할 때는 엑셀 파일로 정리해 두는 것도 하나의 방법이다. 이는 아시아인 최초로 와인 마스터 자격증을 취득한 지니 조 리가 알려 준 방법이기도 하다. 그녀는 2008년 영국 런던의 마스터 오브 와인 협회에서 실시하는 선발 시험에 통과하여 전 세계에서 400명밖에 없는 와인 마스터 자격증을 얻었다. 와인 마스터 자격증은 최소 3년에 걸친 엄격한 선발 과정을 거쳐야 주어진다. 와인업계에서 가장 얻기 어려운 자격증으로 통한다. 그녀의 성취가 놀라운 이유는 네 아이의 엄마이자 기자로 일하면서 이 어려운 도전에 성공했기 때문이다.

그녀는 홍콩 경제 주간지 《파 이스턴 이코노믹 리뷰》의 기자로 일하면서 와인 전문지 《와인 스펙테이터》에 비정기적으로 글을 기고하고 있었다. 와인 마스터 자격증에 도전해야겠다는 생각은 하지 않았는데 어느 날 우연히 세계적인 와인 평론가이자 와인 마스터인 젠시스 로빈슨을 만나게 되었다.

"로빈슨이 아직 아시아계 와인 마스터가 없다며 추천서를 써 줄 테니 시험을 쳐 보라고 하더라고요. 시험을 치려면 와인 마스터의 추천서가 필요하거든요."

멋모르고 도전한 공부는 힘들었다. 보통 사람들은 하던 일도 그만두고 3~4년을 준비한다. 하지만 그녀는 네 아이의 엄마였고, 기자 일을 그만두지도 않았다.

"네 아이를 키우는 워킹맘으로 어떻게 공부하셨어요?"

"비법은 잠을 줄이는 거였죠. 5~6년 동안 하루에 3~4시간만 잤어요. 그리고 또 하나, 지금은 그렇게 바쁘지 않아서 하지 않지만 몇 년 전끼지는 해야 할 일을 모두 엑셀로 정리해 놨어요."

그녀는 기자, 엄마, 주부, 아내, 수험생으로서 동시에 해야 할 일이 너무 많았다. 그래서 어느 날부터인가 엑셀을 열어 가로줄에는 자신의 역할을, 세로줄에는 시간을 적어 놓고 해야 할 일을 기록했다. 엄마로서 해야 할 일 열 가지, 수험생으로 해야 할 일 열 가지 등을 시간별로 나누어 구체적으로 모두 적었다. 덕분에 할 일을 빼먹지 않고 머릿속도 정리되어 스트레스를 최대한으로 줄일 수 있었다고 한다.

할 일은 많은데 자꾸만 짜증이 나고 화가 난다면 스트레스가 더 심해지기 전에 해야 할 일을 세부적으로 메모장에 적어 보자. 지니 조리처럼 엑셀 파일을 만들어도 좋고, 휴대폰 앱을 이용해도 좋다. 이렇게 하면 뇌가 충분히 쉴 시간을 확보할 수 있다. 계획을 적어 넣는 단순한 행위가 얼마나 당신의 머릿속을 맑게 해 주고 스트레스를 줄여 주는지 해 보면 바로 느낄 수 있다. 스트레스에 시달리며 시간만 축내는 일은 없어질 것이다.

승자가 되는
가장 확실한 방법
결과 편향

2021년 12월 삼성전자가 연말 조직 개편에서 로봇사업팀을 신설해 관련 산업에 진출할 거라는 소식이 전해지면서 주식 시장에서 로봇 관련 주식이 일제히 급등했다. 일부 종목은 상한가를 기록하는 등 며칠 동안 시장에서 가장 핫한 종목으로 떠올랐다. 로봇 산업이 향후 연평균 30퍼센트 이상 성장할 거라는 구체적인 예측과 함께 로봇 산업에 대한 긍정적인 전망이 쏟아져 나왔다. 일부 투자자들이 뒤늦게 뛰어들면서 로봇 관련 주식 대부분이 신고가를 찍었다.

약 두 달 뒤 이 주식들은 최고가 대비 30~50퍼센트 하락한 가격에 거래되었다. 그러자 실적 없이 기대감만으로 상승한 주식에 대한 경고의 목소리가 여기저기서 흘러나왔다. 로봇 산업은 시기상조라는 분위기가 지배적이었다.

그로부터 한 달 후인 2022년 3월 삼성전자가 로봇 산업을 신사업으로 집중 육성하겠다는 계획을 발표하자 로봇 관련 주식이 다시 상승세를 탔다. 정부에서도 로봇 산업을 집중적으로 육성할 거라는 소식과 더불어 장밋빛 전망이 다시 한번 쏟아져 나와 투자자들을 부추

졌다. 이쯤 되면 더 늦기 전에 로봇 산업에 투자해야 하지 않을까?

"미래 기술을 장기적으로 키운다는 측면에서의 투자는 괜찮지만 지금 당장 가시적인 성과를 기대하고 투자에 나서는 건 신중해야 해요. 그런 환상은 잘못된 거품을 만들어 산업계와 과학계 모두 상처만 줄 뿐이에요."

세계적인 로봇 권위자 데니스 홍 미국 UCLA 로멜라연구소 소장의 말이다. 그는 가장 진보한 형태의 무인 자동차와 휴머노이드 로봇 등을 개발하여 '젊은 천재 과학자 10인'에 선정됐을 만큼 누구보다 로봇 산업의 최전선에 있는 사람이지만, 사업적인 측면에서 지금의 로봇 붐은 냉정하게 봐야 한다고 말한다. 지금은 엄청난 투자가 필요한 시기이고 실제로 수익이 발생하기까지 얼마나 걸릴지 예측할 수 없다는 것이다.

2021년 12월부터 2022년 3월까지 약 4개월 동안 로봇 산업에 큰 변화는 없었다. 하지만 로봇 관련 주식은 천당과 지옥, 다시 천당을 오르락내리락하며 요동을 쳤다. 주가가 상승할 때는 상승하는 이유만 눈에 들어오고, 하락할 때는 하락할 수밖에 없는 이유만 눈에 띈다.

우리는 보통 어떤 결과가 좋으면 그것을 만들어 낸 과정 역시 좋았다고 간주하고, 반대로 결과가 나쁘면 과정도 나빴을 것으로 생각하는 경향이 있다. 이렇게 과정은 무시한 채 결과만 보고 어떤 사안을 평가하는 것을 '결과 편향(outcome bias)'이라고 한다.

주식 시장에서는 이런 일이 비일비재하게 벌어진다. 2000년 초반 닷컴 버블 당시 기술 기업에 투자하지 않은 워런 버핏은 '버핏은 이제

늙어서 시대의 흐름을 읽지 못한다'는 비판을 들었다. 하지만 기술주가 폭락하자 그 비판은 '버핏의 혜안과 통찰은 역시 남다르다'는 찬사로 바뀌었다. 버핏의 회사 버크셔 해서웨이는 닷컴 버블 이후 15년이 지난 2016년부터 애플 주식을 사들여 2대 주주가 되었고 지금도 여전히 시장 평균을 크게 웃도는 수익률을 올리고 있다. 한편, '돈나무 선생님'으로 유명한 캐시 우드 아크 인베스트먼트 CEO는 성장주에 집중 투자하며 2020년 149퍼센트의 상승률을 기록해 주식 투자의 새로운 길을 제시했다는 평가를 들었으나, 불과 1년 만에 수익률이 반토막 나자 '투자를 전혀 모른다'는 악평에 시달렸다.

주식 시장뿐만 아니라 기업계나 정치계, 연예계, 스포츠계 등 거의 모든 곳에서 결과 편향이 영향을 미친다. 사정이야 어찌 됐든 결과가 좋으면 모든 것이 뛰어나 보이고, 결과가 별로면 왠지 문제가 있어 보인다. 결과 편향이 발생하는 이유를 대니얼 카너먼은 인간의 인지 능력의 한계 때문이라고 설명한다. 세계를 새로운 시각으로 바라보면 그 전에는 어떤 생각을 했는지 기억하는 능력이 빠르게 떨어진다고 한다. 즉 새로운 정보가 예전 기억을 덮어 버리는 것이다.

결과 편향에 휘둘리면 눈앞의 결과만을 근거로 판단하게 된다. 문제는 결과 편향에 의한 판단은 심각한 오류로 이어질 가능성이 크다는 점이다. 때로는 금전적인 손해를 입히기도 한다. 우리가 투자에서 손해를 보는 이유도 대부분 고점 부근에서 투자를 시작하기 때문인데 이 또한 결과 편향의 영향이 크다. 자산 가격 상승이 지속되면 대중의 관심을 끌게 되고 투자에 관심이 없던 사람들에게까지 그 소식이

전해진다. 상승하는 자산은 계속 상승할 것처럼 보이고, 또 나만 돈을 못 벌고 있다는 불안함으로 투자를 결정한다. 하지만 이때는 대부분 단기 고점일 확률이 높다. 반면, 대부분의 가격이 하락하는 약세장에서는 자산이 계속 하락할 것 같기 때문에 섣불리 투자에 나서지 않는다. 하지만 투자로 돈을 번 사람들 대부분은 약세장에서 투자를 시작한다. 이처럼 '결과만 좋으면 됐지 뭐'의 함정에 빠지면 중요한 결정을 할 때 돌이킬 수 없는 실수를 하기도 한다. 카너먼은 결과 편향의 위험성을 경고하면서 다음과 같이 말한다.

"결과 편향은 의사 결정자에 대한 평가에 심각한 악영향을 끼친다. 관찰자들은 결정의 질을 평가할 때 결정 과정의 타당성은 따지지 않고 결과가 좋았는지 나빴는지만 따진다. 위험성이 낮은 외과 처치를 하다가 예상치 못한 사고로 환자가 사망했다고 해 보자. 배심원들은 그 처치가 위험성이 높았고 의사는 더 신중했어야 한다고 믿기 쉽다. 이런 결과 편향 탓에 처음에는 타당하다고 믿었던 결정을 사후에 제대로 평가하기란 불가능에 가깝다. 원래 좋은 결정이었으나 결과가 나쁘게 나오면 우리는 그 결정자를 쉽게 비난하고, 결과가 나온 뒤에야 좋은 결정이었음을 알게 된 경우에는 결정자를 칭찬하는 데 인색하다."

결과 편향의 함정에서 벗어나는 법

결과 편향의 함정에 빠지지 않으려면 결과 못지않게 과정에도 주의를 기울여야 한다. 결과가 좋아도 나쁜 결정이 있고, 결과가 나빠도 좋은 결정이 있다. 운이 좋아서 나쁜 결정을 했음에도 좋은 결과를 얻으면 그 성공이 후에 독이 되기도 한다. 반대로 좋은 결정을 했음에도 결과가 나쁘게 나왔다면 얼마든지 반전의 계기를 마련할 수 있다. 금도희 버블러 대표는 결과 편향에 의한 판단의 오류를 막기 위해 스스로 사업 진행 과정을 솔직하게 공개함으로써 투자자들의 신뢰를 얻고 안정적으로 사업을 운영한 케이스다.

그녀는 포항공대 석사·박사 과정 5년 동안 당뇨 환자의 혈당을 체크하는 콘택트렌즈, 이산화탄소가 발생해 혈관이 막히지 않도록 해주는 스텐트(막힌 혈관이나 위장관 등에 삽입하여 체액의 흐름을 원활하게 해주는 의료 도구), 마이크로바늘을 이용해 절개하지 않아도 되는 내시경 등을 개발해 특허를 받았다. 이를 상용화하기 위해 설립한 회사가 바로 스타트업 '버블러'다. 자신이 개발한 혁신적인 제품들 덕분에 그녀는 미국 경제지 《포브스》가 발표한 '2019 아시아의 30세 이하 30인 리더'에 선정되기도 했다. 현재 버블러 대표이자 LG이노텍 연구원으로 일하고 있는 그녀는 어떻게 이런 아이템들을 발명했느냐는 질문에 무심하게 답했다.

"석박사 논문 써 보겠다고 이리저리 찾아보다가 하나 건진 거예요. 5년 동안 50개 넘는 아이템을 실험하고 제품 개발도 시도해 보면서……."

외동딸인 그녀는 부모님의 건강과 관련된 연구를 많이 했다.

"지금 편찮으신 건 아니지만 나이 들면 혈압이나 혈당 관리를 해야 하잖아요. 부모님이 건강하게 오래 사시려면 뭐가 필요할까 생각하면서 아이디어를 냈죠."

그녀의 연구가 항상 성공한 것은 아니었다. 오히려 실패가 더 많았다. 담배를 자주 피우는 아버지가 걱정돼 호흡을 통해 병을 진단하는 센서를 만들어 보려다 실패하기도 했다.

"기술적인 한계가 너무 크더라고요. 6개월 정도 실험했는데 실패했어요."

그러나 다행히 실패가 실패로 끝난 건 아니었다. 쓸모없는 경험은 없다는 말처럼 무수한 시행착오와 실패는 내공과 노하우가 되어 새로운 성공의 길을 열어 준다.

"아이템이 A, B, C가 있다면 각각 다른 게 아니고 연관돼 있거든요. 아이템 하나를 실패해도 조그만 부분을 다른 곳에서 쓸 수 있으니까 낭비가 아니에요."

박사 학위 논문을 준비하던 2018년 국내에는 창업 붐이 일었다. 전국 곳곳에서 창업 대회도 많이 열렸다. 입상 경력이나 상금을 노리고 급조한 아이템을 들고나오는 참가자도 많았다. 그래서 그녀가 몇 년 동안 연구해 온 아이템들은 단번에 심사 위원들의 눈길을 사로잡을 수밖에 없었다.

"저는 창업은 '운칠타(타이밍)삼'이라고 생각해요. 제가 연구해 온 아이템들이 독특하다 보니 창업 제안이 쏟아진 거죠."

배달의민족, 야놀자, 크래프톤, 무신사, 마켓컬리 등 기업 가치 1조 원이 넘는 기업들이 대거 등장하면서 스타트업계의 분위기가 뜨거워졌다. 그러다 보니 과장된 정보나 근거 없는 비전으로 창업 지원금과 투자금을 받는 일이 비일비재했다. 사업 내용도 잘 모르는 채 창업 대회 입상자가 결정되고 투자가 집행되는 경우가 많았다. 그녀는 그런 분위기에 편승하지 않았다. 일부러 사업 진행 상황을 솔직하게 공개하고 천천히 돌아가는 길을 택했다.

"저는 심사 위원들에게 10년이 지나도 상용화가 안 될 수 있다고 말씀을 드려요. 지금 과장해서 시작한 친구들은 나중에 다 들통나지 않을까요?"

미국에서도 닷컴 버블 시기에 비슷한 일이 발생했다. 애슐리 반스는 《일론 머스크, 미래의 설계자》에서 다음과 같이 말했다.

"2000년 닷컴 버블 시기 샌프란시스코는 탐욕과 광기에 사로잡혔다. 모든 사람이 한순간에 부자가 될 수 있다는 환상 속에서 살았다. 소비자가 사고 싶어 하는 제품을 만들지 않더라도 기업을 만들고 급속히 발전시킬 수 있었다. 그저 인터넷과 관련된 아이디어를 떠올리고 세상에 발표하기만 하면 투자자들이 모여들어 그 아이디어를 실험하라며 자금을 댔다."

이렇게 기업 가치가 뻥튀기되면 투자자들은 기업 가치 평가에 관대해져서 기업가들은 장밋빛 미래를 제시하는 것만으로도 쉽게 투자를 받는다. 데니스 홍 소장이 개발하는 로봇이나 금도희 대표가 만드는 의료 기기는 어마어마한 잠재력을 가진 사업이지만 상용화하는 데 그만큼 시간이 오래 걸린다. 따라서 분위기에 편승해 덜컥 투자를 받았다가는 분위기가 식었을 때 투자금의 빠른 회수를 원하는 투자자들의 원망을 사기 십상이다.

바이오 기업 테라노스의 창업자 엘리자베스 홈스는 2014년 피 한 방울로 250여 종의 질병을 진단할 수 있는 키트를 개발했다고 발표함으로써 일약 스타트업계의 스타로 떠오르며 연예인 못지않은 인기를 누렸다. 테라노스의 가치는 10조 원 이상으로 평가받았고, 전 세계 투자자들이 몰려들었다. 하지만 이런 분위기에 편승하지 않은 언론에 의해 홈스의 사기 행각이 드러났고, 2016년 테라노스의 가치는 0원이 되었다.

이쯤에서 묻고 싶다. 당신은 결과 편향에서 자유로운가? 어떤 것이든 결과만 놓고 판단하지 않을 자신이 있는가? 내가 실패한 것은 운이 나빠서이고 타인이 실패한 것은 능력이 없기 때문이라고 생각한 적은 없는가? 결과 편향에서 자유로운 사람들은 실패하더라도 운이 나빴다는 변명을 하거나 다른 사람들을 탓하며 원망하지 않는다. 대신 과정을 되짚어 보면서 실패한 이유를 찾아내려 애쓴다. 다시는 똑같은 실수를 반복하고 싶지 않기 때문이다. 만약 다음에 실패하고 그다음에 다시 실패하면 그 누구도 자기 말을 믿어 주지 않으리라는 걸 잘 알고 있다.

독일의 경제학자 하노 벡은 《부자들의 생각법》이라는 책에서 결과 편향을 막을 수 있는 두 가지 방법을 제시한다. 첫 번째는 자신의 판단에 대한 즉각적인 피드백이다. 하노 벡은 기상학자들이 결과 편향의 영향을 받지 않는다는 사실에 주목하고 그 비결을 살펴봤다. 기상학자들은 날씨를 예측하고 바로 다음 날 그 결과를 확인할 수 있기에 결과 편향이 작동할 여지가 없었다. 즉 어떤 판단 혹은 선택을 할 때마다 그 것이 맞았는지 틀렸는지를 즉각 확인하는 습관을 들여야 한다는 의미다. 이런 실험을 통해 본인의 판단 능력을 객관적으로 파악할 수 있다.

두 번째는 자신의 판단과 선택에 대한 기록이다. 판단이 맞았으면 그 근거는 무엇이었는지, 틀렸으면 무엇을 놓쳤는지를 기록함으로써 기억의 왜곡을 줄이는 것이다. 성공한 투자자들이 투자 일지 작성을 중요시하는 이유도 이 때문이다. 결정의 근거들을 기록해 놓음으로써 결과 편향이 판단력을 흐리는 걸 막을 수 있다. 만약 결과가 성공적이었더라도 과정을 거슬러 올라 성공의 요인들을 되짚어 본다. 운이나 타이밍 혹은 다른 사람들의 도움이 어떻게 성공에 기여했는지를 정확하게 분석해야 자만에 빠지지 않고 또 다른 성공을 낳을 수 있기 때문이다.

자본주의 사회에서 결과에 초연할 수 있는 사람은 없다. 하지만 누구나 결과 편향의 함정에 빠지는 것은 아니다. 그리고 과정이 느리더라도 혹은 결과가 빨리 나오지 않더라도 정도를 걷는 것이 결국에는 승자가 되는 확실한 길이다.

적을 만들지 않고
내가 원하는 것을 얻는 대화법

고슴도치 딜레마

누구나 타인에게 사랑받고 싶어 한다. 그리고 사랑받는 것을 원하는 만큼 미움받는 것을 두려워한다. 하지만 내가 그 어떤 노력을 기울여도 나를 싫어하는 사람이 있을 수 있다. 아무리 노력해도 상대방이 나를 별로 안 좋아하면 기분이 좋을 리 없다. 그렇다고 그가 나를 좋아하게 만들기 위해 계속 애쓰는 게 맞을까? 아무리 노력해도 안 될 때는 어떻게 해야 할까?

'직장 동료'라는 말은 자주 쓰지만 '직장 친구'라는 말은 거의 쓰지 않는다. 직장 내 모든 관계는 일을 매개로 한 계약 관계다. 그러다 보니 동료나 선후배와 아무리 사이가 좋아도 서로 비교하고 평가하게 마련이다. 내가 일을 더 잘하는 모습을 보여야만 승진도 하고 연봉도 올려 받을 수 있다. 그래서 회사 내에서 친한 사람이 생긴다 한들 그것은 일종의 덤일 뿐이다.

그러면 과연 어느 정도의 거리가 적당할까? 여기서 '고슴도치 딜레마(hedgehog's dilemma)'가 생겨난다. 독일의 철학자 쇼펜하우어에 따르면 고슴도치들은 겨울이 되면 춥기 때문에 서로의 온기를 느끼기 위해 가까이 다가간다. 그러나 너무 가까이 다가가면 서로의 가시에 찔려 상처를 입게 된다. 상처 입은 고슴도치들은 몸을 보호하기 위해 물러나지만 추위 때문에 다시금 서로에게 다가간다. 이처럼 고슴도치들은 가까이 다가갔다가 뒤로 물러서기를 끊임없이 반복한다. 그러면서 서로 따뜻함을 느끼면서도 상처를 입지 않는 최소한의 거리를 발견한다.

미국의 문화 인류학자 에드워드 홀은 그의 저서 《숨겨진 차원》에서 회사에서는 사람과 사람 사이에 1.2~3.6미터라는 '사회적 거리'가 필요하다고 말한다. 이 거리에서는 특별한 노력이 없는 한 상대방과 닿지도 않고 그럴 기대조차 하지 않는다. 또한 이곳은 비개인적인 업무가 행해지며 사무적이고 공식적인 성격을 지니는 공간이다. 사적인 질문이나 스킨십이 허용되지 않기 때문에 대화에서도 격식을 갖추는 예의가 요구된다.

그런데 신기하게도 직장 생활을 잘하는 사람들은 이 거리를 굉장히 잘 지킨다. 우선 그들은 싫은 사람과 일을 할 때도 감정의 개입을 최소화한다. 싫은 사람과 일을 하면 아무래도 불편할 수밖에 없지만 일은 일로만 받아들인다. 그래서 아무리 상사가 싫어도 팀원으로서 해야 할 일에는 최선을 다한다.

그리고 그들은 일부러 적을 만들지 않는다. 싫은 사람이 있어도 싫은 티를 내지 않고 최대한 예의를 갖춘다. 그렇다고 비위를 맞추는 것은 아니다. 노골적으로 싫은 티를 내지 않을 뿐이다. 상대방이 예의 없는 행동을 했다고 해서 똑같이 대응하면 결국 나만 손해다. 상대방이 무리한 부탁을 할 때는 정중하게 거절할 줄도 안다. 아무리 애써도 모두를 만족시킬 수는 없기 때문이다.

행동 치료 전문가 소셉 월피는 인간관계에는 세 가지 접근법이 있다고 말한다.

"첫 번째는 자기 자신의 이익과 입장만 생각해 그것을 앞세우는 것이다. 두 번째는 늘 남을 자기보다 앞세우는 것이다. 세 번째는 자신을 처음에 두고 남들 또한 고려하는 것으로, 이것이 가장 이상적이다."

적을 만들지 않고 내가 원하는 것을 얻기 위해서는 세 번째 방법을 우선으로 하는 대화법이 필요하다. 나의 권리와 상대방의 권리를 동시에 지키기 위해 노력해야 불필요한 논쟁과 감정싸움에서 벗어날 수 있다.

사람들을 내 편으로 만드는 여섯 가지 대화의 원칙

커뮤니케이션 전문가 샘 혼은 《적을 만들지 않는 대화법》에서 좋은 대화의 가장 중요한 원칙은 무조건 남에게 맞추는 게 아니라 자존감을 지키면서 타인과 공감하는 것이라고 말한다. 구체적으로 다음 여섯 가지 사항을 염두에 두는 것이 좋다.

1. '흥분하는 순간 지는 거다'라는 말을 기억할 것
나의 가장 큰 단점 중 하나는 말을 하다 보면 흥분한다는 것이다. 어느새 말이 빨라지고 언성이 높아져서 내 말의 속도에 내가 진다. 그렇게 어버버하다 결국 하고 싶은 말을 제대로 하지 못한 채 대화가 끝나 버린다. 그래서 집에 가서 하지 못한 말들을 곱씹으며 이불을 걷어차기 일쑤다.

사회에서는 목소리 큰 사람이 이긴다지만 그건 한 번 보고 다시 안 볼 사이에나 가능한 말이다. 흥분하면 지게 되어 있다. 아무리 바른말이라도 흥분한 상태에서 하면 내용은 들리지 않고 흥분하고 있는 사람만 보인다. 결국 이기는 쪽은 어떤 상황에서도 화를 내지 않으면서 조곤조곤 말하는 사람들이다. 그런데 어떻게 해야 흥분하지 않을 수 있을까?

가끔 상대가 나를 공격해 올 때가 있다. 심하면 나를 정면으로 깎아내리는 말을 하기도 한다. 그럴 때는 "무슨 뜻인지요?", "왜 그렇게 생각하는데요?" 하면서 상대방에게 다시 공을 넘기는 게 좋다. 그러면 상대방이 왜 그런 말을 했는지 의중을 파악할 수 있다. 또 상대방이 답을 하는 동안 나는 생각할 시간을 벌 수 있다. 무엇보다 감정적으로 성급하게 대응하는 것을 막음으로써 흥분을 가라앉힐 수 있다.

대화를 하다 보면 간혹 심술쟁이나 말썽꾼을 만날 때가 있다. 그들은 나를 곤란하게 만들 작정이라도 한 듯 아무렇지 않게 상처 주는 말을 내뱉는다. 그럴 때는 나도 모르게 마음의 문을 닫게 된다. 상대방의 말을 듣는 둥 마는 둥 하게 되는 것이다. 원하는 것을 얻고 싶은가? 그렇다면 이것 하나만 기억하라. 상대방에게 끝까지 기회를 주어라. 누구나 자신의 말에 끝까지 귀 기울이는 사람에게는 결국 마음을 열게 되어 있다.

2. 시선을 피하지 말 것

우리는 상대의 얼굴을 빤히 쳐다보는 것은 실례라고 생각한다. 그래서 내화를 나눌 때도 상대방의 눈을 쳐다보는 것을 왠지 부끄럽고 민망하게 여긴다. 하지만 대화를 나눌 때는 눈을 쳐다보는 것이 좋다. 부끄럽다는 이유로 다른 곳을 보며 이야기하면 자신감과 진정성이 느껴지지 않을뿐더러 자칫 잘못하면 신뢰할 수 없는 사람이라는 인상을 줄 수도 있다.

대화할 때 상대방의 눈을 보는 것은 '나는 지금 당신에게 집중하고 있고 관심을 두고 있음'을 표현하는 가장 쉬운 방법이다. 《뉴욕 타임스》는 실험을 통해 두 사람이 서로 4분 동안 바라보면 어떤 관계든 가까워진다는 사실을 밝혀내기도 했다. 눈을 마주치면 마주칠수록 서로 호감과 매력을 높일 수 있다. 눈을 쳐다보고 말하는 게 익숙하지 않다면 최소한 시선을 이리저리 바꾸는 것만은 피해야 한다. 대화에 집중하지 않는다는 인상뿐만 아니라 뭔가를 감추는 듯한 느낌을 주게 되어 상대방의 신뢰를 얻기가 어렵다.

나도 기자로서 사람들을 만날 때 되도록 눈을 쳐다보며 말하려고 노력한다. 상대방과 눈을 마주치는 작은 행동 하나가 얼마나 큰 효과가 있을까 싶겠지만 생각보다 그 효과는 세다. 눈을 자주 마주칠수록 긍정적이고 친근한 감정이 생기고, 그 감정이 대화를 부드럽고 매끄럽게 만들어 준다.

3. 상대방에게 존중받는 느낌을 줄 것

낯선 사람과 대화를 나눌 때는 침묵이 찾아오는 순간 서로 당황하게 된다. 그런데 《사람을 얻는 기술》을 쓴 레일 라운즈에 따르면 어색한 침묵이 생기지 않게 하는 방법은 생각보다 간단하다. 앵무새처럼 상대방의 말을 따라 하는 것이다. 예를 들어 "나 어제 영화 '어벤져스' 봤는데" 하면 "어벤져스?"라고 되묻고, "정말 굉장했어" 하면 "어떤 게 굉장했는데?"라는 식으로 되묻는 것이다.

사람은 누구나 스포트라이트를 받고 싶어 한다. 그래서 대화를 나눌 때 협상을 잘 끌어가는 사람은 항상 상대방이 스포트라이트를 받게 만든다. 자신의 이야기를 하기보다는 상대방에게 주목해서 그에 대해 알려고 애쓰는 것이다. 그럴 때 앵무새처럼 상대방의 말을 따라 하면 설령 모르는 주제라도 상대방의 말을 이끌어 낼 수 있다. 그러면 결국 상대방이 무엇을 원하는지, 무엇을 싫어하는지를 파악해 협상을 유리하게 이끌 수 있다.

4. 인간미 넘치는 약점을 먼저 드러낼 것

만약 상대가 당신에게 호감을 갖고 있다는 사실이 분명하다면 쑥스러운 약점을 의도적으로 드러내는 것도 매우 효과적이다. "매운 걸 잘 못 먹어요", "길치예요", "건망증이 좀 있어요" 등등 당신이 인간미 넘치는 약점을 먼저 드러내면 상대방은 경계심을 풀고 당신에게 호감을 갖게 된다. 이와 관련해서 레일 라운즈는 다음과 같이 말한다.

"완벽하게 보이려고 할수록 사람들은 당신에게서 멀어진다. 사람들이 당신에게 호감을 갖는 것은 당신 또한 자신과 같은 인간이라는 사실을 끊임없이 확인하는 작업을 통해 이루어진다."

5. '왜냐하면'의 힘을 최대한 이용할 것

하버드대 심리학과 교수인 엘런 랭어는 1978년 도서관 복사기 앞에 길게 줄을 서서 기다리는 사람들이 어떤 조건일 때 다른 사람에게 양보하는지 알아보는 실험을 했다. 맨 앞에 서 있는 사람에게 다음과 같이 물어보았다.

> **A** : 미안합니다. 지금 다섯 장을 복사해야 하는데 제가 먼저 해도 될까요?
>
> **B** : 미안합니다. 지금 다섯 장을 복사해야 하는데 제가 먼저 해도 될까요? 왜냐하면 제가 지금 너무 급해서요.

A처럼 말했을 때 양보율은 60퍼센트였는데, B처럼 '왜냐하면'이라는 말을 붙이자 양보율이 94퍼센트로 크게 상승했다. 이를 통해 엘런 랭어는 '왜냐하면'이라는 말의 힘이 세다는 사실을 발견했다. 어떤 것이든 거기에 이유를 덧붙이는 순간 상대방이 나의 부탁을 들어줄 가능성이 커진다. 꼭 '왜냐하면'이라는 말을 쓸 필요는 없다. 당신이 왜 그것을 원하는지 그 이유를 설명하기만 하면 된다. 그러면 다른 사람들로부터 더 많은 이해와 호의적인 반응을 이끌어 낼 수 있다. 사람을 설득하고 싶은가? 그러면 '왜냐하면'을 기억하라. 이유를 덧붙이면 한결 수월하게 당신의 목적을 달성할 수 있을 것이다.

6. 상대방이 없는 데서 칭찬할 것

마지막은 칭찬에 대한 이야기다. 예전에 어떤 자리에서 일면식도 없는 사람과 인사를 나누게 되었다. 내 이름을 말하자마자 그가 대뜸 말했다.

"말씀 많이 들었어요. 내가 ○○ 기자랑 잘 아는데 그 사람이 당신 칭찬을 해서 궁금했어요. 만나고 싶었는데 이제야 보네요."

나는 얼떨결에 선배 기자가 나를 칭찬했다는 사실을 알게 되었다. 그런데 선배가 나에게 직접 칭찬해 준 것보다 정말이지 몇 배는 더 기분이 좋았다.

우리는 상대방에게 칭찬을 들으면 기분이 좋으면서도 한편으로는 아첨이나 괜히 하는 말이 아닌가 싶어 있는 그대로 받아들이지 못한다. 그런데 내 등 뒤에서 하는 칭찬은 다르다. 사람들은 눈앞에서 직접 들은 칭찬보다 우연히 듣게 된 칭찬에 더 열광하고 흥분한다. 그러므로 상대방을 진심으로 칭찬해 주고 싶다면 그 사람에게 소문이 닿게 하라. 그러면 상대방의 마음을 진심으로 얻을 수 있을 것이다.

내가 아무리 잘해도 모든 사람에게 호감을 살 수는 없다. 내가 모든 사람을 좋아하지 않는 것처럼 말이다. 어떤 방법으로도 친해질 수 없는 사람이라면 감정의 코드를 뽑아 버리는 수밖에 없다. 어떤 노력으로도 가까워질 수 없다는 판단이 든다면 괜히 전전긍긍하며 감정을 소모하기보다는 깔끔하게 신경을 꺼 버리고 내 인생에 더 의미 있고 중요한 사람들에게 에너지를 집중하는 게 현명한 일이다.

사람의 마음을 움직여
원하는 것을 얻는 기술

CHAPTER 5

: 인간관계 & 협상

넷플릭스가 성과급보다 연봉에 목숨 거는 이유

열린 인지 공간

어느 날 당신에게 스카우트 제안이 왔는데 그 안에는 두 가지 연봉 협상안이 들어 있다.

A. 연봉 1억 원

B. 연봉 8000만 원과 성과에 따른 보너스 50퍼센트

만약 A를 선택했다면 대다수의 사람들과 같은 선택을 한 것이다. 인사권자들은 '보너스'라는 인센티브가 최선을 다해야 할 분명한 동기가 되고, 보너스를 받게 되면 A보다 더 많은 돈을 받을 수 있기 때문에 B를 선택할 것으로 짐작한다. 하지만 대부분의 사람들은 불확실한 50퍼센트의 추가 수익보다는 확정적으로 받을 수 있는 1억 원을 더 선호한다. 그런데 이 선택은 단지 경제적인 관점에서만 바라볼 문제는 아니다. 업무 성과에 큰 영향을 미치는 문제이기 때문이다.

사실 보너스가 동기 부여에 미치는 영향은 생각보다 크지 않다. 보너스가 있을 때 열심히 일하고 보너스가 없을 때 적당히 일하는 식으로

일의 강도를 조절하는 사람은 많지 않다. 연봉 1억 원짜리 일과 연봉 8000만 원짜리 일이 크게 차이 나지 않기 때문이다. 그러므로 일자리를 선택할 때 '보너스'는 의외로 그다지 매력적이지 않다. 오히려 보너스가 없는 높은 연봉이 좋은 성과를 내는 데 긍정적인 영향을 미친다.

리드 헤이스팅스 넷플릭스 창업자는 일찍이 급여와 성과의 상관관계를 간파해 이를 적용했다. 1997년 설립 당시 우편으로 DVD를 대여해 주는 회사이던 넷플릭스는 2007년부터 인터넷으로 원하는 동영상을 볼 수 있는 스트리밍 서비스를 시작했다. 이후 성장을 거듭하며 동영상 시청 문화를 바꾸었고, 2022년 현재 한국을 포함해 190여 개국에서 2억 3000만 명의 구독자를 보유한 글로벌 기업으로 거듭났다.

넷플릭스의 성공 요인을 간단히 정리할 수는 없지만 헤이스팅스가 인재를 확보한 과정은 주목할 만하다. 그는 뛰어난 프로그래머 1명이 평균 수준의 프로그래머 100명 이상의 가치를 한다고 판단했다. 이처럼 탁월한 능력을 갖춘 한 사람이 평균 구성원들보다 월등하게 높은 성과를 내는 것을 '록스타 원칙(rockstar principle)'이라고 하는데, 헤이스팅스는 이 원칙에 맞추어 인재를 영입했다. 그는 《규칙 없음》에서 "나는 로비의 안내 요원부터 고위 임원에 이르기까지, 해당 분야에서 가장 뛰어난 성과를 올리면서도 협동 능력이 탁월한 직원으로 넷플릭스를 채우는 데 총력을 기울였다"고 밝히기도 했다.

헤이스팅스의 인재 영입 방식에서 특이한 점은 업계 최고 수준의 연봉을 제시하되 보너스 조항은 넣지 않았다는 것이다. 이미 능력이 검증된 직원들에게 불확실한 추가금을 제시하며 설득하는 방식이 못마

땅했기 때문이다. 일을 잘하는 사람들은 언제나 열심히 한다. 그들에게 "여기서 더 열심히 하면 돈 조금 더 줄게"라고 말하는 건 모욕이나 다름없다는 것이다. 그는 충분한 연봉을 주면 직원들이 외부 유혹이나 쓸데없는 생각에서 해방되어 일을 성공적으로 수행하는 데만 전념할 수 있다고 말한다. 헤이스팅스에 따르면 최고의 아이디어나 혁신은 '열린 인지 공간(open cognitive space)'에서 나온다. 열린 인지 공간은 제약이나 속박, 고정 관념에서 벗어나 자유롭게 생각하고 소통할 수 있는 추상적 공간이다. 구성원들이 열린 인지 공간에 머물게 하기 위한 가장 중요한 조건은 자유로운 마음이다.

"창의적인 일을 하려면 우선 마음이 자유로워야 합니다. 어떻게든 좋은 성적을 올려 큰돈을 받아야 한다는 데 초점을 맞추면 '열린 인지 공간'이 있을 수 없죠. 그래서는 제 실력이 나오지 않아요."

사람들은 높은 연봉이 보장될 때 가장 창의적으로 일한다. 집안일이나 생활비를 신경 쓰지 않아도 되기 때문이다. 그러나 보너스를 받을 수 있을지 없을지에 관심이 쏠릴 때는 창의성이 떨어진다. 그러므로 회사의 인재 밀도를 높이는 가장 좋은 방법은 최고의 인재에게 고액의 연봉을 지급하고 지속적인 임금 인상을 통해 업계 최고 수준의 연봉을 보장해 주는 것이다.

성과급은 어떻게 창의력을 약화시키는가

《창조성, 신화를 다시 쓰다》의 저자인 데이비드 버커스 미국 오럴로

버츠대 경영학과 교수도 같은 말을 했다.

"인센티브가 직원들의 창조력을 향상시킨다고 알려져 있지만 사실은 그렇지 않아요. 그들에게는 돈보다는 즐거움 같은 보상 요소가 더 중요합니다."

특히 창조적인 분야에서는 보너스로 성과를 이끌어 낼 수 없다. 2021년 전 세계에서 선풍적인 인기를 끈 넷플릭스 오리지널 드라마 '오징어 게임'의 황동혁 감독도 흥행에 따른 추가 수익을 받지 않았다. 대신 넷플릭스는 제작하는 동안 물량 지원을 아끼지 않았다. 황 감독은 기자 간담회에서 다음과 같이 말했다.

"인센티브가 아쉽지 않다면 사람이 아니겠죠. 그러나 알고 시작한 거라 괜찮아요. 지금 전 세계에서 쏟아지는 뜨거운 반응, 그것만으로도 창작자로서 너무 감사합니다. 그리고 '오징어 게임'은 처음부터 넷플릭스가 아니면 불가능했어요. 이걸 어디 가서 형식, 물량, 수위 제한 없이 만들 수 있었겠어요. 넷플릭스는 처음 아이디어를 이야기했을 때부터 계속 밀어줬습니다. 제작 기간 내내 이렇게 편안하게 작품을 만들어 본 적이 없어요."

제작비와 투자자, 광고주를 신경 써야 하는 일반적인 제작 환경과 달리 오로지 작품에만 집중할 수 있게 한 넷플릭스의 방식은 세계를 깜짝 놀라게 한 창의적인 결과물로 이어졌다. 열린 인지 공간을 중요시하는 넷플릭스의 제작 시스템은 황동혁 감독뿐 아니라 'D.P.'의 한준희 감독, '지옥'의 연상호 감독, '옥자'의 봉준호 감독 등 충무로 유명 감독들을 넷플릭스로 끌어들인 비결이기도 하다.

즉 넷플릭스는 사람들의 기대를 훨씬 웃도는 높은 연봉과 최고의 제작비라는, 상식을 뒤엎는 파격적인 행보로 세계 최고의 동영상 플랫폼 기업이 되었다. 물론 이 하나의 조건만으로 넷플릭스가 눈부신 성장을 한 것은 결코 아니다. 넷플릭스는 자신들의 성공 요인을 '규칙 없음'이라고 규정한다. 그들은 업계 최고 대우로 베스트 플레이어를 모은 후 시장 가치에 맞게 연봉을 인상해 주면서 높은 인재 밀도를 유지했다. 이후 솔직한 피드백 문화를 도입해 직원들이 누구의 눈치도 보지 않고 각자 최고의 의사 결정을 할 수 있도록 각종 규제와 통제를 제거해 나갔다. 이 같은 운영 방식이 누구보다 빠른 혁신을 가능하게 했다.

하지만 그 기본이 되는 베스트 플레이어들을 모이게 만든 것은 결국 업계 최고의 연봉이었다. 심지어 인재 영입에 필수적이라고 생각하는 보너스는 제공하지 않았다. 딴생각을 하지 않고 일에 매진할 수 있는 연봉을 제시하는 것. 업계마다 조금씩 문화는 다르겠지만 창의적인 인재를 끌어들이고 싶다면 보너스보다 연봉을 높게 책정하는 것이 답일 수 있다. 인재를 다른 회사에 빼앗기지 않는 방법도 마찬가지다.

관점을 바꿔 월급을 받는 사람의 입장에서 생각해 보면 조건이 걸린 보너스보다는 확정된 연봉을 받는 것이 좋은 성과를 내는 데 유리하다. 심리적으로 안정된 상태일 때 우리는 열린 인지 공간에서 일에만 집중할 수 있기 때문이다. 기대를 훌쩍 뛰어넘는 성과를 냈을 때 보너스가 없다고 아쉬워할 필요는 없다. 다음 연봉 협상 때, 혹은 다음 일자리, 혹은 자기 사업에서 충분히 보상받을 테니까.

사람은 통계보다
사진 한 장에 더 마음이 흔들린다

마음 이론

2009년 앨 고어 전 미국 부통령과 노르웨이 외무부가 지구 온난화 대책을 논의하기 위해 공동 주최한 '멜팅 아이스(Melting Ice) 콘퍼런스'에서 앨 고어는 이렇게 말했다.

"얼음이 녹아 해수면이 1미터만 상승해도 1억 명의 기후 난민이 발생합니다. 북극 감시·평가 프로그램(AMAP) 소속 과학자들은 지금 추세가 이어진다면 이번 세기에 비극을 목격할 것으로 예상합니다."

많은 과학자의 오랜 연구 결과를 바탕으로 한 충격적인 전망이었기에 청중의 관심을 끌 것으로 예상했지만 기대와는 달리 반응은 무덤덤했다. 예전부터 들어 오던 환경 메시지와 큰 차이가 없을 뿐 아니라 해수면 1미터 상승, 기후 난민 1억 명 같은 숫자를 체감하기가 어려웠기 때문이다. 그런데 뜻밖의 사진 한 장에 청중들이 뜨겁게 반응했다. 비쩍 마른 북극곰이 거의 다 녹아 버린 작은 얼음 위에 이슬이슬하게 서 있는 사진이었다. 그 사진에는 짧은 문구가 적혀 있었다.

"북극곰의 집이 사라지고 있습니다. 그들을 위기에서 구해 주세요."

그제야 사람들은 기후 위기에 대한 심각성을 피부로 느끼기 시작했고, 콘퍼런스는 성공적으로 끝이 났다.

나도 그와 비슷한 사례를 경험한 적이 있다. 2010년 봄 남아프리카 공화국 월드컵을 앞두고 복지 재단 '사랑의 전화'와 함께 요하네스버그와 케이프타운으로 출장을 갔다. 남아프리카 공화국은 아프리카 국가 중에서는 가장 잘사는 나라지만 외곽 빈민촌에 거주하는 사람들의 1인당 월평균 소득은 500랜드(당시 환율로 약 7만 5000원)밖에 되지 않았다. 그들 중 대부분은 에이즈 환자였고, 그들의 자녀들은 운동화가 없어 맨발로 축구를 하다 발을 다쳐 에이즈에 걸리기도 했다. 우리는 맨발의 아이들이 슬픔 가득한 눈으로 카메라를 쳐다보는 사진을 찍었다. 그리고 나는 이렇게 기사를 시작했다.

"비쩍 마른 몸에 큰 눈을 가진 소녀 레이첼(15세)의 꿈은 의사였다. 의사가 되면 소아마비로 왼쪽 다리를 못 쓰는 큰오빠 토헤포(19세)의 다리를 고쳐 주고, 어린 두 여동생 레보강(3세)과 보놀로(1세)가 먹고 싶어 하는 과자와 초콜릿도 많이 사 줄 수 있을 것 같았다. 하지만 작년에 엄마가 에이즈로 사망하면서 소녀의 꿈은 무너졌다. 엄마 간호를 위해 학교를 그만둔 레이첼은 지금 도망간 아빠를 대신해 가장 역할을 하고 있다."

기사에 대한 반응은 생각보다 뜨거웠다. 사람들이 통계 수치보다 마음을 울리는 사진이나 사연에 더 크게 반응한다는 것을 다시금 깨닫게 되었다. 통계 수치에는 무덤덤하게 반응하는 사람들이 수치에 숨겨진 인간이라는 존재를 의식하게 되면서 감정적으로 반응하는 것이다. 심리학에서는 이를 '마음 이론(theory of mind)'으로 설명한다.

마음 이론은 타인의 마음을 이해하고 공유하는 능력을 의미한다. 일종의 공감 능력이다. 우리는 말, 행동, 표정 등을 통해 상대방의 마음 상태를 유추한다. 또한 유아기 때부터 타인의 행동을 보고 그 사람의 마음이 어떠한지, 어떤 바람과 요구를 지니고 있는지를 파악한 후 적절히 반응하는 능력을 키워 왔다. 마음을 이해하는 능력은 타인과 사회적 관계를 형성하고 유지하는 데 필수적이다.

마음을 사로잡는 간단한 방법

미국 시카고대 경제학과 교수 존 리스트는 여러 실험을 통해 마음 이론을 경제학 관점에서 발전시켰다. 노벨 경제학상을 수상한 조지 애컬로프와 게리 베커 등이 그의 업적에 찬사를 아끼지 않을 만큼 실험 경제학 분야의 선구자로 통한다. 위스콘신주 시골에서 트럭 운전사의 아들로 태어난 리스트는 골프 장학생으로 위스콘신대에 입학했다. 주말마다 마트에서 아르바이트를 하면서 경제학에 흥미를 느꼈다. 1996년 와이오밍대에서 경제학 박사 학위를 받았지만 명문대 출신이 아니라는 이유만으로 150곳 이상에서 퇴짜를 맞는 수모를 겪기도 했다. 여러 대학에서 경력을 쌓다가 2004년 마침내 시카고대 정교수로 부임했고, 250편의 실험 경제학 논문을 발표하면서 경제학의 새로운 지평을 열었다. 그는 전 세계를 돌며 각종 실험을 통해 현실 세계와 경제학 사이의 간극을 줄이는 연구를 하고 있다.

"저도 원래는 실험실에서 가설을 세우고 그에 대한 데이터를 분석했습니다. 그런데 과연 실험실 안과 현실 세계는 일치할까 하는 의문이 들었습니다. 왜 다들 밖으로 나가지 않는 거지? 그래서 밖으로 나갔습니다. 실험실보다는 현장에 답이 있다고 생각했고, 훨씬 더 많은 데이터와 사례를 구할 수 있으리라 생각했거든요."

존 리스트의 대표적 업적 중 하나는 어린이 자선 단체 스마일레인 창업자인 브라이언 멀레이니와 함께 한 실험이다. 그동안 자선업계에서는 구순 구개열(윗입술이나 입천장이 선천적으로 갈라져 있는 상태)을 앓는 아동 환자를 위한 기부를 요청할 경우, 수술 전후 사진을 모두 제시하는 것이 좋다고 알려져 있었다. 리스트와 멀레이니는 수술 전후 사진을 활용할 때와 수술 전 사진만 활용할 때 기부금 차이가 얼마나 나는지 직접 확인해 봤다. 그 결과 수술 전 사진만 활용했을 경우 기부 확률이 17퍼센트 증가한다는 사실을 발견했다.

"소비자들은 세제 광고처럼 전후 사진을 비교해서 보여 주는 것을 선호한다는 게 광고계에서 통용되는 원칙이었어요. 하지만 이 경우에는 수술 전 사진만 보여 주는 것이 훨씬 효과가 좋다는 사실을 실험으로 확인했습니다. 구순 구개열로 어려움을 겪는 아이의 모습이 머릿속에서 떠나지 않기 때문이죠."

그들은 내친김에 기부 요청 문구에 따른 기부금 변화도 실험으로 확인해 보았다. 한 그룹의 편지에는 모금 단체에서 일반적으로 사용하는 문구만 썼고, 다른 그룹의 편지에는 다음과 같은 메시지에 체크할 수 있게 했다.

"이번이 마지막 기부입니다. 세금 감면용 기부금 영수증을 보내 주고 다시는 기부 요청을 하지 마십시오."

일종의 마케팅 홍보물 수신 동의를 묻는 것과 비슷한 방식으로 기부자에게 '마지막 기부'라는 의사 표현의 기회를 준 것이다. 그러자 일반적인 문구만 보낸 그룹에 비해 기부금이 두 배 가까이 늘었다. '이번이 마지막'이라는 표현 때문에 사람들이 더욱 적극적으로 반응한 것이다. 더 신기한 점은 '다시는 기부 요청을 하지 마십시오'라는 메시지에 체크한 사람은 전체 기부자의 39퍼센트에 불과했다는 사실이다. 기부 요청을 거부할 기회를 주자 사람들이 오히려 자선 단체의 친절한 행동에 보답하고 싶어 한 것이다.

돈이 아닌 다른 요인으로 거래나 계약이 성사되거나 결렬되는 경우가 많다. 돈을 아무리 많이 주어도 정작 마음을 움직이지 못하면 거래나 계약에 실패하기도 한다. 그러므로 원하는 것을 얻기 위해서는 상대방의 마음을 먼저 헤아릴 수 있어야 한다. 존 리스트의 '인센티브 연구'도 이를 뒷받침한다.

자선 단체를 위해 기부금을 모으는 세 조직이 있다. 직원들에게 한 조직은 다른 혜택 없이 자선 단체에 기부하는 행위가 얼마나 중요한지만 강조했고, 다른 조직은 모금액의 1퍼센트를 보상으로 지급하겠다고 했으며, 마지막 조직은 모금액의 10퍼센트를 보상으로 지급하겠다고 했다. 어떤 조직이 가장 많은 돈을 모았을까?

경제적인 측면에서 대부분의 사람은 직원들에게 가장 큰 혜택을 주는 세 번째 조직이라고 예상할 것이다. 하지만 실험 결과 가장 많은 돈을 모은 곳은 직원들에게 아무런 혜택이 없는 첫 번째 조직이었다. 보상이 없는 조직의 직원들은 타인을 위해 좋은 일을 한다는 자부심과 보람으로 일을 했지만, 기부금의 일부를 보상으로 받기로 한 조직의 직원들은 자신의 일과 보상에 대한 가치를 계산하게 돼 딱 그만큼만 일했던 것이다. 보상이 좋은 일을 한다는 고귀한 동기를 의미 없는 것으로 만들어 버린 셈이다. 보상을 약속받은 이들에게 기부금을 모으는 일은 단지 돈벌이에 불과했던 것이다.

보상이 상황을 더 악화시키는 경우도 있다

최근 내가 아는 한 회사는 힘든 보직을 피하는 직원들에게 그 보직을 신청할 경우 월급을 150만 원 올려 주겠다는 강력한 인센티브를 제안했다. 평균 월급의 3분의 1에 달하는 큰 액수였다. 그러나 회사 측의 예상과 달리 지원자가 나오지 않았다. 그 일이 얼마나 힘든지 알고 있던 직원들은 돈을 더 준다고 해도 그 일을 할 생각이 애초에 없었고, 그 일이 얼마나 힘든지 모르던 직원들은 '회사에서 150만 원이나 더 주다니 절대 해서는 안 될 일이다'라고 생각한 것이다. 인센티브가 오히려 역효과를 불러온 것이다.

아이만 다섯인 존 리스트도 이와 비슷한 일을 경험했다. 그의 아이들이 다니는 탁아소는 부모들이 자녀를 제때 데리러 오지 않는 문제로 골머리를 앓았다. 고심 끝에 탁아소 원장은 정해진 시간보다 늦을 경우 소액의 벌금을 물리겠다고 했다. 그러나 벌금 제도는 별 실효성이 없었을 뿐 아니라 오히려 시간을 지키지 않는 부모를 더 늘렸다. 그

전에는 부모들이 아이들을 늦게 데리러 갈 때 죄책감을 느끼면서 최대한 서둘렀지만, 벌금 제도가 생기자 '벌금을 내면 그만'이라는 마음으로 죄책감도 느끼지 않고 무리하게 서두르지도 않은 것이다.

"부모들은 몇 푼 아끼자고 미친 사람처럼 자동차를 요리조리 몰며 서두를 필요가 없다고 생각했죠."

어떤 문제를 해결하기 위해 내세운 보상이 그 문제를 더 악화시키는 것을 '코브라 효과(cobra effect)'라고 한다. 2001년 독일 경제학자 호르스트 제호퍼는 《코브라 효과》라는 책에서 인도에서의 일을 소개한다. 19세기 영국이 인도를 지배하던 시절, 맹독을 지닌 코브라가 사람을 물어 죽이는 일이 빈번하게 발생하자 정부는 코브라를 잡아 오면 포상금을 주는 정책을 시행했다. 그런데 이후 코브라가 줄기는커녕 오히려 더 늘어났다. 사람들이 보상금을 받기 위해 코브라를 키웠기 때문이다. 이 사실을 알게 된 정부는 포상금 제도를 철폐했다. 그러자 사람들이 키우던 코브라를 내다 버리면서 포상금 정책 시행 전보다 코브라 개체 수가 더 늘어나 버렸다.

어떤 일을 하도록 사람들을 유도하려면 동기를 유발할 대상, 시기, 장소, 이유, 정도 등에 깊이 주의를 기울여야 한다. 사람들의 미묘한 심리를 고려하지 않으면 코브라 효과에서 보듯이 의도와는 다른 결과가 나오기도 한다. 특히 돈을 무기로 쓸 때는 더욱 신중해질 필요가 있다. 인센티브는 겉보기보다 미묘하고 복잡한 도구라서 항상 생각한 대로 움직이지 않는다. '돈을 더 주면 당연히 잘하려고 하겠지', '돈을 그만큼 올려 주는데 당연히 우리랑 계약하겠지'라고 생각하기 쉽지만, 자칫 잘못하면 상대방의 마음을 상하게 만들거나 성사 직전의 계약이 어긋날 수 있다. 자선 단체 직원들과 힘든 보직 지원자의 사례처럼 오히려 마음을 닫아 버리는 결과를 낳을 수 있다는 말이다.

그러므로 돈이라는 무기를 사용할 때는 사진 한 장, 사연 하나에 움직이는 사람의 마음을 잘 살필 필요가 있다. 그러지 않으면 직원들의 사기 진작이라는 좋은 의도마저 훼손시키는 최악의 결과를 맞이할 수도 있다.

호감 가는 사람이 되고 싶다면
가장 먼저 익혀야 할 법칙

유사성의 원리

소개팅을 나갔다. 그런데 상대방과 대화를 해 보니 좋아하는 영화와 계절이 같았다. 그러자 대화 주제도 다양해지고 이야기도 자연스럽게 흘러갔다. 그러다가 우연히 MBTI 유형이 'ENTP(변론가형)'로 서로 같다는 사실도 알게 되었다. 이런 상황에서 호감도는 올라갈까, 내려갈까? 당연히 올라간다. 하필이면 ENTP의 이상형이 '나 같은 사람'이라고 한다. 이쯤 되면 누군가는 성급하게 '혹시 운명의 상대가 아닐까?' 하는 기대를 할지도 모른다. 그런데 우리나라 사람 16명 중 1명은 ENTP 유형이라고 한다. 16명 중의 1명을 과연 운명의 상대라고 할 수 있을까?

사람들은 자신과 비슷한 외모와 성격, 특징, 관심사를 지닌 상대에게 호감을 느낀다. 이를 '유사성의 원리(principle of similarity)'라고 한다. 학자들의 연구에 따르면 고향, 정치적 성향, 학력 등의 유의미한 유사성은 물론이고 좋아하는 취미, 브랜드, 운동 등 일상적이고 소소한 유사성 역시 호감을 느끼는 데 중요한 역할을 한다.

이를 뒷받침하는 연구 결과도 있다. 사람들에게 다양한 질문을 던져 그에 대한 답변을 받은 다음 그들의 답변과 일치하는 상대와 불일치하는 상대를 보여 주고 매력도를 조사해 보았다. 그러자 자신과 일치하는 상대에게는 14점 만점에 13점이라는 높은 점수를 준 반면, 불일치하는 상대에게는 4.4점밖에 주지 않았다. 즉 자신과 비슷하다는 이유만으로 높은 점수를 준 것이다.

경제학적 측면에서 호감이 중요한 까닭은 누군가에게 호감이 생기면 그 사람에게 물건을 사거나 그 사람을 도우려는 경향을 보이기 때문이다. 예를 들어 낯선 사람을 만났을 때 그에게 호감을 느끼면 우리는 자연스럽게 그와 가까워지고 싶어 한다. 그래서 그가 하는 말에 귀를 기울이고, 그의 말을 신뢰하게 된다. 그가 파는 물건을 사고, 그가 원하는 표를 주게 되는 것은 시간문제다.

그러다 보니 사람들은 누군가의 호감을 사기 위해 어떻게든 공통점을 찾으려고 애쓴다. 한 보험 회사의 경우 보험 계약 기록을 분석한 결과 고객들이 자신과 나이, 종교, 정치적 성향, 흡연 습관 등이 비슷한 영업 사원과 계약을 맺을 확률이 높은 것으로 나타났다. 그래서 영업 사원 교육에서 어떻게든 잠재 고객과의 유사성을 찾아야 한다고 강조한다.

유사성의 힘이 어느 정도인지를 보여 주는 사례는 또 있다. 영화감독이 창업자인 미국의 한 영화 제작사가 국내 배급사를 찾기 위해 여러 기업을 만났다. 그중 계약이 가장 유력하던 A 기업은 대기업에다 자금력도 탄탄했다. 첫 미팅 자리에 A 기업 사람들은 모두 정장을 입고 나타났고, 미팅 내내 A 기업의 경쟁력만을 강조했다. 반면 상대적으로 작은 규모의 B 기업 경영진들은 청바지에 티셔츠를 입었고, 최근 본 영화에 대한 이야기를 나누었다.

어느 기업이 계약에 성공했을까? 예상했겠지만 B 기업이다. 영화감독 출신 창업자가 입고 있던 옷도 티셔츠에 청바지였다. 사람들은 자신과 비슷한, 결이 같은 사람과 함께 일하고 싶어 한다. 유사성의 힘은 이렇게 크다.

앞서 소개한 바 있는 뉴욕 외식업계의 대부 대니 메이어 유니언스퀘어 호스피탤러티 그룹 회장도 사업 초기에 유사성의 힘을 적극적으로 활용했다. 그는 손님들이 오면 가장 먼저 사소한 질문을 하나 던졌다고 한다.

"어디에서 오셨어요?"

이것만 물어봐도 "나 거기 아는 사람 누구누구 있는데"라며 지인을 맞춰 보거나 "혹시 5번가에 있는 인도 음식점 가 보셨어요?"라며 같이 가 본 식당을 찾거나 "보스턴 레드삭스 팬이시죠?"라며 같이 응원한 야구팀을 확인해 보는 등 공통점을 하나쯤은 찾을 수 있다는 것이다.

"사람들은 자신과 공통점이 있다는 사실만으로도 큰 관심을 갖게 되죠. 그들이 하는 이야기를 듣기만 하세요. 관계 형성에서 관심을 갖고 이야기를 들어 주는 것만큼 확실한 방법은 없거든요."

유사성이 높을수록 화젯거리가 풍부해지고 맞장구칠 확률도 커진다. 아주 사소한 일일지라도 서로 의견이 맞으면 없던 친밀감이 생기기도 한다. 그래서 공통점이 많은 사람에게는 마음을 열 확률이 높아진다. 그가 원하는 걸 들어주고픈 마음이 커지는 것이다.

우리는 혈연·지연·학연 중심 사회에서 벗어나야 한다는 말을 들으며 자랐다. 그리고 고향이 같다는 이유로, 같은 학교를 나왔다는 이유로 사람을 기용하거나 승진에 이익을 주면 안 된다고 배웠다. 그럼에도 그 문화가 쉽사리 없어지지 않는 이유는 유사성의 원리가 한몫하기 때문이다. 닮은 구석 한 군데만 발견해도 좋아지고 친근감을 느끼며 그에게 높은 점수를 주는 심리가 여전히 우리의 선택에 큰 영향을 미치고 있는 것이다.

친해지고 싶은 사람이 있다면 공통점을 찾아라

고백하자면 2000년 미국 대통령 선거 당시 고등학생이던 나는 조지 W. 부시보다 앨 고어가 당선되기를 바랐다. 선거권도 없고 미국 정치에 대해 잘 아는 것도 아니었지만 고어의 고상한 외모와 젠틀해 보이는 매너가 좋았다. 여러 가지 논란 끝에 결국 부시가 승리했을 때 나는 마치 미국 민주당 당원처럼 분노했다. 부끄럽지만 두 후보의 정책에 어떤 차이가 있는지도 몰랐고 한국에 미치는 영향을 고려한 것도 아니었다. 그저 고어에 대한 팬심만 있었다.

앨 고어는 선거 이후에도 멋졌다. 총득표 수에서는 앞서는 억울한 패배였지만 선거 결과에 깨끗하게 승복하고 환경 운동가로 제2의 인생을 시작했다. 2007년에는 노벨 평화상도 받았다. 그래서 앞서 언급한 2009년 '멜팅 아이스 콘퍼런스'에서 그를 실제로 만나게 되었을 때 얼마나 설렜는지 모른다. 그런데 일주일 동안 그의 연설과 토론을 지켜보고 조식 때와 커피 타임에 종종 대화를 나누었는데 이상하게도 친근감이나 설렘이 느껴지지 않았다. 왠지 모르게 멀게만 느껴졌다.

그로부터 5년 후 그의 경쟁자이던 조지 W. 부시 전 미국 대통령이 한국을 방문했다. 조선일보에서 주최한 '아시안 리더십 콘퍼런스'에 참석하기 위해서였다. 특별 취재단으로 행사에 참여한 나는 부시를 가까이에서 보게 됐다.

그런데 그는 마주치는 사람마다 "하이, 하우 아 유(Hi, How are you?)"라며 말을 걸었고 악수를 했다. 그의 얼굴에는 장난기가 가득했고 TV나 신문에서 본 것보다 더 잘 웃었다. 부시와 한 번이라도 인사를 하거나 대화를 나눈 사람들은 모두 그에게서 친근감을 느꼈다. 나는 한 선배에게 말했다.

"고어는 일주일 동안 행사장에 같이 있어도 불편하던데 부시는 하루 봤다고 왠지 친해진 것 같아요."

"그게 부시가 고어를 이기고 대통령이 된 비결 중 하나야."

앨 고어는 정치 명문가 출신의 엄청난 재벌인 데다 하버드대를 졸업한 전형적인 동부 엘리트다. 그런데 배경만 보면 조지 W. 부시가 앨 고어를 능가한다. 그의 아버지는 대통령이었고, 집안은 대대로 정치 명문가였으며, 동생은 플로리다주 주지사였고, 본인 역시 예일대와 하버드 경영대학원을 나온 동부 엘리트다. 그런데 사람들은 고어에게서는 범접하기 어렵다는 느낌을 받고, 부시에게서는 야구를 좋아하고 말타기를 즐기는 친근한 텍사스 아저씨라는 인상을 받는다.

명문가, 재벌, 엘리트 등은 친근함과는 거리가 먼 단어들이다. 그럼에도 친근한 느낌이 드는 것은 우리에게 강력한 호감을 불러일으킨다. 슈퍼 모델에 이어 영부인까지 된 멜라니아 트럼프가 아이돌 그룹 샤이니의 민호 옆에서 웃는 모습을 보았을 때, 국민 가수 출신인 중국 시진핑 주석 영부인 펑리위안이 방한 당시 동대문시장을 방문해 한국 화장품을 샀다는 소식을 들었을 때 사람들이 반가워한 건 '그들도 어쩔 수 없는 우리와 비슷한 사람이구나' 하는 동질감을 느꼈기 때문이다. 선거철에 정치인들이 시장에서 '먹방'을 보여 주는 것도 유사성을 강조하기 위해서다. 이처럼 정치인들은 유사성의 원리를 가장 적극적으로 활용하는 집단 중 하나다.

그러므로 '나는 유사성의 원리 따위에 휘둘리지 않는다'고 자신하지 마라. 그럴 시간에 단지 호감이 간다는 이유로 표를 행사하고 있지는 않은지부터 따져 보라. 물건을 사거나 계약을 할 때도 마찬가지다. 상대방에게 호감을 느꼈다는 이유만으로 덥석 물건을 사는 건 아닌지, 성급하게 계약을 하는 건 아닌지 돌아보라는 말이다. 반대로 당신이 계약을 하거나 물건을 팔아야 한다면 유사성의 원리를 잊지 마라. 공통점을 찾을수록 계약은 수월하게 진행되고 물건은 많이 팔릴 테니까.

인간관계가
좋은 사람들의 공통점
적극적 경청

미국의 시카고는 세계 파생 상품 시장의 중심지로 통한다. 세계 최대 파생 상품 거래소를 운영하는 시카고상업거래소(CME)그룹 본사와 주요 자회사들이 이곳에 있기 때문이다. 2002년 44세의 나이로 CME 회장직에 올라 20여 년 동안 그 자리를 지키고 있는 테런스 더피. 취재차 만난 그는 의례적인 명함 교환 과정에서부터 남다른 모습을 보여 주었다. 내 명함을 유심히 보더니 "이하이~운?"이라며 크게 읽어 본 후 "어떻게 읽어야 정확하냐?"고 물었다. 내 이름을 몇 번이고 다시 읽으며 정확하게 발음했는지 확인을 받고는 자신의 명함을 건네주며 살갑게 '테리'라고 부르라고 했다. 덕분에 잔뜩 긴장했던 마음이 1분 만에 풀려 버렸다. 특유의 친화력 덕분에 '적이 없는 사람'이라는 별명을 지닌 그의 친화력을 체감하는 순간이었다.

테런스 더피는 요즘 말로 흙수저 출신이다. 가난한 시카고 남서부 지역에서 태어나 집안의 도움을 기대할 수 없던 그는 위스콘신 주립대 시절 학비와 생활비를 스스로 해결해야 했다. 낮에는 수업을 듣고 밤에는 고급 바에서 바텐더로 일했다. 손님들의 이름은 물론 그들이 좋아하는 음료까지 완벽하게 알고 있던 그는 특유의 친화력과 유머 감각으로 인기를 끌었다. 그러던 중 단골손님이던 빈센트 슈라이버라는 사람과 친해졌고 어느 날 초청을 받아 그의 집에 놀러 가게 되었다. 그런데 그의 집을 보고 깜짝 놀랐다. 전설적인 미국 건축가 프랭크 로이드 라이트가 설계한 거대한 맨션이었던 것이다. 프랭크 로이드 라이트가 설계한 건축물은 거의 모두 역사적 유물 대접을 받는다.

"이 집 주인이 누구예요?"

"나야."

슈라이버는 당시 18세이던 더피보다 겨우 열 살 정도 많았는데 이미 트레이더로 큰돈을 벌고 은퇴한 상태였다. 집 벽면은 트레이더 시절 로널드 레이건을 비롯한 유명인들과 함께 찍은 사진으로 가득했다. 더피는 슈라이버에게 자신을 트레이더의 세계로 이끌어 달라고 부탁했다. 그 뒤 그는 대학을 중퇴하고 고향인 시카고로 돌아갔다. 그가 구한 첫 일자리는 주당 58달러(약 7만 원)를 받는 러너. 러너는 전자거래가 도입되기 전 트레이더들의 주문서를 중개인에게 전달하기 위해 뛰어다니던 사람을 말한다. 그리고 1년 후 더피는 드디어 정식 트레이더가 되어 트레이더의 상징인 빨간 재킷을 입게 되었다.

"꿈꾸던 트레이더의 삶은 재미있었나요?"

"그럴 리가요. 현실은 꿈꾸던 것과는 다른 법이지요."

힘든 순간은 생각보다 빨리 찾아왔다. 그는 트레이더가 된 후 선물 거래를 하기 위해 어머니를 설득해 집을 담보로 당시 연봉의 네 배에 달하는 5만 달러(현재 환율로 약 6000만 원)를 대출받았다. 1980년대 초 미국 평균 연봉은 1600만 원 정도로 오늘날의 4분의 1이었다는 점을 감안하면 현재 가치로 2억 5000만 원 정도를 빌린 셈이다. 사회 초년 생에게는 엄청난 거액이었으나 그는 큰돈을 벌 수 있다고 믿었다. 그러나 피트(트레이더들이 거래하는 단상)에 선 지 몇 주 만에 그 돈을 전부 잃었다. 손해를 만회하려고 돈을 더 빌렸다가 이내 빚이 15만 달러로 늘어났다. 오늘날 가치로 무려 7억~8억 원에 달하는 거액이었다. 가족들이 집에서 쫓겨날 판국이었다. 방법이 없던 그는 슈라이버를 찾아가 손을 벌렸다. 그러나 슈라이버는 단돈 1달러도 빌려주지 않았다. 대신 돈을 빌릴 수 있게 보증을 서 줬다. 그러면서 더피에게 아르바이트를 몇 개씩 해서라도 돈을 갚으라고 했다. 그때부터 그는 3년간 낮에는 트레이더 일을 하고, 밤에는 바텐더 등 부업을 3개씩 뛰며 돈을 갚아 나갔다.

"그 일로 저는 트레이더의 삶에서 가장 잊기 쉬운 '절제'를 배웠습니다. 그때 배운 교훈은 아직도 제 몸에 박혀 있어요. 슈라이버는 저를 이쪽 세계로 이끌어 준 은인일 뿐만 아니라 평생의 멘토였지요."

시간이 흘러 더피는 CME그룹을 대표하는 곡물 트레이더로 성장했다. 1995년 CME그룹 이사회 임원으로 선출됐고, 1998년 부회장으로 임명됐다. 그리고 2002년 드디어 회장직에 올랐다. 많은 사람이 그가 승승장구할 수 있던 이유로 타고난 친화력을 꼽는다. 전임자인 레오 멜라메드 CME그룹 명예 회장은 회고록에서 "테런스 더피는 트레이딩 현장의 일을 소상히 알고 있었고 모든 사람의 호감을 샀다. 차기 회장감으로 완벽한 인물이었다"라고 말하기도 했다.

누구와도 친구가 되는 놀라운 친화력의 비밀

우리는 친화력 하면 사람들의 마음을 사로잡는 뛰어난 언변과 붙임성 등을 먼저 떠올리곤 한다. 그런데 더피에게 '친화력의 비밀'이 무엇이 냐고 묻자 의외의 대답이 돌아왔다.

"제가 가장 중시하는 건 열린 마음으로 주변 사람들의 말에 귀를 기울이는 일입니다. 저는 사람들이 저나 회사에 대해 하는 말을 듣는 걸 좋아해요. 좋은 이야기든 나쁜 이야기든 그들의 제안을 기쁘게 받아들이려고 노력합니다."

요즘은 어떻게든 자기를 어필해야 하는 시대다. 내 생각을 빨리 이야기해서 남들에게 인정받아야지 말을 안 하고 있으면 소외되기 십상이다. 그래서 누구든 자신의 이야기만 하려고 들 뿐 남의 이야기를 잘 들으려 하지 않는다.

게다가 다른 사람의 말을 듣다 보면 나도 모르게 끼어들고 싶어질 때가 있다. 특히 생각이 다른 부분이 있으면 그다음 이야기로 쉽게 넘어가지 못한다. 아까 그 생각이 틀렸다고 말해 주고 싶고, 왜 틀렸는지 가르쳐 주고 싶어서 상대방의 말에 더 이상 집중하지 못하는 것이다.

사실 누군가의 말을 집중해서 듣는다는 게 그리 쉬운 일은 아니다. 남이 하는 말에 주의를 기울이고 그 이야기에 공감하고 있음을 표현하면서 듣는 것을 '적극적 경청(active listening)'이라고 하는데, 적극적 경청에는 많은 에너지가 필요하다. 상대방이 하는 말의 내용은 물론이고 그 행간에 숨은 동기나 정서에도 귀를 기울여야 하기 때문이다. 적극적 경청은 상대방의 말이 아니라 그 말에 들어 있는 마음을 이해하는 작업이라고 정의하기도 한다.

나와 다른 타인을 이해한다는 것은 참으로 어려운 일이다. 오랜 시간을 함께한 사람이라도 그 사람의 전부를 이해하는 데는 한계가 있다. 그래서 우리는 대화를 한다. 상대방이 세상과 인간을 바라보는 틀을 이해하고, 그의 입장을 헤아려 보고, 그와 함께 나아가기 위해서 말이다. 더피는 그와 관련해 이렇게 말했다.

"인생에서 가장 많은 걸 배우는 방법은 다른 사람의 말을 듣는 것이라고 생각합니다. 고객과 직원은 물론 다른 분야에 있는 사람들까지 되도록 많이 만나 다양한 이야기를 듣습니다. 저는 제 말과 행동이 다른 사람에게 큰 영향을 미치는 자리에 있어요. 그런 만큼 그들이 제게 무엇이 옳고, 제가 무엇을 하면 좋겠고, 무엇을 해야 했다고 생각하는지 이야기하는 것을 듣는 건 당연합니다."

더피는 긴 인터뷰 시간 내내 적극적 경청을 온몸으로 보여 주었다. 내가 질문할 때면 몸을 살짝 앞으로 기울여 유심히 들었고, 대답할 때는 뒤로 몸을 기대며 현재 인터뷰가 편안하다는 느낌을 주었다. 손동작은 과하지 않을 정도로 바뀌었고, 눈은 항상 나를 바라보고 있었다. 제스처만으로도 '난 당신의 이야기에 집중하고 있어요'라는 느낌이 들 정도였다. 인터뷰 내내 한 번도 집중력을 잃지 않았다.

심리학자 앨버트 머레이비언에 따르면 커뮤니케이션의 93퍼센트는 보디랭귀지를 통해 이루어진다. 대화의 내용을 통한 커뮤니케이션은 7퍼센트에 불과하다. 그러므로 상대방을 진정으로 이해하려면 말하는 내용뿐만 아니라 눈짓, 손짓, 기타 동작 등 신체 언어에 주의를 기울여야 한다.

더피와 인터뷰를 마친 후 나는 다른 사람을 만났을 때 적극적 경청을 실험해 보았다. 상대방의 말에 집중하고, 적절한 리액션을 하면서 그의 말속에 있는 마음을 헤아려 보려고 노력했다. 그런데 정말 3분도 지속하기가 어려웠다. 말이 길어지면 딴생각이 들었고, 중간에 끼어들고 싶은 순간도 많았다. 때로는 이유 없이 멍해지기도 했다. 정신과 의사들이 왜 우스갯소리로 환자를 볼 때 1시간에 10명을 보는 것보다 한 사람 이야기를 집중적으로 듣는 게 더 어렵다고 하는지 어렴풋이 알 것 같았다.

대화할 때 뛰어난 언변을 자랑하는 사람은 생각보다 그리 많지 않다. 뛰어난 화술을 가졌다고 해서 인간관계가 다 좋은 것도 아니다. 오히려 인간관계가 좋은 사람들은 대체로 잘 들을 줄 아는 사람들이다.

《딜버트의 법칙》으로 유명한 작가 스콧 애덤스는 "자기 이야기를 하기 싫어하는 사람은 없고, 자기 이야기를 잘 들어 주는 사람을 싫어하는 사람도 없다"고 말했다. 즉 우리는 누구나 내 이야기를 잘 들어 주는 사람을 좋아하게 되어 있다. 그러므로 사람들과 대화를 나누는 데 서투르다고 해서 주눅들 필요가 없다. 잘 듣기만 해도 괜찮다. 인간관계를 잘 풀어 가고 싶다면 입을 다물고 상대방의 말을 잘 들어 보라. 그 안에 당신이 어떻게 해야 할지에 대한 모든 답이 들어 있다.

SAS가 "한 사람도 해고하지 않겠다"고 선언한 진짜 이유

전화위복에 대한 환상

회사가 위기에 빠졌다. 명예퇴직 지원 공고가 붙더니 며칠 뒤 옆자리 동료가 회사를 그만두었다. 알고 보니 해고보다는 명예퇴직으로 돈이라도 챙기는 게 낫지 않겠냐는 회사의 강요에 못 이겨 명예퇴직을 신청한 것이었다. 이를 지켜본 당신은 무슨 생각이 들겠는가?

A. 날 해고하지 않은 회사에 감사해. 앞으로 최선을 다해 열심히 일하고 충성해야지.

B. 이번에는 비켜 갔지만 다음번은 내 차례일지도 몰라. 다른 곳을 알아봐야 하나?

인사 관리 분야의 대가 데이브 울리히 미시간대 경영대학원 교수는 B처럼 생각하는 사람이 훨씬 많다고 했다. 그렇기 때문에 불황일수록 회사는 남아 있는 직원들을 더욱 적극적으로 보살피는 태도를 보여야 한다는 것이다. 그리고 이보다 더 좋은 것은 '구조 조정을 하지 않는 것'이라고 했다.

경기 침체기에 회사가 쓸 수 있는 가장 손쉬운 카드는 인원 감축이다. 그러나 이는 매우 위험한 방법이다. 인원 감축으로 일단 큰 위기를 막으면 남은 사람들이 회사를 살릴 수 있다고 생각하지만 그들의 마음은 이미 떠난 상태다. 그들은 절대 새로운 무언가를 시도하려 하지 않는다. 시도했다가 더 큰 위기를 맞이할 수 있고 그에 대해 책임을 지고 물러나야 할지도 모른다는 생각에 아무것도 하지 않게 되는 것이다. 그래서 회사는 위기를 겪으면 강해지는 것이 아니라 약해지는 경우가 더 많다. 고난과 위기를 겪으면 더 강해진다는 믿음이 언제나 맞는 것은 아니다. 시련이 감당할 수 있는 범위를 넘어서면 무너져 버린다. 이것이 이른바 '전화위복에 대한 환상'이다.

부도 위기를 맞은 기업이 있다고 해 보자. 이직이 가능한 인재들은 재빨리 다른 회사로 옮긴다. 촉이 예민한 은행들은 이자율을 올리거나 기존 대출을 회수하려고 한다. 주주들도 어떻게든 발을 빼려고 한다. 이런 상황에서 인력 구조 조정과 계열사 매각으로 생존했다면 그야말로 살아남은 것일 뿐이다. 새로운 성장 동력을 찾으려면 신사업에 도전해야 하는데 살아남은 직원들은 어떻게든 회사가 더 어려워지기 전에 이직하려고 할 테고, 부도 위기라며 언론에 오르내린 회사에 거액을 장기간 투자할 투자자도 많지 않다.

회사가 정말 최악의 상황에 처했다면 직원들을 내보낼 수밖에 없다. 그러나 이는 '최후의 수단'이어야 한다. 최대한 기존 인원을 데리고 회사를 살리려는 노력을 해 보는 것이 좋다. 위기 상황에 처한 사람이 아드레날린의 영향으로 초인적인 힘을 내는 것처럼 회사가 어려움에 처했는데도 인원을 줄이지 않으면 직원들은 회사를 살리기 위해 저력을 발휘하기도 한다. 그 대표적인 예가 2011년 매출 하락으로 경영 위기를 겪은 글로벌 보험사 악사 에퀴터블이다.

당시 악사 에퀴터블의 CEO 마크 피어슨은 인력 감축 대신 워크아웃(재무 구조 개선 작업) 조치를 통한 조직 재정비를 시도했다. 모든 직급의 직원들이 불필요한 업무와 비용이 무엇인지 찾아 제거한 다음, 수익성 높은 상품 개발에만 매달리게 했다. 직원들은 회사가 위기라는 상황에 공감했기에 적극적으로 비용 절감 아이디어를 냈다. 덕분에 3개월 만에 수백 가지의 비용 절감 아이디어가 나왔고, 그중 상당수를 실행에 옮겼다. 결국 악사는 감원 없이 위기를 넘길 수 있었다.

어쩔 수 없이 구조 조정을 해야 한다면 남은 직원들을 잘 챙겨야 한다. 그런데 경영진들은 나간 퇴직자들의 복지는 챙기면서 남아 있는 직원들에게는 함부로 할 때가 많다. '네가 갈 데가 어딨어' 혹은 '살아남은 것만으로도 감사해야지' 하는 생각이 은연중에 깔려 있기 때문이다. 하지만 사람들의 안 좋은 기억은 외상 후 스트레스 장애(PTSD)처럼 오래 남는다. 불황 속에서 의기소침하게 일하는 사람들이 좋은 성과를 내긴 어렵다. 그리고 인력 감축 시기에 회사로부터 홀대를 받았다고 생각하는 직원들은 호황기에 이탈할 확률이 높다. 반면, 어려운 시기에 대접받았다고 느끼는 직원들의 충성도는 높다. 누군가 나에게 호의를 베풀면 갚아야 한다고 생각하는 '상호성의 법칙(law of reciprocality)' 때문이다. 기대 이상의 호의를 받으면 누구나 마음의 부채를 느껴 갚고 싶어 한다.

직원 복지란 직원들이 빚을 졌다는 느낌이 들 정도로 퍼 주는 것

미국 노스캐롤라이나주에 있는 인구 17만 명의 소도시 캐리에는 비즈니스 정보 분석 소프트웨어를 개발하는 SAS의 본사가 있다. SAS는 IT업계 종사자들이 가장 일하고 싶어 하는 회사로 유명하다. 여러 매체에서 매년 발표하는 '가장 일하고 싶은 기업' 순위에서 항상 10위 안에 들고 있으며, 직원 만족도는 94퍼센트에 달한다(미국 기업 직원들의 평균 만족도는 54퍼센트 수준이다). SAS 본사에는 워킹맘들을 위한 유아원, 의사와 간호사가 상주하는 병원, 라이브 피아노 연주를 들으며 밥을 먹을 수 있는 직원 식당 등이 있다. 요일마다 다른 음식이 제공되고, 휴게실에는 간식이 가득하다. 수영장과 농구 코트, 테니스 코트뿐 아니라 마사지실과 미용실도 있다.

사무실 건물로 들어서자 복도에 사람이 보이지 않았다. 신입 사원을 포함한 전 직원이 같은 크기의 개인 사무실을 쓰기 때문이었다. 집무실에서 만난 짐 굿나잇 SAS 회장은 이렇게 말했다.

"저는 직원들이 대우받은 만큼 회사에 기여한다고 생각합니다."

회사가 직원을 만족시키면 직원들은 좋은 제품과 서비스를 개발해 소비자를 만족시킨다. 회사의 제품에 만족을 느낀 고객은 다른 고객을 불러오고, 그로 인해 제품 구매율은 더욱 높아진다. 그러면 회사가 성장하는 선순환 구조가 만들어진다.

직원 복지에서 가장 중요한 건 직원들이 '빚'을 졌다는 느낌이 들 만큼 충분히 줘야 한다는 것이다. 월급은 내가 한 일에 대한 정당한 대가

다. 그보다 더 많은 것을 줬을 때 직원들은 대접받는다는 느낌이 들고, 그에 대해 보답하기 위해 노력하게 된다.

2008년 말 글로벌 금융 위기 여파로 IT업계는 그야말로 엉망진창이었다. 날마다 업체들의 직원 해고 소식이 전해졌다. SAS에서도 몇 명을 해고해야 하는지에 대해 많은 논의가 이뤄졌다. 하지만 마지막 순간 굿나잇 회장은 정리 해고 계획을 접었다. 구조 조정이 직원들의 사기를 꺾어 결국 생산성 저하로 이어진다고 판단했기 때문이다. 그는 "한 사람도 해고하지 않겠다"고 선언했다. 모든 기업이 구조 조정을 단행할 때 SAS는 일자리를 보장해 준 것이다. 그 대신 비용 절감을 위해 임금 인상을 하지 않겠다고 했지만 직원들은 해고하지 않는다는 것만으로도 환호성을 질렀다. 그리고 그해 SAS의 매출은 전년 대비 5퍼센트의 성장을 기록했다. 당시 대부분의 기업이 역성장을 하던 것과 비교하면 놀라운 결과였다.

"직원들을 해고하지 않았기에 그런 결과가 나왔다고 생각합니다. 직원들로 하여금 확신과 동기를 갖게 하고, 일할 수 있는 분위기를 만들어 준 셈이니까요."

기업 경영의 궁극적인 목적은 이윤 창출이다. 굿나잇 회장도 단순히 직원들을 만족시키기 위해서가 아니라 기업에 도움이 되기 때문에 그런 결단을 내린 것이다. 제프리 페퍼 스탠퍼드대 교수는 저서《숨겨진 힘: 사람》에서 SAS는 낮은 이직률로 막대한 비용 절감 효과를 본다고 말한다. 미국 IT업계 평균 이직률이 20퍼센트인데, SAS는 2퍼센트에 불과하다. 페퍼는 "기업이 직원 한 사람을 채용하는 데 드는 비용은 해당 직원 연봉의 1~2배에 달하는데, SAS는 이직률이 낮은 덕에 해마다 1억 달러(약 1200억 원) 이상의 직원 채용 비용을 절약하는 셈"이라고 분석했다.

직원들을 챙기는 것이 가장 좋은 성장 전략이라는 사실을 증명한 회사가 SAS만 있는 것은 아니다. 150여 년 동안 숱한 위기를 극복하며 성장해 온 영국의 생활 서비스 기업 팀슨의 존 팀슨 회장 역시 직원의 성장이 곧 회사의 성장이라고 믿는다.

"우리는 직원들의 돈, 가족, 결혼 문제 등을 도와줄 뿐만 아니라 '꿈은 이루어진다(Dreams Come True)' 프로그램을 통해 꿈도 이루어 줍니다."

팀슨은 이 프로그램에 최대 25만 파운드(약 4억 원)를 책정해 운영한다. 어느 직원은 이 프로그램을 통해 잃어버린 친척을 찾아 호주를 다녀왔으며, 또 다른 직원은 딸을 위해 반려견을 입양했다. 디즈니랜드로 가족 여행을 보내 주고, 중고차를 사 주기도 한다. '직원이 행복해야 고객도 행복하다'는 생각에서다.

회사는 결국 사람이 일하는 곳이다. 당신이 인사 책임자라면 위기일수록 직원들을 보호해야 한다. 만약 당신이 책임자가 아니라면 위기일수록 주변 사람들에게 잘해 주자. 잘나갈 때 잘해 주는 건 아무도 기억하지 않지만, 힘들 때 잘해 준 사람은 절대 잊지 않는다. 이렇게 비축된 인적 자본은 언젠가 뜻하지 않은 순간 위력을 발휘하면서 성공의 밑거름이 되어 줄 것이다.

사람의 마음을 얻는
가장 빠른 방법

단순 노출 효과

미국 피츠버그대의 리처드 모얼랜드와 스콧 비치 교수는 수업 출석 횟수에 따라 함께 수업을 듣는 특정 인물에 대한 호감도가 어떻게 달라지는지를 알아보는 실험을 했다. 그들은 4명의 여학생을 선정해 한 학기 동안 각각 수업에 0회, 5회, 10회, 15회를 출석하라고 했다. 학기가 끝난 뒤 함께 수업을 들은 학생들에게 4명의 여학생 사진을 보여주고 누가 얼마나 매력적이고, 지적이고, 진실해 보이는지를 평가하게 했다. 학생 중 90퍼센트는 4명의 여학생을 기억하지 못했다. 4명의 여학생이 출석만 했을 뿐 나머지 학생들과 그 어떤 교류도 하지 않았기 때문이다. 그런데 재미있는 것은 학생들이 수업에 더 많이 출석한 여학생에게 높은 점수를 주었다는 사실이다. 심지어 '어떤 여학생과 친구로 발전하고 싶은가?'라는 질문에서도 더 많이 출석한 여학생을 택한 학생은 60퍼센트, 한 번도 출석하지 않은 여학생을 택한 학생은 41퍼센트로 나와 큰 차이를 보였다.

이처럼 특정 대상에 대해 무관심하거나 중립적인 감정을 갖고 있을 때 단순히 자주 보는 것만으로도 상대방에 대한 호감도가 높아지는 현상을 '단순 노출 효과(mere exposure effect)'라고 한다. 미국의 사회 심리학자 로버트 자욘츠가 정립한 이론으로 '친숙성의 원리'라고도 한다. 사람들은 낯선 대상을 만나면 경계심을 갖거나 불편함을 느끼게 마련인데, 특별한 교감이 없더라도 자주 보면 상대방에게 익숙해지고 호감을 갖게 된다는 것이다.

예전에 친구에게서 들은 이야기다. 자기 회사에 한 후배가 있는데 너무 답답하다며 푸념을 늘어놓았다. K라는 이 후배는 다른 부서의 L을 짝사랑하는 중이었다. 구내식당에서 그를 바라보며 밥을 먹었고, 구내 카페에서 우연히 앞뒤로 줄을 서 똑같이 아이스 바닐라 라테를 주문할 때면 설레어 했다. 미친 듯이 검색을 해서 알아낸 그의 인스타그램 스토리를 매일 클릭하며 그와 데이트하는 상상을 했다. 그런데 문제는 L이라는 사람이 K의 존재를 모른다는 것이다.

"일단 인사라도 해야지. 옆 부서 누구라고, 오다가다 많이 봤다고."

"그러다가 제가 좋아하는 거를 알아 버리면 어떻게 해요?"

"아니, 그 사람이 너를 아는지 모르는지조차 아직 모른다며? 그런데 어떻게 그 사람이 네가 좋아한다는 걸 알겠니. 일단 인사를 나누고, 자주 보고 웃고 얘기하면서 친해져야 연인으로 발전하든 말든 하지."

당장 사랑을 고백하라는 말이 아니다. 친구의 말처럼 누군가와 연인이 되고 싶다면 최대한 부담스럽지 않게 다가가 친해지는 게 먼저다. 그러기 위해서는 어떻게든 만날 기회를 많이 만들어야 한다.

계약을 하거나 고객을 끌어들일 때도 마찬가지다. 드라마 '갯마을 차차차'에서 지성현 PD는 김감리 할머니의 집을 촬영 장소로 쓰고 싶어 하지만 할머니의 허락을 받지 못한다. 그런데 시간 날 때마다 찾아가 안부를 묻고 조그만 선물을 건네기도 하면서 얼굴도장을 찍는다. 그러나 결국 할머니의 허락을 받아 낸다. 자주 만나는 것이 언제나 곧바로 계약 체결이나 고객 유치로 이어지는 것은 아니다. 지성현 PD가 아무리 찾아갔어도 할머니가 집을 촬영 장소로 내주지 않았을 수 있다. 자주 봐도 물건을 안 사 줄 수 있고, 계약을 안 해 줄 수 있다. 하지만 같은 조건이라면 자주 본 사람이 처음 본 사람보다 훨씬 유리한 것은 틀림없다. 단지 자주 보는 게 뭐 그리 대단할까 싶겠지만 단순 노출 효과의 힘은 의외로 강력하다. 이를 몸으로 증명한 사람들이 있다.

얼굴도장만 열심히 찍어도 기회가 찾아온다

이재욱, 이재원 형제가 창업한 피자알볼로는 단순 노출 효과로 성공한 대표적인 회사다. 지금은 가맹점이 300개에 달하는 외식 기업으로 성장했지만 그 시작은 보잘것없었다. 2005년 7월 어느 날, 대학을 졸업하고 레스토랑, 식품 가공 회사 등에서 일하던 형 이재욱은 동생 이재원에게 피자집을 해 보자고 제안했다. 형은 조리학과 출신으로 군대에서도 간부들의 사랑을 받은 취사병이었을 만큼 요리에 재능이 있었고, 동생 또한 피자 프랜차이즈에서 일하던 시절 피자 만드는 솜씨를 인정받아 TV 광고에 출연했을 만큼 피자에 대한 일가견이 있었다. 형은 "네가 만든 피자가 제일 맛있다"는 말로 동생을 설득했다. 동생이 동의하자 형은 다음 날 사업자 등록을 한 뒤, 목동에 보증금 500

만 원에 월세 30만 원인 20제곱미터(약 6평)짜리 가게를 얻었다.

"아버지가 주신 전세 자금 2500만 원으로 시작했어요. 당시 저희가 물이 새는 지하 1층에 살고 있었는데, 그 모습을 보고 좀 더 좋은 집 구하라고 주신 돈이었죠. 아버지에겐 전 재산이나 마찬가지였어요. 직장 그만두고 소일거리로 한 푼씩 모은 돈이었거든요."

'우리가 피자집 하면 그 누구보다 잘하겠다'라는 마음으로 시작했지만 현실은 녹록지 않았다. 하루에 한두 판 파는 날도 많았다. 어릴 때부터 아끼는 데 이골이 난 형제라 한 달에 1만 원도 채 안 쓰며 버텼다.

"옷도 안 사고 웬만한 곳은 걸어 다니니 돈 나갈 곳이 없었어요. 주말도 없이 매일 아침 일찍 나와 밤늦게 집에 들어갔거든요."

어떻게 하면 가게를 알릴 수 있을까 고민하던 그들은 아파트 단지 장터에서 시식회를 열기로 했다. 장터가 열리는 날마다 나가서 시식회를 열어 주민들에게 얼굴도장을 찍었다. 형제의 성실한 모습에 좋은 인상을 받은 동네 주민들은 "젊은 친구들이 참 열심히 한다"며 피자를 주문해 주었다. 서서히 동네 맛집으로 입소문이 나기 시작했다.

자신감을 얻은 형제는 두 번째 방법을 생각해 냈다. 자신들의 얼굴이 박힌 전단지를 아파트 단지마다 붙이는 것이었다. 전단지를 붙이러 다니면서 마주치는 주민에게는 90도로 인사를 했다. 한번은 전단지를 붙이기 위해 엘리베이터를 기다리다가 무거운 짐을 든 중년 여성을 발견하고는 집까지 들어다 주었다. 그러자 그녀가 물었다.

"고마워요. 그런데 뭐 하는 분이에요?"

"여기 앞에서 피자집 합니다."

"그럼 전단지 몇 장 줘 봐요."

알고 보니 그녀는 아파트 부녀회장으로 동네에서 영향력이 큰 사람이었다. 그 뒤 형제는 '착한 청년들'로 소문이 났다. 덕분에 배달 주문은 크게 늘고 방송에 출연까지 하게 되어 피자집은 '목동 맛집'으로 떠올랐다.

계속 보다 보면 정이 드는 건 만고불변의 진리다. 미국에서 컵밥 사업으로 연간 수백억 원대 매출을 올리는 송정훈 대표도 단순 노출 효과의 힘으로 성공한 인물이다. 그는 원래 춤꾼이었다. 1996년 서울 롯데월드에서 열린 '제1회 전국댄스대회'에서 금상을 받았다. 당시 참가자 중에는 훗날 H.O.T.의 멤버가 된 장우혁도 있었다. 그 역시 가수 데뷔의 꿈을 안고 기획사에 들어갔다. 그러던 어느 날 친한 매니저 형이 그에게 말했다.

"정훈아, 가수는 아닌 것 같아. 난 네가 코미디언이 되면 성공할 것 같은데."

크게 낙담한 그는 그 길로 연습실을 나왔다. 가수의 꿈이 무너져 방황하던 그에게 부모님이 미국 어학연수를 제안했다. 그는 미국으로 갔고, 발레를 전공한 아내를 만나 결혼을 하고 아이도 낳았다. 그러자 새로운 꿈이 생겼다. 책임감 있는 가장, 남편, 아버지가 되고 싶다는 꿈.

한번은 아내와 4박5일 일정으로 캘리포니아로 무작정 여행을 떠났다. 라스베이거스를 제외하고는 가는 내내 아무것도 없는 사막의 도로 위에서 그는 아내에게 이런저런 사업 아이템을 던져 봤다. 하나같이 고개를 흔들던 아내는 할인 쿠폰 사업 아이템에서 고개를 끄덕였다.

당시 유타에 있는 식당들은 대부분 자체 할인 쿠폰을 발행하고 있었는데 고객 입장에서 보면 종류가 너무 많아 잃어버리거나 정작 필요한 쿠폰을 챙기지 못해 할인을 받지 못하는 경우가 많았다. 그래서 '할인 쿠폰을 하나로 통합하고 계산할 때 카운터에 제시만 하면 할인을 받을 수 있게 해 보자'는 아이디어로 사업을 시작했다. 통합 할인 카드에 자신의 별명인 고릴라를 넣어 '고릴라 VIP 카드'라는 이름을 붙였다. 쿠폰 사업의 승부수는 얼마나 좋은 가맹점을 많이 확보하느냐에 달려 있다. 그가 계약에 성공한 가맹점 숫자는 400개. 그렇게 되기까지 그는 2000개의 가게를 돌아다녔다. 그에게 물었다.

"5개 중 1개면 높은 확률인데요?"

"안 된다고 해도 끈질기게 찾아갔어요. 스무 번 넘게 찾아간 곳도 있으니까요. 그래서 '너 그만 와, 내가 사인할게' 이런 사람이 진짜 많았어요."

그러다 보니 쿠폰 가맹은 하지 않겠다며 손사래 치던 매장들도 그와 손을 잡았다. 승승장구하던 쿠폰 사업을 푸드 트럭으로 바꾼 건 우연한 일이 계기가 되었다. 대학 주변 푸드 트럭 석 대와 쿠폰 가맹을 맺었는데, 직접 푸드 트럭을 하고 싶다는 생각이 든 것이다. 30대 후반에 20년 넘은 낡은 푸드 트럭 한 대로 컵밥 사업을 시작했다. 그리고 5년 만에 미국 전역에 21개의 매장을 만들고 매출 300억 원을 돌파했다.

그의 컵밥이 인도네시아에까지 진출한 건 그가 역으로 단순 노출 효과를 당했기 때문이다. 푸드 트럭 사업을 시작한 초창기 그를 따라

다니던 인도네시아 친구들이 있었다. 컵밥을 물 마시듯이 빨리 먹어 치우기에 배가 몹시 고픈가 보다 하고 밥을 듬뿍 추가로 줬다. 그런데 하루는 그중 한 사람이 물었다.

"인도네시아에도 프랜차이즈를 내면 안 될까?"

송 대표는 장난처럼 말했다.

"1년 더 날 따라다니면 생각해 볼게."

그랬는데 그 친구가 진짜 1년 동안 그를 따라다녔다. 배고픈 친구로만 알았던 그는 알고 보니 경제 잡지 《포브스》에도 소개된 적 있는 인도네시아 대기업 카완 라마 집안의 자녀였다. 그 역시 사업가 집안의 피를 타고나서인지 단순 노출 효과의 마력에 대해 본능적으로 알고 있던 것이다. 그들의 인연은 결국 컵밥의 인도네시아 진출로 이어졌다.

자주 보고 친해지면 떡 하나라도 더 주고 싶은 게 사람 마음이다. 그러니 아무리 찾아가도 원하는 걸 얻을 수 없다고 푸념하지 말고 꾸준히 얼굴도장을 찍어 보자. 피자알볼로 대표에게 아파트 부녀회장이 나타났듯이, 송종훈 대표에게 카완 라마 집안 사람이 나타났듯이 자주 보면서 호감을 쌓다 보면 언젠가 기회는 올 것이다. 그러니 설득해야 할 고객이 있다면, 마음에 둔 이성이 있다면 무작정 들이대기보다 우연을 가장한 만남일지라도 자주 마주치는 것부터 해 보자. 단, 이 방법이 좋은 결과를 얻으려면 상대방에게 불편한 느낌을 줘서는 안 된다. 지속적으로 좋은 인상을 남기는 것이 가장 좋겠지만 최소한 보통은 되어야 한다. 상대방이 나를 싫어하는 감정이 분명한데도 그 앞에 계속 나타나면 오히려 역효과만 초래할 뿐이다.

충고하지 마라,
절대로 충고하지 마라

투사

"제가 이번에 운동 열심히 하려고 PT를 등록했는데요."

"야, PT 해 봤자 소용없어. 돈만 버리는 거야. 다이어트에는 필라테스가 최고야. 그래야 몸 선도 예뻐지고 코어도 잡히지."

"다이어트를 하려는 게 아니고 그냥 근육 운동을 하는 게 좋아서."

"나이 들면 다이어트해야 한다. 몸매 망가지는 거 한순간이야. 그리고 나이 들어 근육 운동 잘못하면 관절에 무리 가."

이상하게도 '너는 틀렸다'라는 뉘앙스를 품은 충고를 듣고 있으면 기분이 좋지 않다. 사람의 마음이라는 게 틀렸더라도 인정하고 싶지 않고, 지적당하면 엇나가고 싶어지게 마련이다. 게다가 무엇인가에 마음이 꽂히면 아무리 진심 어린 충고라고 해도 들리지 않는다. PT를 등록하고 운동하겠다는 사람에게 다이어트하라고 충고해 봐야 소용없다는 뜻이다.

내가 싫은 건 남도 싫은 법. 충고를 듣고 있다 보면 '나는 충고하지 말아야지' 하는 생각이 든다. 그럼에도 누군가 잘못된 길을 간다는 생각이 들면 말리고 싶은 마음이 드는 건 어쩔 수 없다. 충고를 하지 않

325

겠다고 다짐했지만 입이 근질근질해진다.

충고 중 최악은 본인도 제대로 하지 못하면서 하는 충고다. 밥 먹듯이 지각하는 사람이 규칙적인 생활을 강조한다든지, 다이어트에 매번 실패하는 사람이 운동의 중요성을 이야기한다든지 하면 '너나 잘하세요'라는 말이 목구멍까지 올라온다. '훈수질'에 열을 올리는 사람이 많은 이유는 이런 행위가 심리적 방어 기제로 작용하기 때문이다.

본인의 부정적 감정이나 생각, 욕구, 습성 등을 남에게 돌리는 것을 심리학 용어로 '투사(projection)'라고 한다. 자신의 생각과 습관, 경험을 타인에게 적용시키는 것 역시 투사의 일종이다. 흰 스크린에 영상을 띄우듯 누군가에게 자신의 부정적 감정을 씌우고는 그를 비난하고 질책하면서 본인의 불안함이나 불만, 심리적 부담을 해소한다. 사실 그런 부정적 감정은 투사 대상의 것이 아니라 본인 내면에서 나온 것이다. 정도의 차이는 있으나 주변에서 매우 빈번하게 보이는 방어 기제다. 극단적인 경우가 아니라면 투사 자체가 무조건 나쁜 것만은 아니다. 약점을 지키기 위한 자연스러운 심리적 활동이다. 따라서 투사가 발생했을 때 그것이 실제로 상대방의 것인지, 아니면 본인 내면의 그림자인지를 자각하는 것만으로도 투사가 만들어 내는 부정적 문제에서 해방될 수 있다.

예를 들면 이런 식이다. 회사 동료가 비트코인으로 연봉의 몇 배를 벌었다는 소식을 듣고 배가 아프다면, 당신이 그보다 우월한 존재라고 생각하지는 않는지 살펴봐야 한다. 회사 동료들이 뒤에서 내 이야기를 많이 하는 것처럼 느낀다면, 혹시 당신이 그들에게 더 관심이 많은 것은 아닌지 생각해 봐야 한다. 상사가 나만 유독 차별하는 것 같다면, 어쩌면 당신이 그와 거리를 두고 싶어서인지도 모른다. 물론 이런 상황이 무조건 투사라는 것은 아니다. 객관적인 현실일 수도 있다. 하지만 어느 대상에 대해 부정적인 감정이 들 때는 이런 식으로 그 원인이 혹시 나에게 있는 것은 아닌지 돌아볼 필요가 있다.

투사가 꼭 개인 차원에서만 이뤄지는 것은 아니다. 사훈을 보면 그 회사에서 가장 부족한 가치가 투사된 경우가 많다. 2001년 말 미국 기업 역사상 가장 큰 규모의 회계 부정으로 수많은 직원과 투자자에게 엄청난 피해를 준 에너지 회사 엔론의 사훈은 '왜라는 질문을 하라'였다. 정말 '왜'라는 질문을 했다면 피해가 그렇게까지 커지지는 않았을 것이다. 영국의 대형 할인 마트 테스코의 슬로건은 '모든 것을 도와드립니다'인데 여성 노동자들의 급여가 남성 노동자들의 급여보다 현저히 낮다는 것이 알려지면서 '직원부터 도우라'는 비판을 받았다. '사악해지지 말자'는 창업 초기부터 구글의 모토였는데 회사의 수익 모델이나 사업 방향이 각국 정부나 다른 기업들과 갈등을 빚자 조롱의 대상이 되었다. 구글 행동 강령의 첫 문장이었으나 2018년에 수정된 강령에서는 가장 마지막 문장으로 밀려났다. 이후 구글의 모토는 '옳은 일을 하라'로 바뀌었다.

구두 수선으로 연 5000억 원을 버는 회사

투사의 부정적인 사례를 잔뜩 늘어놓았지만 모든 투사가 부정적인 것은 아니다. 긍정적인 투사 또한 존재한다. 영국의 생활 서비스 기업 팀슨의 존 팀슨 회장은 긍정적인 투사가 무엇인지를 제대로 알려 준 인물이다. 1865년 맨체스터에 세워진 팀슨은 구두 수선, 드라이클리닝, 열쇠 제작, 휴대폰 수리 등 온갖 생활 편의 서비스를 제공하는 회사다. 영국과 아일랜드에서만 2100여 곳의 매장을 운영하고 있다. 영국과 아일랜드를 제외하고는 해외 매장도 없고 첨단 기술을 개발하는 회사도 아니지만, 160여 년 동안 지속적으로 성장해 현재는 직원 5400명, 연 매출 3억 3000만 파운드(약 5300억 원)의 대기업이 되었다.《파이낸셜 타임스》의 수석 칼럼니스트이자 베스트셀러《경제학 콘서트》의 저자 팀 하포드는 팀슨을 구글과 동급의 회사로 평가한다.

"팀슨은 어떤 상황이나 실패에도 재빠르게 적응하고 새로운 시도를 거듭하는 시스템과 문화를 갖춘 기업으로 손꼽힌다. 그것도 '구글'과 함께."

팀슨의 모토는 '훌륭한 사람들이 제공하는 훌륭한 서비스'이다. 부정적인 사례로 언급한 회사의 모토와는 달리 빈말이 아니다. 팀슨의 정책을 보면 직원들을 정말 훌륭한 사람으로 대우한다는 것을 알 수 있다. 이 회사가 처음부터 그런 것은 아니었다. 현재 팀슨을 이끌고 있는 존 팀슨 회장의 긍정적인 투사가 작용하면서부터다.

존 팀슨 회장은 1865년 팀슨을 창립한 윌리엄 팀슨의 5대손이다. 지금의 자리를 곱게 물려받은 것은 아니다. 그는 팀슨의 회장이 되기까지 이루 말할 수 없는 우여곡절을 겪었다. 1972년 그의 아버지가 회장, 그가 이사회 임원을 맡았을 때 회사의 공동 주주이던 아버지의 사촌이 쿠데타를 일으켜 아버지와 그를 회사에서 내쫓았다. 존은 한 순간에 실업자가 됐다.

그러던 어느 날 팀슨의 새 주인에게서 전화가 왔다. 팀슨의 작은 계열사를 하나 맡아 보겠느냐는 전화였다. 그때부터 존은 매장 60개를 가진 의류 판매 사업을 담당하게 됐다. '황태자(오너의 아들)'에서 '머슴(월급쟁이 사장)'이 됐으나 신경 쓰지 않았다. 작은 회사지만 누구의 간섭도 받지 않고 자유롭게 일할 수 있었기 때문이다. 그 뒤 파격적인 경영 방침으로 두각을 나타낸 존은 능력을 인정받아 이사회에서 쫓겨난 지 2년 만에 다시 팀슨의 임원으로 복귀했다. 1983년에는 회사 지분을 사들여 빼앗긴 회사를 되찾았고 1985년 마침내 팀슨의 CEO가 되었다. 쫓겨난 지 13년 만의 일이었다.

팀슨이 지속적으로 성장하게 된 것은 무엇보다 직원들에게 자율권을 준 덕분이었다. 팀슨 회장은 "당신들이 놀라운 서비스를 제공할 수 있도록 저의 모든 권한을 점원들에게 드립니다"라는 친필 편지를 써서 모든 매장에 보냈다. 이른바 '거꾸로 경영(upside down management)'을 시작한 것이다. 그가 거꾸로 경영을 시도한 이유는 회사에서 쫓겨나기 전에 겪은 실패 때문이었다. 그는 '직원들이 해야 할 열 가지 서비스 규칙'을 써서 각 매장에 보냈다. 그러나 그 규칙은 잘 지켜지지 않았다. 손님은 모두 달랐고, 심지어 시간에 따라서도 변했다. 점원들이 매뉴얼을 지키기도 어려웠지만 설령 지킨다고 하더라도 손님들이 큰 만족을 느끼지 못했다. 그는 이 문제를 어떻게든 해결하고 싶었다.

그러다 미국 백화점 체인 노드스트롬의 경영 방식을 정리한 《노드스트롬 웨이》라는 책에서 영감을 받아 점원들에게 자율권을 주는 방법을 도입했다. 그리고 이런 경영 방식에 '거꾸로 경영'이라는 이름을 붙였다.

"직원들이 좋아했겠어요."

"아니요. 오히려 당황하더라고요. 어떻게 해야 하는지를 몰랐던 것 같아요."

팀슨의 직원이 가진 자율권이란 이런 것이다. 예를 들면 손님이 들어왔는데 영업시간이 끝난 상황이다. 하지만 손님은 지금 급하게 서비스를 받고자 한다. 그러면 점원은 그 손님을 위해 자유롭게 연장 영업을 할 수 있다. 사정이 안 좋은 손님에게 돈을 깎아 주는 것도 점원의 재량이다. 다음에 사정이 좋아지면 마저 받을 수도 있다. 특별한 손님들을 위해 특별 개런티와 이벤트를 제공하기도 한다.

2000개가 넘는 팀슨의 매장 역시 본사의 지시를 받지 않는다. 각 매장은 지역의 특성과 고객 성향에 맞춰 마케팅 전략, 할인·판촉 행사, 진열 방식 등을 스스로 계획하고 실행한다. 갓 채용된 직원이라도 손님의 형편에 따라 수리비를 낮춰 받을 수 있다. 손님의 불만을 없애기 위해 500파운드(약 80만 원)까지 자유롭게 쓸 수 있다. 누구의 허락도 필요 없다. 회사가 직원들에게 요구하는 것은 딱 두 가지다. '본분을 다할 것' 그리고 '손님에게 받은 수리비는 돈통에 넣을 것'.

"저는 기본적으로 점원들을 신뢰하고 그들에게 자유를 줍니다. 이유는 단순해요. 그들만이 고객이 뭘 원하는지 알기 때문이죠."

팀슨 회장은 거꾸로 경영이 성공하려면 직원들을 잘 뽑는 것이 중요하다며 다음과 같이 말했다.

"관습과 규직에 젖어 있는 사람들은 안 돼요. 그들은 책상 앞에 앉아 규정이나 만들고 비용 절감에만 신경 쓰기 때문입니다. 새로운 것에 도전하기를 좋아하는 사람들을 뽑아야 해요. '괴짜'라도 괜찮습니다. 이런 사람들을 채용한 뒤 신뢰와 자유를 줘야 합니다. 그리고 우리는 인내심을 가지고 기다리고요."

고객들은 끝없이 변한다. 경쟁사도 마찬가지다. 중앙 집중식 통제 경영으로는 변화의 속도를 따라갈 수 없다. 팀슨이 중앙 집중식 경영을 고집하면 고객들은 한 푼이라도 싼 곳, 조금이라도 수리를 잘하는 곳으로 언제든지 옮겨 간다. 본사에서 가격을 낮추고 서비스 기준을 높이는 지시를 내리는 동안 경쟁사는 한 걸음 더 나아간다. 매장 직원들이 현장에서 고객들을 바로 붙잡을 수 있어야 한다. 팀슨의 거꾸로 경영이 성공을 거둔 이유다. 존 팀슨 회장이 회사에서 쫓겨나지 않았다면, 직원으로 다시 입사해 직접 매장을 경영해 보지 않았다면 팀슨의 직원 중심 경영은 생겨나지 않았을 것이다. 그런 점에서 '거꾸로 경영'은 어쩌면 '투사 경영'의 다른 이름일지도 모른다.

매뉴얼과 보고 체계를 강조한다는 건 직원들에 대한 신뢰가 부족하다는 의미일 수도 있다. 물론 허술한 관리 감독으로 크고 작은 문제가 벌어지기는 하지만 그것은 관리 감독 문제 이전에 직원을 잘못 뽑은 게 원인일 확률이 높다. 존 팀슨 회장의 말처럼 팀슨이 직원들에게 권한을 줄 수 있는 이유는 직원들을 잘 뽑았기 때문이다.

누군가에게 충고하고 싶어서 입이 근질거릴 때는 그 충고가 혹시 나에게 필요한 것은 아닌지 돌아봐야 한다. 누군가가 마음에 들지 않는다면 혹시 나의 단점을 그 사람에게서 발견한 것은 아닌지 생각해봐야 한다. 부정적인 투사를 알아챌 수 있다면 나를 힘들게 하는 것, 나를 괴롭히는 것이 많이 사라질 것이다. 그리고 그 자리를 긍정적인 투사로 채운다면 원하는 삶에 한 발짝 더 다가갈 수 있으리라.

한 팀의 인원이
10명을 넘으면 안 되는 이유

사회적 태만

"함께해서 더러웠고 다시는 만나지 말자."

"뭉쳐서 약해지는 건 세상에 단 하나밖에 없습니다. 바로 조별 과제 조원들."

우리는 혼자 일할 때보다 함께 일할 때 집단 지성의 힘으로 더 훌륭한 결과를 낳으리라 믿는다. 하지만 대학 때 '조별 과제'를 해 본 사람들은 대부분 고개를 절레절레 젓는다.

각자가 맡은 일을 잘하면 좋겠지만 그런 일은 생기지 않는다. 마감 시간을 어기는 것은 양반이고, 연락이 안 되는 사람, 모임에 안 나오는 사람, 대충 빈칸만 채운 결과물을 내놓는 사람 등을 반드시 만나게 되어 있다. 열심히 하는 학생들의 속만 끓을 뿐이다.

왜 이런 일이 발생할까? '사회적 태만(social loafing)' 현상 때문이다. 사회적 태만이란 혼자 일할 때보다 집단에 속해서 일할 때 더 열심히 하지 않는 것을 의미한다. 이 현상을 최초로 발견한 프랑스 막시밀리앙 링겔만 농공학자는 1913년 말 두 마리로 수레를 끌게 하면 한 마리가 끌 때보다 두 배 더 강력한 성능이 나와야 하는데 언제나 두 배에 못 미친다는 점을 발견했다. 그는 이 현상이 사람에게서도 나타나는지 실험해 보기로 했다.

그는 여러 남자에게 줄을 당기게 하고 그 힘을 측정했다. 2명이 밧줄을 당길 때 그들은 평균적으로 혼자 밧줄을 당길 때 사용한 힘의 93퍼센트밖에 쓰지 않았다. 3명일 때는 83퍼센트, 8명일 때는 49퍼센트에 불과했다. 사람 수가 많아질수록 한 개인이 밧줄을 끌어당기는 힘이 더 크게 줄어든 것이다. 함께 줄을 당기면 최선을 다하지 않아도 티가 나지 않는다. 그래서 혼자 할 때보다 아무래도 힘을 덜 쓰게 된다. 눈에 띄지 않고 절반의 힘만으로도 일이 성사되는데 무엇 때문에 온 힘을 다하겠는가.

이런 현상은 특히 개인의 공헌도가 분명히 드러나지 않거나 과업의 결과에 대한 책임이 분명하지 않을 때 두드러진다. 1979년 심리학자 비브 라타네와 키플링 윌리엄스, 스티븐 하킨스는 실험 참가자들에게 눈을 가리고 소리가 차단되는 헬멧을 쓰게 한 다음 고함을 질러 보라고 요청했다. 그리고 다음번에는 2명이 함께 고함을 지른다고 알려 준 뒤 고함을 지르게 했고, 나중에는 6명이 함께 고함을 지른다고 알려 주고 고함을 지르게 했다. 하지만 실제로는 계속 혼자 고함을 지른 것이었다. 참가자들은 혼자라고 생각했을 때 고함을 가장 크게 질렀다. 2명이 함께 고함을 지른다고 생각했을 때는 34퍼센트, 6명이 함께 고함을 지른다고 생각했을 때는 무려 64퍼센트나 소리가 작아졌다.

이 실험은 팀별 과제를 수행할 때 책임감이 부족하거나 게으른 한 개인을 탓해 봤자 문제가 해결되지 않는다는 것을 분명하게 보여 준다. 그러면 어떻게 해야 사회적 태만 현상이 나타나는 것을 막을 수 있을까?

훌륭한 팀을 만드는 네 가지 방법

첫째, 일단 팀을 꾸릴 때는 최대한 사람 수를 줄여야 한다. 사람 수가 많아질수록 개인이 느끼는 책임감이 약해진다. 팀원이 100명인 팀과 5명인 팀이 있다고 해 보자. 100명의 팀원이 각자 가지는 책임감은 5명의 팀원이 가지는 책임감보다 훨씬 덜할 수밖에 없다. 그러므로 팀원 수는 10명 이내로 하는 것이 이상적이다.

코로나 사태로 인한 영업 제한으로 저녁 약속을 조정하면서 깨달은 사실은 밥 먹는 인원이 4명일 때 친밀도가 가장 높다는 것이다. 6명만 되어도 3명씩 나뉘어 대화가 진행됐다. 8명은 아예 4명씩 두 그룹으로 나뉘었다. 자리가 끝날 때까지 나와 거리가 먼 자리에 앉은 사람과는 대화 한번 제대로 나누지 못하는 경우도 많았다. 사교를 위한 자리에서도 그런 현상이 나타나는데 일을 할 때는 더욱 심할 수밖에 없다.

미국의 온라인 쇼핑몰 아마존은 팀을 꾸릴 때 '피자 두 판의 규칙'을 지키는 것으로 유명하다. 라지 사이즈 피자 두 판으로 한 끼 식사를 해결할 수 있는 6~10명이 최적의 인원이라고 해서 붙은 이름이다. 아마존 창업자 제프 베이조스는 "프로젝트팀이 한 끼 식사에 피자 두 판 그 이상이 필요하다면 너무 큰 팀"이라고 말했다. 한편, 영국의 역사학자이자 경영 연구가인 노스코트 파킨슨도 "이상적인 위원회 구성원

수는 5명"이라고 했다. 20명이 넘으면 위원회 안에 이너 서클이 만들어지고 나머지 사람들은 들러리로 전락한다는 것이다. 전 세계 대학과 연구 기관 중 가장 많은 노벨상 수상자를 배출한 독일의 막스플랑크연구소는 6명을 최적의 인원으로 꼽는다. 팀에 슬쩍 묻어가려는 무책임한 팀원 때문에 속을 끓이고 있다면 인원수부터 체크할 필요가 있다.

둘째, 확실한 업무 분담이 필요하다. 우리는 나 혼자만 손해 보는 상황을 극도로 싫어한다. 좋은 점수를 받고 성과를 내는 게 아무리 중요하다고 해도 나만 희생해야 한다면 일할 의욕이 생기지 않는 법이다. 따라서 업무 분담을 해 두면 개인의 기여도에 따라 정당한 평가를 받을 수 있다.

또한 팀원이 모두 열심히 하더라도 업무 분담이 제대로 되어 있지 않으면 혼란에 빠지기 쉽다. 두 사람이 동시에 같은 일을 하고 있거나 아무도 체크하지 못한 일이 생길 수 있다. 그러므로 처음부터 확실하게 업무 분담을 해 두는 게 헛수고를 막는 길이다. 집안일을 할 때도 '당신은 빨래, 나는 설거지' 이렇게 업무 분담을 해 두면 분란이 덜 생기지 않는가.

셋째, 이렇게까지 했는데도 잘되지 않을 경우에는 '일이 잘 안되고 있다'고 이의를 제기하고 다른 방법을 찾아야 한다. 갈등을 피하려고 어물쩍 넘어가면 고생만 하고 아무 소득도 없는 결과로 이어진다.

"사람들은 종종 갈등이 없는 것을 팀워크가 좋다고 착각합니다. 그래서 싸움을 피하죠. 하지만 문제가 있을 때 시끄러워질까 봐 비판하

지 않으면 결국 곪아서 터져 버리게 됩니다."

메신저 서비스로 유명한 라인의 전 CEO 모리카와 아키라의 말이다. 일본 메신저 시장 점유율 1위인 라인의 성공을 이끈 그는 일본 기업이 쇠퇴하는 이유를 '화(和)를 중시하는 일본식 팀 문화' 때문이라고 생각하고, 재직 기간 내내 이 문화를 바꾸기 위해 애썼다.

일본 기업들은 기본적으로 화합을 중시하기 때문에 싸움을 피하는 경향이 있다. 그래서 그가 일한 기업들에서도 회의 때면 아무도 발언하지 않고 높은 사람의 지시에 '네'라고만 답하고 끝냈다. 누구도 책임지기 싫어서 말을 꺼내지 않는 것이었다. 갈등이 겉으로 드러나지 않는 것과 팀워크가 좋은 것은 구분해야 한다.

넷째, 책임 소재를 분명히 하는 것이 좋다. 인간은 누구나 모든 일을 자신의 통제 아래 두고 싶은 욕망이 있다. 또 일에 성공했을 때 그에 대한 정당한 인정을 받고 싶어 한다. 그런데 팀으로 일할 경우에는 일에 대한 통제력은 줄어들고 성과는 나누어 가져야 하므로 책임감 역시 분산되기 쉽다. 그러므로 팀을 효율적으로 움직이려면 책임 소재부터 명확하게 해 두는 것이 필요하다. 마키아벨리는《군주론》에서 "원정대 지휘권을 평범한 능력의 한 사람에게 맡기는 것이 가장 출중한 두 사람에게 반씩 나누어 맡기는 것보다 낫다"고 했다. 누군가에게 책임을 지우는 것은 팀의 성공을 좌우하는 중요한 문제라는 의미다.

사람들은 자신의 노력이 헛되지 않고 공정하게 평가받을 수 있다고 생각할 때 최선을 다한다. 그러니 팀에 슬쩍 묻어가려는 무책임한 팀원이 있다면 왜 최선을 다하지 않느냐고 꼬집기 전에 사회적 태만을 막을 방법부터 강구하는 것이 옳다.

사회 심리학자 카라우와 윌리엄스는 사람들이 특정 과제를 해낼 수 있나는 믿음을 가질 때, 그리고 그 과제 수행 결과물의 가치가 높을 때 사회적 태만이 약해진다고 주장했다. 그러므로 10명이 넘는 팀을 꾸리고 있다면, 업무 분담이 뒤죽박죽인 상태라면, 서로 자유롭게 말하는 분위기가 아니라면 한 번쯤 고민해 보라. 우리 팀이 이런 불리한 조건을 극복할 만한 한 방이 있는지 말이다. 만약에 없다면 지금 당신의 팀은 실패를 향해 걸어가고 있을지도 모른다.

비싼 물건을
팔아야 한다면

대비 효과 & 희소성의 오류

"무슨 평양냉면이 1만 원이 넘어. 이게 말이 돼?"

"뭐, 소주가 6000원이라고? 말세구먼."

내가 쓴 평양냉면집 기사가 뜻하지 않게 지인들의 분노를 샀다. 이럴 때 평양냉면에 들어가는 고기 육수의 원가가 얼마나 비싼지, 메밀면을 뽑는 과정이 얼마나 까다로운지를 설명하는 건 의미가 없다. 그냥 평양냉면이 1만 원이 넘는 건 무조건 비싼 것이고, 소주가 6000원이 넘으면 바가지인 것이다.

"어제 레스토랑에서는 몇십만 원짜리 와인도 마셨잖아요."

이런 말을 해 봐야 돌아오는 건 눈 흘김이다. 우리는 냉면집에서 6000원짜리 소주를 시키는 건 비싸다고 생각하면서 프렌치 레스토랑에서 6만 원짜리 와인을 주문하는 건 싸다고 생각한다. 이를 '대비 효과(contrast effect)'라고 한다. 사람들은 하나의 사물을 보여 주고 그 가치에 대해 말해 보라고 하면 명확하게 판단을 내리지 못한다. 절대적인 기준으로 가치를 판단하는 것은 쉬운 일이 아니기 때문이다. 그런데 값싸거나 부족한 것을 이어서 보여 주면 앞서 본 것이 더 값지거나 완벽하다고 판단한다.

　마트에서 할인 행사를 하고 있다. 어떤 제품이 원래 정가는 5만 원인데 20퍼센트 할인해서 4만 원이다. 그러면 정가가 4만 원인 제품보다 왠지 더 싸게 느껴진다. 집의 소파를 바꾼다고 해 보자. 400만 원짜리 가죽 소파를 계약했는데 그 소파와 어울리는 가죽 쿠션을 20만 원에 사라고 한다. 쿠션 하나에 20만 원이면 매우 비싼 편인데도 400만 원짜리 소파를 사다 보니 왠지 싸게 느껴진다.

　음식점 관련 기사를 쓰기 위해 전 세계 여러 음식점에 취재를 다니면서 신기한 점 하나를 발견했다. 프렌치 레스토랑은 전 세계 어디를 가나 비싸다는 것이다. 스시도 마찬가지다. 유명 한정식집 런치는 5만 원만 넘어도 '비싸다'고 손사래를 치면서 스시는 10만 원대 가격도 '미들급(중간급)'이라고 여긴다. "싫으면 먹지 마"라고 하면 할 말이 없지만 그럼에도 지금의 스시 가격은 비싸다는 생각이 든다.

　그럼에도 《미슐랭》의 별을 받은 프렌치 레스토랑이나 유명 셰프의 스시 오마카세 집은 늘 만석이다. 당일 예약은 꿈도 못 꾸고 최소한 2~3주는 기다려야 한다. 그렇게 비싼 가격에 팔면서도 좌석을 꽉 채우는 그들만의 비결은 뭘까?

프랑스 요리는 어떻게 고급 음식이 되었을까?

먼저, 프랑스 요리부터 살펴보자. 프랑스 요리가 태생부터 고급인 것은 아니었다. 프랑스 음식 문화의 시작인 갈리아인의 음식 문화는 투박했다. 그들은 수렵으로 식생활을 해결했기에 직화 구이를 선호했다. 뿌리 자체는 영국 요리와 크게 다르지 않은 셈이다. 그러나 프랑스 요리는 세계 여러 나라의 음식 중 브랜드 마케팅이 가장 잘된 케이스로 꼽힌다. 바로 기록을 통해서다. 사람들은 무언가에 대해 돈을 지불할 때 그 근거를 찾는다. 근거가 타당하다고 생각하면 비싼 금액도 스스럼없이 지불한다. 명문화된 기록이 바로 가격의 근거가 된 것이다.

사람들이 떠올리는 프랑스 요리의 형태는 1800년대 초반 프랑스의 궁중 요리사 마리 앙투안 카렘이 프랑스 요리를 레시피로 만들어 '요리 안내'라는 제목으로 기록한 데서 비롯된다. 이때부터 프랑스는 궁중 요리부터 서민 요리까지 모든 요리를 정리하고 기록으로 남겼다.

이를 말해 준 사람은 세계 3대 요리 학교 중 하나로 꼽히는 르 코르동 블루의 회장직을 맡고 있는 앙드레 쿠앵트로이다. 1984년 르 코르동 블루를 인수한 쿠앵트로 가문의 직계손인 그는 프랑스 음식 문화를 널리 알린 공을 인정받아 프랑스 정부로부터 최고의 훈장인 레지옹 도뇌르를 받은 인물. 그는 역사, 즉 시간의 힘도 물건의 값어치를 만드는 데 큰 역할을 한다고 말한다.

"저희 가문 브랜드 중에는 역사가 깊은 것이 많습니다. 음식 사업을 당장의 수익성으로 평가하기보다 문화로 보고 투자했죠. 르 코르동 블루를 인수한 것도 이런 원칙에 따른 것입니다."

그는 식당들이 《미슐랭》의 별을 받기 위해 필요한 것도 시간이라고 말했다. 기본적으로 음식 맛이 있다는 가정 아래 가격을 비싸게 책정했다면 사람들이 그 가격과 음식값이 일치한다고 느낄 때까지 기다려야 한다는 것이다. 식당에 손님이 적다고 음식값을 내리는 등 가격이 들쑥날쑥하다면 그 식당은 평생 가도 고급 식당이 될 수 없다. 명품 업체들이 세일을 잘 하지 않거나 아울렛에 내놓는 제품을 따로 만드는 것도 제 가격을 높게 받기 위해서다.

"잘되는 식당과 안되는 식당의 차이는 시간의 흐름을 버틸 수 있느냐 없느냐의 차이입니다. 프랑스에서는《미슐랭》의 별 3개를 받으려면 3대가 필요하다는 말이 있습니다. 그 정도 시간은 흘러야 그 식당의 음식이 완성된다는 거죠. 훌륭한 재료로 맛있는 음식을 만들고 적절한 가격을 받으면 식당이 망하는 경우는 드뭅니다. 하지만 그런 원칙을 무너뜨리지 않고 계속 고수하는 것이 쉽지는 않습니다."

일본 스시는 어떻게 고급 음식이 되었을까?

그렇다면 프랑스 요리와 달리 역사가 짧은 일본 스시는 어떻게 고급 요리가 되었을까? 식당은 '셰프의 예술'이라고 한다. 아무리 인테리어와 마케팅을 잘해도 음식이 맛없으면 아무 소용 없다. 그래서 음식을 만드는 셰프에 대한 충성도가 뛰어나다. 특히 스타 셰프의 경우 그들이 식당을 옮기면 손님도 같이 이동하는 사례가 많다. 스시는 이런 현상이 더욱 심하다. 즉 스시가 고급 요리가 된 것은 이런 스타 셰프의 제한된 노동력에서 나오는 '희소성의 오류' 때문이다.

희소성의 오류란 얻기 어려운 것에 더욱 가치를 두는 것을 말한다. 이는 인류만큼이나 그 역사가 오래되었다. 일찍이 로마인들도 '귀한 것은 비싸다'고 했다. 과자 허니버터칩, 꼬북칩 초코츄러스맛, 옥수수깡도 마트에 없을 때는 웃돈을 주고 사야 할 만큼 귀한 대접을 받았지만 흔해지고 나서는 묶음 상품으로 나올 정도로 인기가 식어 버렸다.

다른 음식과 달리 스시는 (오마카세 한정이기는 하지만) 셰프가 손님 앞에 서서 처음부터 끝까지 요리를 제공한다. 이때 셰프가 쥘 수 있는 스시의 개수는 한정돼 있다. 그러다 보니 그 셰프가 쥐어 주는 스시를 먹기 위해 사람들은 돈을 낼 수 있는 한까지 내는 것이다.

"다음 주 금요일 저녁 예약, 변동 사항 없으시죠?"

어느 날 오후, 정신없이 기사 마감을 하는 중이었다. 전화벨이 울리기에 아무 생각 없이 받았더니 대뜸 예약 상황을 체크했다.

언제였던가. 인기 있는 스시집 기사를 쓰며 대전에 있는 '스시호산'이라는 가게를 알게 됐다. 한번 가 보려고 하니 예약이 꽉 차서 안 된다고 했다.

이 가게의 영업시간은 특이했다. 평일 점심뿐만 아니라 주말 영업도 하지 않았다. 평일 저녁 딱 한 타임만 영업했다. 직장과 집이 다 서울에 있다 보니 방문 가능한 날을 잡기가 어려웠다. 그래서 예약이 가능한, 그나마 한가한 금요일 저녁으로 네 자리를 예약했는데 시간이 한참 지나 예약했다는 사실을 깜빡 잊고 있었다.

전화를 받고 그때부터 부랴부랴 동행을 찾았다. 금요일 저녁 자동차로 왕복 4~5시간이 걸리는 당일 일정인데도 연락한 사람들은 모두 가겠다고 했다. 사업하는 친구는 오후 시간을 뺐고, 와인 바를 하는 친구는 금요일 저녁 가게 문을 닫았다. 일이 늦게 끝난 의사 친구는 퇴근

후 홀로 KTX를 타고 왔다. 우리는 그렇게 서울에 있는 그 많은 스시집을 뒤로하고 굳이 대전으로 내려가 금요일 저녁 6시 오마카세를 먹었다.

스시호산 이승철 셰프의 음식은 맛있었다. 생크림 같은 우니는 신선했고, 감칠맛이 터지는 고등어는 비린 맛이 전혀 없었다. 새우와 조개도 탱글탱글 쫄깃쫄깃했다. 마지막으로 보슬보슬한 금테 솥밥까지 먹고 나니 만족감이 차올랐다. 한 친구는 "이 가격이면 맛뿐만 아니라 가성비도 좋다"고 평가했다.

그런데 정말 우리는 맛과 가성비가 좋아서 대전까지 간 것일까? 스시호산의 오마카세 1인분 가격은 21만 원이다. 아무리 봐도 싼 가격은 아니다. 여기에 서울과 대전을 오가는 기름값과 시간까지 포함하면 스시 한 끼를 먹기 위해 든 비용이 어마어마하다. 그렇다면 왜 우리는 굳이 거기까지 스시를 먹으러 갔을까? 이유는 간단하다. 맛있다는 소문은 들었는데 예약하기가 너무 힘들기 때문이다.

이승철 셰프가 의도적으로 이런 영업 방식을 도입한 것은 아니었다. 그는 서울 신라호텔 아리아케, JW메리어트 호텔 미카도 등에서 근무했다.

"셰프들은 휴일이 없어요. 요리를 업으로 삼은 순간부터 가족 여행 한번 제대로 간 적이 없죠. 그런데 어느 날 아들이 '아빠, 우리 반에서 나만 자전거를 못 타'라고 하더라고요. 자전거는 잡아 줄 아빠가 필요하잖아요. 그 순간 '내가 무엇을 위해 이렇게 뼈 빠지게 일하고 사나' 싶었습니다."

그 길로 고향인 대전에 내려가 가게를 차렸다. 주말은 무조건 가족들을 위한 시간으로 비워 두었다. 낮 장사를 하려면 새벽에 나와야 하니 아침 시간을 가족들과 여유롭게 보내기 위해 저녁 장사만 하기로 했다. 스시는 셰프의 컨디션이 매우 중요한 음식이다. 오마카세의 경우 응대 기술도 많은 영향을 끼친다. 가족들과 많은 시간을 보내며 행복한 마음으로 스시를 쥐다 보니 음식은 더 맛있어졌다. 여기에 '예약이 어려운 식당'이라는 소문이 돌면서 전국구 맛집이 됐다.

희소성의 오류로 성공한 또 다른 식당은 조선호텔 스시조 출신 이진욱 셰프가 운영하는 '스시인'이다. 이곳 예약은 단골만의 특권이다. 단골만 예약이 가능하고, 단골이 동행해야만 음식을 먹을 수 있다. 누군가 당신에게 스시인 예약을 해 준다면 그건 당신을 소중한 사람으로 생각하고 있다는 뜻이다. 그러다 보니 단골들은 밥을 먹고 떠날 때 다음 예약을 한다.

갖기 어려운 것을 탐내는 것은 인간의 본능이다. 뭐든 쉽게 가질 수 있는 건 매력이 없다. 음식도 마찬가지다. 《작은 가게의 돈 버는 디테일》을 쓴 일본 요식업계 대모 다카이 요코 채러티 대표가 주장하는 '고객을 줄 세워라'도 같은 맥락이다.

"일본 식당은 대부분 좁고 좌석 수가 많지 않아요. 손님을 다 수용할 수 없어 줄을 세우면 줄을 서서 먹을 정도로 인기 있는 가게라는 소문이 나죠. 그러면 손님을 모을 수 있고, 회전율도 높아져요. 서서 기다리는 손님이 있다는 건 오래 앉아 있는 손님을 일어나게 하는 이유가 되니까요."

우리는 가게에 손님이 많아지면 늘어난 손님을 받기 위해 가게를 확장한다. 그런데 손님은 생각만큼 그리 많이 늘지 않는다. 가게를 확장함으로써 '줄 서서 먹는 맛집'이라는 중요한 마케팅 포인트가 사라져버리기 때문이다. 식당 메뉴를 정할 때도 마찬가지다. 어떤 음식이 유행하기 시작하면 초기에는 너도나도 빨리 가서 먹고 싶어 하지만 그 메뉴를 취급하는 식당이 많아지면 사람들은 갑자기 흥미가 떨어진다.

"유행하는 메뉴로 창업하면 단기간에는 돈을 벌 수 있어요. 하지만 유행은 언제든 끝날 수 있다는 점을 염두에 두고 초기 인테리어 비용은 줄여야 해요. 계속 식당을 운영할 계획이라면 메뉴 변경이 쉽도록 해야 하고요."

그래서인지 최근 문을 여는 식당들은 너도나도 '예약이 어려운 맛집'이라는 마케팅 방법을 쓴다. 방법은 간단하다. 가오픈 기간을 길게 두고, 인스타그램 푸디(음식 블로거)들을 불러 모은다. 이들이 너도나도 인스타그램 피드에 '#00맛집'이라는 글을 올리면 정식으로 오픈했을 때 초기에 예약이 몰린다. 그러면 오픈과 동시에 이 식당들은 '예약이 어려운 맛집'으로 등극한다.

많이 팔고 싶다면 적게 팔아라

희소성의 오류가 적용되는 건 음식만이 아니다. 스타벅스 굿즈, 나이키의 한정판 운동화, 자라와 명품 브랜드의 한정판 컬래버 의류 등 우리는 '희소하다'는 말에 약하다. 그래서 기꺼이 몇 시간씩 줄을 선다.

명품 시계의 상징 롤렉스도 물량을 철저히 관리하며 가치를 높이는 것으로 유명하다. 롤렉스 본사가 있는 스위스에서도 롤렉스 인기 모델을 구할 수가 없다. 그러다 보니 인기 모델은 정가의 두세 배가 넘는 가격에 거래된다. '롤렉스는 지금이 가장 싸다'는 말이 나왔을 정도다. 이탈리아 가죽 브랜드 보테가 베네타는 판매량이 급상승하자 인스타그램 계정을 폐쇄하고 모든 광고와 홍보를 중단했다. 흔해지면 브랜드 가치가 떨어진다고 판단했기 때문이다.

와인도 마찬가지다. 샴페인이 다른 유럽 스파클링와인보다 비싼 건 '샹파뉴 지역에서만 나는 와인'이라는 제한을 뒀기 때문이다. 최근 전 세계적으로 보르도와인이 부르고뉴와인에 밀려 찬밥 신세가 된 건 생산량이 많다는 이유가 가장 크다. 한 부르고뉴와인은 매년 오크통 한 통만 만든다. 그럼 딱 300병 나온다. 바로 이 점이 와인 수집가들의 마음을 자극하는 것이다.

다시 정리해 보자. 당신이 어떤 물건을 비싸게 팔고 싶다면 먼저 기록과 역사를 찾아 타당한 근거를 만들어야 한다. 그러고 나서 고객들이 그 물건과 가격을 받아들일 때까지 기다려야 한다. 마지막에는 상품 개수를 조절해 희소성을 높여야 한다.

모두가 가질 수 있는 것은 누구도 갖고 싶어 하지 않는다. 물론 당신이 파는 물건이 좋아야 하는 것은 기본이다. 품질이 좋지 않은 물건을 사기 위해, 맛없는 음식을 먹기 위해 줄을 설 사람은 없기 때문이다.

무슨 일을 하든 대체 불가능한 나를 만드는 법

원하는 연봉을
받는 사람들의 비밀

정박 효과

최근에 이사를 하면서 불필요한 물건들을 정리하려고 중고 상품 직거래 앱 '당근마켓'을 깔았다. 쓰지 않는 물건들을 골라내고, 예쁘게 사진을 찍어 업로드한 후, 상품에 대한 설명을 쓴다. 이제 가격을 책정하는 일만 남았다. 중고 거래를 할 때는 가격 책정이 가장 어렵다. 내가 쓰던 물건의 적정 가격은 얼마일까? 높게 부르자니 안 팔릴 것 같고, 낮게 부르자니 구입 가격이 생각나 속이 쓰리다. 대충 시세를 훑어보고 그보다 조금 낮은 가격을 매겨 빨리 팔아 버리는 편을 택한다. 나중에 내 것보다 상태가 안 좋은 물건이 더 비싸게 거래된 걸 보면 '나도 그 가격에 내놓을걸' 하고 후회한다. 어쨌든 안 쓰는 물건을 팔아 돈을 벌었으니 남는 장사였다고 생각하며 정신 승리로 아쉬움을 달랜다.

그런데 만약 거래 대상이 중고 물품이 아닌 나 자신이라면 정신 승리로 넘어갈 수 있을까? 연봉 협상에 관한 얘기다. 연봉을 높게 부르면 건방져 보여서 협상이 잘 안될 것 같고, 낮게 부르면 노예 계약에 사인을 하는 것만 같다. 중고 거래야 손해를 봐도 돈을 벌었으니 됐다 하고 넘어가면 그만이지만, 연봉 협상은 한번 삐끗하면 타격이 너무 크다.

중고 거래에도 시세가 있는 것처럼 연봉도 연차, 직종, 업계에 따른 시세가 있어서 터무니없이 낮은 연봉을 받을 일은 거의 없다. 그리고 연봉이 시세의 상단이든 하단이든 당장의 실수령액에는 큰 차이가 안 날 수도 있다. 하지만 시간이 흘러 몇 번의 연봉 인상을 거치면 복리 효과로 인해 둘 사이에 무시할 수 없는 격차가 생긴다. 게다가 직장인 대부분이 이직할 때 연봉이 크게 상승하는데 이때 전 직장 연봉이 협상의 기준점이 된다. 따라서 첫 단추를 잘 끼우는 게 중요하다. 최근 경력직으로 새로운 직장을 구한 친구는 다음과 같이 말했다.

"연봉을 어느 정도 생각하느냐고 묻는데 뭐라고 답을 못 하겠더라고. 이전 회사보다 많이 준다고는 했는데 구체적인 금액을 생각해 본 적은 없었거든. 다행히 같이 경력직으로 들어가는 친구가 세게 부르기에 나도 같은 금액으로 해 달라고 했어."

이 친구의 경우 운 좋게도 함께 입사한 친구가 부른 연봉이 기준점이 되어 순조롭게 협상을 마무리할 수 있었다. 이처럼 협상에서는 기준점이 매우 중요한데 이는 '정박 효과(anchoring effect)' 때문이다. 닻을 내린 배가 크게 움직이지 않듯 처음 접한 정보가 기준점이 되어 그 뒤의 판단에 영향을 끼치는 현상을 말한다. 최초 기준점이 '닻(anchor)' 역할을 하는 것이다.

기준점이 높을수록 유리한 협상을 할 수 있다

정박 효과는 1974년 심리학자 대니얼 카너먼과 아모스 트버스키의 실험을 통해 입증되었다. 그들은 실험 참가자들에게 "유엔에 가입한 아프리카 국가는 몇 개국일까?"라고 물은 후 1에서 100까지 숫자가 적힌 회전판을 돌렸다. 회전판의 바늘은 돌아가다가 아무 숫자에서나 멈추게 되어 있었다. 그런데 높은 숫자에 멈춘 것을 본 참가자들은 유엔에 가입한 아프리카 국가 숫자를 높게 대답했고, 낮은 숫자에 멈춘 것을 본 참가자들은 국가 숫자를 낮게 불렀다. 바늘이 가리키는 숫자와 국가 개수가 아무 상관이 없음에도 불구하고 바늘이 가리키는 숫자를 근거로 답을 예상한 것이다. 즉 처음 머릿속에 잔상처럼 남은 숫자가 기준점이 되어 이후 국가 숫자를 생각할 때 영향을 미친 것이다.

질문을 던질 때도 어떻게 묻느냐에 따라 결과가 달라질 수 있다. 이를테면 "간디가 세상을 떠났을 때 나이가 114세 이상이었는가?"라고 물으면 "간디가 세상을 떠났을 때 35세 이상이었는가?"라고 물을 때보다 사망 나이를 높게 추정할 가능성이 높다. 114세라는 숫자가 닻의 역할을 하는 것이다.

정박 효과는 아주 흔한 마케팅 방법이다. 세일하는 옷 가게는 꼭 원래의 정가를 공개하고 할인가를 써 놓아 사람들의 구매 결정을 유도한다. 정가가 닻으로 작용해 비싼 물건을 싸게 사는 것처럼 느끼기 때문이다. 또 명품 매장의 입구에는 늘 가장 비싼 가방들이 진열돼 있다. 이 가방들을 보고 나면, 안쪽에 있는 지갑과 열쇠고리는 상대적으로 저렴해 보이게 마련이다. 비싼 가방 가격이 닻으로 작용한 탓이다.

정박 효과는 사람들을 설득하는 데 있어서도 엄청난 영향력을 발휘한다. 다음은 조니 뎁 주연의 영화 '럼 다이어리'에 나오는 대사이다.

"반대하는 주민을 우리 편으로 만들 수 있는 방법은 아주 다양하지. 예를 들어 자네가 세금을 5퍼센트 올리고 싶다고 가정하세. 현명한 방법은 먼저 10퍼센트 올리겠다고 소문을 내는 거야. 그러면 사람들이 떠들고 다니며 야단을 피우겠지. 그때 자네가 슬쩍 양보하는 척하는 거야. '7퍼센트는 어때?' 하고. 그들은 그것도 안 된다고 하겠지. 그럼 이렇게 말하면 돼. '앞으로 친하게 지내기로 하고 5퍼센트로 타협을 보세!' 빙고. 그들은 이겼다고 생각하겠지. 하지만 실은 자네가 처음 원한 5퍼센트를 얻은 거야."

아무 조건이 없었다면 주민들은 세금 인상 자체에 반대했을 것이다. 5퍼센트는커녕 3퍼센트만 올려도 거센 반발을 샀을 것이다. 하지만 10퍼센트 인상이라는 닻에 묶이면 오히려 '5퍼센트만 올라서 다행이다'라고 생각한다.

그래서 정박 효과를 잘 활용하는 상인들은 가격을 깎아 줄지언정 가격을 싸게 매기지는 않는다. 할인이나 에누리를 미리 계산에 넣기 때문이다. 우리가 여기서 배워야 할 교훈은 그만큼 닻 역할을 할 처음 가격을 어떻게 정하느냐가 매우 중요하다는 사실이다. 그것이 이후에 엄청난 영향을 주기 때문이다. 그러므로 연봉 협상을 할 때도 처음 부르는 금액을 될 수 있는 한 높게 부르는 것이 좋다. 그 금액이 닻 노릇을 하기 때문이다. 내가 좋아하는 한승원 작가의 만화 《프린세스》에는 이런 구절이 있다.

"네가 너를 천하게 만들면 남들도 그렇게 대할 테니, 스스로를 높이고 낮추는 건 네가 할 일임을 잊지 말아라."

내 연봉의 근거를 제시하라

그렇다고 무턱대고 높은 금액을 부를 수는 없는 노릇이다. 이직 시의 평균 인상률은 10~15퍼센트인데, 업계, 직종, 연차에 따라 차이가 있으니 본인에게 해당하는 수치를 확인해 봐야 한다. 블라인드 등 직장인 관련 커뮤니티를 활용하면 쉽게 확인할 수 있다. 그다음에는 내가 받고 싶은 연봉의 근거를 마련해야 한다.

메이저 리그의 에이전트 스콧 보라스는 본인이 관리하는 선수들에게 늘 거액의 계약을 안겨 주는 것으로 유명하다. 덕분에 '악마의 에이전트'라는 별명이 붙었다. 100년 넘게 리그를 운영해 온 메이저 리그 구단들이 바보도 아니고 어떻게 매번 보라스에게 거액의 계약을 안겨 주는 걸까? 그는 최대한 유리한 협상을 위해 다양한 전략을 구사하지만 그 핵심에는 남다른 데이터 관리가 있다. 메이저 리그에서 열리는 2400여 경기를 모두 녹화 분석하고 통계 전문가, 컴퓨터 엔지니어, 의사, 변호사 등을 동원해 관리하는 선수들의 데이터를 수집한다. 그런 자료를 바탕으로 일반적인 통계에서 드러나지 않는 선수들의 장점을 찾아내고 그 능력을 가장 필요로 하는 팀들에게 홍보한다. 해당 선수가 경쟁 선수 대비 얼마나 뛰어난 가치를 지녔는지 데이터로 입증하며 높은 몸값을 책정한다. 아울러 비슷한 처지의 여러 팀을 영입 경쟁에 참여시켜 몸값을 극대화한다. 선수들의 연봉을 지나치게 높였다며 비판도 듣지만 2022년 메이저 리그 연봉 상위 10명 중 7명이 스콧 보라스의 고객일 만큼 그의 협상력은 인정할 수밖에 없다.

우리는 그를 고용할 수 없으니 스스로 스콧 보라스가 되어야 한다. 어떤 일을 했고 회사에 얼마큼 기여했는지를 정리해 연봉 인상의 근거로 제시해야 한다. 막연하게 인상률을 이야기하기보다는 '최근 3년 동안 이런 성과를 냈는데, 업계 평균보다 50퍼센트 정도 높은 수치이고, 비슷한 연차의 평균 연봉과 비교하면 내 적정 연봉은 이 정도라고 생각한다'라는 식으로 수치가 구체적일수록 원하는 결과를 얻어 낼 확률이 높다. 이때 다른 회사에서 제시한 연봉이나 비슷한 연차의 최고 연봉을 닻으로 활용해 정박 효과를 노린다면 금상첨화다.

소득 만족점 : 소득과 행복의 미묘한 관계

그런데 이때 주의해야 할 점은 나 혼자만 정박 효과를 알고 있는 게 아니라는 사실이다. 당신을 상대하는 인사팀 사람들은 당신 같은 사람을 수백 명도 더 만나 봤을 것이다. 그들이 당신에게 원하는 연봉을 준다는 것은 그 이상의 무엇을 기대한다는 뜻이다. 세상에 공짜는 없다.

2021년 tvN 토크쇼 '유 퀴즈 온 더 블럭'에 구글에서 일하는 김은주 디자이너가 출연했다. 세계에서 가장 돈을 많이 버는 회사답게 구글의 근무 환경은 부족한 게 없었다.

"출퇴근 시간이 따로 없어요. 자리에 앉아 있지 않아도 되고요. '나 오늘 회사 가기 싫어' 하면서 집에서 일하는 사람들도 있어요. 만약 회사에 나와서 일하는 것보다 집에서 일하는 게 성과가 극대화되는 사람이라면 굳이 나올 필요가 없어요."

유재석이 구글의 자유로운 근무 환경을 매우 부러워하면서 물었다.

"회사라면 목표가 있고 목표를 이뤄야 하는데 그게 가능한가요?"

"많은 사람이 구글의 자유로운 업무 환경만 보는데 자율이 주어진다는 것은 그만큼 무거운 책임감을 전제로 합니다. 한국 음식이 나오는 식당도 있고, 바리스타도 있고, 마사지해 주는 분도 계세요. 머리가 복잡하면 일에 집중할 수 없기 때문에 심리 상담도 받을 수 있고, 미용실도 있어요. 물론 다 공짜예요. 그런데 그것은 곧 '모든 걸 다 해 줄 테니까 너는 네 몸값을 해'라는 말이에요."

높은 연봉을 준다는 것은 그 이상의 성과를 기대한다는 뜻이다. 모두가 고액 연봉을 원하지만 그 대가로 치러야 하는 스트레스와 고통은 보지 않는 경향이 있다. 김은주 디자이너 역시 구글로 이직한 후 1년 동안 성과에 대한 과도한 스트레스로 심리 상담을 받아야 할 만큼 최악의 슬럼프를 경험했다고 한다. '왕관을 쓰려는 자, 그 무게를 견뎌라'라는 말처럼 높은 연봉을 받고 싶다면 책임과 실적에서 오는 스트레스를 견딜 각오가 되어 있어야 한다.

2018년 미국 퍼듀대가 전 세계 164개국 170만 명을 대상으로 '소득 만족점'을 조사했는데 1인 기준 연 소득이 9만 5000달러(약 1억 1000만 원) 이상이면 삶의 만족도가 오히려 떨어지는 것으로 나타났다. 이 연구 결과가 알려 주는 것은 돈이 많다고 무조건 행복해지는 않다는 사실이다. 얻는 게 있으면 잃는 게 있다. 우리에게도 저마다 다른 소득 만족점이 있을 것이다. 고액 연봉을 위해 내 삶의 만족을 포기해야 한다면 적당한 선에서 타협하는 것도 결코 틀린 선택은 아니다.

나보다 뛰어난 사람을
뽑아야 하는 까닭

사회적 비교 편향

한 남자가 형수를 만났는데 뉴욕으로 유학을 간 아들이 잘 살고 있는 지 걱정이 된다는 말을 들었다. 지난 1년간 편지 한 통이 없다는 것이 다. 그는 즉시 답장을 받게 해 주겠다고 약속했다. 그러고는 별다른 내 용 없이 간단한 안부 인사와 함께 '100달러를 동봉한다'는 글을 적은 후 조카에게 편지를 보냈다. 하지만 편지 속에 100달러를 넣지는 않 았다. 얼마 지나지 않아 조카에게서 답장이 왔다. 편지 안에 100달러 가 들어 있지 않은데 어떻게 된 일인지 궁금하다는 말과 함께.

  1년 동안 소식이 없는 조카의 연락을 단숨에 받아 낸 그는 바로 미 국의 기업가이자 '철강왕'으로 불리는 앤드루 카네기다. 1835년 영국 스코틀랜드에서 가난한 직공의 아들로 태어난 그는 12세 되던 해에 미국으로 이민을 간 후 다양한 직업을 전전하다가 당시 신기술이던 철도 사업에 투자해 큰돈을 벌었고, 1892년 카네기 철강 회사를 세 워 미국 철강 산업의 70퍼센트를 점유하며 '철강왕'으로 불리게 되었 다. 1901년에는 '석유왕' 존 D. 록펠러를 제치고 미국 최고 부자에 등 극하기도 했다. 죽을 때까지 3억 6500만 달러(오늘날 가치로 약 6조 원)

라는 천문학적인 금액을 사회에 환원했다. 뉴욕의 유명한 공연장 카네기 홀과 21명의 노벨상 수상자를 배출한 피츠버그의 카네기멜런대 등이 그의 기부로 세워졌다.

가난해서 초등학교도 졸업하지 못하고 철강에 대해 아는 게 하나도 없던 그가 이처럼 눈부신 성공을 거둔 것은 천부적인 사업 감각과 함께 어떻게 하면 사람의 마음을 움직일 수 있는지를 잘 알아서였다.

유니언 퍼시픽 철도 회사의 침대 열차 사업권을 놓고 조지 풀먼이라는 사업가와 경쟁할 때 일이다. 카네기는 당시 '센트럴 차량 회사'를 운영하고 있었는데 둘 다 사업권을 따내기 위해 입찰 가격을 무리하게 낮추다 보니 이익을 볼 수 없는 상황에까지 이르렀다. 카네기가 풀먼에게 회사를 합병하자고 제안했다. 내키지 않은 풀먼이 물었다.

"그러면 새로운 회사의 이름은 어떻게 할 생각입니까?"

"물론 풀먼 차량 회사죠."

카네기는 침대 열차 사업권을 따낼 수 있다면 자신의 회사 이름을 포기하는 것쯤은 전혀 문제 될 게 없다고 여겼다. 결국 그는 경쟁심이 강한 풀먼의 심리를 정확히 읽어 내 합병에 성공했다.

1867년에는 철도 노선 확장을 위해 미시시피강을 가로지르는 다리를 건설해야 했다. 미시시피강은 물살이 거세고 강폭이 넓어 기존 건축 기술로는 다리를 세울 수 없었다. 건설 중에 무너지는 일이 여러 차례 발생했다. 당시 신기술이던 철근 콘크리트 기법으로는 가능할 수도 있다는 말을 들은 카네기는 엄청난 비용과 시간을 들여 마침내 다리를 완성했다. 하지만 건설 중에 붕괴된 것을 기억하는 사람들은 불안한 마음에 그 다리를 이용하려고 하지 않았다. 그는 사람들의 불안함을 단번에 해소할 묘책을 생각해 냈다. 당시 사람들은 코끼리는 물안정한 다리를 건너지 않는다는 미신을 믿고 있었다. 그래서 기자들과 사람들을 모아 놓고 코끼리가 다리를 건너는 장면을 연출했다. 이 일을 계기로 철근 콘크리트 기법으로 건설한 건축물의 안전성이 입소문을 탔고, 그는 철강 산업에 뛰어들게 되었다. 이처럼 카네기는 사람의 심리를 꿰뚫어 보고 마음을 움직이는 법을 잘 알고 있었다.

카네기는 홀로 모든 것을 이룰 수는 없다고 생각했다. 그에게 철도 산업을 알려 준 인물은 팀 스콧이었고, 철강 산업의 잠재력을 깨우쳐 준 이는 건설 기술자들이었으며, 그의 철강 회사를 인수해 그를 미국 최고 부자로 만들어 준 사람은 J. P. 모건이었다. 그는 주변 사람들을 부자로 만들어야 자신도 부자가 될 수 있다고 믿었다. 그리고 행동으로 그 믿음을 증명했고, 훗날 자신의 묘비명에 이런 문구를 남겼다.

"자기 자신보다 더 우수한 사람을 어떻게 다루어야 하는지 알았던 사람이 여기 누워 있다."

약점을 줄이기보다 강점을 키우는 데 집중하라

우리는 보통 자신보다 뛰어난 사람을 보면 질투심이나 경쟁심을 느끼게 된다. 그가 나를 앞서갈까 봐 초조해하기도 한다. 친한 선배가 자기 팀에 사람이 필요한데 혹시 추천해 줄 사람이 있느냐고 묻는다면 아마도 일 잘하는 사람을 소개해 주고 싶을 것이다. 하지만 자신이 속해 있는 부서의 팀장이 괜찮은 사람이 있느냐고 물으면 얘기는 달라진다. 나보다 뛰어난 사람을 추천하는 걸 꺼리게 된다. '사회적 비교 편향(social comparison bias)'이 생기기 때문이다.

사회적 비교 편향이란 자신의 사회적인 서열을 위협할 만큼 뛰어난 사람에게 질투심과 경쟁심을 갖는 것을 말한다. 나와 다른 팀에 뛰어난 사람을 추천하는 데는 거리낌이 없지만 나와 같은 팀에 뛰어난 사람을 추천하려고 하면 신경이 쓰인다. 혹시 내 위치가 위태로워지면 어떡하지 하는 불안한 마음이 생긴다. 사회적 비교 편향은 특히 벤처 기업에서 자주 나타나는 현상이다. 애플에서 전설적인 마케터로 불리던 가이 가와사키는 그 문제점을 다음과 같이 짚어 낸다.

"A 등급 개발자는 본인의 기업을 만들 때 A+ 등급의 개발자, 즉 자신보다 더 나은 사람을 고용하고 싶어 한다. 반면에 C 등급의 개발자는 D 등급의 개발자를 고용하고, D 등급의 개발자는 E 등급의 개발자를 고용한다. 이런 식으로 설립된 회사는 몇 년 안 가서 Z 등급인 최하위 개발자로만 구성된다."

나의 위치가 위태로워질 봐 더 나은 재능을 가진 사람을 가까이하지 않으면 결국 실패자로 가득한 조직 속에 남을 확률이 높다. 능력이 부족한 사람으로만 구성된 조직이 잘될 리 없다.

사회적 비교 편향에서 벗어나려면 어떻게 해야 할까? 당신이 A 등급이 되어 A+인 사람을 뽑거나 A+인 사람들과 함께하는 것이 가장 좋은 방법이다. 그러면 A+에게 미처 당신이 생각하지 못한 것들을 배우며 빠르게 성장할 수 있고, 회사 또한 뛰어난 인재들이 모여 탁월한 성과를 올리게 될 것이다. 그럼에도 뛰어난 사람을 추천하는 게 말처럼 쉽지 않다는 사람들에게 경영학의 대가 피터 드러커는 《피터 드러커 사기경영노트》에서 이렇게 말한다.

"자신이 할 수 있는 것이 아니라 할 수 없는 것에만 신경 쓰는 사람, 그리고 그 결과 강점을 활용하기보다 약점을 줄이려는 사람은 그 자신이 약한 인간의 표본이다. 아마도 그는 다른 사람들의 강점을 파악하고는 위협을 느끼고 있을 것이다. 그러나 부하가 능력 있고 목표를 달성한다는 이유로 고민하는 사람은 없다. 목표를 달성하고자 하는 사람에게는, 미국 철강 산업의 창건자인 앤드루 카네기가 자신의 묘비명으로 택한 '자기 자신보다 더 우수한 사람을 어떻게 다루어야 하는지 알았던 사람이 여기 누워 있다'라는 글귀보다 더 좋은 처방은 없다."

그러니 뛰어난 사람과 함께 일하는 것을 두려워할 필요는 없다. 오히려 그들에게 자극을 받고 성장할 수 있으니 고마워해야 할 일이다. 당신이 해야 할 일은 피터 드러커의 말처럼 당신이 잘하는 일에 집중하는 것이다. 단점을 줄이기보다는 강점을 키우는 데 집중하는 것이 경쟁력을 키우는 데 더 효과적이다. 스스로 가진 강점이 뭔지 잘 모르겠다는 사람은 드러커의 다음 말을 참고해도 좋을 듯하다.

"방법은 간단하다. 먼저 당신이 내린 핵심 결정과 당신이 취한 핵심 행동, 그리고 예상 결과를 매번 적는다. 9~12개월 뒤에 예상과 실제 결과를 비교한다. 이렇게 2~3년 하다 보면 결정 및 행동과 실제 결과가 일치하거나 오히려 기대 이상의 결과가 나올 수 있다. 이것을 당신의 강점으로 만들고 나면 이 지식을 이용해 성과를 높일 수 있다."

제안서,
절대 길게 쓰지 마라

선택의 역설

2018년 1월부터 약 4년 동안 인기리에 방영된 '백종원의 골목식당'
이라는 프로그램은 장사가 잘 안되는 골목 식당을 찾아가 문제점을
파악해 식당을 살리는 과정을 보여 줌으로써 화제를 모았다. 그 프로
그램을 진행하면서 백종원 더본코리아 대표에게 '뿌노스'라는 별명이
생겼다. 백종원의 '백'과 비슷하게 보이는 글자인 '뿌'와 영화 '어벤져
스'에서 모든 것을 파괴하는 악당 타노스를 합성한 말이다. 그가 식당
을 다녀가면 원래 있던 메뉴 대부분이 없어진다고 해서 생긴 별명이
었다.

　제주도까지 1박2일 줄 서기 열풍이 불던 돈가스집 '연돈'에는 원래
생선카츠, 치킨카츠, 어묵우동, 튀김우동, 비빔모밀 등 21개의 메뉴가
있었다. 백 대표는 이 중 대표 메뉴인 등심카츠와 치즈카츠를 빼고 모
두 없애라는 조언을 했다. 해방촌 신흥시장의 '시장회집'도 서더리탕,
생우럭탕, 활어회덮밥, 알탕, 동태찌개, 꽁치구이, 코다리양념구이, 홍
어무침, 낙지볶음, 미꾸리튀김 등 해산물 뷔페 수준으로 많았다. 그는
이번에도 아귀찜과 회덮밥 정도만 남기고 다 없애라고 말했다.

백 대표가 메뉴를 줄이는 이유는 회전율과 재고 관리, 품질 안정화 때문이다. 노동력이 부족한 골목 상권은 메뉴가 많으면 관리가 매우 어렵다. 그는 메뉴 간소화를 통한 선택과 집중이 골목 식당을 살릴 해법이라고 주장한다. 하지만 정작 식당 사장들은 '손님에게 미안해서', '손님들이 원해서'라는 이유로 선뜻 조언을 받아들이지 않았다. 그런데 정말 손님들은 메뉴가 많은 것을 더 선호할까?

다양한 물건 사이에서 내가 원하는 것을 선택하는 일은 행복감을 준다. 그러나 선택할 게 지나치게 많으면 그건 저주가 되어 버리고 만다. 하나를 선택하기 위해 나머지 것들을 포기해야 하기 때문이다. 수많은 선택지 가운데 내가 고른 것이 최상의 선택이라고 누가 확신할 수 있겠는가. 다른 선택이 더 옳을 수도 있다는 생각이 들면 찜찜하고 불만족스럽다.

선택지가 많은 것이 행복도를 높이기는커녕 오히려 떨어뜨리는 것을 '선택의 역설(paradox of choice)'이라고 부른다. 미국의 심리학자 배리 슈워츠는 저서 《선택의 심리학》에서 왜 선택의 행복이 불행으로 바뀌는 모순이 생기는지를 다음과 같이 설명했다.

먼저, 고객들은 선택할 것이 너무 많으면 쉽게 결정을 내리지 못하고 망설이다가 오히려 구입하지 않는 쪽을 선택한다. 미국 스탠퍼드대의 마크 레퍼 교수와 컬럼비아대의 쉬나 아이엔가 교수는 슈퍼마켓에 잼을 시식할 수 있는 부스를 2개 설치했다. 한쪽 부스에는 잼을 여섯 종류 놓아두고, 다른 쪽 부스에는 스물네 종류를 놓아두었다. 그 결과 스물네 종류 잼이 마련된 시식대에서는 고객의 3퍼센트만이 잼을 구매했고, 여섯 종류 잼이 마련된 시식대에서는 30퍼센트의 고객이 잼을 구매했다. 스물네 종류라는 선택지가 고객들의 구매 욕구를 오히려 떨어뜨린 것이다.

창고형 할인 마트인 코스트코는 이런 선택의 역설에 착안해 소품목 저마진 전략을 쓰고 있다. 코스트코에서 취급하는 상품의 가짓수는 4000개 정도로, 일반적인 대형 마트의 10분의 1 수준밖에 안 된다. 대신 마진을 15퍼센트 이하로 줄여 고객들이 싸게 살 수 있게 만들었다. 선택의 역설에 시달리는 고객들은 코스트코로 몰려들었다.

식품 쇼핑몰인 마켓컬리나 온라인 패션 편집숍인 무신사도 선택의 피로감을 최대한 줄이는 전략을 사용했다. 특히 무신사는 선택을 더욱 쉽게 할 수 있도록 실시간 베스트셀러를 보여 주고, 어떻게 매치하면 좋을지 미리 코디해서 보여 주기까지 한다.

선택의 역설이 발생하는 두 번째 이유는 선택의 폭이 커지면 좋지 않은 의사 결정을 내릴 확률이 높아지기 때문이다. 소개팅 머피의 법칙 중 하나는 소개팅은 꼭 몰려서 온다는 것이다. 오랜 솔로 기간 중 어쩌다 하나씩 들어오는 소개팅은 진지한 마음으로 임하게 된다. 마음에 들지 않는 모습이 다소 보여도 '이 정도면 괜찮지 않을까?' 하며 고심한다. 그런데 소개팅이 몰려올 때는 오늘 하는 소개팅에 집중하기가 쉽지 않다. 오늘 소개팅을 하는데, 다음 주에 또 있고 그다음 주에도 있으면 선택을 망설이게 된다. 그렇게 다 놓치고 마지막에 만난 사람을 선택하려고 보니 앞서 만난 사람들보다 나은 게 없을뿐더러 더 못한 경우도 종종 있다.

하지만 문제는 그다음이다. 앞서 만난 사람들은 나에게 연락이 안 오고 마지막에 만난 사람만 연락이 오면 '그래도 혹시 모르니까' 하는 마음에 만나 보게 된다. 결국 최선의 선택을 하지 못할 확률이 높다.

세 번째 이유는 선택의 폭이 커지면 결과적으로 불만족에 이르게 되기 때문이다. 선택하지 않은 것에 대한 미련이 계속해서 나를 괴롭히는 것이다. 다시 한번 소개팅을 예로 들어 보자. 예전에는 주로 지인 소개로 이성을 만났다. 그래서 학창 시절을 함께 보냈거나 사회생활을 하면서 만난 사람 중에 선택을 하다 보니 선택지가 많지 않았다.

그러나 지금은 마음만 먹으면 각종 동호회와 소모임, 소개팅 앱 등 이성을 만날 기회가 너무 많다. 그런데 선택지가 너무 많다 보니 선택 장애에 시달리며 자꾸만 선택을 미루게 된다. 완벽한 이상형이 어딘가에 있을 것 같고, 그런 사람과 운명처럼 만날 수 있으리라 기대하면서 말이다. 인스타그램의 수많은 사람을 자신의 선택지 중 하나라고 착각하기도 한다. 그런 상황에서 주위에 있는 이성이 눈에 들어올 리 만무하다. 그래서 어찌어찌 내가 선택한 사람이 있어도 더 멋진 사람이 있지 않을까 주변을 두리번거리게 된다.

수학자들이 증명한 최고의 배우자를 만나는 법

그렇다면 선택의 역설에서 벗어나 행복을 느끼는 방법은 없을까? 앞서 말한 배리 슈워츠에 따르면 우리는 보통 선택을 할 때 두 가지 태도를 보인다. 가장 최고의 선택을 하고자 하는 최대주의자가 되거나 선택한 후 이만하면 좋은 선택이라고 만족하는 만족주의자가 되거나. 그에 따르면 최대주의자는 어떤 걸 선택하든 만족하지 못했고, 결정하는 데 시간도 오래 걸렸다. 반면 만족주의자는 최대주의자만큼 최고의 선택은 하지 못했을지라도 만족감이 높았으며 선택하는 데 시간도 적게 들었다. 스트레스를 덜 받았음은 물론이다. 그렇다면 선택할 때 행복을 느끼고 싶다면 만족주의자가 되는 것이 현명하다.

그러기 위해서는 할 일이 몇 가지 있다. 우선, 물건을 구입할 때 미리 선택지를 제한해 둔다. 이를테면 원피스를 살 때 가게는 세 곳 이상 들르지 않는다, 1만 원 이하의 물건을 구입하는 데 20분 이상 쓰지 않는다 등의 제한을 스스로 두는 것이다.

결정을 번복할 일이 없게 만드는 것도 방법이다. 즉 환불이나 교환이 안 되는 거래를 하고, 영수증도 과감히 버리는 것이다. 모두 그렇게 못 하겠으면 값이 싼 물건부터 시작하면 된다.

그리고 무엇보다 일단 선택을 하면 선택하지 않은 것에 대한 미련을 버려야 한다. 그리고 그 시간에 내가 구입한 물건의 좋은 점에 대해 생각해 보는 게 정신 건강에 훨씬 이롭다. 어쨌든 원하는 물건을 샀으니 괜찮은 거 아닌가.

자, 이번에는 회사에서 일할 때 어떻게 하면 선택의 역설을 활용할 수 있을지 생각해 보자. 프로젝트를 진행하는 게 있는데 아이디어나 디자인 시안, 그리고 제안서 등을 만든다고 해 보자. 상사에게는 수많은 사람의 아이디어가 모일 것이다. 그런데 그중에서 내 것을 뽑게 하고 싶다면 어떻게 해야 할까?

이때 상사에게 너무 많은 선택지를 주는 것은 바람직한 방법이 아니다. 선택의 역설 때문에 아예 당신의 제안서를 대충 훑어보거나 보더라도 선택하지 않을 확률이 높다. 결정을 뒤로 미루는 것을 막고 싶다면 추가적으로 명확한 이미지와 스토리텔링으로 승부하는 게 좋다.

민희진 하이브 브랜드 총괄(CBO)은 원래 서울여대 시각디자인학과를 졸업한 후 SM엔터테인먼트에 공채 1기 그래픽 디자이너로 입사했다. 그리고 2017년 SM 등기 이사가 되면서 평사원에서 이사가 되는 신화를 이루었다.

그녀가 처음에 맡은 일은 앨범 표지 디자인이나 서체 디자인 등의 일반적인 그래픽 디자인 업무였다. 개별 아이템을 디자인하면서 좋은 디자인은 해당 아티스트의 콘셉트와 일치할 때 나온다는 것을 알게 되었다. 의상, 메이크업, 헤어스타일, 움직임 등 보이는 모든 것에 일관된 콘셉트를 부여해 시각적 완성도를 높이고, 뮤직비디오도 그 콘셉트에 맞추어 찍으면 어떨까 하는 생각을 하게 되었다. 개별 아이템 디자인을 넘어 아이돌 그룹의 보이는 모습 전체를 구상한 것이다. 그녀는 고민 끝에 이런 내러티브들을 이미지 보드로 만들어 이수만 총괄 프로듀서에게 보여 줬다.

"제가 생각하는 걸그룹은 이랬으면 좋겠습니다."

"어, 되게 재밌다. 다른 부서에도 브리핑을 해 주지 그래?"

이렇게 탄생한 그룹이 2007년에 데뷔한 소녀시대다. 이미 어느 정도 정해진 방향성도 있었고 그녀의 업무는 그래픽 디자인에 한정되어 있었지만, 그녀는 자신이 하고 싶은 것을 이미지 보드라는 명확한 그림을 가지고 설득했다. 이를 계기로 그녀는 슈퍼주니어, 샤이니, 에프엑스, EXO 등 아이돌 그룹의 전체적인 콘셉트 및 비주얼 디렉팅을 맡게 되었다. SM을 국내 엔터테인먼트업계 1위로 만드는 데 큰 공을 세운 것이다. 그 결과 평사원에서 출발한 그녀는 SM엔터테인먼트 총괄 이사 자리에 올랐고, 지금은 하이브로 옮겨 하이브 브랜드 총괄과 하이브의 새 레이블인 어도어의 대표를 겸임하고 있다.

세계 3대 아트 서적 출판사 파이돈 프레스가 선정한 '세계의 인테리어 디자이너 100인'에 뽑힌 양태오도 마찬가지다. 그는 프로젝트에 제안서를 낼 때마다 시나리오 작업을 한다. 이렇게 집을 인테리어할 계획이고, 그러면 당신의 삶은 이렇게 업그레이드될 것이라는 이야기를 들려주는 것이다.

"물론 그러려면 상대방에 대한 파악이 필수예요. 이 사람의 취미 활동은 무엇인지, 집 안에서 주로 하는 일은 무엇인지 등을 먼저 파악하고 그에 맞춰 주는 것이 필요하죠."

회사에서 하고 싶은 일이 있는가? 이번 프로젝트에서 당신의 아이디어를 꼭 통과시키고 싶은가? 그렇다면 일단 선택지부터 줄여라. 선택지가 너무 적으면 불안하고, 너무 많으면 혼란스럽다. 중요하고 본질적인 것은 세 가지면 충분하다. 경영 사상가인 짐 콜린스는 "중요한 것이 세 가지 이상이라는 사실은 중요한 게 없다는 이야기와 같다"고 말했다. 그러므로 제안서는 3개면 충분하고, 많아도 5개를 넘지 않는 게 좋다. 이는 수학으로도 증명된 바 있다.

1960년대 수학자와 통계학자들은 최적의 선택에 대해 깊이 있게 연구했다. 이 중 '비서 문제(secretary problem)'라는 제목의 연구가 가장 유명하다. 최적의 선택 방법을 비서 채용 과정에 빗대어 풀어낸 연구다. 당신이 인사 담당자이고 비서 1명을 채용해야 하는데 N명의 지원자가 있다. 면접은 한 사람씩 진행되고, 그 자리에서 합격 여부를 결정해야 한다. 떨어뜨리면 그 사람을 다시 부를 수 없고, 합격시키면 다음 사람을 부를 수 없다. 앞서 예로 든 이성을 만나는 상황과도 매우 비슷하다. 복잡한 공식 끝에 나온 결론은 지원자의 37퍼센트를 면접한 다음 가장 뛰어난 사람을 기준점으로 삼고 그 후 지원자 중 이 기준점보다 뛰어난 사람이 있으면 무조건 합격시키는 것이다.

예를 들면 100명의 지원자가 있다면 37명은 무조건 탈락시킨다. 이 탈락자 중 가장 우수했던 사람이 기준점이다. 그 후에 만나는 사람 중에서 기준점보다 높은 사람을 채용하면 된다. 이때 최고의 1명을 뽑게 될 확률은 37퍼센트다.

막스플랑크연구소의 심리학자 피터 토드는 1997년 〈최고의 배우자 찾기〉라는 논문에서 조금 더 현실적인 대안을 제시한다. 상위 10퍼센트에 속하는 배우자를 찾는 게 목표라면 14퍼센트의 후보는 무조건 거절하고, 그 후에 만나는 사람 중 이전에 만난 사람보다 나은 사람이 있다면 선택하는 것이다. 이 전략의 성공 확률은 83퍼센트다. 상위 25퍼센트에 속하는 사람이면 충분하다고 생각하면 7퍼센트의 후보만 보면 된다. 이 전략의 성공 확률은 92퍼센트로 상당히 현실적인 방법이다. 50명의 후보가 있다면 3~4명을 만나 보고 이후에 그보다 나은 사람을 선택하면 된다. 이렇게 하면 80퍼센트 이상의 확률로 상위 25퍼센트 이내의 사람을 만날 수 있다는 것이다. 상위 10퍼센트에 드는 사람을 만나고 싶다면 50명의 14퍼센트, 즉 7명의 후보를 먼저 만난 후 그보다 나은 사람을 고르면 된다.

한마디로 요약하면 무슨 선택을 하든 3~4개의 선택지만 있어도 충분히 좋은 선택을 할 수 있다는 뜻이다. 그리고 복잡한 것은 무엇이든 세 가지로 응축시켜 보면 중요한 것과 걸러 낼 것이 무엇인지 명확해진다.

메모광이
성공할 수밖에 없는 이유

둔필승총의 법칙

휴대폰 하나면 무엇이든 할 수 있는 간편한 세상이다 보니 강연 내용도 직접 메모를 하기보다는 사진을 찍거나 녹음을 해 두는 경우가 많다. 인터넷으로 찾은 뉴스나 파워포인트 슬라이드를 사진으로 찍고 내용을 통째로 캡처해서 저장해 두기도 한다. 그런데 하루만 지나도 무슨 내용이었는지 기억이 나지 않는 것은 물론이고 며칠 지나면 저장했다는 사실 자체를 잊어버린다.

검색으로 어떤 정보를 수집했다고 해서 그 지식을 내 것이라고 하기는 어렵다. 정보나 지식은 언제든 꺼내 쓸 수 있어야 한다. 그러기 위해서는 수집한 지식을 정리해서 메모해 두는 습관이 필요하다. 그러지 않으면 그 지식은 잠깐 나를 스쳐 갈 뿐이기 때문이다. 그렇다고 그대로 베껴 쓰는 것은 좋은 메모법이 아니다. 베껴 쓸 때는 뇌가 아무 생각도 하지 않기 때문이다. 따라서 필요한 정보를 선별해 내 언어로 다시 정리하는 게 좋다. 그러면 지식을 내 것으로 만들 수 있고 나중에도 활용할 수 있다.

메모는 단순한 기억의 보조 장치가 아니다. 막연한 뭔가를 파악하기 위해 생각을 기록하다 보면 결과적으로 깨달은 내용이나 고민의 흔적이 차곡차곡 쌓이게 된다. 그것이 어느 순간 창의적인 아이디어를 내는 데 밑거름으로 작용한다. 성공한 사람 중에는 휴대폰 대신 여전히 손으로 쓰는 메모를 고집하는 사람이 많은 이유다. 워런 버핏과 혁신의 아이콘 스티브 잡스도 매일 자신의 모든 것을 메모했을 만큼 모두가 인정하는 메모광이다. 빌 게이츠도 좋은 아이디어는 물론이고 불길한 생각까지도 모두 기록하는 것으로 유명하다. 에디슨과 뉴턴은 평생 3000~4000개의 수첩을 사용했다고 알려져 있다. 니체, 칸트, 레오나르도 다빈치 등 세계적인 지성들도 예외는 아니었다.

일본 메이지대 교수 사이토 다카시는 "세상이 디지털화될수록 손을 움직이는 일을 게을리하지 말아야 한다"고 강조했다. 다산 정약용은 이를 '둔필승총(鈍筆勝聰)'이라는 말로 정리했다. 둔한 붓이 총명함을 이긴다는 뜻으로, 기록이 기억의 보조 장치 이상의 의미가 있음을 강조한 말이다. 그는 책을 읽을 때도 눈이 아닌 손으로 읽으라고 말한다.

"책을 읽을 때는 왜 읽는지 주견을 세우고, 눈으로 읽지 말고 손으로 읽어라. 늘 고민하고 곁에 필기도구를 두며 깨달음이 있으면 반드시 기록하라. 기억을 믿지 말고 손을 믿고 부지런히 메모하라. 메모 중에서 쭉정이는 버리고 알맹이만 추려 이를 다시 계통별로 분류하라."

책을 읽을 때도 밑줄만 치고 넘어가기보다는 그 내용을 직접 정리해서 메모해 두면 핵심 메시지를 더욱 잘 이해하게 되고 나의 지식으로 남길 수 있다. 메모의 관건은 지식이든 정보든 내 것으로 만들기 위해 정리하는 과정을 거치는 데 있다.

다산이 18년간 전남 강진에서 유배 생활을 하면서도《목민심서》,
《흠흠신서》,《경세유표》등 500여 권의 저서를 남길 수 있던 것은 비상
한 누뇌와 함께 메모하는 습관 덕분이었다. 한양대 정민 교수는 "다산
의 위대한 학문 뒤에는 체질화된 메모 습관이 있다"고 평가했다.

내가 메모를 활용하는 법

나는 직업이 기자이다 보니 취재를 하고 메모를 해야 할 일이 꽤 많은
편이다. 게다가 입사 초기에는 기자 수첩에 대한 환상이 컸다. 기자 수
첩만 봐도 설렜고 메모지에 글을 채워 넣으며 뿌듯함을 느꼈다. 처음
에는 다 쓴 수첩을 모아 책장에 꽂아 두었는데 시간이 흐른 후 수첩을
열어 보면 빠르게 휘갈겨 쓴 탓에 무슨 말인지 도통 알 수가 없었다. 정
리되지 않은 수첩은 기록물로서의 가치가 없다는 것을 깨달았다.

한때 나는 술자리에서 나눈 이야기들을 메모하지 않고도 잘 기억했
다. 그래서 가끔은 메모를 할 수 없는 중요한 상황에서 내 기억력은 여
러모로 도움이 되었다. 하지만 요즘은 술자리 대화뿐 아니라 회의 시
간의 지시 사항조차 까먹을 때가 있다. 나의 기억력을 믿을 수 없게 된
것이다.

요즘에는 빠르게 메모해야 하는 상황이라면 카카오톡의 '나에게 보
내기' 기능을 이용한다. 카카오톡은 신속하게 기록할 수 있다는 장점
이 있지만 오랜 기간 저장하기에는 좋지 않다. 시간이 흐르면 그 내용
을 찾기가 매우 힘들다. 다음 날에는 무슨 말인지 알았던 대화 내용도

일주일만 지나면 맥락에 대한 기억이 사라져 의미가 불분명해지는 경우도 많다. 그래서 나는 카카오톡에 긁적인 단문들을 알아볼 수 있는 문장으로 다시 정리해 구글 독스에 옮겨 놓는다.

미국의 심리학자 앳킨슨과 시프린에 따르면 인간의 기억은 감각 기억, 단기 기억, 장기 기억이라는 세 가지 구성 요소로 나뉜다. 감각 기억은 감각 정보가 인지 체계에 처음 등록되는 것으로 최대 2초 정도 저장된다고 한다. 두 번째는 매우 제한된 용량을 가진 단기 기억이다. 감각 기억에 등록된 정보 가운데 주의 집중을 받은 일부 정보가 단기 기억으로 전이된다. 최대 2~3분 동안 저장된다고 한다. 마지막으로 장기 기억은 단기 기억을 거쳐 들어온 정보들이 오랫동안 저장되는 것이다. 장기 기억에 저장되는 정보의 양과 시간은 무한대라고 한다. 그렇게 보자면 나에게는 카카오톡이 뇌의 단기 기억 역할을 하고, 구글 독스는 장기 기억 역할을 한다고 볼 수 있다.

영화나 드라마를 보다가 인상적인 대사가 나올 때, 전시를 보다가 감상을 기록하고 싶을 때도 얼른 카카오톡이나 구글 독스에 메모를 해 둔다. 이렇게 메모를 해 두면 쓸 곳이 많다. 기사를 쓸 때 검색어 몇 개만 쳐 봐도 관련 문서들이 나온다. 책 원고를 쓸 때도, 방송을 할 때도 나만의 데이터베이스로 활용할 수 있다. 메모의 효과를 실제로 체감하고 있는 것이다.

그럼에도 여전히 메모와 기록에 대한 갈증이 남아 있다. 15년 동안 만난 사람들을 바탕으로 책을 내려고 마음먹은 후 가장 후회한 것이 기록의 부족이었다. 인터뷰 녹음 파일이 남아 있기도 했지만 없는 경우도 있었다. 15년 동안 사용하던 휴대폰을 갤럭시에서 아이폰으로 바꾸면서 파일을 찾을 수 없게 된 이유가 컸다. 심지어 독일 베를린 특파원 시절 사용한 LG 휴대폰은 프랑스 니스에서 잃어버려 아예 모든 기록이 사라져 버렸다. 인터뷰 녹음 파일은 있지만 그에 대한 녹취록이 없는 경우도 꽤 되었다. 회사 시스템으로 작업해 놓은 원고도 시스템 자체가 여러 번 변경되면서 찾기 어려워졌다. 주로 사용하는 이메일도 용량이 찰 때마다 바꿔서 기록들이 제대로 남아 있지 않은 경우가 많았다. 그러다 보니 원고를 쓰는 데 시간이 몇 배는 더 걸렸다.

기록이 남아 있지 않은 것을 이렇게까지 세세히 밝히는 이유는 딱 하나다. 메모 습관을 들이는 것만큼이나 그 기록을 잘 정리해 두는 게 무엇보다 중요하다는 점을 강조하고 싶기 때문이다.

메모가 천재를 만든다

와인 평론가 제임스 서클링은 이 '기록'으로 지금의 자리에 오른 인물이다. 그는 프랑스 보르도와인에 영향력을 행사한 로버트 파커와 비교해 이탈리아 와인의 르네상스를 일으킨 인물로 평가된다. 그가 높은 점수를 준 와인은 가격이 두 배 이상 뛰며 매진되기 일쑤다. 이철형 와인나라 대표는 "선의의 경쟁 관계이던 파커가 2019년 초 은퇴했으니 현존하는 세계 최고의 평론가는 제임스 서클링"이라고 평가한다.

미국 로스앤젤레스에서 태어난 그의 어린 시절 꿈은 기자였다. 유타대와 위스콘신대에서 정치학과 언론학을 전공했다. 하지만 취직이 잘 안돼서 혹시 법조 기자가 되는 데 도움이 될까 싶어 로스쿨 진학을 준비했다. 그때 생활비를 벌려고 일주일에 100달러(현재 가치로 약 50만 원)를 받기로 하고 와인 전문지《와인 스펙테이터》에 취직했다. 지금은 40만 부를 발행하는 권위 있는 와인 전문지이지만 1981년 서클링이 합류할 당시에는 창간한 지 5년 된 정기 구독자 800명의 소박한 잡지였다.

그로부터 3년 후 로스쿨에 합격하고《와인 스펙테이터》를 그만두려고 하니 변호사인 아버지가 반대를 하고 나섰다. "미국에 변호사는 차고 넘치지만 와인 비평가는 2~3명밖에 없다. 넌 이미 젊은 와인 비평가로 남들보다 앞서 있는데, 왜 굳이 변호사가 되기 위해 저 밑에서부터 시작하려 하느냐"고 한 것이다. 순간 그는 와인 비평가로 새로운 길을 개척해 보고 싶다는 생각이 들었다. 그의 나이 26세 때 일이다.

그때부터 서클링은 캐리어 하나 끌고 모든 유럽 와인 산지를 찾아다녔다. 곳곳에 숨은 와이너리를 방문해 포도밭을 보고, 창고에서 자고, 가끔 문전박대도 당하면서 경험을 쌓았다. 그렇게 마신 와인의 종류만 매년 2만 종. 40여 년간 방문한 와이너리는 2800곳이 넘는다.

당시 와인에 대한 정보를 얻을 수 있는 곳은 많지 않았다. 그러다 보니 그가 돌아다닌 곳에서 배우고 익힌 모든 것이 비평의 기반이 되었다. 그는 보고, 듣고, 마시고, 배운 모든 것을 노란색 와인 노트에 적기 시작했다. 와이너리를 방문했을 때 첫 느낌, 와인 생산자와 나눈 대화, 포도밭과 와인 창고를 둘러본 느낌, 와인의 맛과 향기 등을 상세하게 기록했다. 그는 와인 노트를 보물처럼 다뤘다. 한번은 프랑스 보르도 지역에서 취재를 하고 파리로 돌아왔는데 보르도 숙소에 노트를 두고 왔다는 사실을 깨닫게 되었다. 그는 그 길로 곧장 다시 비행기를 타고 묵었던 숙소로 돌아가 노트를 찾아왔다. 30여 년간 쌓인 와인 노트는 이삿짐 상자로 500개가 넘는다. 그는 지금도 그 노트를 이탈리아 집 서재에 보관하고 있다.

서클링이 와인 평론을 시작한 1980년대만 해도 와인 평론가는 거의 없었다. 게다가 얼마 안 되는 와인 평론가는 대부분 무역상·사업가 출신이었다. 그들이 상대적으로 와인을 접할 기회가 많기 때문이다. 많이 마셔 본 것과 평가를 잘하는 것은 별개의 문제다. 서클링은 와인을 전혀 다른 방식으로 접근했다. 포도가 어디서 자랐는지, 누가 만들었는지 등에 대한 사실 관계를 분석했고, 느낌은 최대한 단순하면서 정확하게 표현하려고 노력했다. 예를 들어 와인 샤토 라피트 로칠드의 향을 추상적으로 표현하는 대신 '백단유(나무 백단향에서 추출한 기름)'로 표현하는 식이었다. 당시 와인 평론가들은 추상적인 표현을 즐겨 썼는데 모호하다 보니 그의 정확한 표현은 사람들에게 놀라움을 선사했다. 평론가보다는 기자에 가까운 방식이었다.

또 서클링의 와인 노트에 차곡차곡 쌓인 기록은 대중으로 하여금 그를 신뢰하게 만들었다. 그의 기록 속에 담긴 '축적된 경험'과 '일관성'에 사람들이 무한한 신뢰를 보낼 수밖에 없었던 것이다. 지금의 그를 있게 만든 것은 결국 와인 노트에 담긴 어마어마한 기록이라고 해도 과언이 아니다.

기록을 꼭 종이에 할 필요는 없다. 서클링도 10년 전부터는 휴대폰에 기록하고 있다고 한다. 그는 현재 인스타그램만 15만 명이 넘는 팔로워를 거느리고 있으며 웨이보 등 다른 채널까지 합하면 30만 명이 넘는다. 그래서 그는 전통적인 미디어에서 소셜 미디어로 가장 잘 옮겨 간 와인 평론가로도 손꼽힌다.

"나는 64세인데 내 인스타그램 친구들의 70퍼센트는 25~44세다. 그들은 내 경험을 존중하고 내 취향과 정보를 신뢰한다. 인터넷에 많은 정보가 쏟아지지만 그들은 '진짜 정보'를 원하기 때문이다."

진짜 정보를 원하는 사람들은 그가 쌓은 기록을 여전히 신뢰하고 있다. 그래서 그는 오늘도 기록을 멈추지 않는다.

2018년《인생의 밀도》라는 책을 낸 강민구 부장 판사도 기록의 힘을 톡톡히 본 케이스다. 한국의 판사 한 사람이 담당하는 사건은 1년에 평균 460건 정도로, 세계에서 가장 많다. 사건마다 읽어야 할 자료가 수천 페이지에 달하고, 게다가 판결문까지 작성해야 한다. 바쁜 판사 생활 와중에 책까지 낼 수 있던 것은 음성 인식 기능 덕분이었다고 한다.

그가 음성 인식 기능을 사용하기 시작한 건 2014년 비가 억수같이 내리던 6월 어느 날 마산 저도로 등산을 갔을 때다. 갑자기 판결과 관련된 아이디어가 떠올랐다. 펜과 메모장을 가지고 있지 않았고 휴대폰에 타자를 치는 것도 빗물 때문에 쉽지 않았다. 그래서 궁여지책으로 음성 인식 기능을 써 봤는데 80퍼센트 수준까지 적혔다. 그는 그때부터 음성 인식 기능으로 구글 독스에 문서를 작성하기 시작했다. 그렇게 구글 독스에 쌓인 음성 인식 메모들을 토대로 글을 쓰기 시작했고, 결국에는 책까지 내게 된 것이다.

아리스토텔레스는 "천재가 따로 있는 것이 아니라 메모광이 있을 뿐"이라는 말을 남겼다. 미국의 심리학자 캐서린 콕스도 역사상 천재로 불린 301명의 일상 습관을 조사한 결과, 머릿속에 떠오르는 생각을 종이에 기록하는 공통점이 있었다고 한다. 굳이 종이가 아니어도 좋다. 다산 정약용 선생의 말처럼 기억은 사라지고 생각은 흐려지지만, 기록은 남는다. 그리고 기록이 쌓이면 당신의 인생은 한 번도 생각하지 못한 방향으로 흐를 수도 있다.

이직을 고민할 때
꼭 알아야 할 일의 법칙

로켓의 법칙

명문대를 졸업한 A는 나름 꽤 잘나가는 은행원이다. 승진의 계단을 착착 밟아 올라가던 그에게 어느 날 스카우트 제안이 들어왔다. 인터넷으로만 거래하는 은행을 만들려고 하는데 합류할 의향이 있느냐는 것이었다. 높은 연봉은 물론 스톡옵션도 주겠다고 했다. A는 고민했다. 회사에 뼈를 묻을 생각으로 다니는 건 아니지만 회사는 탄탄하고 안정적이다. 물론 대우도 좋다. 그리고 인터넷 전문 은행을 뉴스에서 보긴 했지만 아직 피부에 와닿는 단계는 아니었다. 고민 끝에 그는 거절했다.

그에게 스카우트 제안을 한 회사는 카카오뱅크였다. 당시 그 제안을 받아들인 동료들은 큰돈을 벌었다. 그들에게는 IT 회사 경험이라는 새로운 이력도 생겼다. A는 아쉬운 듯 말했다.

"그때 왜 제가 거절했을까요? 은행업계가 오프라인 창구를 없애고 온라인으로 옮겨 가고 있다는 걸 이미 알고 있었으면서 말이죠."

쇼호스트 B는 메이저 3사 홈쇼핑을 모두 경험한 인지도 높은 방송인이다. 그는 여러 번의 이직 끝에 지금 방송사와 꽤 높은 금액으로 계약했다. 쇼호스트는 기본적으로 프리랜서다. 그런 그에게 어느 날 인터넷 쇼핑 방송을 해 달라는 제안이 왔다. 시간을 낸다면 해 볼 수 있었다. 그러나 '굳이 할 필요가 있을까?' 하는 생각에 거절하고 TV 홈쇼핑에 주력했다. 그런데 불과 몇 년 만에 인터넷 라이브 쇼핑이 대세로 자리를 잡았다.

"그때 전 대세의 흐름을 놓쳤어요. 현실에 안주했던 거죠."

한 회사를 평생 다닐 것이라고 생각하는 사람은 이제 없다. 그리고 내가 먼저 고민하지 않아도 이직의 기회는 찾아온다. 지금 하는 일과 비슷한 일일 수도 있고, 조금 다른 일일 수도 있다. 같은 회사 내에서 새로운 일을 제안받기도 한다. 그럴 때 어떻게 하는 것이 가장 현명한 결정일까?

가장 중요한 판단 기준은 제안받은 일 혹은 분야의 성장 가능성이다. 그 회사의 성장 속도가 하늘로 쏘아 올린 로켓처럼 빠를 것으로 판단되면 망설이지 말고 바로 빈자리에 올라타는 게 옳다. 일명 '로켓의 법칙'이다. 에릭 슈밋 구글 전 CEO가 셰릴 샌드버그를 영입할 때 한 말로, 스타트업 창업자들이 대기업 직원들을 스카우트할 때 가장 많이 언급하는 말이기도 하다.

현재 페이스북 최고 운영 책임자로 있는 샌드버그는 어릴 때부터 세상을 바꾸는 일을 하고 싶다는 꿈이 있었다. 그 꿈을 이루기 위해 그녀는 하버드대 경제학과를 졸업하고 세계은행 등을 거쳐 재무부 차관이던 래리 서머스 밑에서 일했다. 그런데 워싱턴 DC에서 일하는 동안 실리콘 밸리에서 기술이 급속도로 발전하는 모습을 목격하게 되었다.

그 흐름에 올라타기 위해 그녀는 이직을 결심했다. 하지만 IT 업무 경험이 없는 그녀에게 기회는 쉽사리 주어지지 않았다.

당시 그녀에게 같이하자고 손을 내민 건 그때만 해도 상대적으로 무명 기업이던 구글이었다. 당시 막 구글 CEO가 된 슈밋은 샌드버그에게 비즈니스 유닛 담당 부문장을 제안했다. 하지만 그녀는 그 제안이 별로 내키지 않았다. 자신의 경력에 비해 급이 낮다는 생각이 들었기 때문이다. 그래서 그녀는 자신이 원하는 기준을 정리한 스프레드시트를 보여 주며 구글이 제안한 자리는 그 기준에 부합하는 면이 없다고 했다. 그런데 그 말을 들은 슈밋이 뜻밖의 말을 했다.

"멍청한 소리 하지 마세요."

당황하는 그녀를 보며 슈밋은 말을 이었다.

"로켓에 올라타세요. 회사가 빠르게 성장하고 커다란 임팩트를 내면 커리어는 알아서 성장하게 되어 있습니다. 회사가 성장하지 못하고 뭘 해야 하는지 모를 때 정체와 사내 정치가 시작됩니다. 로켓에 자리가 나면 무슨 자리인지 따지지 마세요. 그냥 올라타세요."

기업이 빠르게 성장할 때는 업무를 처리할 직원보다 업무량이 더 많다. 그래서 생각지 못한 일을 다양하게 해 보면서 기술과 경험을 매우 빠르게 습득할 수 있고, 업무의 영역을 확장할 기회도 얻게 된다. 그리고 빠르게 성장하는 기업은 인력이 늘 부족해서 승진 기회도 생각보다 빨리 찾아올 수 있다. 게다가 내가 빠르게 성장하는 분야에 있으면 새롭게 무언가를 하지 않아도 혁신의 파도를 함께 타고 갈 수 있다. 그래서 철학자 장 자크 루소는 이렇게 말했다.

"관습과는 반대의 길을 가라. 그러면 항상 일이 잘되어 갈 것이다."

행동하지 않고 후회하기보다 해 보고 후회하는 게 낫다

아마존의 창업자 제프 베이조스 역시 관습이 가리키는 방향과 반대의 길을 선택해 성공한 인물이다. 그는 '인터넷'이라는 로켓을 발견한 순간 뒤도 돌아보지 않고 올라탔다. 프린스턴대 컴퓨터 공학과를 수석으로 졸업한 그는 헤지펀드사 D. E. 쇼&컴퍼니에 입사해 4년 만에 수석 부의장으로 초고속 승진했다.

그런데 1994년 어느 날 인터넷 이용 인구가 1년 새 스물네 배 늘었다는 소식을 접하게 되었다. 당시만 해도 인터넷에 대해 아는 사람은 극소수였다. 그는 당장은 기본 사용량이 적다고 해도 이렇게 빨리 성장한다는 건 대단한 일이라고 생각했다. 인터넷이야말로 무한한 잠재력을 가진 시장임을 직감한 그는 곧바로 인터넷을 기반으로 한 사업을 구상하기 시작했다. 온라인에서 판매하면 좋을 20개의 제품을 리스트로 만들었고, 그중 책이 가장 성공 가능성이 높다고 판단했다. 세상에는 300만 종 이상의 도서가 존재하지만 제아무리 큰 서점이라해도 보유 서적이 15만 종을 넘지 않았다. 그리고 재고나 보관 관련리스크도 가장 작았다. 창업을 하기로 마음먹은 그는 회사 대표인 데이비드 쇼에게 말했다.

"저는 미친 짓을 한번 해 볼까 합니다. 인터넷으로 책을 파는 회사를 창업할 생각입니다."

"제프, 정말 좋은 아이디어야. 그런데 이미 좋은 직장을 가진 자네 말고 다른 사람에게 더 좋은 아이디어가 되지 않겠나?"

당시 그의 연봉은 100만 달러(약 12억 원)가 넘고, 근무 조건도 매우 만족스러웠으며, 경영진은 물론 직원들로부터 전폭적인 신임도 받고 있었다. 그러나 그는 인터넷이 정말 대단한 뭔가가 될 것이라고 믿었다. 행동하지 않고 후회하기보다는 실패하더라도 뛰어드는 게 낫다고 생각했다. 심리학에서도 행동해서 손해를 보는 것보다 무언가를 하지 않아서 손해를 본 것에 대한 후회가 더 크다고 한다. 행동하지 않고 입은 손해에 대한 후회는 그 감정이 바뀔 기회가 없어 오랫동안 남기 때문이다.

그래서 수많은 사람의 만류에도 불구하고 그는 200만 달러(약 24억 원)의 창업 자금으로 시애틀 한 주택의 주차장을 빌려 창업을 했다. 세계 최초의 인터넷 서점 아마존닷컴의 탄생이었다. 그리고 모두 알다시피 현재 아마존은 명실상부한 세계 1위 기업이다.

2017년 영국 주간지 《이코노미스트》는 "세상에서 가장 값진 자원은 이제 석유가 아니라 데이터가 될 것이다"라고 예측했다. 그리고 그 예측은 맞았다. 코로나 사태는 데이터 기반 사회로의 이동을 부추겼다. 반도체, 자율 주행차, 사물 인터넷 등의 시장을 아우르는 인공 지능 기술과 클라우드 서비스, 온라인 동영상 서비스(OTT), 헬스케어 분야를 움직일 '데이터 권력'을 가진 자들이 승리하는 세상이 도래한 것이다. 그러다 보니 이제 경제 전반이 IT 산업을 중심으로 재정의되고 있다.

문제는 5~6년 전만 해도 대부분의 사람들이 이렇게까지 세상이 급속도로 변화하리라고 미처 생각하지 못했다는 것이다. 그런데 그때 로켓을 탄 사람들은 지금 세상의 중심에 서 있다. 그리고 그들의 힘은 더욱 막강해지고 있다.

　그런데 이직을 할지 말지 고민하는 사람들은 말한다. 로켓인지 아닌지 어떻게 아느냐고, 위험 부담이 너무 크다고. 그리고 아무리 성장이 기대된다 하더라도 직급이나 연봉을 높여서 가지는 못할지언정 낮추어 갈 수는 없지 않으냐고. 셰릴 샌드버그는 구글에서 6년 6개월을 일하고 페이스북으로 옮겨 갈 때 이런 얘기도 들었다.

　"사람들은 내게 왜 23세짜리를 위해서 일하러 가느냐고 했어요. 예전에는 커리어를 사다리에 빗대어 얘기하곤 했습니다. 하지만 이 비유는 더 이상 유효하지 않은 것 같아요. 오늘날 이 덜 계급적인 세상에서는 말이 되지 않아요."

　그러면서 그녀는 이직을 고민할 때 더 이상 직함이나 연봉 등의 수직 상승을 기대하지 말라고 말한다. 로켓이 될 가능성이 큰 회사라 할지라도 지금 당장은 초라한 스타트업 기업이 많다. 구글과 아마존도 처음에는 초라하기 그지없었다. 그리고 회사의 규모가 작으면 그럴듯한 직함을 달고 연봉을 높여 가는 게 쉽지 않을 수 있다. 해당 분야에서 일한 경험이 없으면 더욱 그럴 수밖에 없다. 샌드버그가 처음에 구글을 거절하려 한 이유도 그 때문이었다.

　그러므로 당신이 원하는 이직이 '남들이 다 알아주는 회사에 그럴듯한 직함과 지금보다 높은 연봉을 받는 것'을 의미한다면 앞으로도 로켓을 탈 확률은 낮을 수밖에 없다. 그러니 로켓을 타고 싶다면 한번 스스로 곰곰이 따져 보라. 나는 아직도 회사의 명함을 필요로 하는지, 회사라는 배경 없이도 나에게 내세울 직무 능력이 있는지, 그리고 진짜 일을 해 보고 싶은지 말이다. 그에 대해 스스로 솔직해지면 어디로 가야 할지 저절로 알게 될 것이다. 방향을 정했으면 더 이상 고민하지 말고 그쪽을 향해 나아가라. 더 이상의 고민은 기회만 놓치게 할 뿐이니까. 해도 후회, 안 해도 후회할 상황이라면 행동하는 게 낫다. 새로운 도전에 실패하더라도 원래 자리로 돌아오기는 쉽지만, 한번 떠난 로켓에 뒤늦게 올라타는 것은 쉽지 않다.

셰릴 샌드버그는 하버드 경영대학원 졸업식 축사에서 다음과 같이 말했다.

"기회를 찾으세요. 성장을 찾으세요. 이력을 쌓지 말고 직무 능력을 쌓으세요. 다른 사람들이 당신에게 준 직함을 평가하지 말고 당신이 뭘 할 수 있는지를 평가하세요. 진짜 일을 하세요."

당신만 모르는
면접의 비밀

초두 효과 & 최신 효과

2017년 10월 미국 뉴욕 사교계는 애나 소로킨이라는 20대 여성 때문에 발칵 뒤집혔다. 2013년 본인을 '독일에서 온 거액의 상속녀'라고 소개하며 혜성처럼 등장한 그녀는 순식간에 사람들을 휘어잡았다. 소로킨은 맨해튼의 특급 호텔에 머무르면서 명품 옷을 입고 각종 행사에 참석하는 모습, 호화 레스토랑과 명품 숍을 드나드는 모습 등을 SNS를 통해 적극적으로 보여 주었다. 그녀의 오라가 범상치 않자 호텔 측은 그녀에게 숙박은 물론 식사까지 공짜로 제공했다. 개인 전용기를 탈 때도 돈을 내지 않았다. 패션지 《배니티 페어》의 편집자 레이철 윌리엄은 한 기고문에서 이렇게 밝혔다.

"애나는 구찌 샌들과 셀린느 선글라스를 끼고 내 인생에 들어왔다. 맨해튼 고급 호텔에서 생활하고, 고급 프랑스 식당에서 만찬을 즐기며, 모로코의 호화 휴가 등 한 치의 오점 없는 세계를 내게 보여 줬다."

그녀를 의심하는 사람은 아무도 없었다. 뉴욕의 사교계와 유명 인사들은 그녀의 매력에 빠져들었다. 하지만 6000만 달러(약 740억 원)를 상속받을 거라는 말은 새빨간 거짓말이었다. 그녀는 러시아 출신이었고, 태양광 사업을 한다던 아버지는 평범한 트럭 운전사였다.

사업을 하겠다며 대출 서류를 위조해 금융 회사에서 20만 달러(약 2억 4000만 원) 넘는 돈을 대출받았다. 돈이 떨어지면 "지금 독일 은행에서 바로 이체가 안 되는데 나중에 입금해 줄 테니 돈 좀 빌려줘"라며 지인들에게 돈을 빌렸다. 앞에서 언급한 레이철 윌리엄도 그녀에게 6만 달러(약 7400만 원)를 빌려주고 받지 못했다고 한다. 그러면서도 호텔에서는 100달러짜리 지폐를 팁으로 뿌렸다.

소로킨의 가짜 상속녀 행세는 2017년 10월 사기 행각이 드러나면서 4년여 만에 끝이 났다. 수사 과정에서 패션 스쿨 중퇴자 출신으로 패션 잡지사에서 인턴으로 일한 게 경력의 전부라는 게 드러났다. 법정에서 그녀의 변호사는 배심원들을 향해 말했다.

"소로킨은 뉴욕 사교계의 문을 열고 자리 잡는 법을 알고 있었다. 그녀는 화려하고 현란한 매력에 쉽게 유혹되는 상류층의 시스템을 이용했다."

애나 소로킨은 단번에 사람의 마음을 사로잡는 비상한 재주를 지녔다. 특출하게 눈에 띄는 외모도 아니었다. 그런데도 은행 대출 심사관, 변호사, 상류층 인사 등 모든 사람을 현혹시켰다. 그 비결은 바로 '초두 효과(primacy effect)'였다. 초두 효과란 처음 제시된 정보가 나중에 제시된 정보보다 기억에 더 큰 영향을 끼치는 현상을 말한다. '첫인상이 중요하다'는 말은 바로 초두 효과를 두고 하는 말이다. 초두 효과의 힘은 미국 심리학자 솔로몬 아시의 실험으로 입증되었다. 그는 실험 참가자들에게 A와 B 두 사람의 성격을 묘사한 문장을 보여 주었다.

A : 똑똑하다, 근면하다, 충동적이다, 비판적이다, 고집스럽다, 질투심이 많다.

B : 질투심이 많다, 고집스럽다, 비판적이다, 충동적이다, 근면하다, 똑똑하다.

참가자들 대부분 A에게 호감을 느꼈고, B에게는 비호감을 나타냈다. 단어의 순서만 바꿨을 뿐인데도 사람들이 느끼는 호감도가 달랐다. A는 초반에 '똑똑하다'와 '근면하다'라는 긍정적인 단어를 언급한 게 영향을 많이 미쳤고, B는 초반에 '질투심이 많다'와 '고집스럽다'라는 부정적인 단어를 언급한 게 더 영향을 미친 셈이다.

이런 현상이 나타나는 이유는 뇌의 가소성 때문이다. 우리의 뇌에서 처리할 수 있는 정보의 양은 한정되어 있다. 그래서 뇌는 선택적으로 정보를 받아들인다. 처음에 얻은 정보를 나중에 따라붙는 것보다 훨씬 잘 기억한다. 초기에 얻은 정보에는 기억의 저장에 영향을 주는 다른 정보가 없기 때문이다. 또 빠른 결정 및 판단이 요구되는 상황에서 뇌는 나중에 들은 정보가 처음에 들은 정보와 반대되는 것이라 해도 무시해 버리는 경향을 보인다.

애나 소로킨은 초두 효과의 힘을 처음부터 잘 알고 있었다. 그녀는 런던에서 패션 스쿨을 다니다 중퇴하고 파리의 패션 잡지사에서 인턴으로 일하며 잡지에 나오는 화려한 삶을 동경했다. 그러던 어느 날 성을 '델비'로 바꾸고 뉴욕으로 날아간다. 그리고 머리끝에서 발끝까지 명품으로 휘감고, 예술에 대한 지식을 달달 외워서 '독일에서 온 상속녀' 이미지를 연출했다. 고급 호텔에 묵으며 의도적으로 100달러짜리를 팁으로 뿌렸다. 그러면서 호텔리어와 웨이터들의 입을 통해 '독일에서 온 상속녀'로 소문이 나기 시작했다.

첫인상이 그렇게 박히자 사람들은 미심쩍은 부분들도 좋은 쪽으로 해석했다. 제대로 돈을 갚지 않는 것은 돈에 대한 개념이 부족한 것으로, 독일인인데 러시아어 억양이 남아 있는 것은 러시아 경험이 많은 것으로, 그녀가 늘 자랑하던 돈 많은 아버지의 실체가 드러나지 않은 것은 보수적인 성격 때문으로 포장되었다.

뉴욕 사교계 입성에 성공한 소로킨은 자신의 이름을 딴 재단을 설립한다며 월 스트리트의 대형 로펌과 은행을 방문했다. 하지만 그들의 반응은 사교계와는 달랐다. 보수적인 그들의 눈에 화려한 원피스 차림의 그녀는 그저 철없는 어린아이처럼 보였다. 그래서 대출을 거절당한다. 그녀는 이를 극복하기 위해 금융 사업가처럼 머리를 염색한 뒤 말쑥한 정장 차림으로 서류를 잔뜩 든 채 아침에 출근하는 변호사를 잡고 설득한다.

의도적이었는지는 확실하지 않지만 아침 시간대를 선택한 것도 일종의 초두 효과를 노린 것이다. 아침에 들어온 정보는 그 후에 들어온 정보보다 기억에 오래 남는다. 같은 조건이라면 아침에 첫 번째 순서로 만나는 게 좋은 결과를 얻을 확률이 높다. 그러므로 당신도 면접을 봐야 한다면 아침 시간을 선택하는 게 유리하다. 한 취업 사이트의 조사 결과에 따르면 지원자의 배경이나 이력서 못지않게 첫인상이 당락에 큰 영향을 미친다. 글쓰기나 프레젠테이션을 할 때도 초두 효과를 활용해서 주장의 핵심이나 주력 상품을 맨 처음에 제시하는 것이 효과적일 수 있다.

하지만 애나 소로킨이 신청한 대출은 거절됐다. 그녀가 제출한 가짜 서류는 그녀만큼 거짓말을 할 줄 몰랐다. 무엇보다 2200만 달러(약 270억 원)라는 대출 신청 금액이 너무 컸다. 사기 행각은 결국 4년 만에 탄로가 났고, 그녀는 2017년 12년형을 선고받았다.

스티브 잡스가 항상 "원 모어 싱"을 외친 이유

그녀는 재판 과정에서도 남다른 재능을 발휘했다. 이때 사용한 법칙은 '최신 효과(recency effect)'였다. 최신 효과는 가장 마지막에 얻은 정보가 기억에 더 큰 영향을 미치는 것을 의미한다. 독일 심리학자 헤르만 에빙하우스가 주장한 '서열 위치 효과'에 따르면 사람들은 서열 안의 처음과 마지막 항목을 가장 잘 기억하고, 중간의 항목들을 잘 기억하지 못한다. 사람들에게 임의의 항목 목록을 회상하라고 요청하면 목록의 처음과 마지막 항목을 가장 많이 회상한다는 것이다. 그래서 초두 효과와 최신 효과는 서로 탁월하게 보충해 주는 위력을 발휘한다. 첫인상과 함께 마지막 인상을 좋게 심어 줘야 하는 이유다.

애나 소로킨은 최신 효과도 적절히 사용했다. 재판 과정에서 유명 스타일리스트를 고용해 이미지를 관리했다. 그녀의 법정 패션은 SNS에서 화제를 모으며 유행이 되기도 했다. 소로킨은 자신의 이야기를 드라마로 제작하는 조건으로 넷플릭스로부터 35만 달러(약 4억 3000

만 원)를 받았다. 이 드라마는 넷플릭스에서 1위를 차지했다. 그녀는 복역 4년 만인 2021년 2월에 모범수로 가석방되었으나 비자 문제로 관계 낭죽의 관리 아래 있다가 2022년 3월 독일로 추방되었다. 사람의 심리를 다루는 그녀의 능력은 탁월했다. 그 재능이 범죄에 쓰였다는 게 안타까울 따름이다.

최신 효과를 가장 극적으로 활용한 사람을 꼽으라면 단연 스티브 잡스다. 그는 애플 콘퍼런스에서 신제품을 발표할 때 늘 마지막에 "원 모어 싱(마지막으로 하나 더)"을 외치면서 가장 중요한 제품을 선보였다. 거기에 절묘한 연출을 더해서 청중과 시청자들에게 강렬한 인상을 남겼다. 아이폰, 아이팟, 맥북 등 애플의 주요 제품들은 최신 효과를 등에 업고 세상에 첫선을 보였다.

자, 그럼 여기서 문제. 당신이 정말 가고 싶어 하던 회사의 면접 날짜가 잡혔다. 그 회사 인사 담당자는 당신에게 원하는 시간을 말하라고 한다. 이때 당신은 언제 가는 것이 가장 좋을까?

A. 점심 먹고 난 오후 2시 : 아침엔 다들 정신없잖아. 저녁에는 일찍 퇴근하고 싶을 거고. 점심 먹고 나면 마음이 여유로워질 테니까 그때가 제일 좋겠다.

B. 출근 직후인 오전 10시 : 힘든 건 먼저 해치우라고 했어. 최대한 일찍 면접 보고 다른 일 해야겠다.

C. 퇴근 직전인 오후 5시 : 면접 준비도 꼼꼼히 체크하고 미용실 가서 머리도 다듬고 하려면 느긋하게 가야지.

정답은 B, C, A 순이다. 지원자들의 능력이 모두 비슷하다면 면접관들은 제일 처음 만난 지원자를 가장 오래 기억하고, 그다음으로는 끝나기 직전에 만난 지원자를 기억할 것이다. 그러므로 면접을 본다면 최대한 중간 시간대는 피하고 처음과 마지막 시간을 노려라. 어쨌든 면접은 면접관들의 머리에 얼마나 각인되느냐의 싸움이기 때문이다.

면접이 끝나고 마지막으로 하고 싶은 이야기가 있느냐고 물으면, 만약 묻지 않으면 마지막으로 드릴 말씀이 있다고 허락을 구해서라도, 최신 효과를 활용해야 한다. 물론 나를 강하게 어필할 수 있는 나만의 '원 모어 싱'은 미리 준비해 놔야 한다. 아무 말 없이 나오기에는 너무 아까운 기회다.

리더가 되고 싶다면
리더처럼 행동하라

능력 착각

연말연시 인사철이 되면 누군가는 승진하고 누군가는 짐을 싼다. 누군가는 기대 이상의 실적으로 두둑한 성과급을 받고 누군가는 목표 미달로 실망스러운 평가를 받는다. 승진을 하거나 좋은 평가를 받는 사람들을 보면 능력이 뛰어나다고 생각한다. 그런데 과연 그럴까?

대니얼 카너먼은《생각에 관한 생각》에서 능력과 실적은 상관없는 경우가 많다고 이야기한다. 그는 대형 투자 자문사의 강연 요청을 받고 준비를 하다가 이 회사에서 굉장히 흥미로운 문서를 발견했다. 재무 설계사 25명의 8년간 투자 결과를 정리한 문서였다. 이 투자 결과는 성과급을 정하는 기준이 되는 자료였다. 카너먼은 개인의 능력이 투자 수익률에 얼마나 영향을 미치는지 알아보고 싶었다. 그래서 2년씩 짝을 지어 전년도와 해당 연도의 실적 순위를 비교해 봤다. 결과는 놀라웠다. 각 연도의 순위는 주사위 굴리기나 다름없을 정도로 연관성이 없었다. 실적 순위가 능력으로 결정되는 게 아니었다는 뜻이다. 카너먼은 이를 투자 자문사 관계자들에게 알려 주었다. 그러자 누군가 불쾌한 투로 말했다.

"저는 회사에 큰 기여를 했습니다. 누구도 그것을 부인할 수는 없습니다."

능력과 실적이 아무런 관계가 없는데도 능력 덕분에 실적을 쌓았다고 생각하는 것을 '능력 착각(illusion of skill)'이라고 한다.

능력 착각이 일어나는 이유는 능력이 성공의 원인이어야만 마음이 편해지기 때문이라고 한다. 실적이 순전히 운 덕분이라고 하면 평가 작업이나 선발 작업 등은 쓸데없는 일이 되어 버린다. 옳지는 않지만 그럴듯하기 때문에 믿는 것이다. 독일의 심리학자 롤프 도벨리는《스마트한 선택들》이라는 책에서 다음과 같이 묻는다.

"성공한 기업가 중에는 왜 여러 개의 기업을 성공시키는 사람이 드물까? 뭔가를 개척하고 이루는 성향의 사람들은 이미 그들이 가진 명성과 능력, 개인적인 네트워크를 활용해서 수많은 회사를 창업할 기반이 마련된 셈인데, 왜 그들 대다수는 오직 한 번만 성공하는 걸까?"

일론 머스크나 스티브 잡스, 제프 베이조스 등 이 질문을 피해 갈 인물들이 떠오르지만 그런 사람들은 극소수에 불과하다. 도벨리는 이 질문에 대한 답은 하나밖에 없다고 말한다.

"그들이 성공적으로 회사를 설립한 이유는 능력도 능력이지만 운이 크게 따랐기 때문이다. 재능 없이는 일이 성사되지 않으며, 열심히 일하지 않고 성공하는 비결은 없다. 하지만 능력이나 성실함이 성공을 위한 결정적 기준은 아니다."

최고 경영자의 자질과 회사의 주가 상승에 대한 연관성을 조사한 결과, 최고 경영자가 뛰어나면 주가가 상승할 확률은 60퍼센트이고 평범하면 50퍼센트인 것으로 나타났다. 카너먼은 이런 현상을 다음과 같이 정리한다.

"경영 분야에서 크게 성공한 사람들의 책을 사서 읽지만 사실 그런 대가들은 우연히 성공한 사람들과 별 차이가 없다. 사람들은 이 사실을 받아들이기 어려울 것이다."

촌철살인의 풍자로 유명한 미국 코미디언 보 버넘은 가수, 작곡가, 연기자, 작가, 영화 제작자, 유튜버, 시인 등 문화 전 분야에서 성공한 인물이다. 그런데 그는 자기 같은 운 좋은 사람의 성공 스토리를 믿지 말라고 당부한다.

"테일러 스위프트가 '당신의 꿈을 따라가세요'라고 말하는 건 로또 당첨자가 '전 재산을 로또에 투자하세요. 그렇게 하면 저처럼 당첨됩니다'라고 말하는 것과 같아요."

그렇다고 세상의 모든 성공이 운이라는 뜻은 아니다. 능력 착각의 핵심은 운에 의한 성공을 능력에 의한 것으로 오해하지 말라고 경고하는 것이다. 세상에는 능력 차이에 따른 성공도 못지않게 많다. 1~2위를 다투는 운동선수나 좋은 실적을 올리는 판매 사원들의 성공을 운이라고 하지는 않는다. 능력 착각에서 벗어나려면 진짜 능력을 알아봐야 한다. 정말 능력이 있는가 없는가의 척도는 꾸준함이다.

왜 세계적인 기업에는 인도 출신 CEO가 많을까?

최근에 가장 눈에 띄는 현상은 세계적인 기업들이 CEO로 발탁한 사람이 모두 인도인이라는 것이다. 구글의 순다르 피차이, 마이크로소 프트의 사티아 나델라, 어도비의 샨타누 나라옌……. 그리고 지금은 물러나긴 했지만 펩시코의 인드라 누이, 노키아의 라지브 수리, 마스 터카드의 아제이 방가 등도 인도인이었다. 일본 소프트뱅크의 손정의 사장이 후계자로 점찍은 인물도 인도 출신의 니케시 아로라 부사장이 었다. 인도의 주요 수출품이 'CEO'라는 말이 있을 정도다. 우연의 일 치라고 보기에는 너무 신기한 일이다. 이 정도면 대니얼 카너먼도 '능 력 착각'이라고 규정하지는 않을 것이다. 인도인들의 어떤 자질이 그 들을 글로벌 기업 CEO로 만들었을까?

사티아 나델라 MS CEO는 2012년 서버 부문 사장이었다. 나델라 와 함께 일한 한 관계자는 외신과의 인터뷰에서 "그를 칭찬하지 않는 사람이 없다. 그 자리에까지 올라가려면 피나는 노력을 했을 텐데도 굉장히 겸손하다"고 말했다. 그는 세심하게 사람들을 챙긴다. MS의 클라우드 서비스인 애저(Azure)와 관련한 행사를 주관할 때는 개발 자들의 발표 시간을 오전 9시에서 오후 1시로 옮기기도 했다. 개발자 대부분이 밤늦게까지 일한다는 점을 배려한 것이다. 이는 호탕한 목 소리와 카리스마, 쇼맨십을 보여 주던 스티브 발머 전 CEO와 정반대 의 스타일이다. 애닐 굽타 미국 메릴랜드대 스미스 경영대학원 학과 장은 두 사람의 차이를 이렇게 요약했다.

"두 사람의 차이는 미국식 경영과 인도식 경영의 차이를 보여 주는 사례로 인용되는 경우가 많다. 발머의 리더십이 권위를 바탕으로 한 강력한 카리스마형이었다면, 나델라의 리더십은 상대방의 마음을 얻는데 좀 더 집중한다."

순다르 피차이 구글 CEO 역시 비슷한 면이 있다. '조용한 사람'이라는 별명답게 그는 팀을 위해 조용히 헌신하는 모습을 보였다. 팀원들이 좋은 업무 평점을 받을 수 있도록 몇 시간이고 상사의 사무실 밖에서 기다린 적도 있었다. 이 모습을 본 직원들이 '피차이 사람'이 된 것은 당연한 결과다. 인드라 누이 펩시코 전 CEO도 직원들을 존중해주는 CEO로 꼽힌다. 일명 '헌신과 배려의 리더십'이다.

지난 100년간 전 세계를 휩쓴 경영 방식은 효율을 중시한 미국식 경영이었다. 투입 대비 산출량을 중시하는 프레더릭 테일러의 이론에서 시작해 잭 웰치 GE 회장에서 완성된 미국식 경영은 전 세계 경영인들이 배워야 할 교과서였다. 그러나 권위와 카리스마로 대표되는 미국식 경영은 요즘 시대에는 맞지 않는다. 니르말야 쿠마르 런던 비즈니스 스쿨 교수는 '인도식 경영'은 직원들의 개성이 강하고 자존심이 센 요즘 같은 기업 문화에 적합하다고 분석했다. 특히 실리콘 밸리처럼 개성을 중시하는 곳에서는 과거처럼 '권위'로만 접근하면 직원들이 금방 다른 곳으로 이직해 버린다는 것이다.

서던뉴햄프셔대가 미국과 인도의 관리자급 직원을 대상으로 실시한 조사에서도 인도 출신 관리자들이 조직 내 신뢰도 면에서 더 높은 점수를 받았다. 겸손하고 나서지 않으면서도 업무에서는 강한 열정을 보인 점이 부하 직원들의 마음을 사로잡은 것이다.

인도인 CEO들은 무언가를 무리하게 바꾸려고 하지 않는다. 사티아 나델라는 MS CEO로 임명된 후 "커다란 변화는 없을 것"이라고 선언했다. 잭 웰치 추종자들이라면 커다란 변화를 도모하지 않는 새로운 CEO를 납득하지 못했을 것이다. 굽타 학과장은 "인도인 CEO들은 변화를 위한 변화를 시도하지 않는다. 대신 현재의 조건에서 일이 제대로 진행되도록 한 다음 필요한 변화를 만드는 방식을 취한다"고 말했다.

그들은 포용을 통해 변화를 유도하는 방식을 선호한다. MS의 나델라는 취임 3개월 만에 회사 행사에서 애플 제품을 쓰지 않는 금기를 깨뜨렸다. 한발 더 나아가 애플의 기기에서도 작동하는 오피스 소프트웨어를 개발해 공개했고, 9인치 이하 디바이스에 윈도 라이선스를 무료로 허용했다. 그리고 IBM, 리눅스 같은 경쟁 업체와 협업을 진행하기도 했다. 전임자인 스티브 발머가 경쟁 업체를 '적(敵)'으로 간주하고 배척한 것과 정반대 행보다. 그 결과 MS는 모바일 기기 판매가 늘고 클라우드 서비스 등 기업 대상 사업에서 큰 성장을 보였다.

샨타누 나라옌 어도비 CEO는 포토샵과 일러스트 판매 방식을 고가의 패키지 형태에서 매달 저렴한 사용료를 내고 구독하는 형태로 바꿨다. 《월 스트리트 저널》은 이런 시도를 두고 "이론상으로만 가능한 일"이라며 실패를 점쳤다. 반년 동안 어도비 주가가 60퍼센트 이상 급락했다. 하지만 그 뒤 포토샵 프로그램 사용자 수가 폭발적으로 늘어났고 주가도 사상 최고가를 경신했다. 무엇보다 구독 서비스 문화가 자리를 잡았다. 이제는 오히려 구독 서비스를 이용하지 않는 게 드문 일이 되어 버렸다.

쿠마르 교수는 인도인 CEO들이 점진적인 변화를 추구하는 것은 해당 회사에서 오랫동안 근무하며 성장해 왔기 때문이라고 분석했다. 그만큼 회사가 변해야 하는 포인트를 잘 알고 있다는 것이다. 노키아 CEO로 발탁된 라지브 수리는 22년간 노키아에서 근무했으며, 나델라 MS CEO는 24년간 MS에서만 일했다. 구글의 피차이는 구글 재직 기간이 11년으로 짧은 편이지만 웹 브라우저 크롬, 전자 메일인 지메일, 클라우드 서비스인 구글 드라이브 등 다양한 부문을 거쳤다. 산제이 메흐로트라 샌디스크 CEO도 제품 개발, 메모리 디자인 등 다양한 업무를 총괄한 끝에 CEO 자리에 올랐다.

인도 출신 CEO들은 어떻게 훌륭한 리더가 되었을까?

인도 출신 CEO들의 부드러운 카리스마는 어디에서 온 것일까? 전문가들은 인도인 CEO들의 포용력이 인도만의 전통적인 생활 환경에서 비롯됐다고 주장한다. 인도는 대가족 제도 중심으로 사회가 굴러간다. 그렇기 때문에 어릴 때부터 다른 가족 구성원들과 경쟁과 협업, 설득, 타협 등을 하며 자라났고, 덕분에 더불어 사는 법을 자연스럽게 익힐 수 있었다는 것이다. 또한 인도에는 매우 다양한 문화가 존재하기 때문에 인도 출신 경영자들은 어릴 때부터 다양성에 적응하고 대응할 수 있었다.

인도 출신 경영자들은 위기관리에도 뛰어나다. 피차이 구글 CEO는 '설득의 대가'로 불린다. 와츠앱 CEO인 얀 쿰이 회사를 페이스북에 팔려고 하자 래리 페이지가 팔지 말라고 설득하러 갈 때 동행한 사람이 피차이였다. 페이지가 네스트를 인수하고 싶어 할 때 네스트 CEO인 토니 퍼넬을 설득하기 위해 보낸 사람도 피차이였다.

인드라 누이가 펩시코 CEO 자리에 오르게 된 것도 인도에서 불거진 농약 콜라 파문을 성공적으로 수습한 공이 컸다. 사티아 나델라는 빌 게이츠 MS 창업자에게 "변환기에 사티아 나델라보다 MS를 잘 이끌 사람은 없다고 판단했다"라는 평을 들었다.

미국의 시사 주간지 《타임》은 "열악한 기업 환경과 미흡한 인프라, 제한된 자원의 인도에서 살려면 잇따라 발생하는 돌발 상황에 대처할 플랜 B와 플랜 C 등 다양한 대안을 고민해야 한다"며 이런 인도의 열악한 상황이 글로벌 CEO들을 키우는 환경이 됐다고 분석했다.

인도인 CEO들은 단기적 이익보다 장기적 관점을 중요시한다. 미국식 경영에서는 '수익성'을 최우선 가치로 여기지만 인도식 경영에서는 수익성 못지않게 '책임감'을 강조한다. 스튜어트 크레이너 《런던 비즈니스 스쿨 리뷰》편집장이자 싱커스 50 설립자에 따르면 인도식 경영이 인기를 끄는 것은 단기적인 성과에 치중하는 미국식 경영에 대한 반감이 만들어 낸 결과물이다. 특히 2008년 글로벌 금융 위기 당시 기업가들이 공공에 대한 책임감을 저버리고 자신들의 탐욕과 이기심을 채우는 모습을 보며 대중이 환멸을 느끼게 됐다고 한다.

인도인 경영자 대부분이 현장 엔지니어 출신이라 공학적 전문성을 지니고 있어 4차 산업 시대에 대한 이해도가 높다는 것도 강점으로 꼽힌다. 인도인들의 끈끈한 인맥도 장점이다. 《파이낸셜 타임스》는 "실리콘 밸리에는 강력한 인도인 네트워크가 형성돼 있다"고 보도했다. 이들은 자신들의 노하우를 공유하고 인재들을 발탁하고 키워 내면서 서로의 성공을 돕고 있다.

리더는 '하자'라고 말하고, 보스는 '해라'라고 말한다

이쯤 되면 인도 출신 CEO들의 성공이 단지 운이 좋았기 때문은 아닌 것 같다. 그들은 강한 책임감을 바탕으로 헌신과 배려, 포용의 리더십을 가지고 사람들을 이끈다. 그리고 위기관리 능력이 뛰어나며, 변화를 위한 변화가 아닌 장기적 관점에서 꼭 필요한 변화를 추구한다. 그들의 훌륭한 자질을 내 것으로 만들 수는 없을까?

스튜어트 크레이너는 리더처럼 생각하고 행동하면 타인도 나를 리더처럼 대한다고 말한다. 내가 실제 리더의 자리에 있느냐 아니냐는 중요하지 않다. 이상적인 리더의 모습을 따라 하려고 노력하면 상사도 '저 직원은 승진해서 리더가 되어야 마땅하다'라는 생각을 은연중에 갖는다. 그래서 결국 리더의 자리에 오른다는 것이다.

우리가 따라 해 볼 만한 이상적인 리더의 모습은 무엇일까? 무엇보다 좋은 리더는 조직 구성원들이 잘될 수 있도록 도와주는 사람일 것이다. 도와주고 알려 주고 끌어 주는 사람을 '코치(coach)'라고 하는데 코치의 원래 뜻은 '마차'였다. 즉 목적지까지 데려다주는 사람을 의미한다. 엠넷에서 방영한 '스트릿 우먼 파이터'에서 훌륭한 리더로 칭송한 사람은 센터에 서서 팀을 우승으로 이끈 사람이 아니라 비록 우승하지 못하더라도 팀원들에게 파트를 나눠 줘서 그들이 주목받을 수 있게끔 기회를 주는 사람이었다. 이런 나눔의 리더십은 갈수록 더욱 강조되고 있다.《좋은 기업을 넘어 위대한 기업으로》의 저자 짐 콜린스도 "리더는 자신은 물론 다른 사람들의 감정을 헤아려야 하며 또한 겸손해야 한다"고 말했다.

좋은 리더는 우리가 하는 일이 무엇인지 명확히 알려 줌으로써 스스로 일의 가치를 깨닫게 한다. 1943~1945년에 미국에서 원자 폭탄을 만드는 '맨해튼 프로젝트'를 추진할 당시, 미 육군은 기술자들을 모집해 에너지값을 계산하는 일을 시켰다. 그런데 워낙 보안에 신경 쓰다 보니 기술자들은 자신이 하는 일이 뭔지도 모르고 계산에만 몰두했다. 일의 진척은 느렸고 성과도 없었다. 그들의 리더이던 물리학자 리처드 파인먼은 기술자들에게 무슨 일을 왜 하는지 알려 주자고 상사들을 설득했다. 그리고 그들에게 프로젝트의 목적과 각자의 임무에 대해 설명했다. 자신들이 전쟁을 끝내는 무기를 개발하고 있다는 사실을 알게 된 기술자들은 180도 달라졌다. 그들은 밤낮없이 연구에 매달렸고, 더 잘할 수 있는 방법을 찾기 시작했다. 그 결과 원자 폭탄은 계획보다 열 배나 앞당겨 개발됐다. 영국의 철학자 찰스 핸디는 저서《정신의 빈곤》에서 이런 현상을 알기 쉽게 설명한다.

"우리 모두는 자신의 존재를 초월하는 무언가에 기여하기 위해 일에서 목적과 의미를 찾는 배고픈 영혼들이다. 따라서 리더는 사람들에게 무엇이 중요한지 끊임없이 상기시켜 줘야 한다."

마지막으로, 리더가 되고 싶다면 '극한의 오너십'을 가져야 한다. 경쟁 회사와의 실적 대결, 다른 부서와의 경쟁도 결국 모두 사람이 하

는 것. 마음가짐이 무너지면 어떤 일도 풀리지 않는다. 극한의 오너십은 자신과 관련한 모든 일에 책임 의식을 갖는 것이다. 한마디로 변명하지 말고, 남 탓하지 말고, 성공이든 실패든 모든 일에 책임을 지라는 것이다. 조코 윌링크는 《네이비씰 승리의 기술》에서 탁월한 업적을 세운 리더들에게서 공통적으로 발견되는 요소가 바로 극한의 오너십이라고 말한다. 그러니 리더가 되고 싶다면 남을 탓하고 변명을 늘어놓는 것부터 멈추어라. 극한의 오너십을 가진 사람들은 문제를 지적하기보다 문제를 해결하는 데 힘을 쏟고, 남을 비난하기보다 내가 할 일에 집중한다. 하지만 해 본 사람들은 안다. 남을 탓하지 않고 변명을 참기가 얼마나 힘든지…….

맡은 일을 잘하다 보면 리더가 되고 싶지 않은 사람도 리더의 자리에 앉게 되는 경우가 생긴다. 따라서 혼자 일하는 직업이 아니라면 좋은 리더가 무엇인지에 대해 생각해 볼 필요가 있다. 준비 없이 리더가 되면 리더를 보스로 착각하는 경우가 많다. 리더는 '하자'라고 말하지만, 보스는 '해라'라고 말한다. 리더는 맨 앞에서 사람을 이끌지만, 보스는 맨 뒤에서 사람들에게 시킨다. 리더는 장점을 칭찬하지만, 보스는 단점을 지적한다. 독일 승마팀 코치로 2회 연속 금메달을 차지한 클라우스 발켄홀은 다음과 같은 명언을 남겼다.

"보스는 맹목적인 복종을 요구하는 반면, 리더는 이해와 신뢰를 통해 권위를 얻어 낸다."

당신은 보스와 일하고 싶은가, 리더와 일하고 싶은가? 보스가 되고 싶은가, 리더가 되고 싶은가?

퇴사를 꿈꾸는 사람들이
가장 먼저 자신에게 해야 할 질문

더닝-크루거 효과

자기 직장에 만족하는 사람이 과연 얼마나 될까. 오늘도 우리는 퇴사를 꿈꾸며 출근을 한다. 그런데 아이유의 '좋은 날', 브라운아이드걸스의 '아브라카다브라', 이선희의 '그중에 그대를 만나', 임영웅의 '이제 나만 믿어요' 등 누구나 들어 봤을 법한 히트곡만 300개가 넘는 저작권료 1위 스타 작사가 김이나는 원하는 일이 있다 해도 성급하게 직장을 그만두어서는 안 된다고 말한다.

그녀의 꿈은 작사가가 아니었다. 막연히 음악 분야에서 일하고 싶다는 마음만 있었다. 그래서 공연 기획사에 이력서도 넣어 보고, 화성학책을 보며 작곡을 공부하기도 하고, 전자 키보드를 사서 작곡을 해 보기도 했다. 이런 시도를 하는 동안 직장 생활은 유지했다.

그러다 벨소리를 납품하는 모바일 콘텐츠 회사에 취직한 그녀는 우연히 작곡가 김형석을 만나게 되었다. 그에게 대뜸 '작곡을 배우고 싶다'며 부탁해 작업실까지 쫓아갔고, 그곳에서 작곡 실력도 선보였다. 독학으로 익힌 그녀의 실력이 특급 작곡가의 눈에 들 리 없었다. 실망한 그의 표정을 보고 단념한 그녀는 작업실을 떠나며 말했다.

"예전에 '김형석 with friends' 콘서트 때 제일 앞줄에 앉았어요. 그때 찍은 사진들을 홈페이지에 올려놨는데 그 사진이라도 한번 보러 와 주세요."

그녀의 홈페이지를 방문한 김형석은 김이나가 쓴 글을 보고 그녀에게 작곡 말고 작사를 해 보라고 권했다. 작사가로서 김이나의 삶은 그렇게 시작됐다. 성시경의 '10월에 눈이 내리면'으로 작사가로 데뷔한 그녀는 그 후로도 5년 동안 직장을 다녔다.

"한 곡 발표했다고 눈부신 작사가의 길이 열리지는 않았어요. 처음에나 '신선함'으로 뛸 수 있지, 이후부터는 본격적으로 프로 작사가들과 살벌한 경쟁을 치러야 하거든요."

돈벌이도 되지 않았다. 처음 작사한 곡으로 들어온 저작권료는 6만 원. 저작권료로 먹고사는 건 여러 곡이 쌓였을 때나 가능했다. 게다가 작사한 곡이 타이틀곡이 아니다 보니 많이 알려지지 않았다.

"전 운 좋게 데뷔를 했지만 그 후 셀 수 없이 많은 가사를 거절당했어요. 소위 업계 말로 까였죠."

최고의 작곡가에게 작사 실력을 인정받고 유명 가수의 노래로 작사가 데뷔를 했는데도 김이나는 섣불리 행동하지 않았다. 어쩌면 그녀의 실력이 뛰어나서였을지도 모른다. 능력이 뛰어난 사람일수록 본인에게 엄격한 경우가 많기 때문이다.

미국 코넬대 사회 심리학과 교수 데이비드 더닝과 대학원생 저스틴 크루거가 학부생 45명에게 스무 가지 논리적 사고 시험을 치르게 한 뒤 자신의 성적을 예상해 보라고 했다. 하위 25퍼센트는 자신이 상위 40퍼센트 이상이라고 과대평가하는 경향을 보인 반면, 상위 25퍼센트는 자신이 상위 30퍼센트 이하일 것이라고 과소평가하는 경향을 보였다. 이렇듯 능력이 부족한 사람은 자신의 능력을 과대평가하고, 능력이 뛰어난 사람은 오히려 자신의 능력을 과소평가한다. 이를 '더닝-크루거 효과(Dunning-Kruger effect)'라고 한다.

능력이 부족한 사람일수록 근거 없는 자신감으로 무모하게 행동하는 경우가 많다. 이를테면 내가 회사를 그만두고 작사를 시작하면 바로 유명해져서 세상이 나를 최고의 작사가로 인정해 줄 것이라고 착각하는 것이다. 능력이 부족한 사람은 잘못된 결정을 내려서 잘못된 결과에 이르더라도 자신의 실수를 알아차리지 못할 가능성이 크다. 현실을 객관적으로 파악하지 못하기 때문이다.

"저는 다른 사람보다 뛰어나지 않습니다. 하지만 제가 다른 이보다 나은 점은 최소한 제가 모른다는 사실을 알고 있다는 것입니다."

소크라테스의 말처럼 능력이 뛰어난 사람들은 오히려 자신의 실력을 과소평가하기 때문에 돌다리도 두드려 보며 신중하게 행동한다.

김이나 역시 한 번도 꿈을 위해 무모해진 적이 없다고 한다. 지극히 현실적이었기에 작사가가 되겠다고 모든 걸 때려치우고 '시상(詩想)'을 떠올리는 데 집중하는 등의 행동은 해 본 적이 없다는 것이다. 그럼에도 음악과 관련된 일을 한 번도 놓아 본 적이 없다. 그녀는 모바일 콘텐츠 회사에서 벨소리 차트 페이지에 올릴 추천곡을 고르고, 벨소리를 더 많이 팔기 위해 이벤트를 기획하는 일 등을 맡았다.

"음악과 관련된 일을 한다는 사실이 믿을 수 없을 만큼 재미있고 흥미로웠어요."

그녀는 '작곡을 하고 싶은데 고작 벨소리 차트나 만들고 있다니' 따위의 생각은 하지 않았다. 그만큼 음악 일이 간절했기 때문이다.

"아무리 언저리 일이어도 음악 관련 일이면 밤샘도 마다하지 않았어요. 그 일을 하고 있으면 언젠가는 음악에 닿을 것 같았죠."

성공과 실패는 얼마나 간절한가에 달려 있다고 흔히들 말한다. 그녀는 간절함을 조금 다르게 해석한다. 그녀는 정말 간절하게 음악 일을 하고 싶다는 사람들에게 이렇게 묻고 싶다고 한다.

"불확실한 자신의 재능만 보고 현실을 포기하는 사람이 간절한가요, 아니면 현실을 챙겨 가며 서두르지 않고 차근차근 그 일을 향해 나아가는 사람이 간절한가요?"

누구나 내 꿈은 소중하고 간절하다. 그러나 간절함은 현실 인식과 비례해야 한다. 그리고 무슨 일을 하든 암흑기를 버텨 내야만 성공에 이를 수 있다.

"꿈이 간절할수록 오래 버텨야 하는데 현실에 발붙이지 않은 무모함은 금방 지치게 만들어요. 간절하게 한쪽 눈을 뜨고 걷다 보면 언젠가는 기회가 와요. 그 기회를 알아보는 것도, 잡는 것도 평소의 간절함과 노력이 있어야 가능하죠."

열정이 있는 끈기가 만든 성공

《7년의 밤》,《종의 기원》등 수많은 베스트셀러를 쓴 작가 정유정도 작가로 자리 잡기 전까지 오랫동안 간호사로 일했다. 기독간호대를 졸업한 그녀는 중환자실 간호사로 5년, 건강보험심사평가원에서 9년을 일했다. 어려서부터 글 쓰는 걸 좋아한 그녀는 작가가 되고 싶었다. 그러나 어머니가 돌아가시고 집안을 책임져야 하는 그녀에게 전업 작가라는 꿈은 사치였다. 그녀는 간호사로 일하며 작가의 꿈을 키웠다. 2000년부터는 꾸준히 습작을 했다. 낮에는 일하고 밤에는 글을 쓰는 삶을 감내했다. 그렇게 모은 월급으로 집을 산 후 미련 없이 사표를 냈다. 그리고 41세가 되어《내 인생의 스프링캠프》로 등단을 했다.

똑같은 환경과 똑같은 스펙을 가졌어도 왜 어떤 사람은 뛰어난 성취를 이루고, 어떤 사람은 그저 그런 환경에 머무르고 마는 걸까? 타고난 재능이 있어야 하는 걸까? 누군가의 말처럼 부모를 잘 만나야 하는 걸까? 아니면 그저 운이 좋았던 걸까? 좋은 대학이 더 이상 성공을 보장해 주지 않는 시대에 '성공의 진짜 열쇠'는 과연 무엇일까?

펜실베이니아대의 심리학과 교수인 앤절라 더크워스가 10년에 걸친 연구 결과와 실증 사례들, 각계각층 사람들과의 인터뷰를 통해 밝혀낸 바에 따르면 어떤 영역에서든지 뛰어난 성취를 이루는 가장 큰 요인은 지능도, 성격도, 경제적 수준도, 외모도, 운도 아니었다. 그것은 바로 열정이 있는 끈기, 즉 '그릿(grit)'이었다. 실패에 좌절하지 않고 자신이 성취하고자 하는 목표를 향해 정진할 수 있는 능력이 성패를 좌우한다. 그는 저서《그릿》에서 다음과 같이 말한다.

"분야에 상관없이 대단히 성공한 사람들은 굳건한 결의를 보였고 이는 두 가지 특성으로 나타났다. 첫째, 그들은 회복력이 대단히 강하고 근면했다. 둘째, 자신이 원하는 바가 무엇인지 매우 깊이 이해하고 있었다. 그들은 결단력이 있을 뿐 아니라 나아갈 방향도 알고 있었다. 성공한 사람들이 가진 특별한 점은 열정과 결합된 끈기였다. 한마디로 그들에게는 그릿이 있었다."

누구나 시작은 할 수 있다. 하지만 성공하기 위해서는 끝까지 해내야 한다. 그러기 위해서는 그릿이 필요하다. 김이나와 정유정도 마찬가지다. 그들에게는 원하는 꿈이 있었고, 간절했지만 무모하지 않았다. 꿈을 꾸되 현실을 벗어나지 않았다. 그리고 꿈으로 향하는 발걸음도 멈추지 않았다.

퇴사를 생각하고 있다면 스스로에게 먼저 물어보라. 당신에게는 간절히 원하는 일이 있는가? 그리고 끝까지 해낼 그릿이 있는가? 알랭 드 보통은 이렇게 말했다.

"자신이 정말로 원하는 곳과 향하는 곳을 알면 타인의 중요성이 약해지기 시작한다. 두려움에서 벗어나는 길은 나를 거인으로 만드는 것이다."

CHAPTER 1
세계 최고의 인재들은 어떻게 일하는가

'완벽함'과 '속도' 중 더 중요한 것은 속도다 : 얼리 액세스 법칙
1 포드의 효율·노자의 도덕경 '中體西用 경영'
   〈http://weeklybiz.chosun.com/site/data/html_dir/2015/11/20/2015112002136.html〉
2 《초격차》, 권오현 지음, 김상근 정리, 쌤앤파커스
3 《크래프톤 웨이》, 이기문 지음, 김영사

세계 최고의 인재들이 공통적으로 갖춘 능력 : 충동 조절
1 "서울대 의대 입학보다 프로게이머 되기 더 어려워"
   〈https://www.chosun.com/site/data/html_dir/2019/06/28/2019062801980.html〉
2 《자제력 수업》, 피터 홀린스 지음, 공민희 옮김, 포레스트북스
3 《텐 텐 텐 인생이 달라지는 선택의 법칙》, 수지 웰치 지음, 배유정 옮김, 북하우스

사람들의 '기대치'를 가장 효과적으로 이용하는 법 : 기대치 위반 효과
1 천석꾼집 막내아들, 美 공화당의 100대 기부자가 되다
   〈https://www.chosun.com/site/data/html_dir/2018/07/13/2018071301684.html〉
2 348년 기업… 외부 출신 CEO와 창업자 가문의 '시너지 경영'
   〈http://weeklybiz.chosun.com/site/data/html_dir/2016/11/18/2016111801710.html〉
3 《세팅 더 테이블》, 대니 메이어 지음, 노혜숙 옮김, 해냄
4 쉐이크쉑 성공 비결? 자랑하고 싶은 심리를 건드렸다
   〈http://weeklybiz.chosun.com/site/data/html_dir/2016/08/12/2016081201529.html〉

마윈은 왜 전문가들 말을 듣지 않았을까? : 권위자 편향
1 "번쩍이는 달의 時代 지나… 반짝이는 작은 별들이 미래 이끌 것"
   〈https://biz.chosun.com/site/data/html_dir/2015/05/21/2015052100223.html〉

2   혁신은 디테일에서 시작

⟨http://weeklybiz.chosun.com/site/data/html_dir/2016/02/19/2016021901972.html⟩

정보가 많은 사람이 오히려 최악의 선택을 할 수도 있다 : 정보 편향

1   그녀가 고른 동대문 옷, K패션이 되다

⟨https://www.chosun.com/site/data/html_dir/2018/02/02/2018020201538.html⟩

성공한 CEO들이 술과 담배를 멀리하는 이유 : 표면적 인지

1   '친목회 회장님'과 '수도승 부회장'의 공통점

⟨https://www.chosun.com/site/data/html_dir/2018/10/22/2018102203519.html⟩

2   9만8000원 정장으로 남자를 만들다

⟨https://www.chosun.com/site/data/html_dir/2018/03/30/2018033001685.html⟩

3   나가모리 시게노부 일본전산 사장

⟨https://archive.chosun.com/pdf/i_service/pdf_ReadBody_s.jsp?ID=200910
1700009⟩

4   日 최고 부자가 된 옷장수 '유니클로' 야나이 회장

⟨https://archive.chosun.com/pdf/i_service/pdf_ReadBody_s.jsp?ID=200909
1900021⟩

5   모든 중국인을 날게 하려면… 저비용이 답

⟨https://archive.chosun.com/pdf/i_service/pdf_ReadBody_s.jsp?ID=201207
1400008⟩

6   "부동산 투자가 무슨 죄? 대변인도 못 믿는 정책이 문제지"

⟨https://www.chosun.com/site/data/html_dir/2019/04/19/2019041902067.html⟩

금기를 깨는 순간 돈이 보인다 : 사혈 효과

1   쇼핑몰엔 왜 자연채광이 없나, 기둥은 왜 필요한가 우린 禁忌를 깼다

⟨http://weeklybiz.chosun.com/site/data/html_dir/2016/11/25/2016112501591.html⟩

2   "도서관은 조용해야 한다? 고정관념 깨니 살아나더라"

⟨https://www.chosun.com/site/data/html_dir/2017/05/31/2017053100351.html⟩

3   도쿄의 명동, 인구 5만 日시골도… 책이 사람을 모았다

⟨https://www.chosun.com/site/data/html_dir/2017/05/31/2017053100353.html⟩

성공해 본 사람이 계속 성공하는 까닭 : 성공 보존의 법칙

1 《스마트한 성공들》, 마틴 베레가드, 조던 밀른 지음, 김인수 옮김, 걷는나무

2 108년 패배주의 깬 리더십
⟨http://weeklybiz.chosun.com/site/data/html_dir/2016/11/11/2016111101497.html⟩

손해 보지 않으려는 마음부터 버려라 : 손실 회피

1 스타 유튜버 비결? 6년간 3300개 영상 올려봤나요?
⟨https://www.chosun.com/site/data/html_dir/2019/12/20/2019122002590.html⟩

CHAPTER 2
당신만 모르는 일의 법칙

아무것도 하지 않는 것이 가장 큰 문제다 : 부작위 편향

1 SNS 활동은 오바마처럼 계정 있되 가끔 글 올려야
⟨http://weeklybiz.chosun.com/site/data/html_dir/2015/11/27/2015112702072.html⟩

잘나가던 직장인이 사업하면 망하는 이유 : 영역 의존성

1 '두 자릿수 성장'의 마법사 "나만의 경쟁력을 파악하라"
⟨http://weeklybiz.chosun.com/site/data/html_dir/2015/11/06/2015110602183.html⟩

그들이 계속 세계 최고의 자리를 유지하는 비결 : 크레스피 효과

1 요즘 애들은 정신력 약해 우린 '노력'으로 세계 1위 됐지 매일 밤샘·새벽 연습 15년
⟨https://www.chosun.com/site/data/html_dir/2019/08/16/2019081601834.html⟩

2 《왜 일하는가》, 이나모리 가즈오 지음, 김윤경 옮김, 다산북스

트렌드를 앞서가는 사람들의 비밀 : 군중 심리

1 "허례·겉치레 비우고 '달항아리' 같은 공간 만들 겁니다"
⟨https://www.chosun.com/culture-life/2021/09/01/3C7INE74PZA65NU23E33Y22D5Y/⟩

2 "사람들 자연스러운 행동, 녹아들어야 좋은 디자인"
⟨https://biz.chosun.com/site/data/html_dir/2017/11/01/2017110100109.html⟩

무계획이 때로는 최고의 계획일 수 있다 : 계획 오류

1 《연결하는 인간》, 리드 호프먼, 벤 카스노카 지음, 차백만 옮김, 알에이치코리아

2 《린인》, 셰릴 샌드버그 지음, 안기순 옮김, 와이즈베리

이루고 싶은 꿈이 있다면 동네방네 소문부터 내라 : 떠벌림 효과

1 작은 거절에도 상처받는 사람들
⟨https://www.dongascience.com/news.php?idx=42266⟩

2 유럽에 초밥 도시락 팔아 5000억원 벌다
⟨https://www.chosun.com/site/data/html_dir/2018/04/20/2018042001860.html⟩

스티브 잡스를 회의에 들어오지 못하게 한 까닭 : 사회적 촉진

1 공식적인 자리에서 적나라하게 비판… 창의력 끌어내는 최고의 회의 '브레인트러스트'
⟨http://weeklybiz.chosun.com/site/data/html_dir/2016/04/01/2016040101478.html⟩

기회와 운을 끌어당기는 가장 효과적인 방법 : 프랭클린 효과

1 사진 공유 사이트 '플리커'는 원래 게임의 추가 기능… 시장조사 통해 현실에 맞게 사
업모델 바꾸는 유연성 필요
⟨http://weeklybiz.chosun.com/site/data/html_dir/2016/10/07/2016100701624.html⟩

2 《이머전스》, 스티븐 존슨 지음, 김한영 옮김, 김영사

CHAPTER 3
유능한 사람들도 빠지기 쉬운 생각의 함정 : 멘털 관리

나는 합리적인 인간이라는 착각 : 휴리스틱

1 'Judgment under Uncertainty: Heuristics and Biases'
⟨https://www2.psych.ubc.ca/~schaller/Psyc590Readings/TverskyKahneman1974.pdf⟩

2 금융 천재들의 몰락…LTCM 사태
⟨https://www.sedaily.com/NewsVIew/1OJU4P5T8M⟩

3 The 13 biggest mistakes in history
⟨https://www.indy100.com/viral/the-biggest-mistakes-in-history⟩

한때 잘나갔던 사람들이 하는 대표적인 실수 : 므두셀라 증후군

1 베트남의 별이 되다, 우리가 외면했던 '박항서 축구'
   〈https://www.chosun.com/site/data/html_dir/2018/02/09/2018020901729.html〉

'나는 특별하다'라는 착각부터 버려라 : 허구적 독특성

1 한국 경제전망과 산업 경쟁력은? 세계 석학 25명에 물었더니
   〈http://weeklybiz.chosun.com/site/data/html_dir/2015/11/20/2015112002375.html〉

실패할 것이 뻔한 일을 고집하는 사람들의 심리 : 매몰 비용의 오류

1 '빅히트와 블록버스터 밴드 BTS : K팝 해외로 뻗어나가다', 애니타 엘버스, 리지 우덤
   지음, 2020 하버드비즈니스리뷰 온라인판

2 150년 된 바스프(BASF) "위기일수록 더 지속적 투자"
   〈https://biz.chosun.com/site/data/html_dir/2014/12/07/2014120702561.html〉

다른 사람들은 당신에게 아무 관심이 없다 : 조명 효과

1 여러 사람 지혜 모았나, 서로의 약점 보완할 수 있나⋯ 다양한 고객 영혼 울리려면 '창
   조적 팀원' 구성이 우선
   〈http://weeklybiz.chosun.com/site/data/html_dir/2016/02/12/2016021201596.html〉

2 클래식인 듯 팝인 듯한 '팝시컬', 제가 만들었어요
   〈https://www.chosun.com/culture-life/2021/08/05/72FLMFQOLZDEPFAWPS-
   WAX72U3Y/〉

주식으로 돈을 잃는 사람들의 공통점 : 행동 편향

1 수많은 혁신안이 블록 하나만 못하더라
   〈http://weeklybiz.chosun.com/site/data/html_dir/2016/03/25/2016032501748.html〉

'말 안 해도 알아주겠지'라고 생각하는 사람들에게 : 가면 증후군

1 《린인》, 셰릴 샌드버그 지음, 안기순 옮김, 와이즈베리
2 《비커밍》, 미셸 오바마 지음, 김명남 옮김, 웅진지식하우스

최고의 성과를 내는 팀을 만들고 싶다면 이것부터 하라 : 집단 사고

1 임원진과 말단 직원 간 거리 '에어 샌드위치' 줄여야 진짜 수평적 조직

〈http://weeklybiz.chosun.com/site/data/html_dir/2016/04/01/2016040101502.html〉

CHAPTER 4
7만 시간, 가장 스마트하게 일하는 법 : 시간 관리 & 몰입

하기 싫은 일을 가장 빨리 끝내는 법 : 습관화 & 지각 범주화
1 《12가지 인생의 법칙》, 조던 피터슨 지음, 강주헌 옮김, 메이븐
2 올해도 영어 정복 꿈꾸는 당신 "한 번에 토익 만점? 매달 10점씩 끌어올려라"
  〈https://www.chosun.com/national/weekend/2022/01/01/OMNHQKDLVBFH-
  HMUWCOWPYAOW44/〉
3 《초집중》, 니르 이얄, 줄리 리 지음, 김고명 옮김, 안드로메디안
4 《습관의 힘》, 찰스 두히그 지음, 강주헌 옮김, 갤리온

일이 너무 안 풀릴 때는 일단 자리에서 일어나라 : 심사숙고의 함정
1 The beautiful powers of unconscious thought
  〈https://www.apa.org/science/about/psa/2009/10/sci-brief〉
2 《탁월한 결정의 비밀》, 조나 레러 지음, 강미경 옮김, 위즈덤하우스

당신이 가장 아껴야 할 것은 돈이 아니라 시간이다 : 시간의 상대성
1 "내 공부 비결은 스톱워치" 마이스터高 · 부산大 기계과 나와 사법연수원 수석
  〈https://www.chosun.com/site/data/html_dir/2019/03/01/2019030101455.html〉
2 《오늘, 또 일을 미루고 말았다》, 나카지마 사토시 지음, 양수현 옮김, 북클라우드

미루는 습관을 바꾸는 가장 효과적인 방법 : 지연 행동
1 《미루기의 천재들》, 앤드루 산텔라 지음, 김하현 옮김, 어크로스
2 "라면 먹고 살 만큼만 벌자" 전략 짜고 7년… 29조6000억원 기업 되더라
  〈http://weeklybiz.chosun.com/site/data/html_dir/2015/10/23/2015102301774.html〉
3 《언제나 미루는 당신이 지금 당장 행동하게 되는 50가지 방법》, 사사키 쇼고 지음, 임
  정희 옮김, 이아소

매력 자본을 우습게 보지 마라 : 후광 효과

1 《매력 자본》, 캐서린 하킴 지음, 이현주 옮김, 민음사

2 《자존감은 어떻게 시작되는가》, 에이미 커디 지음, 이경식 옮김, 알에이치코리아

실수보다 빠른 사과가 중요한 이유 : 리커버리 패러독스

1 폴크스바겐 진짜 문제는 고객 마음 못 읽는 것…위기 벗어나려면 공감하라

⟨http://weeklybiz.chosun.com/site/data/html_dir/2015/11/27/2015112702039.html⟩

2 무결점 '독일 경제 모델' 오염되다

⟨http://weeklybiz.chosun.com/site/data/html_dir/2015/10/02/2015100201741.html⟩

3 독일인들이 진정 분노하는 건 폴크스바겐 경영진이 잘못 부인하는 것

⟨http://weeklybiz.chosun.com/site/data/html_dir/2015/10/02/2015100201776.html⟩

4 《그늘까지도 인생이니까》, 박용만 지음, 마음산책

스트레스를 줄이고 싶다면 이것부터 하라 : 자이가르니크 효과

1 "평가해주세요" 佛보르도 300곳이 와인 보내는 그녀의 정체

⟨https://www.chosun.com/national/people/2021/06/03/GTDKFYR2MFH3BBX-WOBT4P743F4/⟩

승자가 되는 가장 확실한 방법 : 결과 편향

1 당장 돈 벌려고? 안 되면 접고? 안이한 로봇 투자 열풍

⟨http://weeklybiz.chosun.com/site/data/html_dir/2016/04/08/2016040801491.html⟩

2 남성·해외파·서비스업… 스타트업 공식 깬 '닥터 신데렐라'

⟨https://www.chosun.com/site/data/html_dir/2019/05/24/2019052402206.html⟩

3 《일론 머스크, 미래의 설계자》, 애슐리 반스 지음, 안기순 옮김, 김영사

4 《부자들의 생각법》, 하노 벡 지음, 배명자 옮김, 갤리온

적을 만들지 않고 내가 원하는 것을 얻는 대화법 : 고슴도치 딜레마

1 《숨겨진 차원》, 에드워드 홀 지음, 최효선 옮김, 한길사

2 《적을 만들지 않는 대화법》, 샘 혼 지음, 이상원 옮김, 갈매나무

3 《사람을 얻는 기술》, 레일 라운즈 지음, 임정재 옮김, 토네이도

CHAPTER 5

사람의 마음을 움직이고 원하는 것을 얻는 기술 : 인간관계 & 협상

넷플릭스가 성과급보다 연봉에 목숨 거는 이유 : 열린 인지 공간
1   《규칙 없음》, 리드 헤이스팅스, 에린 마이어 지음, 이경남 옮김, 알에이치코리아
2   《창조성, 신화를 다시 쓰다》, 데이비드 버커스 지음, 박수철 옮김, 시그마북스

사람은 통계보다 사진 한 장에 더 마음이 흔들린다 : 마음 이론
1   경제학이 가르쳐 주지 않는 경제, 실험실 밖에 있다
    〈http://weeklybiz.chosun.com/site/data/html_dir/2016/06/03/2016060301556.html〉
2   《무엇이 행동하게 하는가》, 유리 그니지, 존 리스트 지음, 안기순 옮김, 김영사
3   The Cobra Effect : Unintended consequence
    〈http://econowmics.com/the-cobra-effect-unintended-consequences/〉

호감 가는 사람이 되고 싶다면 가장 먼저 익혀야 할 법칙 : 유사성의 원리
1   《세팅 더 테이블》, 대니 메이어 지음, 노혜숙 옮김, 해냄
2   뉴욕 외식업계 황제가 된 영업맨
    〈https://www.chosun.com/site/data/html_dir/2017/04/07/2017040701981.html〉

인간관계가 좋은 사람들의 공통점 : 적극적 경청
1   친화력과 경청의 리더십으로… 스무살 바텐더 테리 '거래소 제왕' 되다
    〈http://weeklybiz.chosun.com/site/data/html_dir/2016/04/29/2016042901699.html〉
2   《딜버트의 법칙》, 스콧 애덤스 지음, 이은선 옮김, 홍익출판사
3   '얼간이' 소리 듣는 트럼프, 자신의 브랜드 정확히 계산하고 세일즈한다… 유권자 홀릴
    수밖에
    〈http://weeklybiz.chosun.com/site/data/html_dir/2016/03/18/2016031801775.html〉

SAS가 "한 사람도 해고하지 않겠다"고 선언한 진짜 이유 : 전화위복에 대한 환상
1   鐵의 경영 VS 仁의 경영… 당신은 어느 쪽이십니까
    〈http://weeklybiz.chosun.com/site/data/html_dir/2013/11/08/2013110802440.html〉
2   쏟아지는 데이터를 어떻게 분석하느냐에 따라 기업의 미래 결정될 것
    〈http://weeklybiz.chosun.com/site/data/html_dir/2016/05/27/2016052701596.html〉

3 《숨겨진 힘 : 사람》, 제프리 페퍼, 찰스 오레일리 지음, 김병두 옮김, 김영사

4 英 수리 서비스 업체 팀슨社 팀슨 사장
⟨http://weeklybiz.chosun.com/site/data/html_dir/2012/01/27/2012012701494.html⟩

사람의 마음을 얻는 가장 빠른 방법 : 단순 노출 효과

1 취사병 형과 주유소 알바 동생, 연매출 1300억 피자회사를 굽다
⟨https://www.chosun.com/site/data/html_dir/2018/06/29/2018062901810.html⟩

2 미국에 간 춤꾼, 컵밥 520만개 판 사장님 되다
⟨https://www.chosun.com/site/data/html_dir/2018/10/26/2018102601890.html⟩

충고하지 마라, 절대로 충고하지 마라 : 투사

1 英 수리 서비스 업체 팀슨社 팀슨 사장
⟨http://weeklybiz.chosun.com/site/data/html_dir/2012/01/27/2012012701494.html⟩

한 팀의 인원이 10명을 넘으면 안 되는 이유 : 사회적 태만

1 일본의 '갈라파고스 신드롬' 혁신한 라인 성공신화… 상황따라 골키퍼가 골 넣을 수 있
는 '축구型 경영'의 힘
⟨http://weeklybiz.chosun.com/site/data/html_dir/2016/07/01/2016070101455.html⟩

비싼 물건을 팔아야 한다면 : 대비 효과 & 희소성의 오류

1 프랑스 요리와 세계 요리와의 만남… 현지화는 相生
⟨http://weeklybiz.chosun.com/site/data/html_dir/2016/02/05/2016020502299.html⟩

2 식당 원가율 30% 법칙… 대부분 손익 분기점
⟨http://weeklybiz.chosun.com/site/data/html_dir/2016/09/09/2016090901650.html⟩

CHAPTER 6
무슨 일을 하든 대체 불가능한 나를 만드는 법

원하는 연봉을 받는 사람들의 비밀 : 정박 효과

1 정박 효과, 닻내리기 효과, Anchoring effect
⟨https://m.blog.naver.com/sonbc/221667596223⟩

2 '악마 에이전트' 보라스, 코리안 빅리거에겐 '천사'

   ⟨http://isplus.live.joins.com/news/article/article.asp?total_id=23664473⟩

3 Money only buys happiness for a certain amount

   ⟨https://www.purdue.edu/newsroom/releases/2018/Q1/money-only-buys-happi-
   ness-for-a-certain-amount.html⟩

나보다 뛰어난 사람을 뽑아야 하는 까닭 : 사회적 비교 편향

1 《스마트한 선택들》, 롤프 도벨리 지음, 두행숙 옮김, 걷는나무

2 《피터 드러커 자기경영노트》, 피터 드러커 지음, 조영덕 옮김, 한국경제신문

제안서, 절대 길게 쓰지 마라 : 선택의 역설

1 《선택의 심리학》, 배리 슈워츠 지음, 형선호 옮김, 웅진지식하우스

2 Searching for the next best mate

   ⟨https://citeseerx.ist.psu.edu/viewdoc/download?doi=10.1.1.46.5283&rep=rep1
   &type=pdf⟩

메모광이 성공할 수밖에 없는 이유 : 둔필승총의 법칙

1 와인 취재노트 500상자…40년간 썼더니 전설이 됐다

   ⟨https://www.chosun.com/site/data/html_dir/2019/10/11/2019101102240.html⟩

2 "좋은 판결, 판사 소통 능력에 달려… AI가 대신할 수 있겠나"

   ⟨https://www.chosun.com/site/data/html_dir/2018/03/16/2018031601519.html⟩

이직을 고민할 때 꼭 알아야 할 일의 법칙 : 로켓의 법칙

1 《린인》, 셰릴 샌드버그 지음, 안기순 옮김, 와이즈베리

2 《제프 베조스, 발명과 방황》, 제프 베조스 지음, 이영래 옮김, 위즈덤하우스

당신만 모르는 면접의 비밀 : 초두 효과 & 최신 효과

1 《심리학 나 좀 구해줘》, 폴커 키츠, 마누엘 투쉬 지음, 김희상 옮김, 갤리온

리더가 되고 싶다면 리더처럼 행동하라 : 능력 착각

1 《생각에 관한 생각》, 대니얼 카너먼 지음, 이창신 옮김, 김영사

2 《스마트한 선택들》, 롤프 도벨리 지음, 두행숙 옮김, 걷는나무

3 이젠 '인도식 경영'이다

　〈http://weeklybiz.chosun.com/site/data/html_dir/2016/01/22/2016012202049.html〉

4 《인도의 경영 철학자들》, 니르말야 쿠마르 외 지음, 스튜어트 크레이너 외 엮음, 장희

　재 옮김, 한빛비즈

5 "리더십 공부가 경기 준비보다 내겐 더 중요하다" 어느 축구감독의 말 음미할 필요

　〈http://weeklybiz.chosun.com/site/data/html_dir/2015/11/20/2015112002383.html〉

6 《좋은 기업을 넘어 위대한 기업으로》, 짐 콜린스 지음, 이무열 옮김, 김영사

7 《정신의 빈곤》, 찰스 핸디 지음, 노혜숙 옮김, 21세기북스

8 《네이비씰 승리의 기술》, 조코 윌링크, 레이프 바빈 지음, 최규민 옮김, 메이븐

퇴사를 꿈꾸는 사람들이 가장 먼저 자신에게 해야 할 질문 : 더닝-크루거 효과

1 《김이나의 작사법》, 김이나 지음, 문학동네

2 유행어 너무 쉽게 변해⋯ 내가 '핵인싸' 안쓰는 이유

　〈https://www.chosun.com/site/data/html_dir/2020/06/03/2020060300248.html〉

3 《그릿》, 앤절라 더크워스 지음, 김미정 옮김, 비즈니스북스

당신만 모르는 일의 법칙 51

초판 1쇄 발행 2022년 5월 11일
초판 3쇄 발행 2022년 9월 21일

지은이 이혜운
발행인 강수진
편집인 성기훈
마케팅 곽수진
홍보 이여경, 조예은
교정·교열 신윤덕
디자인 석운디자인
일러스트레이션 eomju

주소 (04075) 서울시 마포구 독막로 92 공감빌딩 6층
전화 마케팅 02-332-4804 편집 02-332-4809
팩스 02-332-4807
이메일 mavenbook@naver.com
홈페이지 www.mavenbook.co.kr
발행처 메이븐
출판등록 2017년 2월 1일 제2017-000064